Desc

描述语用学

黄华新　陈宗明　编著

ZHEJIANG UNIVERSITY PRESS
浙江大学出版社
·杭州·

图书在版编目（CIP）数据

描述语用学 / 黄华新，陈宗明编著. -- 杭州：浙
江大学出版社，2023.5
　ISBN 978-7-308-23006-3

　Ⅰ．①描… Ⅱ．①黄… ②陈… Ⅲ．①语用学 Ⅳ.
①H0

　中国版本图书馆CIP数据核字(2022)第163447号

描述语用学

黄华新　陈宗明　编著

责任编辑	曾　熙
责任校对	李　晨
封面设计	项梦怡
出版发行	浙江大学出版社
	（杭州市天目山路148号　　邮政编码　310007）
	（网址：http://www.zjupress.com）
排　　版	杭州林智广告有限公司
印　　刷	杭州高腾印务有限公司
开　　本	787mm×1092mm　1/16
印　　张	19.5
字　　数	400千
版 印 次	2023年5月第1版　2023年5月第1次印刷
书　　号	ISBN 978-7-308-23006-3
定　　价	69.00元

时光流转，《描述语用学》一书出版已有十六个春秋。好比一所房子，经历十多年的风风雨雨，也该重新修葺了。

"深入实施马克思主义理论研究和建设工程，加快构建中国特色哲学社会科学学科体系、学术体系、话语体系，培育壮大哲学社会科学人才队伍"是党的二十大报告中提出的重要任务，为此，我们遵循习近平总书记"不忘本来，吸收外来，面向未来"[①]的要求，注重"问题导向"和"系统观念"，努力以新文科建设的理念和思路做好本书的修订工作。

这次再版，改动最多的是第一章、第三章和第五章。

第一章是全书的"纲"，希望给读者以"开门见山，一览无余"的印象。为此，我们重写了第一章，从什么是符号和符号学说起，进而说到符号学的三个组成部分——语形学、语义学和语用学，具体地讨论了语用学的学科性质、意义和分类；然后从形式语用学说到描述语用学，讨论了描述语用学的本质、功能和主要内容；最后，给本书定位：它是一本具有语言—逻辑倾向的描述语用学的书。

由于语境是语用学区别于语形学和语义学的根本特征，应当有专章论述，所以在这次修订中，我们把原版"语境和指索语句"这一章扩写为"语境"和"指索语"两章。"语境"一章着眼于语境的动态性，具体地讨论了语境的生成、生命力和消亡的过程。指索语是斯蒂芬·C. 莱文森语用学理论的基本内容之一，我们也考虑单列一章，并在原有内容的基础上增写了"指索语的扩展"一节。

第五章在原来的基础上对内在结构进行了一定的调整，增删了一些内容，使得全章内容相对更为集中，逻辑层次更为清楚。

---

① 习近平在哲学社会科学工作座谈会上的讲话[N]. 人民日报，2016-05-19（02）.

此外，删去了原第八章"话语结构"，增加了第十章"隐喻"，其他各章也有或多或少的修改，纠正了原版表述上的一些失误；我们也尽可能地追踪、关注前沿学术问题，增加了近年来相关的研究成果。

回想我们写作第一版的时候，当年的博士生金立、胡霞、徐慈华、付习涛、彭振川、徐以中和从事博士后研究的张春泉等青年学人，他们曾为本书的编撰工作搜集和整理资料，并参与一些章节的讨论、写作和校对。在今天修订本书时，我们再次向他们致以谢意。

在这次修订中，范振强老师和应腾老师提供了许多宝贵的意见并对部分章节做了编校，洪峥怡同学参与了"隐喻"一章的编写与全书文稿的汇总；杭颖颖、马继伟、李雨航、徐璐洁、祝文昇、周佳旖、姚雨吟、杨恩洁、郭航宇等同学对本书做了认真细致的校对工作，在此向他们表示由衷的感谢！

值得一提的是，在增写"隐喻"这章时，我们采用了近几年发表在学术期刊上的相关成果，具体如下。

黄华新：《认知科学视域中隐喻的表达与理解》（《中国社会科学》2020 年第 5期）；黄华新、杨小龙：《隐喻理解的台前认知与幕后推理》（《浙江社会科学》2015第 7 期）；黄华新、洪峥怡：《从句法到语用：隐喻的真值条件》（《浙江大学学报（人文社会科学版）》2019 第 3 期）；黄华新、刘星：《混杂隐喻的语义连贯机制》（《浙江社会科学》2015 第 4 期）。对上述期刊和相关同学的贡献，我们一并致谢。

回想当年，在语用学还被当作"一只使用方便的废物箱"的时候，它的研究远远落后于语形学和语义学。如今，随着学界对日常生活中交际现象的更多关注，语用学研究取得了令人欣喜的进展，成了一个相对热门的领域。在中国，一批从事哲学、逻辑学和语言学教学与研究的学者，翻译和写作了一批语用学的教材和专著，有力地推动了语用学在中国的普及和发展。修订本书时，我们从国内外学者的著作中汲取了丰富的养分，这里对他们致以诚挚的谢意。

我们感谢浙江大学出版社的朋友，感谢他们为再版本书所付出的辛勤劳动。

在书稿修订的过程中，每读一遍都会做一些修改和完善。这让我们深切地体悟到：进无止境。毫无疑问，书中仍然有不少缺点、错误，敬请读者朋友批评指正！

黄华新　陈宗明
2022 年 11 月
于西子湖畔

目录

第一章　**描述语用学诠释**

第一节　符号学视野中的语用学　　　1

第二节　描述语用学　　　9

第三节　本书的定位　　　18

第二章　**语　境**

第一节　语境研究的历史回眸　　　26

第二节　语境的生命历程　　　33

第三节　认知语境　　　40

第四节　交际语境　　　48

第五节　语境的分类　　　58

第三章　**指索语**

第一节　指索语的索解　　　66

第二节　基本指索语　　　70

第三节　指索语的扩展　　　74

第四章　**言语行为**

第一节　言语行为理论　　　80

第二节　话语的施为性　　　88

第三节　间接言语行为　　　93

第四节　言语行为的意义理论　　　99

第五章　**预　设**

第一节　预设研究的理论轨迹　　　106

第二节　预设的逻辑特征　　　110

第三节　语用预设　　　117

第四节　非陈述句预设　　　128

第五节　预设的应用　　　132

第六章　**会话含义（上）**

第一节　古典格赖斯理论 　　　　　　　　　136

第二节　会话含义的语用特征 　　　　　　　144

第三节　会话含义的分类 　　　　　　　　　148

第四节　特殊会话含义的推导 　　　　　　　157

第五节　规约含义 　　　　　　　　　　　　161

第七章　**会话含义（下）**

第一节　从古典格赖斯主义到新格赖斯理论 　169

第二节　"合作原则"思想的演进 　　　　　　175

第三节　会话含义推理的研究 　　　　　　　185

第四节　关联理论 　　　　　　　　　　　　192

第五节　含义推导的自然模式 　　　　　　　203

第八章　**言语交际图式**

第一节　言语交际过程的图式化 　　　　　　211

第二节　表　达 　　　　　　　　　　　　　218

第三节　理　解 　　　　　　　　　　　　　226

第四节　说　服 　　　　　　　　　　　　　232

第五节　成功的交际 　　　　　　　　　　　238

第九章　**辨　谬**

第一节　辨谬的视角与意义 　　　　　　　　242

第二节　谬误分类 　　　　　　　　　　　　246

第三节　语用谬误辨析 　　　　　　　　　　248

第四节　谬误的防范 　　　　　　　　　　　254

第十章　**隐　喻**

第一节　认知科学视域中的隐喻表达与理解 　259

第二节　隐喻理解的台前认知与幕后推理 　　274

第三节　隐喻的真值条件 　　　　　　　　　280

第四节　混杂隐喻的语义连贯机制 　　　　　289

参考文献 　　　　　　　　　　　　　　　296

原版后记 　　　　　　　　　　　　　　　305

第一章

描述语用学诠释

第一节　符号学视野中的语用学

一、符号和符号学

符号学是语用学的母学科。要弄清楚什么是语用学，首先必须弄清楚什么是符号，什么是符号学。

"符号"（sign）是一个古老的概念。远在古希腊时期，医生希波克拉底（Hippocrates）最早地研究了医学符号学。稍后的亚里士多德（Aristotle）研究了语言和逻辑的符号学。中国古代汉语里的单音节"符"字，就含有"符号"的意思。例如"符瑞"是吉祥的符号，"符节"和"符契"是信物的符号，"符箓"是道家使用的一种神秘符号，如此等等。战国时期"名家"代表人物公孙龙的《指物论》乃至《公孙龙子》全书，都可以看作符号学的著述。

美国哲学家、逻辑学家查尔斯·桑德斯·皮尔斯（Charles Sanders Peirce，以下简称皮尔斯）是现代符号学的创始人之一。皮尔斯对符号学最卓越的贡献是他提出的符号三元关系学说，把符号解释为符号形体（representamen）、符号对象（object）和符号解释（interpretant）的三元关系。皮尔斯说：

> "我将符号定义为任何一个事物，它一方面由一个对象所决定，另一方面又在人们的心灵（mind）中决定一个观念（idea）；而对象又间接地决定着后者那种决定方式，我把这种决定方式命名为解释项（interpretant）。由此，符号与其对象、解释项之间存在着一种三元关系。"①

皮尔斯所说的"任何一个事物"就是符号形体（符形）；"由一个对象所决定"，这个对象即符号对象，也就是符号形体所指称的那个事物（对象）。"解释项"即符号解释（符释）。

---

① 皮尔斯.皮尔斯：论符号[M].赵星植，译.成都：四川大学出版社，2014：31.

关于符号的三元关系，皮尔斯在另一处说得更为显豁。他说：

　　"我将符号定义为A，它把某物B（也就是其解释项）带入与它同样相对应的某物C（也即其对象），这样一来，A自身（符号自身）就代替了C。"①

　　例如，给心上人送上一束玫瑰花，那玫瑰花束是符号形体，它所表征的那份情意是符号对象，作为爱情的象征意义是符号解释。这就是作为爱情符号的玫瑰花的三元关系。又如，商店的招牌是一种符号，招牌上的文字或图案是符号形体，它所指代的商店是符号对象，文字或图案所传达的信息是解释项。其他如交通路口的信号灯、奥运会的五环旗，我们每个人的名字，等等，一切符号都可以做出三元关系的解释。

　　正是皮尔斯所说的符号三元关系决定了符号过程（semiosis）的本质。这一学说也因此奠定了符号学科坚实的理论基础。

　　差不多同一时期，瑞士语言学家费尔迪南·德·索绪尔（Ferdinand de Saussure，以下简称索绪尔）在日内瓦大学讲授普通语言学课程时，把"符号"解释为能指（signifier）和所指（signified）的结合体。他所说的"能指"是指语言符号的音响形象，"所指"就是能指所表达的概念。索绪尔还把语言符号比作一张纸，思想（概念）是纸的正面，声音是纸的反面，它们永远处于不可分割的统一体中。② 推而广之，符号是这样一种关系，即能指和所指的二元关系。能指是符号的形式，所指是符号的内容。例如汉语词"人"，作为符号，它的能指是语音"rén"，所指为"能够制造和使用工具的动物"这一意义。

　　那么，皮尔斯的符号三元关系理论和索绪尔的二元关系理论又是什么样的关系呢？

　　大体说来，索绪尔的"能指"就是皮尔斯所说的符号形体，"所指"即符号解释。如果说"所指"和"解释项"还有不同之处，那就是：前者属于语义学，后者属于语用学。在索绪尔的二元关系理论中没有说到"符号对象"，原因应该是：皮尔斯讨论的是一般符号学，而索绪尔只是从语言符号学的角度上说的。就语言符号而言，符号对象的讨论或许不是那么重要。

　　根据皮尔斯的符号三元关系和索绪尔的符号二元关系，我们可以用下面的三角图形来表示，通常称为"符号三角"（见图1-1）。

　　从符号三角不难看出皮尔斯所说的三元关系和索绪尔的二元关系，以及它们之间的关系。符号三角同时还表示了符形与

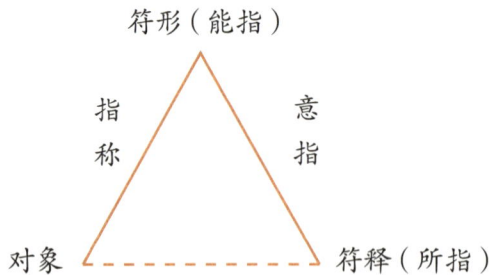

图 1-1　符号三角

---

①　皮尔斯.皮尔斯：论符号[M].赵星植，译.成都：四川大学出版社，2014：33.
②　费尔迪南·德·索绪尔.普通语言学教程[M].高名凯，译.北京：商务印书馆，1980.

对象之间为指称关系，符形与符释之间为意指关系：符形指称对象，意指符释，符形是符号对象和符号解释之间的媒介物。正是由于符形的中介作用，人们才能够获得对象的信息，从而认知对象。因此，符释与对象之间只是间接的关系，即反映与被反映的关系。

相比较而言，皮尔斯的三元关系理论，能够更为全面而清晰地解释所有的符号现象，因而比起索绪尔，皮尔斯的符号学说具有更重要的理论和实践意义。

"符号学"（semiology 或 semiotics）是一门新兴科学。如果我们从"符号三角"的意义出发，就可以给出符号学如下的定义：

> 符号学就是研究符号三元结构及其指称和意指方式的科学。

读者大概不难理解吧！ [①]

二、语形学、语义学和语用学

皮尔斯认为，符号学是一门规范的科学。作为规范的科学，他关注基本价值——真、善、美中的第一种价值——真。按照皮尔斯的观点，符号学在三个方面关注真，这也就界定了符号学的三个分支：语法学、逻辑学和修辞学。语法学研究符号形式特征及其表达方式，逻辑学关注符号被用来鉴别真相的方式，修辞学探究在社群中符号被用来传达和表达主张的方式。

美国哲学家查尔斯·威廉·莫里斯（Charles William Morris，以下简称莫里斯），继承了皮尔斯关于符号学三分法的思想，但他是把符号学三分为语形学（syntactics）、语义学（semantics）和语用学（pragmatics）。大概因为莫里斯的三分法更容易为人们理解和接受，因而这一划分得到了广泛的认可并流行开来。

莫里斯是美国符号学系统理论的创始人之一。他继承了皮尔斯的符号学思想，并把符号学同美国行为主义社会学结合起来，建构了一门涉及符号、行为和文化的符号学说。把符号学三分为语形学、语义学和语用学，这是莫里斯对于现代符号学的重要贡献。

在莫里斯的著作中，对符号学的三分法有过一系列的论述。莫里斯在 1938 年《符号理论基础》一书中做了这样的解释：

> 语形学研究"符号相互间的形式关系"；
> 语义学研究"符号和其所指示的对象之间的关系"；
> 语用学研究"符号和解释者之间的关系"。 [②]

[①] 黄华新，陈宗明.符号学导论[M].上海：东方出版中心，2016.参见第一章。
[②] "符号"（sign），译者译为"指号"。参见莫里斯.指号、语言和行为[M].罗兰，周易，译.上海：上海人民出版社，1989: 261.

而在 1946 年的《指号、语言和行为》一书中，莫里斯说："后来的分析表明，这些定义需要加以改进。"他所改进的定义是：

> 语形学研究符号联合的种种方式；
> 语义学研究各种符号的意谓，因而研究解释的行为——没有解释的行为就没有意谓；
> 语用学从符号的解释者的全部行为中来研究符号的起源、应用和效果。[①]

莫里斯关于符号学的三分法，很快得到了哲学家保罗·鲁道夫·卡尔纳普（Paul Rudolf Carnap，以下简称卡尔纳普）的积极支持。卡尔纳普在 1942 年的《语义学导论》一书中清晰地表述说：

> "如果在一个研究中明白地涉及了说话者，或者换一个更为普遍的说法，涉及了语言的使用者，那么我们就把这个研究归入语用学的领域中……如果我们不考虑语言的使用者而只分析表达式和它们的所指谓，我们就是从事语义学领域内的工作。最后，如果我们也不考虑所指谓，而只分析表达式之间的关系，我们就是从事语形学的工作。"[②]

对于符号学三个组成部分的论述，卡尔纳普显然是同莫里斯相一致的。卡尔纳普还进一步认为：语用学是符号学理论的基础。他举例说，爱斯基摩语"igloo"这个词，我们只有从爱斯基摩人的使用习惯中才能了解到：它意谓"用雪块砌成的圆顶小屋"，它"是个谓词"。而这里的语义陈述和语形陈述，显然来自先前的语用知识。莫里斯的符号学三分法在卡尔纳普的推动下，已经成为学术界的共识，并且成为符号学的基础理论之一。

一般符号学的研究并不局限于语言符号，还应当包括非语言符号，例如体态符号、礼仪符号、徽饰符号、交通符号、艺术符号及自然符号等。英语 syntactics、semantics 和 pragmatics，分别译为"语形学"、"语义学"和"语用学"，对于语言符号来说是合适的；如果就一般符号学而言，译为"符形学"、"符义学"和"符用学"也许更为恰当。

三、研究语境中符号的意义

意义是一个古老而复杂的问题，历史上许多哲学家、语言学家、逻辑学家等都曾研究过意义问题，发表过许许多多的见解。20 世纪 20 年代，英国学者 C. K. 奥格登（C. K. Ogden，以下简称奥格登）和 I. A. 理查兹（I. A. Richards，以下简称理查

---

① 莫里斯.指号、语言和行为[M].罗兰，周易，译.上海：上海人民出版社，1989：261-262.
② 陈宗明.中国语用学思想[M].杭州：浙江教育出版社，1997：6.

兹）在他们的《意义之意义》一书中，列出了"意义"一词的 16 种定义，23 个义项，仍远未穷尽古今中外所有关于意义的意义。20 世纪 90 年代，我国学者周礼全在《逻辑——关于正确思维和成功交际的理论》一书中提出了意义的四层次学说。他把语言的形式分为抽象语句、语句、话语和在交际语境中的话语四个类别，然后分别给出它们的意义。即①抽象语句的意义——命题；②语句的意义——命题态度；③话语的意义——意谓；④交际语境中的话语的意义——意思。奥格登和理查兹的意义理论着眼于意义的多样性，而周礼全的理论则着眼于意义的层次性，两者虽然着眼点不同，但都涉及意义的复杂性问题。

其实，意义问题归根结底是一个符号学的问题，哲学、语言学、逻辑学所说到的各种意义，本质上都是符号的意义。从符号学的角度上说，意义不是别的，而是一种关系，即符号通过符形，亦即能指所传达的关于符号对象的信息。在"符号三角"中，意义就是符号的所指或符释，是符号形式的内容。约略地说，意义即是某种思想感情。例如一束玫瑰花传达了送花人对于心上人的爱情的信息，一块招牌传达了某个商店经营商品的信息，"商品"两个字传达了"为交换而生产的劳动产品"的信息。它们都是符号的意义。

符号的意义生成于符形和符释之间的意指过程。法国符号学家罗兰·巴尔特（Roland Barthes，以下简称巴尔特）说："符号是音响、视像等的一块（双面）切片。意指（signification）则被理解为一个过程，它是将能指与所指结成一体的行为，该行为的产物便是符号。"[1] 例如玫瑰花本是一种植物，并不是符号，只是因为把它作为符号的能指并且赋予"象征爱情"的意义，也就是把符号的能指和所指结合起来，于是成了符号。这个意指过程就是意义的生成过程。

意义研究是符号学的核心问题，从某种意义上说，符号学就是意义学。符号学中的语义学和语用学都是研究意义的（甚至语形学也有意义问题，即语形意义），它们都是研究意义的学科。

那么，语义学和语用学的区别在哪里呢？

莫里斯在 1938 年说，语义学研究符号和其所指示的对象之间的关系，语用学研究符号和解释者之间的关系；在 1946 年说，语义学研究符号所具有的各种方式的意谓，语用学研究符号的起源、应用与效果。莫里斯的这些说法似乎都不是那么准确和鲜明，或者说都不那么到位。其实，语义学和语用学的区别仅仅在于：语义学研究意义不依赖于符号情境（准确地说，对情境的依赖程度趋近于零），而语用学研究意义是必须依赖于符号情境的。

符号情境（sign situation）是指符号使用者（包括解释者）应用符号传达思想感情的具体环境，也称为语境（context）。不过严格地说来，语境着眼于语言符号的情境，而符号情境的范围更为宽泛一些。为了方便起见，我们只使用"语境"一词。

① 罗兰·巴尔特.符号学原理[M].王东亮，等译.北京：生活·读书·新知三联书店，1999：39.

这样对于"什么是语用学"这个问题，就可以简单而明确地回答说：

💬　　**语用学研究语境中的意义。**

在语用学界，很多学者也都是从意义和语境之间的联系来定义语用学的。例如有人说：语用学是"利用语境来推断意义的学问"[①]，有人认为可以把语用学直接地看成语境学。[②]英国语言学家杰弗里·N.利奇（Geoffrey N. Leech，以下简称利奇）提出了意义的二价用法——X 意指 Y，以及三价用法——说话人 S 通过 X 意指 Y。准确而具体一点来说，语用学所要解决的意义，应该是意义的四价用法，即说话人 S 在特定情境 C 中通过 X 意指 Y。总之，语用学是研究语境中的意义问题的。利奇还在《语义学》一书中提出了确定语用学范围的四条标准：①是否考虑了说者或听者；②是否考虑了说者的意图或听者的解释；③是否考虑了语境；④是否考虑了通过使用语言而施行的那种行为或行动。他说："如果对这些问题的回答有一个或一个以上是肯定的，就有理由认为我们是在讨论语用学。"[③]利奇谈及的四条标准，从当前对"语境"的理解来看，都可以说是语境问题。所以说，语用学所研究是语境中的意义。

例如：

💬　　**1.我的钱包丢了。**

作为一个句子，如果不考虑语境，则它具有最基本的理性意义，比如说某人 A 说他自己的钱包不见了。这属于语义学意义上的意义。然而，如果把这个句子放在各种不同的语境中，那么它就会具有各种不同的意义，而这些意义就是语用学意义上的意义。例如：

💬　　**2.A 在自己家中和好朋友 B 聊天时说："我的钱包丢了。"**
　　3.购物者 A 在超市对超市播音员 B 说："我的钱包丢了。"
　　4.市民 A 在公安局对警察 B 说："我的钱包丢了。"
　　5.顾客 A 在饭店对服务员 B 说："我的钱包丢了。"

A 对 B 说的话，称为"话语"。"我的钱包丢了"可以分析出各种不同的意义，这是被放在一个个特定语境中的结果。由此可知，句子是话语形成的基础。句子的形式是有规则的，但话语的形式却不拘一格。A 可以气喘吁吁地对 B 说："我，我，我钱包丢了！"A 还可以心急如焚地对 B 说："丢了，我，我，钱包！"

语境中的意义是动态的，它是由说者和听者在交际的互动过程中生成的。在交际过程中，说者往往会有意或无意地给听者留下对话语理解与生成意义的空间。吕叔湘先生在《语文常谈》中谈到意义时，举了这样一个例子：

①　Fasold, R. *The Sociolinguistics of Language*[M]. Oxford: Blackwell, 1993: 119.
②　熊学亮.认知语用学概论[M].上海：上海外语教育出版社，1999: 162.
③　杰弗里·N.利奇.语义学[M].李瑞华，王彤福，杨自俭，等译.上海：上海外语教育出版社，1987: 455.

> 有一天，一位顾客来买辣椒，她问："辣椒辣不辣？"我说："辣，买点儿吧。"她说："哎哟！我可不敢吃。"后来又来了一位顾客，问我辣不辣。我一看她指的是柿子椒，就说："这是柿子椒，不辣，您买点儿吧。"她说："辣椒不辣有什么吃头！"说完走了。[①]

语境意义的动态性还表现在话语和语境的相互作用上。一方面，话语要适应语境，另一方面，话语也可以创造语境和改变语境，使话语和语境相互适应。例如：

> 有一次，德国著名诗人歌德在公园里散步，在一条仅能让一个人通过的小道上，遇到了一位态度极不友好的文学评论家，两人迎面越走越近。
>
> "我是从来不给蠢货让路的！"评论家首先傲慢地开口说道。
>
> "我倒恰恰相反。"歌德一边说，一边笑着退到路边。

诗人和评论家原本都不能算是"蠢货"，被评论家一句话变成了蠢货和评论家的关系，这样一种尴尬关系就是由"我是从来不给蠢货让路的"这句话造成的。然而峰回路转，歌德一句"我倒恰恰相反"，又重新创造了二者之间的关系，变成了蠢货和诗人的关系，形成了极大的反差。说者与听者之间关系发生改变，则整个语境也随之而变。由此可见，语境不是以往所说的时间、地点、人物等因素的静态组合，语境是变化发展的。

语境中的意义通常又是开放的。比如两个好朋友一段时间没联系了，偶一见面，通常会互相询问："你最近忙吗？""你最近怎么样？""你还好吗？"，等等，虽然表面上是一句礼节性的问候，但听者完全可以根据自己的情况来建构意义。这些意义，或来自工作，或来自学习，或来自身体，或来自生活，等等，于是相应的回答为："我失业了""不知怎么搞的，小店生意总不好""昨天去医院了""最近想买房子，一直筹不齐钱"，等等，而且远不止这些。人们常说"言有尽而意无穷"，这正是语境意义的开放性的表现。

四、当代思维方法的一个维度

符号学既是一门新兴的科学，也是当代常用的一种思维方法。语用学是符号学思维方法的三个维度之一。

思维方法的研究属于方法论。瑞士逻辑学家 J. M. 鲍亨斯基（J. M. Bochenski，以下简称鲍亨斯基）在《当代思维方法》一书中指出，"方法论"这个词来源于希腊文的"沿"和"途"，它在字面上的含义就是"论述（正确）行动的途径"。他说："方法是任何特殊领域中实施程序的方式和使对象协调的方式。方法论就是讨论方法的理论。"[②]科学上的每个领域都有自己的方法论，例如哲学的、逻辑的、语言的、化

---

① 吕叔湘. 语文常谈 [M]. 北京：生活·读书·新知三联书店，2006：64.
② 鲍亨斯基，J. M. 当代思维方法 [M]. 童世骏，邵春林，李福安，译. 上海：上海人民出版社，1987：9.

学的、教育的，等等。

鲍亨斯基把方法分为体力活动的方法和智力活动的方法两大类别。他说："在智力活动领域，还能再区分各类方法。我们这里只关心思维方法，即关于正确思想的指南。这样的方法论，即关于正确思维的科学，显然与严肃的思维有关，即与获取知识的活动有关。"鲍亨斯基把符号学方法看成当代最重要的思维方法之一，他在讨论了现象学的方法之后紧接着就谈到符号学的方法。鲍亨斯基认为，"符号学的对象是符号，而符号对于科学方法来说已成为重要的甚至是不可缺少的东西"。他说："语言分析即使在直接认识方面也并非无关紧要，对于间接认识活动更称得上至关重大，因为在这种情况下，知识对象没有直接给予，思维的运动也常常十分复杂，这就使得精确的符号表述必不可少。"[1] 因此，我们必须看到思维运动中出现的许多程序，要求我们无论如何不能放弃对语言运用的理解。

鲍亨斯基把符号学的三个组成部分——语形学、语义学和语用学看成符号学思维方法的三个维度：它们好像一个几何物体一样，具有三维关系。他说，当一个人向另一个人说些什么的时候，他所用的每个词都涉及三个不同的对象。

（1）这个词属于某个语言，这就表明它同这个语言中其他词处于某种关系之中。例如，它可以处在句子的开头、末尾，或者中间的两个词之间。这种关系叫作句法（亦即语形）关系。

（2）这个人说的话具有某种意义：他的那些词都有所意谓，它们要向别人传递某些内容。这样，除了句法关系之外，还有那个词同它所要意谓的东西之间的关系。这种关系叫作语义关系。

（3）这个词是由一个特定的人向着另一个特定的人说的。这样就存在着第三种关系，即这个词与使用它的人们之间的关系。这种关系叫作语用关系。

对于符号学思维方法的三维关系，鲍亨斯基从纯语形学或形式化的意义上把句法学看成符号学的基础。他说："语用关系以语义关系和句法关系为前提，而语义关系则以句法关系为前提。一个无意义的词对于人类理解毫无用处，而为了具有意义它必须同其他词具有某种关系。另一方面，句法关系则并不以语义关系和语用关系为前提，语义关系也可以在不涉及语用关系的情况下加以研究。即使对于一个完全没有意义的语言，也可以构造出一个完整的句法。"[2] 鲍亨斯基所强调的是形式化的语言。形式语言的意义即形式意义。

鲍亨斯基虽然不像卡尔纳普那样强调语用学的重要性，但他也明白地指出：语用关系是符号学思维方法的三个维度之一。他区分了符号的两种语义功能——"客观"功能和"主观"功能。他说："在一个人类常规语言的情境中使用的符号，这两

---

[1]　鲍亨斯基, J. M. 当代思维方法 [M]. 童世骏, 邵春林, 李福安, 译. 上海：上海人民出版社, 1987: 9.
[2]　鲍亨斯基, J. M. 当代思维方法 [M]. 童世骏, 邵春林, 李福安, 译. 上海：上海人民出版社, 1987: 35-36.

种功能通常都有。""但符号所表达的主观因素不仅限于思想，通常还有情感、意志等等。这些因素的作用常常很大，以至于有些方法论学者把所有主观因素都称为感情因素，以同'客观的'或'科学的'因素形成对照。"[①] 此外，鲍亨斯基还讨论了"不可言说"等问题，分析了当代方法论学者们的几种不同意见。这些都说明了语用学维度的重要意义。

第二节　描述语用学

一、描述语用学的学科性质

描述语用学是相对于形式语用学而言的。描述而非形式化，既是描述语用学的学科性质，也是描述语用学的研究方法。

形式语用学（formal pragmatics）是语用学的形式理论。莫里斯十分关注普遍意义的语用学，也就是说，他的目标不在于任何特定语言的语用学，而倾向于这样的一般的语用学系统：运用于交际过程中的符号没有任何语形结构的特殊性。他比较喜欢让语用学成为公理系统。形式语用学在当代的最高成就是美国数理逻辑学家理查德·梅里特·蒙太格（Richard Merritt Montague，以下简称蒙太格）和他的后继者们所创立的"蒙太格语法"（Montague Grammar，简称 MG）。形式语用学是语用学的形式化或形式化的语用学。

相对于形式语用学，描述语用学（descriptive pragmatics），又译为描写语用学，是语用学的描写和解释理论。描述语用学致力于描写具体情境中发生的自然语言现象，解释这些现象所具有的真正意义，分析隐藏在这些现象背后的内在动机和终极原因，从社会、认知、心理等方面来探寻语言运用的规律和原则，从而提高人们恰当表达和准确理解话语的能力。描写使人知其然，而解释则使人知其所以然，描述语用学采用描述的方法，充分发挥了描写与解释的双重功能，使描述语用学成为当今语用学研究的主流。

正是这种"描写与解释的双重功能"，使得我们采用"描述语用学"而不是"描写语用学"来命名我们所研究的学科。"描述"才是描述语用学的最基本的语用学特征。周礼全在《逻辑——正确思维和有效交际的理论》一书中，明确指出其中"第三部分属于描述语用学的范围"；陈宗明的《中国语用学思想》第十二章，也以"描述语用学"作为标题。尽管大多数的语用学著作，如何自然、冉永平的《新编语用学概论》，索振羽的《语用学教程》等书都采用了"描写语用学"的提法，但我们还是主张使用"描述语用学"，这样既能体现其客观描写性，又可展现其充分解释性。

---

① 鲍亨斯基，J. M. 当代思维方法 [M]. 童世骏，邵春林，李福安，译. 上海：上海人民出版社，1987: 53.

描述语用学在某种意义上可以说是语言语用学的别称，斯蒂芬·C.莱文森（以下简称莱文森）等人的语用学著作同时也是描述语用学著作。莱文森提出的指索语、言语行为、预设、会话含义、会话结构五项内容，同时也是描述语用学的基本框架。

语用学的描述方法，较之形式化更适于表现对象的动态性。在当代，确有一些逻辑学家，比如"话语表现理论"学派，采用动态的语义分析方法研究自然语言的逻辑，但就一般的形式化研究而言，学者往往对形式系统作静态处理。而描述语用学的动态性是蕴含于体系本身的属性。描述语用学的描写对象是动态的话语，而且话语是在交际过程中建构的，交际也是一个动态的过程。所以无论是从宏观还是从微观上对话语进行解释与分析，语用研究都必然是动态的，动态性是描述语用学的根本特性。许国璋先生在为湖南教育出版社"语言学系列教材"作序时明确指出，语用学是对语言的动态描写。[①] 话语是动态的，交际是动态的，特定情境是不断变化发展的，意义是不断建构协调的，而交际中最活跃的因素莫过于交际主体——人。正是语用研究的动态性使得描述语用学充满生机，富有活力。

语用学的描述方法，可以是宏观的或者微观的。英美学派，例如莱文森、利奇等人的语用学研究，一般只同句子的结构有关，视域比较狭窄，称为微观语用学（micropragmatics）。而欧洲大陆学派的语用学，在从微观方面进行深入的探讨过后，发展了一种更为包容、更为宽泛、更多视点的语用学，称为宏观语用学（macropragmatics）。20世纪末，以丹麦语用学家雅各布·L.梅伊（Jacob L. Mey，以下简称梅伊）和比利时语用学家耶夫·维索尔伦（Jef Verschueren，以下简称维索尔伦）为代表的欧陆学派，提出了不同于英美语用学研究传统的思路，他们认为，语用学与其说是语言学的一个组成部分，不如说是语言学的"综观"，这被称为语用学的"综观论"。值得一提的是，法国学者丹·斯珀伯（Dan Sperber，以下简称斯珀伯）和英国学者迪尔德丽·威尔逊（Deirdre Wilson，以下简称威尔逊）恰好分别代表了欧陆学派和英美学派，他们合著的《关联性：交际与认知》既是微观语用学又是宏观语用学，兼具两大学派特色。

语用学的描述方法，可以是理论的，也可以是应用的。其实，语用学本身就具有应用的性质，也就是说，任何语用学都具有应用性。描述语用学是因为研究了语言符号学的应用理论问题才成为理论语用学的。如果我们用这些描述语用学理论来研究更为实际的问题，那就成了应用的描述语用学，当然这些应用的描述语用学也有各自的学科理论。应用的描述语用学研究范围极其广泛，例如演讲的语用学、辩论的语用学、谈判的语用学、写作的语用学、翻译的语用学等。这些研究，如果形成了理论体系，就可以称为应用的描述语用学，否则只能叫作描述语用学的应用。

比起形式语用学，描述语用学似乎没有形式语用学那么"高尚"和"雅致"。我们不妨把形式语用学比作"阳春白雪"，把描述语用学比作"下里巴人"。所谓曲高

---

① 何自然.语用学概论[M].长沙：湖南教育出版社，1988：4.

和寡，"阳春白雪"固然高雅，而"下里巴人"却拥有众多的"应和者"。形式语用学由于使用了复杂的数理逻辑演算，比较艰深、晦涩，甚至如同天书，使更多的读者望而却步；倒是描述语用学描述了人们的日常生活，亲切、惬意，因而具有更大的实用价值，拥有更多的读者。由此，描述语用学的研究和推广更具有实践性意义。

二、描述语用学的基本功能

"认知"一词的英语原文为 cognition，来源于拉丁文 cognoscere，意思是知道或具有某方面的知识。从符号学的意义上说，认知是认知主体的一种符号行为，是人们获取知识的符号操作，而知识则是认知的成果。说到底，"认知"就是人们去探求客观事物的有关信息。

认知的符号行为一般分为两个步骤。第一步是把认知客体符号化，并且贮存于头脑之中，属于认知的内隐行为。第二步，把符号的内隐行为化为表达或行动，即认知的外显行为。例如在一个三岔路口有一棵大榕树，沿着左边的路可以走到某村庄。人们有了这个经验之后，赋予大榕树以意义——它是通向某村庄的标志，于是大榕树成了自然符号。以后每次去某村庄，人们见到这棵大榕树便会向左拐弯。这就是一个从符号的内隐行为到外显行为的过程。

正如维索尔伦所言："语用学是语言各方面功能的综合，它全面探究语言的认知、社会和文化等功能。"[①] 当前，在对语用学的多角度、多维度研究中，从认知角度来思考语用问题已是描述语用学研究的大势所趋。认知语用学强调语言理解和输出中认知因素的影响。人们越来越关注作为认知主体的人的自身特点，关注人脑的工作方式及其对思维、语言应用等的影响。从语用经验抽象出来的知识，通过某种升华，已经存入人脑成为长期记忆的知识结构的一部分，因此更具有理论系统性和可操作性。[②]

例如：

> 20世纪60年代的一个夜晚，在伦敦一家印刷厂工作的巴伦，躺在自家的浴缸里，因为银行下班未能取到钱而闷闷不乐。突然，巴伦想到自己经常在街头使用的巧克力糖售货机：既然机器能够吐出巧克力来，为何不能吐出钞票？于是他开始构想一种能24小时取款的出钞机。经过无数次的试验，巴伦终于发明了ATM（automated teller mechine，自动取款机）。

巴伦取款机的发明，就是从经验中抽象出的知识，经过"升华"而具有了可操作性。人的认知是一个不断深化的过程。巴伦取款机的发明"经过无数次的试验"，也就是说，它是在原先浅层次认知的基础上，经过"无数次"重新认知的结果。

① Verschueren, J. *Understanding Pragmatics*[M]. Beijing: Foreign Language Teaching and Research Press, 2000: 11-12.
② 熊学亮.认知语用学概论[M].上海：上海外语教育出版社，1999: 4.

人们对自己的认知活动的重新认知，称为"元认知"，即对自己原来认知的再认知。简单地说，对认知的认知就是元认知。

具体说来，元认知的加工过程可以分为4个阶段。

第一阶段：自我觉察。首先是觉察原来的认知有缺陷，否则无须再认知。

第二阶段：自我反省。审视原来认知中的每一个细节，找出缺陷所在。

第三阶段：自我整合。重新调整思路。

第四阶段：自我评价。评估新认知的价值，然后付诸实施。

人们常说"三思而后行"，"多想出智慧"，对一个事物，尤其是对复杂对象的认知，一般都需要经过无数次的再认知才能从浅层次认知进入深层次的认知。对认知的认知为元认知，对元认知的再认知为元元认知，对元元认知的认知为元元元认知……人们就是如此这般地一步一步走向真理的殿堂。

认知是语用学的基本功能。认知不同于交际，但交际是认知的一种。认知视角的交际，是描述语用学的另一个基本功能。

什么是交际？《辞海》解释说："交际，《孟子·万章下》：'敢问交际，何心也？'朱熹注：'际，接也。交际谓人以礼仪币帛相交接也。'后泛指人与人的往来应酬。"交际作为人类的行为符号，是指人与人之间的信息交流。说得具体一些，交际是人们应用符号传达思想感情，实现信息共享和行为协调的过程。交际属于人与人之间的一种符号认知行为。意大利学者布鲁诺·G.巴拉（Bruno G. Bara）在《认知语用学——交际的心智过程》一书中开宗明义地写道："交际本质上是两人或多人之间的合作性活动，互动的意义由所有参与其中并关注彼此语言的行动者共同构建。在互动中，行动者的目标会有所不同，但要保证交际的成功，所有的参与者都必须共享一组共同的心智状态。"[①] 在这本书中，作者强调要探究交际的整体状态，尤其是交际行为的心智过程。

在描述语用学里，正如布鲁诺·G.巴拉所说："交际本质上是两人或多人之间的合作性活动。"周礼全先生曾多次谈道："语用学主要研究言语交际。具体来说，语用学研究在特定的交际语境中说话者如何应用话语，准确地表达自己的思想感情，从而实现自己的意图；而听话者又如何准确地理解说话者所表达的意图。"[②]

人不是一个孤立的个体，有人把社会比喻成一张网，而每个个体都是社会关系之网上的一个结。人的一生就在这张网里生活着，除了要处理网内（社会）与网外（自然）的关系，还要处理各个网结之间的关系，而语言充当了处理这种关系的最一般的工具和载体。要改善交际效果，更好地处理人与人之间的关系，就要讲究语用策略。语用策略是以交际客体为对象的语用战术。语用策略运用得当，会产生令人意想不到的效果。有这么一个例子：一个冬天的夜里，有一女子在马路上遇到歹

---

① 布鲁诺·G.巴拉.认知语用学：交际的心智过程[M].范振强，邱辉，译.杭州：浙江大学出版社，2013：前言.

② 陈宗明.中国语用学思想[M].杭州：浙江教育出版社，1997：14.

徒，夜深人静，路边居民楼的居民差不多都在熟睡中，该怎么办呢？喊"救命"吧，寒冷的冬天，事不关己，谁来救你？这女子灵机一动，大声喊："救火啊！"结果马路两边的居民全都惊醒了，个个从阳台上、窗户边察看火势到底从何而来，从而吓跑了歹徒。女青年抓住了交际客体歹徒和周边居民的心理，变换了一个角度，把涉及自己生命安危的事情转换成涉及旁边居民的生命财产安全的火灾，成功地完成了交际，达到了自己的交际目的。如果不使用语用策略或者使用不得当，往往会直接影响交际的效果。

交际不仅是一门语言运用的学问，还是一门涉及交际主体的学问，它力求在主体之间就某一问题达成一致。交际主体是交际过程中的话语主体，它包括说者和听者，每个交际者都处在一个与他人共同建立起来的主体间的联系网络中。例如当小学生做作业或学习了很长一段时间后，想休息一会，但又没得到母亲的同意时，他就有可能和母亲进行交际协商，直到母亲与他达成一致，实现认同。有一个正在做作业的小学生是这样和他母亲"交际"的：

> 儿子：妈妈，我饿了！
> 妈妈：饿了，就先吃点饼干。

儿子无奈只好"意思"一下吃了几口饼干，接着：

> 儿子：妈妈，我渴了！
> 妈妈：渴了自己喝水啊！

儿子喝完水，接着：

> 儿子：妈妈，我累了！我想……
> 妈妈：说了这么多，你就是想出去玩吧？去吧！

经过一番"话语较量"，母子终于达成一致，交际行为也就得以暂停。

交际过程自然也是一个在交际语境中推理的过程。例如有一个叫阿强的青年在一家公司效力，最近公司业务不多，阿强闲着没事，拿起一本业务书看看。这时老板走了进来，有这样一段对话：

> 老板：最近还好吧！
> 阿强：很好！
> 老板：阿强啊，要是没有你，我真不知道公司会怎么样！
> 阿强：您过奖了。
> 老板：从明天起，我们打算试试看。
> 阿强：……

这个例子说明交际中的推理是在语境中进行的，同时也说明了交际语境的复杂性，它有时给交际者提供虚假的信息。

交际一般地是指言语交际，即通过对话的方式进行的交际，但并非总是如此。非言语交际指除了话语之外的所有交际手段，包括肢体语言、服饰语言、发型、化妆，等等。拿身势语来说，身势语同语言一样，都是文化的一部分。在不同文化中，身势语的意义并不完全相同，各民族都有独具特色的不同的非言语交际方式。非言语交际也被囊括在描述语用学中，比如，在文化的语用学里得到了相应的研究。

三、描述语用学研究的不同取向

（一）哲学取向

描述语用学的哲学取向，是把哲学融入人类的言语活动和语境分析中，通过人类的言语活动及其行为来观照人与世界的关系，通过对意义的追求反推人的理性和哲学思考。它是哲学史上一次重大的转向——语言学转向。准确地说，这一转向应该是"语用学转向"。正如一些学者所断言的："现今的哲学无不带有语用（pragma）的特征。"[①] "语言实践的研究被转化为理解社会的基本方法，这种方法和正统的语言学没有联系，也和我们在 20 世纪 70 年代所看到的语用学无关，当然肯定也不是我们在 1977 年所预见的发展。"[②] 澄清语言，疏通意义，是为了重建对哲学的理解，因而属于哲学的语用学。

哲学语用学除莫里斯做出了重要的贡献外，还应当提到维特根斯坦、奥斯汀、格赖斯等人的贡献。

英籍奥地利哲学家路德维希·约瑟夫·约翰·维特根斯坦（Ludwig Josef Johann Wittgenstein，以下简称维特根斯坦）是西方分析哲学学派的代表人物之一。分析哲学把哲学的任务归结为对语言进行逻辑分析或语言分析，是一种对于最基本的符号形式——语言进行哲学分析的学派。维特根斯坦的分析哲学观点有前期和后期的区别，但都集中于研究语言的本质、功能及其界限，并以此来诊断和治疗他所说的"哲学的语言病"。他在前期主张语言的功能就是图像式地描述世界，在此之外只能保持沉默；后期他主张语言只能在使用中获得意义，提出了著名的"语言游戏"说。维特根斯坦的观点直接影响了两个哲学学派，即维也纳学派和牛津"日常语言学派"。维也纳学派（包括卡尔纳普）主张用逻辑语言来改造日常语言，并以此来消除"传统形而上学"，被称为"科学语言学派"。而"日常语言学派"则沿着后期维特根斯坦的方向前进，认为不需要构造理想的人工语言，而是去检查日常语言的实际用法。英国哲学家约翰·朗肖·奥斯汀（John Langshow Austin，以下简称奥斯汀）于 1955 年在美国哈佛大学讲学，提出了"言语行为"理论，后来为他的美国弟子约

① 盛晓明. 话语规则与知识基础：语用学维度 [M]. 上海：学林出版社，2000：3-4.
② Haberland, H., Mey J. L. Linguistics and Pragmatics, 25 Years After[J]. *Journal of Pragmatics*, 2002, 34(12): 1673.

翰·R.塞尔（John R. Searle，以下简称塞尔）所发展。1967年，美国哲学家赫伯特·保尔·格赖斯（Herbert Paul Grice，以下简称格赖斯）也在哈佛大学演讲，提出了"会话含义"理论。他们都为哲学语用学的发展做出了重要贡献。

玛丽娜·斯比萨（Marina Sbisà，以下简称斯比萨）在《语用学的哲学观点》（2014）一书中，汇聚了哲学语用学的成果，书中的人物词条有莫里斯、维特根斯坦、奥斯汀、格赖斯；哲学理论和流派有分析哲学—日常语言哲学（analytic philosophy–ordinary language philosophy）、语境论（contextualism）、认识论（epistemology）、内涵逻辑（intensional logic）、模型理论语义学（model–theoretic semantics）、语言哲学（philosophy of language）、心灵哲学（philosophy of mind）等。值得注意的是，通常情况下，内涵逻辑和模型理论语义学都被列入语义学，而不是语用学的范畴。除此之外，有些词条带有明显的欧洲大陆传统色彩，如巴赫金（Mikhail Bakhtin，米哈伊尔·巴赫金）、解构主义（deconstruction）、福柯（Michel Foucault，米歇尔·福柯）、普遍语用学和超验语用学（universal and transcendental pragmatics）等。[①]

（二）语言学取向

20世纪，哲学家维特根斯坦、奥斯汀和格赖斯分别提出的语言游戏理论、言语行为理论、会话含义理论，虽然都属于哲学语用学理论，但在客观上却推动了语言的语用学的学科构建。

语言的语用学具有明确的语言学特征，它以1977年《语用学杂志》（*Journal of Pragmatics*）在荷兰阿姆斯特丹创刊为标志，是对语言运用进行动态研究的一门学科。它摆脱了长期以来以词本位、句本位为研究对象的束缚，而将重心转移到了研究特定情景中的特定话语，力求建构一种关于话语产生与理解的理论。它是语言学中一门独立的新兴学科。

1983年，英国语言学家莱文森的《语用学》一书，第一次为整个语言的语用学建构了一个比较系统而又完整的理论框架，初步界定了语用学的研究范围，引导了语用学的研究方向，极大地影响了一代语用学研究者。他们认为语用学作为语言学之下的一个二级学科，正好构成和语义学互不相同但又互相补充的研究领域。

莱文森的《语用学》一书，把语言的语用学研究内容归结为以下五个方面。

（1）指索语。指索语同语境之间的关系最为直接，一旦离开语境就无从索解。例如，"今晚我来看你"。这里的"今晚"是什么时候？"我"是谁？"你"又是谁？离开了语境就无法判明句子的确定的含义。

（2）言语行为。简单地说，"说话"就是"做事"，人类交际的基本单位是完成一定的行为，例如，陈述、请求、命令、询问、感谢、道歉等。根据奥斯汀的理论，言语行为可以分为语谓行为、语旨行为和语效行为。

---

① Sbisà, M., Östman, J-O, Verschueren, J. *Philosophical Perspectives for Pragmatics* [M]. Shanghai: Shanghai Foreign Language Education Press, 2014.

（3）预设。指话语恰当性的条件。例如，"老张今天的情绪不好"，预设"老张平日的情绪是很好的"，否则这句话不恰当。预设是一种话中有话的推理。

（4）会话含义。指一种超出字面意义的言外之意。格赖斯指出，在交际过程中，当说话人表面上不遵守合作原则而实际又是合作的情况下，话语所传达的就是会话含义。例如 A："老张在家吗？" B："他有散步的习惯。" B 所传达的会话含义是：老张散步去了。

（5）会话结构。会话的特征是轮番说话，基本单位是话轮。会话结构有微观和宏观之分。

莱文森的《语用学》，深刻地影响了我国的语言的语用学研究。从目前出版的语用学部分教材和著作来看，在编写体例上几乎包括了莱文森《语用学》中的所有内容。其中比较有影响的著作有：何自然的《语用学概论》（1988），何自然、冉永平的《新编语用学概论》（2010），何兆熊的《语用学概要》（1989）和《新编语用学概要》（2000），索振羽的《语用学教程》（2000），姜望琪的《当代语用学》（2003），左思民的《汉语语用学》（2000）。比较新的著作有：黄衍的《语用学》（2015），露易丝·卡明斯（Louise Cummins）的《语用学》（2019），冉永平等的《语用学十讲》（2021），陈新仁的《语用学新发展研究》（2021）等。在这些著作中，最突出的特点是把指索语、预设、会话含义、言语行为、会话结构等内容作为基本分析单元各列一章，当然也融入了作者自己的一些探索。例如何兆熊的《新编语用学概要》在保留《语用学概要》基本章节的基础上，不拘泥于固有的几个分析单元，新增四章：意义和所指、关联理论、语用学研究中的语料收集方法、跨文化语用研究。何自然、冉永平的《新编语用学概论》在此前的版本上又增加了一些新的章节，包括关联理论、顺应论、模因论，以及理解语言、使用语言和诠释语言等相关的内容。索振羽在基本分析单元的基础上强调了"语境"的重要性，增加了"语境"一章。左思民虽然基本沿袭了莱文森《语用学》的模式，但很有创见性地提出了结合汉语语用实际进行语用研究的构想。随着认知科学的兴起，认知语用学的理论和应用研究也成为语用学的前沿焦点问题，代表性著作包括汉斯-尤格·施密特（Hans-Jrg Schmid）的《认知语用学》（2016），布鲁诺·G. 巴拉的《认知语用学——交际的心智过程》（2013），何自然的《认知语用学——言语交际的认知研究》（2006），多米尼克·桑德拉（Dominiek Sandra）等人编写的论文集《认知与语用》（2014），以及马可·马佐尼（Marco Mazzone）的《认知语用学：读心、推理和意识》（2018）。

（三）逻辑取向

皮尔斯说过："在一般意义上，逻辑学，正如我已经说明的，仅仅是符号学的另一个名字。"皮尔斯把逻辑学看成"符号学的另一个名字"，曾经引起很多学人的不解。实际上皮尔斯的意思是说，逻辑学关注人们如何应用符号进行推理：基于符号所携带的信息与它所蕴含的意义，人们如何从这些信息中推断真的断言和可能的断言。皮尔斯反复强调符号学的求真精神，而逻辑学就是研究真假的，即研究什么条件下的推理为真，什么条件下的推理为假。或可说，符号学是逻辑学的元科学。[①]

1994年，我国逻辑学家周礼全先生主编的《逻辑——正确思维和有效交际的理论》一书出版。这是一本系统地论述语言逻辑的专著，全书共有四个部分，作者说，除第一部分绪论外，"本书第二部分中的命题逻辑和谓词逻辑是属于形式语形学和形式语义学的；本书第二部分中的道义逻辑、认知逻辑、命令句逻辑和疑问句逻辑等则属于形式的语用学的范围；本书第三部分属于描述语用学的范围；本书第四部分属于应用语用学的范围。所以根据多数人通常的理解，本书大部分内容或主要内容是属于语用学的范围"[②]。周礼全先生这本逻辑著作的副标题"正确思维和有效交际的理论"，鲜明地标示了其中的描述语用学取向。书中第三部分讨论了语境、言语行为、隐涵、预设、修辞和成功交际等诸多内容，显然属于描述语用学；第四部分讨论的谈话、讲演和辩论的"应用语用学"，实际上就是描述语用学的应用语用学。

周礼全倡导研究语言逻辑，就是为了让逻辑更好地为人们的思维和交际服务。我们在研究中发现，解决人们在日常思维中的逻辑问题，更为重要的是研究日常推理，因为研究日常推理更逼近人们思维和交际的实际。语言逻辑和日常推理的研究都体现了描述语用学的逻辑取向。

人们在日常交际的过程中，无时无刻不在推理。例如两位大学同学几年后见面时的一段对话：

> A：几年没见，你结婚了吗？
> B：小孩都打酱油啦！
> A：是吗？太快了！

这段普通的对话就存在一系列的推理。A说："几年不见，你结婚了吗？""几年不见"可以推出预设：他们几年前曾经见过面。"你结婚了吗？"是个问句，推出预设"你"以前没有结婚，也可以推出两人这几年的联系并不紧密。B说："小孩都打酱油啦！"表面上答非所问，可以推出会话含义："我结婚了。"因为"只有结婚才会有孩子。我有孩子，所以我结婚了"。A说："是吗？太快了！""是吗？"无疑而问，似乎是"不相信"，实际是说"知道了"，并且有下面的感叹："太快了！"可以推出：说话人是在感叹时光流转，几年不见，今昔不同了。

又如：

> A：请问戴表了吗？
> B：（伸出手腕看表）现在10点半。
> A：谢谢！

① 皮尔斯.皮尔斯：论符号[M].赵星植，译.成都：四川大学出版社，2014.
② 周礼全.逻辑：正确思维和有效交际的理论[M].北京：人民出版社，1994：24-25.

B在A的提问的语境中假设了A向自己借表或者询问时间，由于彼此不相识，B推断A是询问时间，于是看表并做了回答。这是选择的推理。B又从A的致谢中知道了自己正确推断的交际效果。

熊明辉认为，语用逻辑属于逻辑学与语言学的交叉研究领域，其演进过程可概括为"两进路""三方案"。"两进路"分别是规范描述型的趋语用化进路和描述规范型的去语用化进路；"三方案"是指零语用的演绎逻辑方案、准语用的归纳逻辑方案和语用化的非形式逻辑方案。[①]这为我们从逻辑视角理解语用学提供了新的方案。

描述语用学研究的除了有哲学取向、语言学取向和逻辑取向，其他还有诸如社会学取向、文化学取向、心理学取向，以及语言教学、翻译等应用研究，这里就不具体讨论了。

第三节 本书的定位

一、非形式的语用学

语用学有形式语用学和描述语用学的区分。用二分法的观点说，描述语用学就是非形式语用学，因此本书的定位是：它是一本非形式语用学。

形式语用学，严格地说来，应当称为"形式化语用学"。"形式化"这一术语的含义，在现代逻辑或鲍亨斯基的《当代思维方法》中都是很确定的。形式化方法是把某一理论用人工语言符号进行陈述，从而把理论转换为纯粹符号系统研究的方法。把一理论形式化，也就是把理论中的概念转换为人工语言的符号，命题转换为符号公式，定理的推演转换为公式的变形，并把一个证明变成符号公式的有穷序列。把一个理论形式化以后，可以暂时撇开理论中的概念、命题的内容及意义，把理论变成对符号、公式空间结构的研究。真正的形式化方法是近代随着数学的发展而形成的，它对现代逻辑、数学、计算机科学的发展起着重要的作用。形式语用学也可以说是"形式系统语用学"，例如前面说到的蒙太格语法。

相对于形式语用学来说，描述语用学属于非形式或非形式化的语用学。描述语用学主要使用自然语言而不是形式语言——人工符号语言。它没有使用形式化的方法，没有建立形式系统，而是应用描写和解释的方法，描述人们来自经验的有关自然语言的应用原则，分析如何同语境相联系。描述语用学始终关注自然语言所传达的概念和命题，讨论它们在日常应用中的推理。这些推理一般都是或然而非必然的。描述语用学最贴近人们的日常思维，最具有实际的应用价值。

描述语用学虽然不搞"形式化"，但不拒绝形式。这就是说，描述语用学有时候

① 熊明辉.语用逻辑的研究路径及其发展方向[J].中国社会科学，2020（8）：24-46.

也使用人工符号语言；并非有了"形式"就成了形式语用学。因为自然语言存在着大量的一词多义现象和语义不确定的词，具有多义性和模糊性的特点，而人工符号只有单一的意义，可以避免自然语言的多义性和模糊性，所以描述语用学有时也使用一些符号来作为描述的手段。又由于描述语用学不搞形式化，不去建立形式系统，所以它仍然只是描述语用学而不是形式语用学。这就好比以亚里士多德逻辑为基本内容的传统逻辑，更多地使用了自然语言，虽然也用到一些符号，但没有形式化，所以仍应归属于非形式化逻辑。平时人们称它为"形式逻辑"，那是因为它研究"思维形式"的缘故。正如马佩教授所说：非形式逻辑"之所以叫非形式逻辑，乃是相对于形式化的逻辑——数理逻辑而言的。可以说，非形式逻辑者，非形式化逻辑、非数理逻辑之谓也"①。推而广之，非形式语用学者，非形式化语用学之谓也。

当然，作为非形式语用学的描述语用学与形式语用学之间并不存在不可逾越的鸿沟，有时候"形式"与"非形式"的界线并不是那么清晰。现代逻辑把建立严格形式系统的称为"完全形式化"，那就是说，还存在不完全的形式化。艾弗拉姆·诺姆·乔姆斯基（Avram Noam Chomsky，以下简称乔姆斯基）的"生成语法"，采用了类似于逻辑的演绎方法，把语法分析过程符号化，同其他语法学比较起来，生成语法是非常"形式"的，所以有人称它为"形式化"语法；然而又由于它毕竟没有建立起形式系统，所以也有人不说它是"形式化"的语法。面对这种情况，我们不妨称为"形式—描述的语形学"。语用学的情况也应当类此：对于不完全形式化的，可以看作"形式"的或"形式—描述"的语用学。

描述语用学与形式语用学之间没有不可逾越的鸿沟，还有另一层意思：本来属于描述语用学的理论，如果采用形式化的研究方法，那么它也会变成形式语用学的。例如预设理论本来属于描述语用学，1973 年美国学者 E. 基南（E. Keenan）写了《自然语言中的预设》一文，构造了一个预设形式系统 PL，其就属于形式语用学。又如奥斯汀的言语行为理论也属于描述语用学，1985 年塞尔和丹尼尔·范德维克（Daniel Vanderveken，以下简称范德维克）出版了《语旨逻辑基础》（*Foundations of Illocutionary Logic*）一书，对语旨行为进行了形式研究。如果这还不能算是严格意义上的形式系统，那么蔡曙山博士的《言语行为和语用逻辑》，则是完全形式化的形式语用学了。这就是说，描述语用学理论可以进行形式化的研究，从而形成新的形式语用学。但是描述语用学不是形式语用学的初阶，因为描述语用学有自己的"描述"的研究方法，它是一门独立的语用学科。描述语用学和形式语用的区分，不是研究对象上的不同，而是研究方法上的区别。

这本《描述语用学》将使用一些符号，但不会"形式化"，它属于非形式语用学。

---

① 马佩. 谈谈非形式逻辑问题 [J]. 河南大学学报（社会科学版），2004（1）：9-12.

二、语言—逻辑的语用学

逻辑是研究推理的。推理是从前提得出结论的一种思维方式，当然这种推出要有一定的理由，或者说，要"合乎逻辑"。

推理可以使用自然语言，也可以使用人工的形式语言。前者称为自然语言推理，亦即非形式化的推理；后者为人工语言的推理，可以是形式或形式化推理。

例如《世说新语》中"画蛇添足"的故事：

> "蛇固无足，子安能为之足？"

这是一个缺省的语用推理，结论是："你画的东西不是蛇。"这是自然语言的推理。其推理过程为：

> 所有蛇都是无足的；
> 你画的东西不是无足的；
> 所以，你画的东西不是蛇。

可以用亚里士多德逻辑公式写成推理形式：

> 一切 A 是 C；
> B 不是 C；
> 所以 B 不是 A。

公式中使用了形式语言 A、B、C，也有自然语言"一切""是""不是""所以"。在这里，推理撇开了思维的具体内容，所以是推理形式，属于形式推理。这是三段论第二格 AEE 式，可以用完全的形式语言写成：

$$PAM, \ SEM, \ \therefore SEP$$

值得注意的是，"推理形式"和"形式推理"是不同的两回事："推理形式"是相对于推理内容而言的，而"形式推理"是相对于自然语言推理而言的。此外，"形式推理"与"形式化"的推理也是不相同的。后者属于形式系统的推理。形式化推理的例子如：

> 定理：$(q \to r) \to ((p \to q) \to (p \to r))$
> 证明：[公理] $(q \to r) \to ((p \lor q) \to (p \lor r))$
> [代入] $(q \to r) \to ((\neg p \lor q) \to (\neg p \lor r))$
> [置换] $(q \to r) \to ((p \to q) \to (p \to r))$

本书将关注自然语言的推理问题，主要使用自然语言，偶尔使用形式语言，一般不会使用形式化语言，不会建立形式系统，因此，本书属于非形式语用学，而不是形式语用学。

描述语用学的研究，可以有不同的着眼点：或者着眼于语言，采用纯语言学的方法，或者着眼于逻辑，采用逻辑的方法，或者兼而采之。本书由于关注自然语言的推理，因而同逻辑有关。但是本书无意于写成自然语言逻辑，而是同时着眼于语言学，仍然按照语言的语用学框架讨论问题，只是较多地关注自然语言的意义推导而已。所以本书的定位不是"语言逻辑的语用学"，而是"语言—逻辑的语用学"。

美国学者威廉·S.库珀（William S. Cooper，以下简称库珀）在《逻辑—语言学基础》（*Foundations of Logico-Linguistics*）中提出了这样一种设想：思想家长期以来确信语言和逻辑之间有一种内在的联系，弄清这种联系的方法可以是先发展一种语言理论，然后发展一种逻辑理论，最后再把二者结合起来。但是理想的方法是，语言和逻辑基础可以同时作为一个统一的理论加以发展。如果这样做的话，语言和逻辑的联系就是自明的了。[①] 我们这本《描述语用学》，也是把语用学和逻辑的基础理论统一起来加以发展，使之具有语用学和逻辑的双重特征。当然，这里只是做一些尝试性的努力。

三、研究描述的语用推理

描述的语用推理属于非形式语用学，它没有建立形式系统，但可以使用一些符号和符号公式。由于描述语用学研究语境中的意义，描述的语用推理模式可以简单地用符号公式表示如下：

$$C（A \vdash B）$$

C 表示语境，A 表示前提，B 表示结论，$\vdash$ 表示推出。语境 C 是个变项，语境的每一变化都会影响到结论的真实性和恰当性。前提 A 是个集合，即 A={A_1, A_2, …, A_n}。当然也可以是单元集：{A}。结论 B 就是语境中的意义。语用推理的结论一般都是或然而非必然的。

语用推理的过程就是探求语境中意义的过程。它是一个极其复杂的研究领域，这里只能举出其中几个有代表性、在逻辑教科书中不大见到的语用推理类型，说明描述性语用推理的一些特征。

（一）衍推

一直以来，人们认为衍推（entailment）是指不依赖语境可以从句子本身推导出来的那些命题，所以称为"语义衍推"。可是随着语境研究的深化，我们发现大多数衍推都无法完全脱离语境，实际上它们也是一种语用的推理。

---

① 王维贤，李先焜，陈宗明.语言逻辑引论[M].武汉：湖北教育出版社，1989：570.

虚指衍推是指不改变句子的结构，借助义素分析，从种属关系入手推导出来的意义。例如：

> 妈妈发烧了。├妈妈生病了。

从"妈妈发烧了"可以推出"妈妈生病了"，反之则推不出。推出的命题没有改变句子的结构，"发烧"和"生病"之间具有种属关系，符合虚指衍推的要求。然而，在"发烧"与"生病"之间建立充分条件的关系，需要一定的知识背景或者是一定的生活常识和生活经验。对于一个小孩来讲，他就不能从"发烧"推出"生病"，他根据自己的知识背景，也许会得出其他的结论。如果你常常传达给他"如果妈妈发烧了，那么你就要会没有妈妈了"的信息的话，孩子就会自然地推出"妈妈要离开我了"的结论。

释解衍推是指离开句子的结构，完全通过对句子语义的解释和理解而推得的命题。相比之下，这类衍推显得复杂而隐匿一些。例如：

> A和B结婚了。├A和B是一男一女。

前者和后者完全符合"如果 p 那么 q"的条件，而且两者的结构已有改变，因此后者是前者的"释解衍推"。对于任何有"结婚的人是一男一女"的常识的人来讲，推出"A 和 B 是一男一女"的衍推没有问题。可是也有推不出来的情况，比如在一些允许同性结婚的地区，人们也许推不出这一命题。

还有重音衍推，就是根据不同的重音模型而推导的命题。根据语境的不同，话语会产生不同的强调重音，不同的重音模型自然会导致句子有不同的衍推。例如：

> 杭州将重建一座雷峰塔。├某地将重建一座雷峰塔。
> 杭州将重建一座雷峰塔。├杭州将对一座雷峰塔做某事。
> 杭州将重建一座雷峰塔。├杭州将重建某个数量的雷峰塔。
> 杭州将重建一座雷峰塔。├杭州将重建某物。

重音在不同衍推的推出中发挥了决定性作用，而句子重音的变化本来就是语境的重要因素之一，"它是随着题旨和语境的需要而变化的"，"它往往就是表意的焦点"[①]。如果不是在具体语境中，由于特殊的交际用途，是不会产生如此复杂的重音模型的。重音衍推明显地属于语用推理。

（二）预设

预设（presupposition）是由德国哲学家、逻辑学家弗里德里希·路德维希·戈特洛布·弗雷格（Friedrich Ludwig Gottlob Frege，以下简称弗雷格）提出的重要的哲学和语言学概念，有的语言学家译为"前提"。它是指交际双方所共有的隐藏于句子背

---

① 吴洁敏.汉语节律学[M].北京:语文出版社，2001:294.

后的命题，也就是交际双方预先设定的先知信息，或者称为"无争议信息"。[①] 如果把句子直接表达于外的命题称为"显前提"的话，预设就是蕴藏于内的"隐前提"[②]。

人们常常将预设分为语义预设和语用预设。语用预设是指抛开真值条件的限制和句子的字面意思，参照语境从恰当性出发推出的共有知识。同一句话语往往因为交际环境不同而含有不同预设，预设的差异又会导致对同一句话的理解"仁者见仁，智者见智"。语用预设同语境之间的密切关系是不需要说明的。例如：

> 孩子："爸爸，今天天晴了！"
> 爸爸："那你准备一下，我们马上去动物园。"

上述父子间的对话存在一个前提：如果第二天天晴，爸爸就带儿子去动物园。如果没有这一共有信息的话，就无法展开上述的对话。由于背景信息的不同，针对孩子的话，爸爸可以做各种各样的回答："那你还不去上幼儿园？""太好了！总算晴了。""昨天天气预报不是说下雨吗？真不准！"，等等。又如：

> 请您把门关上。

从这句话可以推出：①说话时门是开着的。如果门是关着的，那么这句话是不恰当的。②这是一句很有礼貌的话。说话者和听话者不是至亲关系。如果在家里，母亲对孩子这样说，孩子一定会觉得有点儿奇怪。因此，对于语用预设来讲，恰当性是关键。所谓"恰当性"，就是要求与语境协调一致。

人们通常认为，语义预设不需要语境参与，交际双方从句子本身即可推出共知的命题。这类预设不会因人而异，它是唯一的、固定的，是可以用否定测试获取的。如：

> 我后悔/不后悔打了他。├我打了他。
> 小王的姐姐是/不是研究生。├小王有姐姐。

上面两例的预设是运用否定法从句子的字面意思直接推知的，好像与语境无关。其实不然。一个语句一般都有两个部分，如"小王的姐姐是研究生"，前一部分"小王的姐姐"是已知信息，即预设，后一部分是新信息，称为"断言"。这作为已知信息的预设本身就是断言的语境。所以说，即使是所谓的"语义预设"也不是与语境无关。

况且还存在一些预设，虽然可以用否定法获得，可是一旦与上下文相结合便行不通了。例如：

① Grice, H. P. Presupposition and Conversational Implicature[C] // Cole, P. *Radical Pragmatics*. New York: Academic Press, 1981.
② 黄华新，徐慈华，张则幸. 逻辑学导论[M]. 3版. 杭州：浙江大学出版社，2021：211.

苏珊在完成她的论文之前哭了。⊢苏珊完成了她的论文。

＊苏珊在完成她的论文之前死了。⊢苏珊完成了她的论文。

两句话结构完全相同，上句用否定测试可以推出预设"苏珊完成了她的论文"，而下句却行不通（＊号表示病句）。因为下一个句子牵涉到人们的常识性知识——人死后不可能完成论文。这类预设的解读需要一定的知识背景的参与，语境特征更为明显。

（三）会话含义

会话含义是指实际语境中交际语言的言外之意，可以二分为特殊的会话含义和一般的会话含义。特殊的会话含义依赖于语境无须多言。例如：

孩子："爸爸，今天天晴了。" ⊢ "带我去动物园吧。"

⊢ "我今天可以去踢球了吧。"

⊢ "总算晴了，真高兴。"

⊢ "可以晒花手帕了。"

孩子说的同一句话，在不同的语境下，会产生毫无联系的不同含义。如果语境是：父亲允诺天晴就去动物园，这句话的言外之意便是：父亲同意孩子去动物园。下面依此类推。

至于一般的会话含义，其推导也是离不开语境的，只不过显得略微抽象和隐蔽罢了。例如：

李家有三头牛。⊢李家只有三头牛。

这里所有的人都是男的。⊢这里有人是男的。

他使门打开。⊢非常规地开门。

这些例子从前者推出后者，肯定都有某些因素在起作用。它们是交际双方所共有的知识背景，是约定的传统习惯、定形的文化背景、习得的百科知识、必要的思维能力，以及语言运用原则等内在化、认知化的结果。

以上简单地讨论了逻辑教科书上一般不予讨论的几种描述语用推理。至于教科书所说的那些推理，它们着眼于形式或形式化，不能算是描述语用推理。但如果把它们应用到日常生活中去，赋予它们语境条件，它们也会成为描述的语用推理。例如：

地都结冰了，我们就不出去散步了。

这是一句日常会话。在特定的语境中，它是一个语境省略的假言连锁推理。根据语境，我们可以恢复它的推理原型，具体如下：

如果地都结冰了，那么天很冷；
如果天很冷，那么我们就不出去散步了。
地都结冰了，
所以，我们就不出去散步了。

公式写成：

$$C(((p{\rightarrow}q) \wedge (q{\rightarrow}r) \wedge p) \vdash r)$$

这里使用了形式符号语言，但没有建立形式系统，不算是形式化。它仍然属于描述的语用推理。

语用推理实际上就是日常推理，具有无限广阔的应用领域。

第二章

语　境

第一节　语境研究的历史回眸

一、欧美语境研究的进路

　　自然语言的意义是一个既古老又复杂的问题，古今中外诸多学者为此进行了许许多多的探索和反思，展开了许许多多的讨论和争辩。语境研究是适应自然语言意义研究的需要而发展起来的。语用学与语义学的区别仅在于，语用学研究语境中的意义，而语义学与语境的关系趋近于零。因此有人认为语用学就是语境学。语境，自然也是描述语用学的基本概念。

　　语境研究可以追溯到古希腊时期。亚里士多德早在《论题篇》里就已经指出："一个语词到底具有多层含义还是只有一层含义，可以用下述方法来考察确定。首先，考察相反者是否具有多层含义，如若有多层含义，其差别是种方面的还是用语方面的。因为在某种场合，仅从用语方面也能发现区别。例如，在形容声音时，'尖锐的'反义词是'低沉的'，但在修饰刀刃时，'尖锐的'反义词则是'滞钝的'。显然，'尖锐的'反义词有多层含义，'尖锐的'也就有多层含义。"[①] 这里所说的"场合"，即是语境。

　　继亚里士多德之后，欧美许多学者的研究也都程度不同地涉及语境问题，但是真正的语境研究却是距离今天不太遥远的事情。19 世纪末 20 世纪初，皮尔斯首次提出"指索语词"的概念，揭开了正式研究"语境"的序幕。皮尔斯认为，像"我""你""他"等人称代词，"过去""现在""将来"等时态词，"这""那"等指示词，高度依赖于语境。这些语词一旦离开具体的语言环境，就无法确定其所指。因此，包含这种指索语词的指索语句便无真假，在逻辑上只是句子而非命题。20 世纪50 年代，叶霍舒·巴尔 – 希勒尔（Yehoshua Bar-Hillel，以下简称巴尔 – 希勒尔）在研究中强调了指索语词在人类交际中的重要地位，主张把它规定为语用学的研究对象，

---

① 　苗力田.亚里士多德全集（第一卷）[M].北京:中国人民大学出版社，1990: 369.

为联系语境研究指索句开拓了新的局面。

"语境"（context）这个术语，最先是由波兰裔人类学家勃洛尼斯拉夫·卡斯珀·马林诺夫斯基（Bronislaw Kaspar Malinowski，以下简称马林诺夫斯基）提出来的。1923 年，马林诺夫斯基在为奥格登和理查兹《意义之意义》一书所写的"补录"中，把语境分为两类：文化语境和情景语境。前者是指说话人生活于其中的社会文化背景，后者是指言语行为发生时的具体情境。

此后，许多学者相继对"语境"进行了更为具体的研究。其中具有代表性的，除前面说到的莫里斯、蒙太格外，还有英国语言学家约翰·鲁珀特·弗斯（John Rupert Firth，以下简称弗斯）、韩礼德（M. A. K. Halliday，亦译哈里迪）、约翰·莱昂斯（John Lyons，以下简称莱昂斯），美国社会语言学家约舒亚·费什曼（Joshua Fishman，以下简称费什曼）、D. H. 海姆斯（D. H. Hymes，以下简称海姆斯），波兰哲学家亚当·沙夫（Adam Schaff，以下简称沙夫），以色列语言哲学家巴尔－希勒尔，以及丹麦语言学家梅伊和比利时的维索尔伦，等等。

弗斯接受了马林诺夫斯基提出的"语境"这一术语，并且比较系统地发展了马林诺夫斯基的语境理论。弗斯把语言看成是"社会过程"，"一种行为方式"，"一种生活方式"；他所说的语言的"意义"，不限于词汇意义和语法意义，还包括语境中的意义。弗斯把语境分为"上下文"和"情境的上下文"两个部分，前者是由语言因素构成的，后者是由非语言因素构成的。弗斯非常强调"情境的上下文"，并把它进一步分为以下要素。

一是对交际者的有关特征进行分析，包括人物、个性等，通过双方的言语行为和非言语行为表现出来。

二是有关客体。

三是言语活动的影响。

弗斯创立了比较完整的语境理论，为语境研究做出了重要的贡献。

韩礼德于 1964 年提出了"语域"（registers）的概念，实际上说的就是"语境"。韩礼德把语域分为三个部分。

一是话语的范围。包括政治、科技、文艺、日常生活等领域。

二是话语的方式。包括口头语与书面语两种。

三是话语的风格。包括交际者的地位、关系、身份等。

后来他又进一步提出：语境由场景、方式和交际者组成，它们中每一部分的改变，都会产生新的语域。

与韩礼德相类似，美国社会语言学家费什曼也于 1965 年提出了他对语域问题的观点。他认为，"语域"（domain）是语言交流中受共同行为规则制约的社会情境，包括时间、身份和主题，通俗的说法就是：谁何时对谁说了什么话。

1968 年，美国另一位社会语言学家海姆斯在其《语言与社会背景相互作用的例子》一文中，把语境归纳为话语的形式、内容、背景、参与者、目的（意图与效果）、交际方式等六个方面。值得注意的是，他把话语本身也看作语境的组成部分（实际上也就是说了什么）。

1977 年，莱昂斯在他的《语义学》一书中认为，交际者要正确地说出一句话语或者理解一句话语，必须具有以下六个方面的知识。

第一，应当知道自己在谈话中担当的角色和所处的地位。

第二，应当知道谈话的地点和时间。

第三，应当知道谈话的正式程度，如郑重谈话、随便谈话或亲密谈话等。

第四，应当知道应用什么样的交际媒介是合适的，书面话语或者口头话语。

第五，应当具有关于谈话主题的知识。

第六，应当具有谈话场合的知识，如朋友间谈话、学术讨论或外交谈话等。

莱昂斯所说的交际者应当具备的各种知识，实际上也就是语境中的各种要素。

波兰哲学家沙夫于 1962 年在《语义学引论》一书中，从哲学的角度多次讨论到"论域"（discourse of universe）和"符号情境"问题。他说："一个表达式的意义是随着它所在的那个论域而不同的。这是由于：语言的表达式是极其含混的，它容许人们做出各种不同的解释……理智的交际必须不仅假设要涉及一个对象，而且假设要涉及一个在一定论域中的对象，换句话说，被表达物的内容只有在一定的环境里才能被理解。"[①] 沙夫所说的"论域"也就是语境。他还多次讨论到"符号情境"，分析了三种不同的观点，其中包括奥格登和理查兹在《意义的意义》一书中的观点，沙夫认为他们强调了在对符号情境的分析中有"明白地承认我们之外的世界"的必要性。

历史发展到了 20 世纪末年，欧洲大陆的语言学家们提出了"动态语境"的新概念，一改以往的语境的静态研究。1993 年，丹麦的梅伊在他的《语用学引论》（*Pragmatics: An Introduction*）一书中明确地指出："语境是动态的概念，而不是静态的，是交际者在言谈交际时不断变动着的环境；交际者在这样的环境里进行言谈交际，并在这样的环境中获得对交际言语的理解。"[②] 1998 年，比利时学者维索尔伦也在《语用学新解》（*Understanding Pragmatics*）中说，我们的任务是要"在具体的语言使用中发现相关的语境要素，而不是把它们强加在预先设定的语境理论模型的偏见中"[③]。梅伊和维索尔伦关于动态语境的理论使得语境研究焕然一新，大大地推动了语境学说的发展。

近几年语境的专门研究正如火如荼地展开，出版了多本论文集或专著，代表性的有亚历山德罗·杜兰蒂（Alessandro Duranti）与查尔斯·古德温（Charles Goodwin）（1992）、罗伯特·斯托内克尔（Robert Stalnaker，以下简称斯托内克尔）（2016）、T. A. 冯·戴伊克（T. A. Van Dijk，以下简称冯·戴伊克）（2008）、赫尔曼·卡佩伦（Herman

---

① 沙夫.语义学引论[M].罗兰，周易，译.北京：商务印书馆，1979：132.

② Mey, J. L. *Pragmatics*: *An Introduction*[M]. 2nd Edition. Beijing: Foreign Language Teaching and Research Press, 2001: 40.

③ Verschueren, J. *Understanding Pragmatics*[M]. Beijing: Foreign Language Teaching and Research Press, 2000: 109.

Cappelen）与乔希·德弗（Josh Dever）（2016）、安德鲁·辛顿（Andrew Hinton）（2014），等等。

二、中国的语境研究

在我国，关于语境的研究也可谓是历史悠久。早在先秦的著作中就涉及语境问题。例如《易经·彖辞传》说"大过之时大矣哉""蹇之时用大矣哉"等，经文乾卦中龙的潜、见、跃、飞等，都强调了时用的重要性。这里所说的"时用"，实际上就是语境问题。《吕氏春秋》的《察传》篇说："辞多类非而是，多类是而非。是非之经，不可不分。此圣人之所慎也。然则何以慎？缘物之情及人之情，以为所闻，则得之矣。"意思是说，交际中的许多言辞似非而是，似是而非，要准确地理解这些言辞所表达的真实含义，必须根据物情、人情等实际情况。这里所说的物情、人情情况，也就是语境。

先秦以后的训诂学中，更是广泛地讨论到语境问题。我国古代的训诂学家所说的"随文释义"，就是根据上下文乃至背景知识所提供的语言环境来解释词语的含义。也就是说，在语境中释义。晋代郭璞最早提出了类似于语境的观念。《尔雅》中有："济，渡也；济，成也；济，益也。"郭璞注云："所以广异训，各随事为义。"这里所说的"随事为义"，实际上就是"在语境中训释"的思想。唐代孔颖达不仅提到同郭璞"随事为义"相类似的"随义而释""观文而说"，还说到"文势"和"义势"，进一步丰富了训诂学的语境思想。宋代朱熹明白无误地提到了"上下文"。有人问："一般字，却有浅深轻重，如何看？"曰："当看上下文。"（《朱子语类》卷第十一）清代是训诂学的鼎盛时期，语境训诂思想更趋于成熟。正如当代孙雍长在《训诂原理》中所指出的："清代训诂家就语境对词义的制约功能和解释功能所做出的体认和研究，无论在广度还是在深度上都有了进一步的发展。"[1] 我国古代文论，强调文学创作需要创造一个特殊的意境。所谓意境，就是指文学作品中所描绘的生活图景和表现的思想感情融合一致而形成的一种艺术境界。意境也是一种语境，一种虚拟语境——作家主观创造的一种可能世界。我们古代的文论家们认为，文学作品中的话语（言）总是存在于一定的意境之中。

我国古代文献已经有了丰富的语境思想，但还没有形成关于语境的系统理论。完成这项工作，还是当代的事情。

1932 年，修辞学家陈望道《修辞学发凡》一书出版，标志着我国现代的语境研究的发端（这样的研究开始于修辞学，是不难理解的）。在《修辞学发凡》中提出了一条基本原则，即修辞要讲究"适应题旨情境"。作者不仅比较系统地阐述了这条原则，而且反复强调这条原则的重要性，指出"修辞以适应题旨情境为第一义"，"凡是成功的修辞，必定能够适合内容复杂的题旨，内容复杂的情境，极尽语言文字的

---

① 孙雍长.训诂原理[M].北京：语文出版社，1997：401.

可能性，使人觉得无可移易，至少写说者自己以为无可移易"①。《发凡》中所谓"题旨"，指的是"立言的意旨"，亦即写说者的意图和目的；所谓"情境"，指的是写说的对象、时间、地点，等等，也就是写说时所处的种种环境和条件。作者把"六何"——何故、何事、何人、何地、何时、何如，看作"情境上的分题"。作者指出："每个具体的切实的修辞现象，都是适应具体的题旨和情境的。我们应当把每个方式就题就境看出它的个别性质，这样才见语辞是有根的是活的，是有个性的，是不能随便抄袭，用作别题别境的套语的。"②《修辞学发凡》所说到的"题旨"和"情境"都是语境因素，因而这里讨论的都是语境问题。

1964年，王德春发表《使用语言的环境》一文，专门讨论了语境与使用语言的关系。作者指出："使用语言的时间、地点、场合、对象、话题，使用语言的人和使用语言时所表现的思想等因素构成特定的言语环境。对言语环境进行分析研究，可以对语言理论、语言实践和文艺创作等方面的研究有许多帮助。"③这里，作者说到了语境要素及语境研究的重要性，只不过没有直接使用"语境"这个术语。

1983年，陈宗明发表《逻辑与语境》一文，专门讨论了语境与逻辑之间的关系。文章认为，交际过程具有不可重复的性质，具体的语境也永远是独一无二的。因此，自然语言在特定的语境中一般都是单义的，恰好同逻辑的要求相吻合。作者指出："传统逻辑缺乏处理语境问题的能力。数理逻辑的'论域'与语境是相通的，但数理逻辑的主要兴趣不在于自然语言，因而不愿意去讨论语境的具体问题……随着现代逻辑和现代语言学研究的深入，一门新兴的科学——自然语言逻辑应运而生。自然语言逻辑从指谓性和交际性两方面研究自然语言中的逻辑问题，语境的研究是它的主要内容之一。"④

1989年，王建平《语言交际中的艺术——语境的逻辑功能》一书出版，这是我国第一本研究语境与逻辑的专著。作者从语境的交际功能出发，把语境的利用看成"语言交际中的艺术"。作者明确地指出，"语用学的实质问题是语境问题"，语用学就是一门专门研究语境在交际过程中的作用的新学科，甚至"各种不同的语言语义学理论都不可避免地要涉及语境问题"。⑤在这本书中，作者比较详细地讨论了语境与概念、语境与命题、语境与推理、语境与逻辑等一系列基本问题。

同年，何兆熊受莱昂斯的启发，在《语用学概要》一书中以知识来解释语境，给出了语境因素的分类表，将语境因素二分为语言知识和语言外知识，又将语言知识分为对所使用的语言的掌握和对语言交际上下文的了解；语言外知识则可分为背景知识、情境知识和相互知识。在此基础上，对第二层的背景知识和情境知识做了

① 陈望道.修辞学发凡[M].上海：上海教育出版社，1979：11.
② 陈望道.修辞学发凡[M].上海：上海教育出版社，1979：12.
③ 王德春.修辞学探索[M].北京：北京出版社，1983：26.
④ 陈宗明.逻辑与语境[M]//中国社会科学院哲学研究所逻辑研究室.逻辑学论丛.北京：中国社会科学出版社，1983：87.
⑤ 王建平.语言交际中的艺术：语境的逻辑功能[M].北京：求实出版社，1989：14，23.

第三层次的分类。这样的分类角度新颖且一目了然，促进了语境的结构化分析。[①]

2002 年，王建华、周明强、盛爱萍的《现代汉语语境研究》出版，这是一本比较系统、全面地探讨语境问题的学术专著。作者在后记中说："本书主要着眼于语境本体的研究，重点是语境的性质、构成、分类等内部关系，语境的功能与话语、语境主体的关系等外部联系，还涉及语境与语言运用、语文教学的关系，等等。"[②]

随着认知科学的兴起，当前的语境研究在认知科学的大背景下开始了认知转向。语境研究已经完全告别了传统的静态研究，进入了一个动态的"认知语境时代"，语境的认知研究也受到了国内学者的重视。例如，胡霞的《认知语境的理论建构》一书在当前国内外认知语境研究现有成果的基础之上，从认知语境的基本特征、心理表征、建构整合、功能实现等维度，综合认知语言学、认知心理学、逻辑学、人工智能等多的重要观点，尝试建构一个有关认知语境的全面而系统的理论框架[③]。许葵花在《认知语境语义阐释功能的实证研究》一书中提出，认知语境是人们在经验基础上对某一概念图式化的认知构造网络。它是语言语境认知化、情景语境认知化、文化语境认知化的结果，具有动态性、地域性、文化性、模糊性、网络分布性等特点。[④] 此外，彭有明的《从原型效应的视角谈认知语境对言语交际的制约》一书引入认知心理学的原型范畴理论，首先界定了原型、典型、认知语境及其原型效应等概念，然后探讨了认知语境及其原型效应的几个基本特征，区分了三类不同性质的相似性，并确定了典型的两条标准。在此基础上，从原型效应的视角，进一步探讨了言内和言外要素构成的认知语境对一般或特殊言语交际的制约[⑤]。

近年来，国内学者提出了语境学的概念，涌现了一大批论文和专著。仅以专著为例，有周明强的《现代汉语实用语境学》（2005），曹京渊的《言语交际中的语境研究》（2008），朱永生的《语境动态研究》（2005），史秀菊的《语境与言语得体性研究》（2004），斐文的《现代英语语境学》（2000），周淑萍的《语境研究——传统与创新》（2011），张金梅的《汉语语言要素的语境研究》（2014），彭有明的《从原型效应的视角谈认知语境对言语交际的制约》（2012），胡霞的《认知语境的理论建构》（2014）等。 然而在我国，较早对于语境研究做出重要贡献的还是周礼全先生。周礼全的语境思想是其自然语言逻辑思想的重要组成部分，处于现代科学前沿。

早在 20 世纪 60 年代初年，周礼全先生在《形式逻辑应该尝试研究自然语言的具体意义》一文中就提出从逻辑的角度研究语境的必要性。他说："一个（或一组）语句常常不是孤立出现的，总是有它的上下文，总是同一些别的语句先后出现。一个（或一组）语句的上下文，我们叫作这个（或这组）语句的语言环境。一个（或

① 何兆熊.语用学概要[M].上海:上海外语教育出版社，1989: 25.
② 王建华，周明强，盛爱萍.现代汉语语境研究[M].杭州:浙江大学出版社，2002: 437.
③ 胡霞.认知语境的理论建构[M].昆明:云南人民出版社，2014.
④ 许葵花.认知语境语义阐释功能的实证研究[M].北京:中国人民大学出版社，2007.
⑤ 彭有明.从原型效应的视角谈认知语境对言语交际的制约[M].武汉:武汉大学出版社，2012.

一组）语句除了有它的语言环境以外，还有它的语言以外的客观环境。一个（或一组）语句由一定的人说的，总是在一定的时间与一定的地点说的，总是用一定的声调与姿态说的，总是针对一定的情况说的，也常常是对一定的人说的，这些就构成一个（或一组）语句的客观环境。"[①] 周礼全认为，形式逻辑要研究自然语言的具体意义，而自然语言的具体意义即是它在具体环境中的意义，这种意义才是它的真正意义。

1978 年，周礼全在全国第一次逻辑讨论会的讲演时明确地使用了"语境"一词。他说："语境指语言环境，即上下文；也指客观环境，包括说话者、听话者、时间、地点等。说话者、听话者还包括他们当时的思想感情等。""如果一个孤立语句是多义的，但在语境中它却不必是多义的。在大多数情况下，多义问题可以通过语境来解决。""根据语境，人们就能确定某个自然语句表谓哪个命题和表达哪种言语行为。因此我们可以把命题看作语境的函数。"[②] 如此等等，都是极有见地的认识。特别是"语境函数"的观念，实际上已经把语境看成动态的存在了。周礼全的这次讲演，后来由别人根据记录整理成文，以《形式逻辑和自然语言》为题，发表在 1993 年的《哲学研究》上。

1994 年，周礼全在《逻辑——正确思维和有效交际的理论》一书的"语境"一章里，全面地论述了他的"语用语境"观。他认为，语用语境包含了语义语境。因为语义语境只能解决指谓和所指谓问题，而语用语境则能进一步解决命题态度、意谓和意思问题。以往的语用语境理论过于笼统，还不能说明语境中的各种因素对话语所表达和传达的命题、命题态度、意谓和意思的具体影响。为此，作者又把语用语境分为 C_0、C_S、C_H 和 C_{SH} 四种，并分别地进行了讨论。C_0 作为一句话语 "U（FA）"的语境，包括：①当前情境；②上下文；③"U（FA）"涉及的事物和事态；④说话者的情况；⑤听话者的情况。这五种因素都是客观存在的，虽然④和⑤包含了说话者 S 和听话者 H 的思想感情，但这种思想感情也是客观存在的事实。C_0 是这五种因素的命题的集合。由于语境 C_0 中的那些客观存在的因素，说话者 S 或听话者 H 很难有完全的认识，S 和 H 更难有共同的完全的认识，因此，在 C_0 之外还需要有说话者 S 所认识的语境 C_S、听话者 H 所认识的语境 C_H 和 S、H 所共同认识的语境 C_{SH}。C_S、C_H 和 C_{SH} 都是命题集合，其中的任一命题都是关于 C_0 中的因素的命题，并且都是 S 或 H 所知道、相信或接受的命题，或 S 和 H 所共同知道、相信或接受的命题。语境 C_0、C_S、C_H 和 C_{SH} 这四个命题集合，常常是相交的，而且 C_{SH} 总是 C_S 和 C_H 的子集。

周礼全进一步指出，这里所说的语境是一句或一段话语的语境，也包括一个子句、短语或语词的语境。两句不同的话语，就有不同的语境。即使两句相同的话

---

① 周礼全.形式逻辑应该尝试研究自然语言的具体意义[M]//周礼全.周礼全集.北京：中国社会科学出版社，2000：170.
② 周礼全.形式逻辑和自然语言[M]//周礼全.周礼全集.北京：中国社会科学出版社，2000：185.

语，也有不同的语境。因为分别说出这两句话语的说话者、听话者，说话的时间、地点等是不可能完全相同的。语境 C_O、C_S、C_H 和 C_{SH} 在一次谈话中总是不断地发生变化的。随着谈话时间的延长、谈话内容的增多和谈话者的思想感情的变化，语境就会跟着不断变化。[①]

周礼全的语境思想大大丰富了语境理论的研究。在他看来，语境是具体的，是相对于自然语言的某一特定的交际活动而言的，是人们表达和理解的具体条件。因此，不能割断具体的表达与理解过程去抽象地谈自然环境、社会环境，等等，而只能具体地说"某某话语的语境"或"某某表达式的语境"。从语境的构成要素来看，语境是由一系列同自然语言理解密切相关的主、客观因素构成的复杂系统，它是多形态、多层次、多方面的。语境是动态的，会随着交际过程中的客观情境及交际双方思想感情的变化而变化。如果按《逻辑》一书的出版时间——1994 年来看，周礼全提出动态语境只比梅伊晚一年，比起维索尔伦要早四年；如果按 1978 年那次演讲中提出"语境函数"来看，要比西方早十多年；如果按 1993 年作为论文发表的时间来看，则与梅伊同一年。足见周礼全先生理论的前瞻性。

第二节 语境的生命历程

一、语境的生成

维索尔伦在《语用学诠释》一书中说："事实上，语境是在语言使用过程中生成的，因而语境也在不同方面受到限制。虽然原则上言语事件的每一个可能要素都可以作为一个相关因素出现，并加以考虑，但是并非在每一种场合这些要素都以相关要素的身份调动起来。换句话说，在范围几乎是无限的种种可能性中，语境是由某种动态过程创造出来的——是由发话人和释话人之间的、与'客观外在'（或被认为是客观存在）的现实相联系的互动的动态过程创造出来的。"[②]

维索尔伦这段话，可以做如下的理解。

（1）语境是生成的。

（2）特定的语境是在语言使用过程中生成的。

（3）一个特定的语境拥有几乎无限的相关语境因素，因而需要提取（调动）。需要提取，自然也有所舍弃。

（4）提取就是寻找最佳关联，即最相关的一些语境因素。提取是一个语境选择的过程。

① 周礼全.逻辑：正确思维和有效交际的理论[M].北京：人民出版社，1994：389-392.
② 耶夫·维索尔伦.语用学诠释[M].钱冠连，霍永寿，译.北京：清华大学出版社，2003：127.

33

（5）语境的生成是一个动态的推理过程。

（6）一个特定语境应是相关因素的集合。即 C ={a$_1$, a$_2$, …, a$_n$}。

一本儿童读物里讲述了这样一个故事，我们不妨分析分析其中语境生成的过程。

> 一佳先摸摸头说他那天笨嘴笨舌，败在表哥手下。大家问是怎么一回事，他说："表哥到我家来，妈妈拿出两个苹果，一人一个。表哥伸手拿走一个大的，我不高兴，说：'太没礼貌了。你应该先拿小的，把大的留下。'表哥说：'没错。出于礼貌，应该让你先拿。我想你不会拿大的吧？''当然不会。''既然这样，是不是把大的留给我呢？''当然了。''既然大的迟早都是我的，先拿后拿一个样，所以我先拿大的。这有什么不对吗？'嗨，我说不过他，输了！"

这是两个孩子之间交际的特定语境，是在关于吃苹果的对话过程中生成的。相关语境因素如下。

参与者：表弟一佳、表哥、妈妈。

时间：白天。

空间：表弟的家。

物品：两个苹果。.

事件：关于表哥该不该拿大苹果的辩论。

其他可能的语境因素：表弟一佳的姓、年龄、童年生活、读书经历、性格爱好等；表哥的姓名、年龄、家庭住址、住宅状况、童年生活、读书经历、性格爱好等；妈妈的姓名、年龄、读书经历、性格爱好、家庭生活等；苹果的产地、品种、价格，怎么购买来的等。它们都有可能被提取出来成为这个特定语境的相关因素。提取最佳关联的语境因素，就必须进行比较，并进行选择推理，最后挑选出最相关的某些语境因素，组成这个特定的语境因素集合，生成一个新的语境。这个新语境集合，包括的主要因素大体是：a$_1$——参与者表哥和表弟，a$_2$——主题"该谁吃大苹果？"，a$_3$——表哥的表达更有力量……a$_n$——表哥胜出。这个语境集合的公式为：

$$C\{ a_1, a_2, a_3, …, a_n \}$$

这个特定语境的生成过程可谓跌宕起伏。先是表哥拿走大苹果，受到表弟的质疑；表哥让了一步，随后提出问题，表弟认可。接着表哥进一步提出问题，表弟再次认可。最后表哥提出结论性的观点，表弟无话可说，认输。整个过程一波三折，尽显出语境生成过程的动态特征。

值得注意的是：语境是在语言使用过程中生成的，但并非都生成于言语交际的过程之中，生成的也并非都是交际语境。例如下面这种情况：

> ··· 哇！

在连日阴雨天里，阳光突然穿破云层，有人"哇"的一声惊讶地叫了起来。他未必就是在使用语言招呼周边的人来共同欣赏这一让人兴奋的景象。完全有这样的可能：他周边并没有别人，只是个人为这一景象兴奋地叫喊。这里生成的不是交际语境，而是认知语境。

再看下面的例子：

> ··· 赫胥黎独处一室之中。在英伦之南。背山而面野。槛外诸境。历历如在几下。乃悬想二千年前。当罗马大将恺彻未到时。此间有何景物。计惟有天造草昧。人工未施。其借征人境者。不过几处荒坟。散见坡陀起伏间。而灌木丛林。蒙茸山麓。未经删治如今日者。则无疑也……①

这是清代学者严复翻译赫胥黎《天演论》的开头部分。它描述了进化论者赫胥黎在构思《天演论》时独处一室、冥思遐想的情况。此时，赫胥黎未与任何人交往，这样的语境自然是认知语境而不是交际语境。

又如：

> ··· 释迦牟尼独自在菩提树下静坐，心中暗自发誓："不得道，永远不离座。"
> 在菩提树下，释迦牟尼苦苦思索所有事物的道理与因果。四十八天后的夜里，他终于想通了一切道理，大彻大悟，修成正果。

释迦牟尼的大彻大悟，也是认知语境而非交际语境。

二、语境的生命力

语境生成以后，会在人们的认知和交际的过程中发挥它独特和不可替代的作用，这就是语境的生命力。语境的作用，至少有以下一些：

（一）明确话语意义

在人与人之间的言语交流中，A 将信息传递给 B，B 接受了这个信息，并发出某种信息表示对 A 的信息的接受与理解。如果 B 对 A 所发出的信息的理解是正确的，那么这个交流便是一次成功的交流；反之，则是不成功的交流。显然，语境起到至关重要的作用。

例如：

> ··· 他经常靠在椅背上，用富有表现力的手势来增强谈话效果。当要扩大谈话范围，或是从中得出一般性结论时，他经常用手在面前一挥；在搁浅的争论有了结论时，他又会把两手放在一起，十指相对。在正式会议中，他对一些俏皮话暗自

---

① 赫胥黎.天演论[M].严复，译.北京：商务印书馆，1981：1.

发笑，在闲聊时，他又变得轻松自如，有时对善意的玩笑还发出朗朗的笑声。[①]

这是美国总统尼克松在《领袖们》中描写周恩来总理交谈姿势的一段话。根据语境，我们自然知道这里的"他"是谁；如果离开语境，那就会一片茫然。语境告诉我们"他"是周恩来，周恩来总理是很善于利用情态语境来表达思想感情的。

又如：

> 她问："他们几个哩？"
> 水生说："（　　）还在区上。爹哩？"
> 女人说："（　　）睡了。"
> "小华哩？"
> "（　　）和他爷爷去收了半天虾篓，早就睡了……"

对话要求简洁明快，依据语境可直接推断出的主语便能省去。根据语境可知，第一个括号处省去了"他们几个"，第二个括号处省去了"爹"，第三个括号处省去了"小华"。

（二）判定话语恰当与否

话语的恰当性就是同语境相协调。也就是说，如果一句话同语境协调一致，那么它是恰当的；反之，就是不恰当的。因此，判定话语是否恰当是语境的另一个重要功能。

语境的构成要素复杂多样，但是其中必有一些直接影响到话语的恰当性。在这样的诸多语境因素中，时空情境因素、主体心理因素和社会文化背景因素这三个方面与话语的恰当性相关性较高，往往直接影响话语效果。

1. 时空情境因素

同话语恰当性最直接相关的是时空情境因素，要求话语同时空条件相一致。若不是，那么话语就会失去恰当性。例如：

> 一秀才买柴，曰："荷薪者过来。"卖柴者因"过来"二字明白，担到面前。问曰："其价如何？"因"价"字明白，说了价钱。秀才曰："外实而内虚，烟多而焰少。请损之。"卖柴者不知说甚，荷担去了。

秀才同卖柴人的这段对话，内容上无错，但没有考虑到对话者的情况，使用了很标准的"文言"，使得对方不知所云，交际失败。毛泽东说："射箭要看靶子，弹琴要看听众，写文章做演说倒可以不看读者不看听众么？"[②]也就是说，只有充分考虑交际的具体情况，交际话语才会是恰当的。又如：

① 尼克松.领袖们[M].刘湖，等译.北京：知识出版社，1985：302.
② 毛泽东.毛泽东选集（第三卷）[M].2版.北京：人民出版社，1991：836.

　　鲁迅讲过一则诗坛逸事：有人约朋友开诗酒会，自己先写了一句诗："柳絮飞来片片红"，引起哄堂大笑，弄得他窘态百出。一位诗客却说是句好诗，提笔加上三句，凑成一首绝句："廿四桥边廿四风，凭栏犹忆旧江东。夕阳返照桃花坞，柳絮飞来片片红。"

　　由于柳絮是白颜色的，所以诗句"柳絮飞来片片红"的确不恰当。有幸那位诗客才思敏捷，给出相应的时空语境，这句"不恰当"的诗当即成为绝唱。

　　2. 主体心理因素

　　心理因素，主要是指言语交流过程中受众的情感心理状态。凡是在表达和理解中伴随着使人"愉悦"的情绪体验的，能使良好的沟通得到强化；而"不满意"的情绪体验，则使正常的交流受到干扰和抑制。一般来说，言语交流行为的发生、延续和发展是建立在双方心理相悦这一基础之上的，没有心理上的沟通，就无法获得最佳的表达和理解效果。比如在旅游胜地的花园内、树林旁，向游客宣传"爱护草坪"，在同样的木牌上写着不同的语句，实际语用效果截然不同：

　　A.严禁践踏草坪！
　　B.小草有生命，足下要留情。

　　A 以命令式口气，说了一个训斥性的语句，使游人难以接受；B 是一种语言艺术，对偶、押韵，"足下"是双关语，还有"尊称"的含义，既尊重了游客又起到了警示作用。B 的效果显然要优于 A。

　　3. 文化背景因素

　　文化背景影响着对话语意义的理解，这是不难理解的。有这样一个例子，中国人准备去拜访他人时，一般会提前说："我来看看你吧！"表示一种亲切和友好。但如果去拜访西方人之前，直接说：

　　I'm coming to see you!

　　西方人则会感到不舒服，好像是在告诉他"you must stay at home"（你必须待在家里），会让他们觉得你是在下命令。西方人做事比较喜欢按照计划，所以，如果要拜访他们，一定要提前预约，方便他们做好时间安排，也避免因为文化差异而造成交际上的不顺畅。

　　（三）提供推理的依据

　　语境的一个非常重要的作用就是提供推出意义的理据。例如，李清照《凤凰台上忆吹箫》词云：

　　新来瘦，非干病酒，不是悲秋。[①]

[①]　李清照，朱淑真.断肠词[M].上海：上海古籍出版社，1988：6.

这是一个否定肯定式选言推理,省略了结论。那么"新来瘦"究竟因为什么?要想知道这个结论,只有在语境中寻求理据。原来这首词是作者早期和丈夫赵明诚别离时写的。由《金石录》后序可知,他们夫妇感情极好,即使是一次短暂的离别,在心灵上也是沉重的。这句话既有前文"生怕离怀别苦",又有后文"念武陵人远","从今又添一段新愁"。从语境中我们找到了理据,因而可以推出结论:新来瘦正是因为离愁。这个选言推理,写成推理式就是:

> 新来瘦或因病酒,或因悲秋,或因离愁;
> 新来瘦不是病酒,不是悲秋;
> 所以,新来瘦是因为离愁。

语境补上了选言支"因为离愁",并由此推出了结论。

有一位女企业家,某日突然取出她在一家银行的全部存款,不久这家银行便宣告倒闭。有人问她为什么有此先见之明,这位女企业家说,在一次宴会上,她偶然地发现这家银行的总裁指甲修得特别漂亮,于是进行推理:一个男银行家把宝贵时光消磨在美容院里,说明此人没有什么事业心,因而不值得信赖。以一件小事为理据,推出一个大结论来,这叫作"典型归纳推理"。公式为:

$$S_1 是 P;$$
$$S_1 是 S 类的典型;$$
$$所以,S 是 P。$$

一个银行家把指甲修得很漂亮,事情虽小,但它是个征兆,所谓"见微知著",这样的推理还是具有一定的可靠性的。人们常说"一叶落而知秋",语境中的一片落叶,也可以成为秋天到来的理据。

语境提供推出的理据,有时还会透露说话人企图掩饰的某些信息。据说第二次世界大战期间,一些德国犹太人为了逃避希特勒的迫害,打扮成日耳曼人想逃到别的国家去,却往往因为某些犹太人的习惯动作泄漏了玄机,未能逃脱法西斯的魔掌。维特根斯坦在《逻辑哲学论》中说:"语言乔装了思想。"人们可以利用语言符号说谎,然而有时候语境可以提供理据,拆穿谎言。例如,有的犯罪嫌疑人矢口否认犯罪事实,可他在说话的时候两条腿却抖个不停,所谓"做贼心虚",办案人有理由推出这个人存在某种问题。当然,这样的语境推理,还不能作为定案的依据。

由于语境因素的复杂性,推理者有时候所选择的理据未必正确,以致推理错误。有这样一个故事:一家面馆进来一对男女,看样子刚吵过架,两人都不说话,一前一后坐在剩下的一张桌子旁,各要了一碗面条。一会儿工夫,男人先吃完了,叫服务员结账。服务员说是10元整。男人一听急了:"什么?你们那不是写着每碗5元吗?""对呀,是5元。"服务员说:"你和她两个人,吃了两碗,当然是10元了。"男人看那女人，抬头又看看满屋惊讶的人，笑着说："我不认识她，我只吃了一碗面。"满屋的人竟然都推断错了，可见语境推理是必须慎之又慎的。

三、语境的消亡

语境是一个活泼泼的小精灵，生成以后就活跃于人们认知和交际的每一个过程之中，忠心耿耿地服务着，淋漓尽致地发挥它那神奇的作用。然而，既然语境会生成，就会有消亡。"人有生死，木有荣枯"，人类有出生就会有死亡，树木有繁茂之时，也有枯槁之时。语境亦是如此。

语境消亡最典型的例子要算惠子的"历物十事"了。

《庄子·天下》记载了战国时名家代表人物之一惠子的"历物十事"，这是惠子同论敌辩论的十大论题。它们是：

> 1.至大无外，谓之大一；至小无外，谓之小一。
>
> 2.无厚不可积也，其大千里。
>
> 3.天与地卑，山与泽平。
>
> 4.日方中方睨，物方生方死。
>
> 5.大同而与小同异，此之谓小同异。万物毕同毕异，此之谓大同异。
>
> 6.南方无穷而有穷。
>
> 7.今日适越而昔来。
>
> 8.连环可解也。
>
> 9.我知天下之中央，燕之北，越之南是也。
>
> 10.泛爱万物，天下一体也。

这十大论题，由于历史原因，语境已不可考，因而无法理解它们究竟是什么意思，以致成为千古之谜。虽然后世有人试图解释过，但终因语境消亡，无法获得令人信服的结论。例如其中第八条：

> 连环可解也。

由于文本语境不存在，不少人试图从社会语境寻求答案。有人根据《尔雅》关于"环"的解释，提出一种观点：环者体也，体之孔非环也，只要环与环不相嵌，则连环可解也。如果这样，连环本来就是"解"的，哪里还有可解不可解的问题呢？有人根据《战国策》的一则故事，提出另一种观点。秦昭王派使者送一玉连环给齐君王后，并说齐国智士甚多，能解这个连环吗？齐国大臣们都不知怎么解，于是王后砸碎玉连环，这不是解开了吗？但这样到底算不算是"解"开了呢？这种解法在多大程度上符合说话人的原意呢？难怪有人感叹地说，惠子为我们设计的"连环"，实在难解啊！

《庄子·天下》还记载了当时"辩者二十一事"：

1.卵有毛；2.鸡三足；3.郢有天下；4.犬可以为羊；5.马有卵；6.丁子有尾；7.火不热；8.山出口；9.轮不碾地；10.目不见；11.指不至，至不绝；12.龟长于蛇；13.矩不方，规不可以为圆；14.凿不围枘（榫头）；15.飞鸟之景（影），未尝动也；16.镞矢之疾有不行不止之时；17.狗非犬；18.黄马、骊牛三；19.白狗黑；20.孤驹未尝有母；21.一尺之棰，日取其半，万世不竭。

同样，辩者二十一事也因为语境消亡而不可解。

以上说的都是古代的例子。那么在当代，语境也会消亡吗？那当然。当代人的生活更为复杂、紧张，更容易忘却一些事情，造成某些语境的消亡。

例如：

A：你说过不喜欢英茵的爱情诗，为什么呀？
B：我说过吗？记不得了。

B记不起来在什么时间、什么地方、何种情况下、同什么人说过这句话，也就是说，这句话特定的语境消亡了，因而无法回答A的问题。

其实，在人们的日常生活里，忘却讲过的某句话是司空见惯的事情。特别是老人，由于记忆力衰退而丢失某个特定语境的情况更属常见。

患有健忘症的人时常为语境的丢失而感到困扰。例如：

有人打车，车走到一半，突然觉得心里有点不对劲："啊！对了，师傅，刚才我跟你说去哪里来着？"

这个打车人或许就是健忘症患者。至于老年痴呆症患者的语境消亡，就无须讨论了。

第三节　认知语境

一、作为心理的建构体的认知语境

随着认知科学的发展，科学家们在计算机科学、心理学及语言学领域都对这一概念进行了尝试性的研究，只是所用的术语不同。他们所用的术语包括框架、脚本、草案、域、认知模式等。在认知语用学领域，斯珀伯和威尔逊在《关联性：交际与认知》一书中明确地提出从认知的角度来研究语境，并且定义了"认知环境"的概念。他们认为，"一个人的认知环境是他所明白的一系列能感知并推断的事实构成的集合：这所有的事实对于他来说是显明的。一个人的总认知环境是由他的认知能力和所处的物理环境所决定的。"他们突破了传统的语境观念，提出了一个新的语境观。他们说："语境是一个心理建构体（psychological construct），是听者关于世界假设的子集。正是这些假设而非实际的客观世界，制约了话语的解释。"[1]这一语境观受到学者们的广泛关注。如弗朗西斯科·尤斯·拉莫斯（Francisco Yus Ramos）在《关联理论十年》一文中阐述"语境的重要性"时说：斯珀伯和威尔逊"反对把语境描述成在交际过程中预先进入对话双方的独立实体，他们提出了一个更为动态的语境观，在交际过程中，为了选择正确的解释，语境必须作为一个建构体（construct）被构建和发展。"[2]

认知语境植根于人类的心理，作为一个心理建构体，它与心理学上所说的建构有诸多相似之处。格式塔心理学认为客观世界的任何事物，是人的知觉活动进行积极组织或建构后形成的经验整体。例如，面对长城，我们知觉到的不是一块砖，一抔土，也不是砖土的简单堆砌，而是中国人民用智慧和汗水构筑起来的一个统一整体——象征中华民族的伟大建筑。这个整体的"完形"不仅仅是指客观的形，它还是经验中的结构对客观之形进行组织建构的一种动态过程和结果。认知语境作为一个心理建构体与心理学上的建构一样，都强调了主体基于原有的知识和经验对新信息的意义的建构，它是新输入的环境信息与大脑中的已有信息相互作用、相互整合而"凸现"的结果。从外部世界输入的或可感知的当前信息，从记忆中所提出的经验信息，以及两种信息中所推导出来的新信息，它们以语境假设的形式构成了话语理解的潜在认知语境。因此，认知语境并非凭空自生，也非交际双方大脑中所固有的，而是交际者基于生活的经验，是在对当前外部信息的感知、整理与记忆的基础上生成的。既有记忆中的经验信息，也包含当前的外部输入信息或可感知信息。正是因为这两种信息的存在，保证了主体对客体的主观建构具有了一定的客观性，离开了这二者，认知语境也就成了无源之水，无本之木。

认知语境作为一个心理建构体，其构成因素是认知语境得以建构的基础。斯珀伯和威尔逊认为，认知语境由三种信息组成：逻辑信息、百科信息和词语信息。根据斯珀伯和威尔逊当初对认知环境的定义及有关学者对其构成因素的分析，我们认为认知语境建构的基础是交际话语的物理环境、交际者的经验知识及个人的认知能力。其中物理环境和经验知识是认知语境建构的物质基础，它们犹如建造一座大厦所需的砖瓦、钢筋、水泥等建筑材料。物理环境包括当前的输入信息和当前可感知的时空因素等，这些来自外界的刺激组合而成的刺激结构，诸如物体、图像、字符、语音等，它们具有一定的客观性，也成为某种模式；而经验知识则带有一定的主观性，是以图式的方式存在于大脑中的认知结构和知识单位，它们一旦被当前的物理环境所激活，就形成了理解当前话语的语境假设。至于能否被激活则取决于个人的认知能力，取决于个人对当前模式的识别，而模式识别是人的一种基本认知

---

① Sperber, D., Wilson, D. *Relevance: Communication and Cognition*[M]. 2nd Edition. Beijing: Foreign Language Teaching and Research Press, 2001: 15, 39.

② Ramos, F. Y. A Decade of Relevance Theory[J]. *Journal of Pragmatics*, 1998 (30): 307.

能力。当个人能够确认他所识别的模式时，就会从经验知识中寻找与其相匹配的图式，建构一系列语境假设作为推理的前提。从这一点来说，逻辑推理也是个人必须具备的认知能力。因此，认知能力主要表现为模式识别和逻辑推理，它们是从客观物理环境通向主观经验知识的一座桥梁。

交际话语的物理环境、交际者的经验知识与个人的认知能力三个方面共同决定着认知语境的最终建构。正如斯珀伯和威尔逊所说："我们并不能建构同样的心理表征，因为一方面我们狭义上的物理环境不同，另一方面，我们的认知能力不同……人们说不同的语言，掌握了不同的概念，结果，人们能够建构不同的心理表征并做出不同的推理。他们也有不同的记忆，不同的推测以不同的方式与他们的经验相关。因此，即使他们都共享同样的狭义上的物理环境，但我们所称之的'认知环境'仍然是不同的。"[①]

尽管我们对认知语境建构的基础做了分析，但在话语交际中，我们最终所建构的认知语境是以语境整体的形式在交际中发挥作用的，这个语境整体是其各部分的有机组合，而非简单相加。认知语境与世界上的其他每一事物一样，固然有其组成部分，但我们又必须看到，这些组成部分是依赖于认知语境这个整体而存在的。没有游离于整体的部分，也没有失去部分的整体。由于受原子主义方法论的影响，以前的语境研究大多采取分析的方法，语境被分割为若干相互独立的部分，以至于造成了"只见树木，不见森林"的状况。割裂的分析与综合无益于科学的研究，只有通过分析与综合的统一才能达到对事物正确而全面的认识。对认知语境的认识尤为如此。分析与综合的统一一直是辩证思维的重要方法，分析离不开综合，综合也离不开分析。分析是整体的分析，整体是分析的整体；分析必须以综合为指导和归宿，而综合则必须以分析为基础。我们应用分析、综合的方法，在对认知语境的建构基础进行分析的前提下，通过综合把其中各个组成部分的知识联结起来，以获得对认知语境全面而深刻的整体性把握，从而最终认识认知语境的内在本质。[②]

二、认知语境建构的不同视角

认知语境的建构必须由认知主体来完成，所谓认知主体包括听者和说者。语用学的"主体"是一个具有构造性的概念，或者说是一个被构造出来的东西，这里所说的"构造"就是指认知主体对语境的建构，只有这样，才能实现说者和听者之间的交往和理解。人在认知语境的建构过程中居于核心地位，语用学最终回到了莫里斯所下的初始定义："关于符号和它解释者（即使用者）之间的关系的研究。"由于人在认知语境的建构过程中起着核心作用，那么以人为视点，就形成了三个不同的建构视角：主体性、主体间性、主客体间性。

---

① Sperber, D., Wilson, D. *Relevance: Communication and Cognition*[M]. 2nd Edition. Beijing: Foreign Language Teaching and Research Press, 2001: 38.

② 黄华新，胡霞.认知语境的建构性探讨[J].现代外语，2004(3): 248-254, 327.

　　认知语境建构的主体性是指认知主体从自己的信念、态度、知识等出发建构认知语境。认知语境因人而异，作为人们所明白的一系列能感知并推断的事实或假设的集合，话语会随着听话人的假设朝不同的方向扩充。例如面对郑板桥的"难得糊涂"，豁达者作与世无争的注解，精明者为偶有失误解嘲，治国临大事而略小节，治家者和家庭而息事端，涉世者知人至察则无徒，无世者哺糟啜醨，随波逐流，皆谓之"难得糊涂"。[①]正所谓"骋无穷之路，饮不竭之源"！人具有认知的潜能，不同的认知主体，具有不同的身份、阅历、信念、态度、知识等，这使得每个人所建构的认知语境极富个性，在现实生活中产生了"一句话百样说"的多彩局面。

　　认知语境建构的主体间性是指认知主体从主体之间的关系即听者与说者之间的关系出发建构认知语境。每一个说者都隐含着一个或多个听者，这样一来，"语用学所谓的'主体性'一开始就意味着一种'主体间性'"。[②]例如下面是一位母亲和其六岁女儿的对话：

> 母亲：（下班回到家，躺倒在沙发上）吴洋，倒杯水给我。
> 女儿：（正在看电视）自己倒。
> 母亲：唉，小宝宝口渴了，也没人倒点水来喝喝。
> 女儿：（马上站起来拿杯子）噢，小宝宝，你口渴啦！妈妈马上倒水给你喝啊！[③]

　　在第一话轮中，当母亲从传统的母女关系出发，以母亲的身份命令女儿倒水时，激活了女儿大脑中原有的"母亲倒水"图式，由此女儿所建构的认知语境是：母亲是大人，母亲应该自己倒水；在第二话轮中，母亲一反传统的母女关系，建构了一个临时的、新型的母女关系。母亲以"小宝宝"自称，恳求"母亲"（女儿）倒水，这同样激活了女儿大脑中的"母亲倒水"图式，但此时所建构的认知语境则为：母亲是"小宝宝"，小宝宝应该由"母亲"倒水，这时女儿义不容辞地充当了"母亲"的角色。

　　认知语境建构的主客体间性是指，认知主体从主体自身与当前客观的物理环境之间的关系出发建构认知语境。尽管我们说认知语境是一种已经内在化了的语用知识，但主体对自身与当前环境之间关系的识别是其客观环境内在化的前提，没有对这一关系的识别，或对这一关系的识别产生了误差，那么主体的内在化语用知识就无从激活或激活错误，从而导致所建构的认知语境产生巨大的差异，甚至相悖。例如《三国演义》"曹操杀吕伯奢全家"便是一例：

> 　　二人（曹操和陈宫）潜步入草堂后，但闻人语曰："缚而杀之，何如？"操曰："是矣！今若不先下手，必遭擒获。"遂与宫拔剑直入，不问男女，皆杀之，一连杀死八口。搜至厨下，却见缚一猪欲杀。[④]

①　冯文华，张俊芳.理解生成方法析[J].社会科学战线，2003(6)：248.
②　盛晓明.话语规则与知识基础[M].上海：学林出版社，2000：12.
③　杨吉春.言语和角色不协调的效果[J].语文战线，2001(5)：39.
④　罗贯中.三国演义[M].3版.北京：人民文学出版社，1973：30.

这里所建构的认知语境是基于这样一个事实关系：在良好的家庭氛围里，来者便是客，当有远方客人到来的时候，作为主人，理应盛情款待，杀猪待客便是一种较好的方式。"之"字代指猪，因此"缚而杀之"。而听者系逃亡之人，如惊弓之鸟，当听到"缚而杀之"，他从自己是逃犯的角度出发来建构认知语境，从而推理得出"之"代指本人。由于主体对自己与所置身的客观环境之间的关系识别不同，从而导致各自所建构的认知语境不同，以致酿成悲剧。

客观环境时时刻刻都在变动之中，如时间、场景等，随时都会改变主体与客观环境之间的关系。例如学生 A 和 B 在自习课上的谈话：

> A：昨晚的《笑傲江湖》演到哪儿了，我家后来停电了。
> B：这道题怎么做啊？

原来，老师突然来到了他们面前，学生 B 即刻识别了当前客观环境中的新输入刺激，从自己在当前的场景中是一名学生出发，重新调整并建构了新的认知语境。而 A 如果没有意识到认知语境变了，则不能理解 B 为什么如此回答，即使他有关于在老师面前不能谈论电视剧的语用知识也无法建构新的认知语境。因此，尽管我们强调已经认知化了的语用知识，但主体还是不能忽略自己当前所处的客观环境，必须考虑到主客体间的关系来建构认知语境。如果完全撇开变化的客观环境，上述对话是无法理解的。

认知语境的建构过程是指认知主体通过自己的认知能力，根据对当前物理环境的模式识别，运用已有图式结构中的知识形成语境假设的过程。它包括模式识别、图式激活、知识选择、假设形成四个阶段。例如 2004 年元宵节前夜，A、C 均为 B 的学生，其中 C 已毕业在某高校当教师，且 C 在老家未归。A 和 B 的对话如下：

> A：C什么时候回来啊？
> B：可能过了中秋节吧。
> A：噢。

A 明白 B 是说"C 可能过了元宵节回来"，并非七八个月之后的中秋节，但 A 没有纠正 B 的话，因为 B 是 A 的老师，而且 A 确信自己的理解是正确的。A 能够识别 B 话语的语音模式、当前的时间模式（元宵节将至，元宵过后不久将开学）和 C 的工作模式，由此激活 A 大脑中的相关图式结构有：C 的角色图式、元宵节图式、回来图式。我们把图式概括为过去经验的知识集合，这些经验被组织成有关的知识块，并且在熟悉的情境中被用来指导我们的行为。A 所激活的图式结构有如下知识内容：

（1）C 的角色图式：C 是教师，C 有寒暑假，C 开学后要按时上班……
（2）元宵节图式：元宵节是正月十五，元宵节要吃汤圆，元宵节要舞龙灯……

（3）回来图式：从另一地到说话地，出发时间，到达时间，路上使用的交通工具……

一个图式包含很多知识，每次参与建构认知语境并形成语境假设的知识并非一个人知识或经验的全部。主体在建构认知语境的过程中，根据相关性来选择与话语有关的知识作为语境假设，无关的知识则被忽略。理解话语实际上就是对该话语的认知过程，说"就某种意义而言，人们广泛地认同许多认知过程是由语境决定的，认知过程取决于一个由环境或语境组成的变量集合。推理通常是基于全部知识库的子集而完成的，我们决不会考虑我们知道的所有知识，而仅仅是一个非常小的子集，这是我们基本的直觉知识"[1]。A在对图式激活后的知识进行选择后，形成了自己的语境假设：

（1）元宵节将至；

（2）快开学了；

（3）C必须回来上班；

（4）C不可能在老家直到中秋节。

将由此建构的认知语境作为前提，便可得出结论：并非C可能过了中秋节回来，而是C可能过了元宵节回来。

对于认知语境的建构过程，我们可以用图2-1来表示。

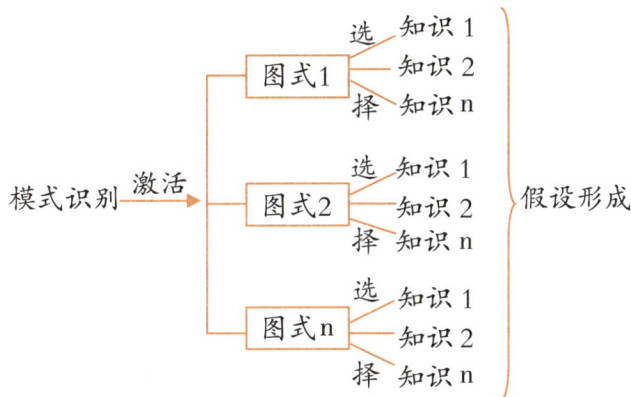

图2-1　认知语境的建构过程

模式识别激活了n个图式之后，有可能不会马上进行知识选择，而是由这n个图式激活n′个图式再进行知识选择。因此，从认知语境的建构过程来看，日常交际中的每一次简单对话似乎都需要涉及许多认知运作程序，而事实上，交际双方对这些复杂的过程却没有直接的知觉，认知语境实际上是一种"缺省语境"，这种缺省是人们通常情况下的默认与规约。如同有经验的驾驶员看见红灯紧急刹车。也就是

---

[1]　Bouquet, P., Ghidini, C., Giunchiglia, F., et al. Theories and Uses of Context in Knowledge Representation and Reasoning[J]. *Journal of Pragmatics*, 2003(35): 458.

说，无意识之前有一个有意识的过程，正是这样一个有意识的过程，为我们探讨认知语境的建构性提供了可能。

三、认知语境的推导

研究认知语境，在于通过语境来认知话语的意义。由于认知语境具有不可重复的特点，每一认知语境都不相同，因而推出的意义也有区别。语境变了，推出的话语意义也跟着变了，这种关系就是周礼全先生所说的"语境函数"。公式为：

$$C（b=f（a））$$

f 为函数（function，亦译函项），b 随着 a 的变化而变化，说白了，就是"跟着变"。比如郎平（a）是当年国家女排 1 号（b），我们就说郎平与 1 号有函数关系。如果把郎平换成梁艳，那么号码也跟随着换成了 2 号。这就是函数关系。

如果我们假设有甲乙二人于 t 时间在某公交车站，甲说"来了"，我们能够推出什么意思呢？根据语境某公交车站，可以推出：他们所等待的那次公交车来了。这个推断大体不差。

如果假设为另一种情况：有甲乙二人于 t 时间在某机场出口处，甲说"来了"，我们能够推出什么呢？这里同样是甲乙二人，同样是 t 时间，同样是话语"来了"，所不同的是地点为机场出口处，因而推出的结论也跟着变了：它们是在等待要接的人。这个推断同样大体不差。

从上述假设不难看出：语境的稍一变化就会带来推理结论的变化：前者等车，后者等人。

语境推理最为明显的特征就是省略，即语境省略推理，或曰"缺省推理"。因为人们说话最忌啰嗦重复，在日常生活中很难见到有人总是按照逻辑教科书上的推理公式那般地说话，所以推理的表达一般都有所省略：省略其中的某个（些）前提，甚至省略结论。要使得省略句推理形式明晰起来，最简单的方法就是根据语境，把省略部分恢复过来，然后用描述的方法，把话语形式转换为推理形式。

例如：

> 太阳晒屁股了，还不起来？！

这是一个推理吗？是。可以根据语境，用描述法恢复它的推理原型。过程大体是这样的：

> 太阳晒屁股了，还不起来？！（对象语句）
> 如果太阳晒屁股了，那么天不早了。（经验）
> 如果天不早了，那么该起来了。（经验，省略的大前提）

天不早了。（存在事实，小前提）

所以，该起来了。（结论）

这是个假言连锁推理的肯定前件式。

又如，一位女大学生第一次到食堂买饭，食堂师傅给她打了三毛钱的饭。于是有了下面的对话：

问：你怎么知道我买三毛钱饭？

答：你是女生。

师傅的回答是个三段论推理，可以描述为：

女生都买三毛钱饭。（省略的大前提）

你是女生，（师傅的话，小前提）

所以，你买三毛钱饭。（推出的结论）

这是三段论推理第一格 AAA 式，公式为：

$$MAP, SAM, \therefore SAP.$$

这一推理还可以描述得更为具体一些：

我知道女生都买三毛钱饭。（归纳推理）

我知道你是女生，（情境）

所以，我知道你买三毛钱饭。（结论）

其实师傅的推理不可靠，因为归纳法属于或然性推理，不能排除有的女生会买四毛钱或两毛钱的饭。这是个"知道"的模态推理：a 知道 MAP，a 知道 SAM，所以 a 知道 SAP。

语境省略的推理，实际上就是通过语境假设所进行的推理。如果假设的前提是真的，那么推出的结论就是正确的。但是由于语境的复杂性，所选择的假设并不具有唯一性，因而推出的结论也就只能相对地为真了。

由于语境的复杂性，一个语境推理往往包含两个大小不同的推理层次，称为"双层语境推理"。比如前述"太阳晒屁股"推理，就包括两个层次。

先看小系统。

"太阳晒屁股了"，这是修辞上的借代，即以"太阳晒屁股了"这件事情替代与之相关联的时间："天不早了。还不起来？！"作为反问句"还不起来吗？"可以理解为："该起来了。"作为叹句，这是个命令："你必须起来！"这每一步都是推理。包括模态词"该"，可以推出"不应该不起来"。

再看大系统。

我们从小系统推出了："天不早了，该起来了。"这就得到了一个假设的推理大前提："如果天不早了，那么该起来了。"现在呢？已经"天不早了"，由此推出结论："你该起来了。"

其实，日常推理有一个省力原则，或曰"经济原则"，也就是说，能简单绝不复杂化。因为实际应用的语境推理只是根据认知的需要，理解了话语的意义即可，用不着复杂化。

第四节　交际语境

一、交际的语境特征

（一）交际语境的信息共享

交际也是一种认知，但又不等同于认知。交际是两个以上参与者共同努力完成的社会活动。布鲁诺·G.巴拉曾经形象地说过，交际与其说是一场乒乓球比赛（主体轮流交换信息），不如说是主体双方在交际过程中同时合力，构建共赢。[①] 信息共享是交际语境最为显著的特征。

交际语境不同于认知语境。如果说认知语境的公式为：

$$C（认知（a，p））$$

即在特定的语境 C 中，a 认知 p。而交际语境的公式则为：

$$C（交际（a，b））$$

在特定的语境 C 中，a 和 b 有交际关系。前者是含模态词"认知"的一元模态式，后者则是 a 和 b 两个主目之间的关系式，为二元模态。

维索尔伦在《语用学诠释》一书中给出了一个交际语境相关成分的图示（见图 2-2）[②]，具体地揭示了交际语境是如何信息共享的。

---

① 布鲁诺·G.巴拉.认知语用学：交际的心智过程[M].范振强，邱辉，译.杭州：浙江大学出版社，2013：103.
② 耶夫·维索尔伦.语用学诠释[M].钱冠连，霍永寿，译.北京：清华大学出版社，2003：88.

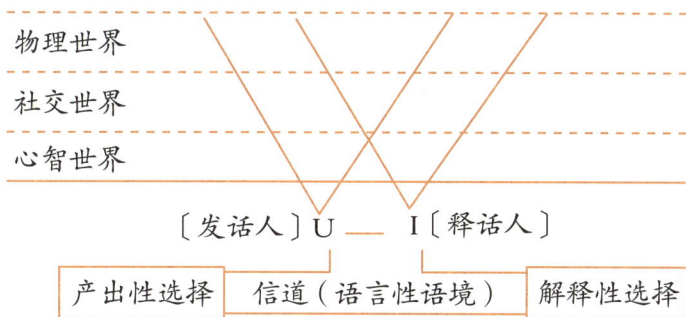

图 2-2 交际语境的信息共享过程

（二）交际语境的要素

维索尔伦随后解释了图中的交际语境要素：从底部的发话人和释话人开始，沿着视角，进入适应的潜在关联成分构成世界。我们从心智世界的不同方面出发，继而进入社交世界，止于物理世界。

1.语言使用者

发话人和释话人。这是语境的焦点，无论话语的产出或解释都离不开他们。发话人是实际信息的来源，发话人的话语至关重要。话语的直接受话人是话语的目标解释者。实际上在场者都有可能参与会话的讨论。此外，发话人也会成为释话人。

2.心智世界

话语互动是心智与心智之间的交流。在语言使用中激活的心智世界，包括认知成分和情感成分。认知成分以种种概念化的形式提供了沟通心智世界和社交世界的桥梁，而情感成分则架起了诸如感动之类的桥梁，提供了双方话语互动的前提。

3.社交世界

从原则上说，与语言选择构成相互适应的社会因素是没有范围限制的，但大多数因素与社会场景有关。有时候语言选择必须得到公共制度的认可。比如，只有法官才能做出判决。社会场景和公共制度甚至规定了某些行为在某些具体情况下的"可实施性"。文化，及其生发出来的规范和价值观，往往也是反映社交世界与语言选择的关系的成分。

4.物理世界

在物理世界中，时间和空间是最重要的两个交际因素。比如问候语"早晨好""下午好""晚上好"，属于时间因素。方位"在……之上""在……背后""在……和……之间"，方向"东""西""南""北"，趋向"向……走去""到达""离开"等，都属于空间因素。

5.语言信道

发话人的产出性选择通过信道传达给释话人，释话人做出解释性选择。语言信道往往伴随着面部表情、身姿、体动等非语言信道传递信息。读书也是一种交际，即作者与读者的对话。打电话、视频也是交际，但读书和打电话都缺乏非语言信道，视频能有限度地接收到非语言信道传递的信息。

（三）交际语境的负面特征

然而，信息共享并非交际语境的唯一特征。交际语境还有一个负面特征：非信息共享。

意大利著名符号学家安伯托·艾柯（Umberto Eco，以下简称艾柯）有一个令很多人费解的观点：符号"可以用来撒谎"[①]。在艾柯看来，如果不能用来撒谎的东西，那也就不能用来表达真理。其实艾柯的观点也不难理解：符号只是交际的工具。比如杀人武器，既可以杀死好人，也可以杀死坏人。如果它杀不死好人，那也就杀不死坏人。

布鲁诺·G.巴拉把交际语境的情景分为标准情景和非标准情景。[②] 标准情景触发的是默认规则，即交际双方信守默认的合作原则。然而，还有大量的交际情景超出了标准情景的范围，它们是一些非标准交际。在非标准交际中，便不能实现信息共享。

布鲁诺·G.巴拉把非标准交际分为以下四类。

（1）非表达性互动：生成话语，但无意表达与话语相关的心智状态。例如有人逐字逐句重复别人的话，学生朗读课本，演员舞台表演，都属于非表达性互动。

（2）利用：运用交际规则获得与常规交际情况下不同的交际效果。例如：

> 我度过了一个美好的夜晚。他们招待我的唯一食物是法国奶酪。

实际上说话人对奶酪过敏。说话人利用默认原则传达了"我度过了一个不美好的夜晚"的相反信息。这种非标准情境又叫作"反讽"。

（3）欺骗：试图传递一种不存在的心智状态。例如：

> A：谁用蜡笔在墙上乱写乱画啦？
> B：不是我，是奶奶画的。

这是孩子的本能谎言，只是为了避免受责备，还不是旨在控制他人的欺骗行为。真正的欺骗行为是行动者 A 发出欺骗性的话语 p，他的交际意向是让合作者 B 把 p 作为交际时的共享信息，而 A 自己并不相信 p。

（4）失败：未能取得预想的交际效果。如果行动者 A，有一个目标 M，他需要合作者 B 的帮助，这会出现两种不同的结果：如果目标 M 出现，那么交际成功，A 肯定得到了 B 的帮助；相反，如果目标 M 没有实现，那么失败可以归因于交际的中断，也可以归因于与 B 之间的合作毫无关系的其他因素。

---

① Eco, U. *A Theory of Semiotics*[M]. Bloomington: Indiana University Press, 1976: 58-59.
② 布鲁诺·G.巴拉.认知语用学：交际的心智过程[M].范振强，邱辉，译.杭州：浙江大学出版社，2013.

交际失败还可以补救。补救需要分析具体原因，比如说话人没有说清楚，或者听话人没有听清楚话语的意义，或者合作环节出现问题，然后根据失败的不同类型，采取相应的修复措施来补救失败。

二、交际语境中的理解

（一）认知与交际

认知与交际是两种不同的符号行为：认知是个人的符号行为；交际是人与人之间的符号行为。交际主要表现为表达和理解。然而认知和交际又是密不可分的。交际必须以认知为基础，无所认知也就无所交流；另一方面，认知也常常在交际中进行。人们的交际一般都在传播信息，实现信息共享；学生更是在同老师的"交际"中获取知识。所以交际语境同时也是认知语境。

例如：

> 邹忌修八尺有余，身体昳丽。朝服衣冠，窥镜，谓其妻曰："我孰与城北徐公美？"其妻曰："君美甚，徐公何能及君也！"城北徐公，齐国之美丽者也。忌不自信，而复问其妾曰："吾孰与徐公美？"妾曰："徐公何能及君也！"旦日，客从外来，与坐谈，问之客曰："吾与徐公孰美？"客曰："徐公不若君之美也！"
>
> 明日，徐公来，孰视之，自以为不如；窥镜而自视，又弗如远甚。暮寝而思之，曰："吾妻之美我者，私我也！妾之美我者，畏我也！客之美我者，欲有求于我也！"
>
> 于是入朝见威王曰："臣诚知不如徐公美，臣之妻私臣，臣之妾畏臣，臣之客欲有求于臣，皆以美于徐公。今齐地方千里，百二十城。宫妇左右，莫不私王；朝廷之臣，莫不畏王；四境之内，莫不有求于王。由此观之，王之蔽甚矣！"王曰："善！"①

这是《战国策·齐策一》中《邹忌讽齐王纳谏》一文的主要内容。邹忌先与妻妾及客人交谈，后又上朝与齐威王交谈，乃至面对徐公，这都属于交际语境。邹忌"暮寝而思之"只属于认知语境，不属于交际语境。

实际上邹忌和齐威王也都在交际中有所认知。邹忌在交际中认识到："吾妻之美我者，私我也；妾之美我者，畏我也；客之美我者，欲有求于我也。"齐威王在同邹忌的交际中也认识到自己问题的严重性，说了一个"善"字，并且下令说："群臣吏民能面刺寡人之过者，受上赏；上书谏寡人者，受中赏；能谤讥于市朝，闻于寡人之耳者，受下赏。"这道命令刚下时，群臣进谏，门庭若市；一年之后就没有什么需要进谏的了。燕、赵、韩、魏四国听到这件事，都到齐国来朝见齐威王。

---

① 缪文远，缪伟，罗永莲.战国策（上）[M].北京：中华书局，2012：251.

（二）理解语境中的交际行为

在交际的语境中认知，也就是交际者对于交际行为的理解。布鲁诺·G.巴拉说："基本的流程是：行动者发出话语，合作者构建意义的表征。在理解会话时，合作者的心智状态也会随话题内容的变化而改变。接着，合作者计划会话的下一个步骤，并且予以实施。"①

对于如何理解语境中的交际行为，布鲁诺·G.巴拉从行为者 A 对合作者 B 说的一句话，把 B 的心智过程分为逻辑上相互关联的五个阶段。

第一阶段：表达行为。即 B 从言内行为出发，重构 A 的心智状态。

第二阶段：说话人意义。即 B 重构 A 的交际意向，包括间接言语意向。

第三阶段：交际效果。这一阶段包含两个过程：①赋予：B 将诸如信念、意向等个体心智状态赋予 A；②调整：B 关于会话主题的心智状态会随着 A 的话语发生变化。

第四阶段：反应。即 B 生成他即将在回应时需要交际的意向。

第五阶段：回应。即 B 做出明确的交际回应。

把这五个阶段有机联系在一起，就相当于一套元规则。这套规则的标准顺序就是从第一阶段一直到第五阶段。但是前三个阶段中如果有一个阶段失败，那么这条心理链就会中断，直接跳到反应阶段。

布鲁诺·G.巴拉还具体地讨论了这五个阶段。这里做简要说明。

1. 识别表达行为

"表达行为"就是交际行为的实现。由行动者 A 明显展示意向，意在让合作者 B 知道这一行为是针对自己的。例如：

> "罗密欧，我喜欢你。"

理解 A 这一表达行为的推理就是要判断出 A 意欲传递的心智状态。这样的推理是理解说话人意义的第一步。

2. 说话人意义

布鲁诺·G.巴拉指出，理解说话人意义，有四个基本步骤。

（1）所有的推理都要基于双方共享的信念。

（2）从理解表达行为的命题内容开始，或从识别游戏话语②开始。

（3）整个过程的目的就是要识别行动者的交际意向。

（4）为了完全理解 A 所说话语的交际内容，B 必须识别出 A 指的是何种行为游戏。

例如：

---

① 布鲁诺·G.巴拉.认知语用学：交际的心智过程[M].范振强，邱辉，译.杭州：浙江大学出版社，2013：103.

② 作者把整个使用言语的过程看作是一种游戏，源于维特根斯坦的"语言游戏"说。

> 💬 下雨了。

A 到底想和 B 说什么呢？最简单的假设是建议 B：

> 💬 记着带把伞。

当然还可能需要做其他推理。这些推理取决于本层次的基本规则，有时候还取决于元规则。

3. 交际效果

交际效果是指随着行动者所表达的交际意向而形成或改变的所有心智状态。当然这未必就是说话人所期望的效果。

例如：

> 💬 你看，雨停了！

在这里，行动者是让合作者看外面，以此为手段，意在让合作者相信雨确实已经停了。如果合作者果然出来了，那么行动者主客观相一致，交际效果是好的；反之，交际效果不是好的。

在《邹忌讽齐王纳谏》一文中，邹忌的交际一波三折，效果并不都是原先所期望的。邹忌自以为比徐公美，想从别人的话语中得到证实，对方的回应也是如此，心态良好。可是"暮寝而思之"，邹忌却改变了心智状态，原因在于妻子私他，妾畏他，朋友有求于他。邹忌以这种心智状态讽谏齐威王，取得了极佳的效果。至于齐威王的交际效果，则完全是正面的。

4. 反应

反应是生成交际意向的阶段。在反应阶段产生的交际意向是综合了交际效果与行为游戏的结果。例如，假设在餐馆里，顾客点菜要吃剑鱼，服务员做了如下回复：

> 💬 很抱歉！剑鱼卖完了。

这个回答符合会话规则，因为顾客会推出服务员不会给他上剑鱼这道菜。至于服务员的回答还有更进一层的含义：服务员解释清楚了为什么顾客的要求未能满足。

5. 生成回应

回应阶段的输入就是反应阶段所形成的交际意向。回应阶段包括两个过程：一是按照交际意向酝酿某种心智状态的表达；二是通过言语行为或语言外行为手段把这种状态的表现形式变成事实。

例如：

> 💬 A：明晚到我家来吧，我们给苏珊庆祝生日。
> B：呃，我明天下午要出趟远门。

这是一种"婉拒"，听话人提供了一个不期待的回应。

期待的回应与不期待的回应是指某个回应在整个社会中的可接受程度。接受和达成共识是期待的行为，而拒绝和意见分歧则属于不期待的行为。

三、非语言交际与语境

交际可以分为语言交际和非语言交际。布鲁诺·G.巴拉说："从物种进化史来看，语言外交际（非语言交际——引者注）是最古老的交际方式。从个体发生学角度看，它又是人类最先接触的交际方式，它在人出生几个小时以后就已经处于潜在的活跃状态了。这种特殊的表达方式非常丰富。这种丰富性源自其古老的起源，与需要抽象概念推理的人类生活相比，语言外交际更多地表现在高等哺乳动物的情感和行为上。"[1] 非语言交际的语境因素主要以下几种。

1. 背景因素

即交际需要区分不同的场合，比如典礼仪式、法庭审判，气氛比较严肃，非语言交际的信息较少；而在家庭生活和朋友圈里，环境无拘无束，个性可以自由展示，信息内容自然丰富得多。

2. 人际因素

交际者之间的尊卑、长幼、性别、年龄的差别，以及关系的亲疏远近，都会影响到非语言交际的内容。比如师生相见时，学生毕恭毕敬，老师只需点头示意。成年人如果像青年人那般举止，传达的是"不稳重"信息；如果年轻人像成年人那样举止，则被看成"少年老成"或"早熟"。一对恋人可以用最亲密的方式交流信息，但当第三个人出现时，他们会以最快的速度恢复正常的交际方式。

3. 民族和地域因素

人们常说："入乡随俗""入境问禁"。这"俗"和"禁"就包括非语言交际方式。比如竖起大拇指，中国人表示夸奖，日本人表示"老爷子"，英国人表示要搭顺风车。中国人"摇头不算点头算"，而东欧的一些国家恰好相反：点头表示否定，摇头表示肯定。中国曾经有一个代表团在东欧一个国家的农民家里做客，主人好客，不断地给客人添饭加菜，客人一股劲儿摇头，主人就一股劲儿添加。最后才算弄明白是由于相互之间的非语言交际符号无法达成一致才导致了误会。

正如布鲁诺·G.巴拉所说，非语言交际的内容非常丰富。我们将在下面比较具体地讨论几个方面的非语言交际方式。

（一）面部表情

面部表情由面部肌肉和眉、眼、嘴、鼻等器官的动作组成，是交际者心智过程在面部的表现。人们的非语言交际，面部表情功能最强，传达的信息最多。

---

① 布鲁诺·G.巴拉.认知语用学：交际的心智过程[M].范振强，邱辉，译.杭州：浙江大学出版社，2013：18.

1. 眼神

正所谓"眼睛是心灵的窗户"。读"眼神"可以读出对方的许多秘密，比如坦荡、智慧、狡黠、谄媚、轻浮、恐惧、哀伤、无助、怀疑等。"含情脉脉"是说女性眼中流露出来的爱意；"暗送秋波"则是动情女子向心上人传送爱情的信号。梅兰芳苦练眼神，"练"出了一位京剧表演大师。

眼神传递信息的方式颇多。比如凝视，表示欣赏、专注、认真；瞪眼表示命令、制止，或者愤慨；打量表示不熟悉、不相信或者好奇；斜视表示瞧不起、责怪或挑衅；呆视表示嫉妒、悲伤的感情，或对某事物的不可思议；面面相觑，是指两人或多人之间的一种眼神交际，表示意想不到或无可奈何，也有互相探询意见的意思。眼神的信息源于眼球的活动，往往需要眼皮和睫毛的配合。比如垂下眼皮，眼球下视，表示羞怯、愧疚或尴尬；闭眼表示痛苦、恐惧；眨眼表示迷惑或思考，如此等等。

眼神传递信息既具有一定普遍性，也会有民族性。在美国读书的波多黎各女学生莉维亚是个文静、可爱的孩子，但在一次集体抽烟事件中无辜受到处罚。校长的理由是："我同她谈话时，她不敢看我的眼睛。"这件事引起了波多黎各人家长的强烈抗议。他们说，在波多黎各的文化中，一个乖女孩，不能看着成年人的眼睛——不看表示尊敬和服从，否则就是不懂规矩。校长经过调查之后，认了错。

2. 眉语

眼睛会说话，眉毛也能配合眼睛传情达意。所谓"眉目传情"就是这个意思。"眉开眼笑""眉飞色舞"，都表示兴高采烈；"扬眉吐气"，表示解脱压抑之后的精神舒畅。"扬眉剑出鞘""横眉冷对千夫指"，表现男人的英雄气概；"柳眉倒竖，杏眼圆睁"描写女子不让须眉。

皱眉是另一种眉语。皱眉有松紧之分。微皱表示为难、疑惑、嗔怪等轻度情绪；紧皱表示痛苦、忧愁和紧张思考等比较沉重的心情。

3. 嘴形

嘴形的变化也能够传达某种思想感情。撇嘴表示不屑一顾，含有轻蔑、讽刺等意味；噘嘴表示不高兴或感到委屈的情态；努嘴，即嘴唇向前突出或者偏向一方，用于指示或示意；抿嘴，或是因为难为情，或是因为不高兴，抑或是别人不让说，都表示一种克制的态度；咂嘴，即嘴上发出啧啧的声音，表示赞赏或惋惜。其他如张口结舌、龇牙咧嘴、咬牙切齿、打哈哈、叹气等，也都是表情达意的方式。

4. 脸色

脸色的变化是一种非自主的情绪表现。察"颜"观色是指交际者通过观察脸色变化来判断对方的心境情绪。"出门看天色，进门看脸色"，人们喜欢用天气比喻脸色。"阴云密布"比喻情绪极坏，"阴转多云"比喻情绪好转，"多云转晴"比喻情绪恢复正常。

脸色的变化"五颜六色"。脸发红，表示羞涩、兴奋、激动、气愤、窘迫等情绪；脸发白、发黄，表示恐惧、惊慌或气愤；发青、发紫，表示极度的气愤。脸色红了又白，白了又红，或者由白转青等，反映了当事人心境情绪的复杂变化。

笑容也是一种脸色。笑容满面、笑逐颜开、略带微笑、抿嘴而笑、嗤嗤地笑、咯咯地笑、哈哈大笑、窃笑、冷笑、傻笑、奸笑，是不同的笑；抽泣、啜泣、嘤嘤地哭、号啕大哭，是不同的哭。各种不同的笑和哭，都能传达丰富而复杂的信息。

除了这些，在面部器官中，还有很多可以传递交际信息的方式。比如哼鼻、皱鼻子、抓耳挠腮等。

（二）身姿

人们常说"站有站相，坐有坐相"，是说交际中应当塑造良好的体态形象。"立如松，坐如钟"，则为体态形象确立了明确的标准。

1. 立姿

"立如松"固然给人以伟岸、进取和亲和的印象，但如果只有一种姿势未免单调。事实上立姿的每一变化都能传达不同的信息。双手抱胸，表现为一种潇洒和轻松，或者对某事物有兴趣；叉腰表示生气和嗔怪；插兜则显得悠闲自在；袖手作旁观者姿态；背手显得泰然自若；摊手表示空空如也。

2. 坐姿

"坐如钟"一般是有教养的人的标准坐姿。其他，如跷二郎腿表示惬意和悠闲，双腿并拢表示紧张不安，落座后身体前倾表示乐意交谈，等等。

（三）体动

体动是用千变万化的身体动作来传达各种信息。

1. 头部

以头部动作传达信息：点头表示同意、肯定、赞赏；摇头表示反对、否定、拒绝或不以为然；把头仰起，眼睛向上，多是傲慢的表现；低头表示谦卑和服从；扭头表示回避；磕头，用于仪式或求情。

2. 手势

肢体动作以手势传达的信息最丰富。拱手、抱拳、作揖为中国传统礼节；挥手表示打招呼或告别；挥拳表示威胁或警告；摇手表示拒绝；招手表示招呼对方向自己的位置移动；拍手表示同意或赞赏，也表示欢迎或感谢。其他还有拉手、搓手、甩手、合手、背手、竖大拇指、伸小拇指、表示胜利的 V 形手势、表示赞成或"就这样"的"OK"手势，以及指挥交通的手势语，等等，都可以传达某种信息。特别是聋哑人的手语，更是一种替代性的语言系统。

其他肢体动作，比如点头哈腰、鞠躬致敬、忸怩作态、伸懒腰、拍屁股、踱步、跺脚、耸肩、拂袖而去，等等，也是以体动来传达信息的。

3. 人际体动

在交际过程中，有些体动交际需要与他人合作完成，是人际体动交际。

（1）握手：这是当代最普遍的见面礼节。

（2）接吻和吻：接吻只限于情侣或夫妻之间。吻，除表示情爱以外，也表示亲昵和疼爱，适用于至爱亲属之间，如父母吻孩子。

（3）拥抱和搂抱：拥抱原是一种西方礼节，表示亲密友好，在当代中国也渐渐时兴起来。搂抱，一方主动，另一方被动。"扑入怀抱"更是单向性体动，比如孩子扑入妈妈的怀抱。

（四）体位

在交际中，交际者之间的身体位置的空间关系即是体位。

1. 亲密距离

亲密关系适用于情侣（夫妻）之间，也适用于长辈同孩子之间，以及至亲好友之间。摸摸头、拍拍肩膀、搂搂抱抱、说悄悄话，都只能发生在亲密关系的人之间。

2. 个人距离

适用于熟人、朋友和同事等一般关系。个人距离不能混同于亲密距离，特别是对女性更不要"越雷池一步"。乘公交车，也不能有意碰旁边人的任何部位。个人距离必须保证"私人领地"，但又不妨碍彼此间的交谈。

3. 社交距离

社交距离是人们通常处理事务的距离，适用于领导者和职员、工作人员和一般客人，以及社交场合与陌生人之间。

4. 公众距离

公众距离适用于演讲会、法庭审判、课堂教学等公共场合。

交际中的体位都根据人际亲疏远近的关系，保持一定的距离，但随着交际语境的变化，可以由疏而亲，或者由亲而疏。[①]

这些非语言交际方式都是在交际实践中用归纳推理总结出来的。各种体态是推理前提，其含义即是结论。

语言外交际基于一组符号的使用。它与语言交际的不同在于：语言可以分析出更小的元素，如单词，而语言外交际符号只能看成一个符号整体。其实，体态符号也可以分析出单元体态，单元体态组成复合体态。例如："朱世一双手叉腰，双眼一瞪，好像要打架似的。"这个"好像要打架似的"体态符号就是"叉腰"和"瞪眼"两个单元体态符号的复合符号。

非语言交际及其语境研究起步不久，还有很大的发展空间。

---

① 陈宗明. 符号世界 [M]. 武汉：湖北人民出版社，2004. 可参阅第五章"体态符号"。

第五节 语境的分类

一、狭义语境与广义语境

语境可按言辞内外分为狭义语境和广义语境：言辞内为狭义语境；言辞外为广义语境。这狭义语境和广义语境大体相当于弗斯所说的"由语言因素构成的上下文"和"情境的上下文"，也相当于周礼全所说的"上下文"和"客观环境"。

书面语言的上下文，在口语表达中叫作前言后语。就语言表达式 A—B—C 而言，A、B 相对于 C，A、C 相对于 B，B、C 相对于 A，都是狭义语境。因为它们都不同程度地表现为一种言辞方面的前后制约关系，所以也称为言辞语境。

语言表达式 A—B—C 中的 A、B、C 可以是语词或者句子，也可以是句群乃至篇章，只是因为彼此处于上下文的关系，于是构成了狭义或言辞语境。

例如：

> 1.他，李欣，业务员。
>
> 2.她活着，她永远那么快乐地，那么年轻地活着，因为前年据她自己说她才三十，而今年她忽然二十八了，——然而她还有一个大学毕业的女儿。

前例"他"（A）—"李欣"（B）—"业务员"（C）构成了语词的语境关系。代词"他"（A）由于语境 B 知道是李欣，又由于语境 C 知道是业务员。同样，B 也因为 A 和 C，C 也因为 A 和 B 而得到所需要的信息。后例语见曹禺的《日出》，由几个分句构成了句子的语境关系，其中的 A、B、C 等都是句子。我们分析其中一个句子，比如她"那么年轻地活着"，只有联系上下文，才能弄清它的真实含义。至于"她"是谁，稍远一些的上下文也有交代："她"是顾八奶奶。

然而并非所有的表达式都能从上下文获得所需要的信息。好在言语交流是一种社会现象，交际双方总是处于特定的具体环境之中，所说的话语都离不开特定的具体环境，比如时间、地点、场合、话题、交际者的身份、地位、心理因素、时代背景、文化背景、交际目的、交际方式，以及交际内容所涉及的对象和各种与语言表达式同时出现的非语词符号（如表情、体态）等，都可以成为语境的因素，从而构成了语言外语境，即广义语境。广义语境指的是语言交流过程中自然语言表达某种特定意义时所依赖的各种主客观环境因素。

例如：

> 二人土上坐；
>
> 一月日边明。

此例是金章宗和李妃的一副即兴对联。从上下文看，这是一个离合字的文字游戏。"坐"字可以分离为两个"人"字和一个"土"字；反过来说，两个"人"字和一个"土"字可以合成"坐"字。同理，"日"字和"月"字与"明"字之间也有这样的离合关系。然而这副对联的含义却远不只是这些。金章宗出的上联，李妃对的下联。李妃说"一月日边明"，意思是说：月亮是借助于太阳发光的。因为她是妃子，荣耀来自章宗的恩宠。下联用了上联同一种修辞方法，恰到好处地表明了李妃特定的身份及对章宗宠幸自己的感激。可是这些含义都不是上下文所提供的。它来自言辞外的语境，亦即广义语境。

在广义语境中，情态语境是一个重要方面。美国一位心理学家曾经通过许多实验总结出这样一个公式：信息的总效果＝7%的有声语言＋38%的语音＋55%的面部表情。这个公式中列出的百分比是否精确暂可不管，但它大致地告诉人们：言语交流的总体效果涉及语音和表情等重要因素，它们是一些"非言辞的表达"，因而属于广义语境。

前述"非语言交际"的表达，最能引起对方注意的是面部表情，眼神的功能更是显而易见：明澈、坦荡、执着的眼神是为人正直、心胸宽阔、奋发向上的表现，用这种眼神与人交流，容易获得对方的信任，从而促成交际的成功。如果眼神飘忽游移，是为人轻浮浅薄或不诚实的表现，用这种眼神与人交流，会使人觉得你心神不宁、心不在焉，从而拉大交际双方的心理距离。据说眉毛的动作有20多种，嘴形的变化也有许多种。

人们在交际中的姿态一般也有特定的含义，特别是手势被称为"手势语"。例如有人到绍兴咸亨酒店问："有茴香豆吗？"女服务员用手一指说："要多少？"女服务员的手势所传达的信息是："有茴香豆，并且这就是茴香豆。"因此只需问顾客要买多少就行了。

在广义语境中，双方的背景知识也是一个重要方面。这种背景知识包括社会背景、文化传统及交际双方的个人经历、性格等因素。交际双方具有共同的背景知识，所谓"心有灵犀"，信息渠道就会畅通无阻，但对于局外人来说，因为没有这些背景知识，无法轻易理解交际双方之间的一些信息。例如：

> 张先填词闻名一时，宋祁佩服他的才华，就去拜访他。通报的人说："尚书想见'云破月来花弄影'郎中。"张先在屏风后招呼说："莫不是'红杏枝头春意闹'尚书么？"于是摆酒与宋祁共饮尽欢。

原来张先当时的官职是"郎中"，"云破月来花弄影"是他在《天仙子·水调数声持酒听》词中的名句；宋祁的官职是尚书，"红杏枝头春意闹"是宋祁《玉楼春·春景》词中的名句。如果没有这些共同的背景知识，那么他们的会话就会遇到障碍，彼此不知所云。

根据广义语境，一般都能够有效确定某一语句的含义。可是应当看到，第一，由于社会现象是极其复杂的，广义语境所提供的解释在多大的程度上符合说写者的本意呢？因而有可能是解释者强加于说写者的。第二，有时候由于缺乏相应的资料，广义语境也提供不了确定的解释。例如，李商隐的一些《无题》诗，历来就被认为是难解的"诗谜"。

二、外延语境与内涵语境

逻辑学根据对语言表达式意义的不同处理，分成外延逻辑和内涵逻辑。对应于外延逻辑和内涵逻辑，语境可以分为外延语境（extensional context）和内涵语境（intensional context）。

传统逻辑对语言表达式的研究基本上停留在表达式的外延上，即认为表达式的外延亦即表达式的真值便是其全部意义。外延逻辑的一个最大特点就是在该理论框架内等值转换规则与同一置换规则均成立。由于外延逻辑考虑表达式的意义时只涉及外延，这就使得有些问题难以解决，以至产生了悖论。例如，厄勒克特拉有一个自幼离家的哥哥，叫奥列斯特；当奥列斯特回到家里的时候，妹妹厄勒克特拉虽然知道奥列斯特是自己的哥哥，但她并不认识奥列斯特，于是产生了有名的"厄勒克特拉悖论"：

> 厄勒克特拉不知道站在她面前的这个人是她的哥哥；
> 厄勒克特拉知道奥列斯特是她的哥哥；
> 站在她面前的这个人与奥列斯特是同一个人；
> 所以，厄勒克特拉既知道又不知道这同一个人是她的哥哥。

这个推理前提皆真，但结论是自相矛盾的。毛病就出在谓词"知道"是内涵性的，即它关注的是所涉及的对象的内涵方面，它所提供的是内涵语境。"站在她面前的人"和"奥列斯特"尽管都指称同一个体，但是它们却有不同的内涵。厄勒克特拉不知道的东西与她知道的东西是不同的，她知道的是表达式"奥列斯特"的内涵，而不是外延，因此同一性替换原则在这样的语境中不再适合。鉴于此，一些逻辑学家认为，分析自然语言还必须考虑语言表达式的含义或内容。在自然语言符号的理解中，既考虑其外延又探究其内涵的逻辑便是内涵逻辑。

瑞典学者詹斯·奥尔伍德（Jens Allwood，以下简称奥尔伍德）等人合著的《语言学中的逻辑》一书[①]认为，自然语言中大部分语句都是在这种或那种方式下依赖于语境的，为了真正了解一个语句，我们必须知道一些关于这个语句陈述时的语境。奥尔伍德他们举了下面的例子：

> 1. Bill is thinking of his future wife.
> （比尔正在想象他未来的妻子。）

---

① 詹斯·奥尔伍德，拉斯·冈纳尔·安德森，奥斯坦·达尔.语言学中的逻辑[M].王维贤，李先焜，蔡希杰，译.石家庄：河北人民出版社，1984: 138-163.

2. Bill is kissing his future wife.
（比尔正在吻他未来的妻子。）

作者认为，例1有两种可能的读法：一是其中的"想象"可以看作个体之间的一种关系，按照这种读法，例1是真的，当且仅当比尔和他的未来的妻子在个体的对偶之中可以找到，这些个体的对偶组成"想象"的外延。按照另一种读法，即使在我们这个世界没有真是比尔的未来的妻子的个体，这个语句也还可以是真的。比尔可能想到他希望作为他未来妻子的那种类型的女人，而这种解释完全不能用于例2。在例2中，如果这个句子是真的，那么当且仅当比尔未来的妻子存在于我们这个现实世界之中。

作者认为，有些言语表达式在某些语境中没有将通常情况下是它们外延的东西作为外延，而是将通常情况下作为其内涵的东西作为外延。例1的第二种读法为我们明确提供了一个此类语境，即内涵语境，这意味着"想象"这个词既可以提供一个外延语境（如例1的第一种读法），又可以提供一个内涵语境（如例1的第二种读法）；而例2中的"吻"则只能提供一个外延语境。作者还说，有时候语句能够把在正常情况下是它们内涵的东西当作外延，也就是说，一个语句所表达的命题有时可以变成它的外延。例如"必然地正在下雨"，这里"必然地"不是作用于该语句的外延（它在我们这个世界的真值）之上，而是作用于它的内涵（它所表达的命题）之上，这个内涵给予该语句在每一个可能世界中一个真值，因为必然地真也就意味着每一个可能世界中都是真的，而"必然地"则是在这个真值之上加上的一个条件。这个模态语句副词按照与"想象"同一类型的动词相类似的方式创造了内涵语境，在这种语境中，通常情况下作为内涵起作用的东西就变成了外延。

《语言学中的逻辑》还讲了另一对语境：显透语境（transparent context）和晦暗语境（opaque context）。[①] 实际上这一对语境很难与外延语境和内涵语境区别开来，所以在这里一并讨论。

显透语境是指有共同指称的词项可以互相替代的语境。例如：

> 珊珊是个漂亮女生；
> 珊珊是《校园诗刊》主编；
> 所以，《校园诗刊》主编是个漂亮女生。

这个推理是必然的。因为"珊珊"和"《校园诗刊》主编"这两个词项有共同指称，因而可以互相替代。这属于显透语境，也是外延语境。

晦暗语境是指有共同指称的词项不能替代的语境。例如：

---

① 詹斯·奥尔伍德，拉斯·冈纳尔·安德森，奥斯坦·达尔.语言学中的逻辑[M].王维贤，李先焜，蔡希杰，译.石家庄：河北人民出版社，1984：138.

> ··· 小王知道鲁迅是《阿Q正传》的作者；
>
> 鲁迅是周树人；
>
> 所以，小王知道周树人是《阿Q正传》的作者。

这个推理不是必然的。因为"鲁迅"和"周树人"虽然有共同所指，但是小王可能只知道鲁迅而不知道鲁迅就是周树人，所以不能必然地推出"小王知道周树人是《阿Q正传》的作者"。也就是说，在这一语境中，有共同指称的词项互相替代的原则失去效用。这样的语境就是晦暗语境，也是内涵语境。

从逻辑的角度考虑，区分内涵语境与外延语境有着重要的意义。由于语境的改变，推理原则可能会发生重要变化，换言之，不同的语境将限制推理的规则。如果认识不到这一点，就会影响正常的表达和理解。

三、真实语境与虚拟语境

语境可以按照存在于真实世界还是可能世界，分为真实语境和虚拟语境。

所谓"真实世界"就是不依赖于人们的思想感情而存在着的真真切切的客观世界。存在于这个世界中的语境便是真实语境。真实语境中的命题总是与真实世界相一致的。例如：

> ··· 长江是中国最长的河流。

这是个真命题，因为它同真实世界相一致。如果说"长江是世界上最长的河流"，这就是个假命题，因为它同真实世界不相一致。这里的真和假，都是就真实语境而言的。

命题的真假是逻辑研究的重要内容。波兰逻辑学家阿尔弗雷德·塔尔斯基（Alfred Tarski）认为，一个命题为真，它必须是一个"T等式"，也就是说：

> **X是真的，当且仅当P**

X表示句子名称，P表示命题。例如：

> ··· "雪是白的"是真的，当且仅当雪是白的。

前面加引号的"雪是白的"，是对象语言，即用以述说事物的语言，后一个雪是白的，不加引号，为元语言，是用来述说对象语言的语言。在这种条件下，这个句子就是真的；如果在事实上雪不是白的，那么这个句子就是假的。这里的真和假，就是就真实语境而言的。

虚拟语境是指存在于可能世界而非真实世界的语境。可能世界理论，最早是由德国著名哲学家戈特弗里德·威廉·莱布尼兹（Gottfried Wihelm Leibniz，以下简称莱布尼兹）提出的。① 所谓"可能世界"，就是能够为人们所想象的情况或场合；我们生活着的现实世界也是无限个可能世界中的一个世界。莱布尼兹说，由无穷多的具有各种性质的事物所形成的各种可能的事物组合，都是可能世界。我们居住的世界也是一个可能世界，称为现实世界。现实世界是一个最丰富的可能世界，由所有现存的可能事物组成。莱布尼兹认为，众多的可能世界各不相同，现实世界是上帝挑选出来的最完美的可能世界。虚拟语境是指不包括真实世界在内的可能世界，虽然在莱布尼兹的可能世界理论里，真实世界或现实世界也是其中的一个可能世界。

逻辑的可能世界是所有可以用一致的方法加以描述的世界，但是绝不容许出现矛盾。各个命题在各个可能世界中或者为真，或者为假。如果一个命题正确地描述了一个世界，那么它在这个世界中就为真，否则它在这个世界中为假。必然命题就是在所有可能世界中都为真的命题，可能命题则是至少在一个可能世界为真的命题。所以在虚拟语境里，并非所有命题都是假的，只要同虚拟语境相一致，它就是真的。例如：

> 东风不与周郎便，铜雀春深锁二乔。

这是杜牧《赤壁》诗的后两句。赤壁之战在事实上是孙、刘联军击败了曹军，但诗人却从反面落笔：假如东风不给周瑜以方便，胜败双方就会易位。这个假设只是一个可能世界，而不是真实世界，所以属于虚拟语境。

从理论上说，可能世界是无限的，因而虚拟语境也是无限的。《红楼梦》里有一个"太虚幻境"，石牌上有一副对联云：

> 假作真时真亦假；
> 无为有处有还无。

这里的真假、有无全被颠倒了过来，但是并没有出现逻辑矛盾，所以还是个可能世界，亦即虚拟语境。如果说《红楼梦》就是作家虚构的一个可能世界，那么"太虚幻境"就可以说是可能世界中的可能世界了。

在日常言语交流中，人们常常使用虚拟语境。作为逻辑的可能世界，它可以成为说写或听读双方实现信息推导的依据，因而具有重要的语用学意义。一本小说、一出戏剧、一部科幻作品，它们所构造的话语、所依赖的语境很多都属于可能世界的范畴。看了小说《红楼梦》，人们谈论贾宝玉和林黛玉的爱情，谈论贾府里复杂的人际关系，谈话双方的表达和理解更多地依赖于《红楼梦》的语境，而《红楼梦》的语境则是小说家曹雪芹虚构的，它只是一个可能世界。然而，诸如此类的可能世界只要不出现逻辑矛盾，我们就可以把它们同现实世界一样进行逻辑分析。

---

① Leibniz, G. W. *Theodicy*[M]. Chicago, IL: Open Court, 1985.

四、静态语境与动态语境

语境本来就是动态的，但研究者可以对它进行静态或者动态的研究，于是语境可以分为静态语境和动态语境。

语境研究，无论是哲学家、语言学家、逻辑学家或其他学者，一般都是从语境的静态研究开始的。直到 20 世纪末，梅伊、维索尔伦及周礼全等人提出语境的动态性之后，动态语境的研究很快地就成了热门话题。诚然，从眼界来看，把语境看成静态到看成动态是语境研究的一次飞跃性的转变，但这并不意味着语境的静态研究就是一种错误。特别是在某些学科，比如在逻辑学中，语境的静态研究有时候也是十分必要的。

语境的静态研究和把语境看成静态的是不同的两件事情。如果把语境看成只是静态的，那是眼界狭隘的表现；如果把语境看成动态的，只是在某种需要的时候对它作静态的研究，也就是暂时撇开语境的动态性，作为一种研究方法，这是无可厚非的。静态语境是动态语境的一个"切片"。因此，在语境的动态研究兴起之后从事静态语境的研究，具有不同于以往的学术意义。

由于自然语言的应用具有高度的灵活性，在理解方面往往存在众多的不确定因素，同样一个句子可以从不同的角度作这样或那样的理解。如果语境的含义过于宽泛，使人难以把握，也会给考察带来困难。为了确定某一语句在特定时空中的确切意思，就必须考察这个静态的语境。因此，无论言辞语境还是言辞外语境，我们都把它规定为同确定语句所含的真假性、恰当性和有效性相关的事物情况的集合，用公式表示为：

$$C = \{ C_1, \ C_2, \ \cdots, \ C_n \}$$

波形号是集合的符号，语境 C 中的 C_1，C_2 等代表相关的事物情况，亦即静态的语境因素。由于语境过于复杂，即使是某个片刻的语境，也往往有数不清的因素，但这些因素并非都同我们的语境分析的需要相关，所以在这个静态语境公式里，语境因素 C_1，C_2，$\cdots$，C_n 只代表与语境分析相关的事物情况，从而排除了不相关或不甚相关的事物情况。

例如王维《送元二使安西》：

> 渭城朝雨浥轻尘，客舍青青柳色新。
> 劝君更尽一杯酒，西出阳关无故人。

这一语境中包括：说话人——王维；听话人——元二；时间——春天（青青柳色）的一个清晨（朝雨）；地点——渭城客舍；事情——王维为朋友元二送行；话语——"劝君更尽一杯酒，西出阳关无故人"。还有其他一些背景知识，如王维是唐代著名诗人，渭城即秦都咸阳故城，阳关在玉门关以南等。这些都是静态的语境因素，它们都同理解全诗的意义密切相关。虽然送行的过程是动态的，但这里并没有描述这个过程，只写了诗人发表简短祝酒词的那一瞬间。就是这"一瞬间"，足以让我们推出许多重要结论，比如诗人与友人元二的深厚情谊和临别时的依依不舍之情。

动态语境包括交际过程中不断变化着的各种语境因素，比如时态因素，一个语词或语句必须相对于一个时间参考点而给予解释。例如本书开头举过的一个例子，诗人歌德与一个不友好的评论家狭路相逢，于是有了下面的对话：

> ⋯ 评论家：我是从来不给蠢货让路的！
> 歌德：我倒恰恰相反。

歌德的意思是：他是给蠢货让路的。歌德意思中的"蠢货"与评论家所说的"蠢货"虽然语词相同，但由于时间参考点发生了变化，因而所指的对象已经转移。根据动态语境，我们可以推出评论家心胸狭隘而歌德气度宽宏、说话幽默等结论。

动态语境总是因为语境的变化引起命题的变化。按照周礼全 1978 年演讲中所说的"可以把命题看作语境的函数"，命题 p 总是随着语境 C 的变化而变化着。按照周礼全四类语境的理论，上述对话分别属于不同的 C_S 和 C_H 语境。因为交际双方互为说者和听者，他们各有自己知道、相信和接受的命题，同时也明白对方知道、相信和接受的命题，就是没有双方共同知道、相信和接受的命题。在这种情况下，交际是很难进行下去的。

语境分类自然不止这些。比如认知语境和交际语境就是一组重要的分类，由于前面已有专门讨论，这里不再赘说。其他如发现语境和辩护语境、说者语境和听者语境、整体语境和局部语境，以及社会语境、文化语境、翻译语境等，还可以做出更多的分类。

第三章

指索语

第一节　指索语的索解

一、指索语与语境

指索语是指这样一些词语：它们只有在特定语境中才能确定其所指对象或信息，并据此推出话语的意义。含有指索语的句子为指索句。它是同语境关系最为明显、最为直接的一些言语表达式，也是语用学最早关注的研究对象。指索语作为一种特殊和复杂的语用现象，"对一系列有关自然语言本质的意义及指称理论提出了质疑，对研究意义理论和指称理论有十分重要的理论价值，近几十年来，它已成为语言哲学、语义学、语用学及心理语言学共同关注的课题"[①]。关于指索语研究的最前沿信息可以参考《西方指示语研究的历史及现状》（孙蕾，2002）及《国际指示语研究的可视化文献计量分析（1973—2019）》（杨昆、郭枫，2020）等论文。

早在 19 世纪末，皮尔斯便提出了"指索表达式"（indexical expressions）的概念，认为含有指索语的句子一旦离开语境便无法确定其所指的意义。1954 年，以色列语言哲学家巴尔－希勒尔发表《指索表达式》一文[②]，认定含有指索词语的句子是语用学的研究对象。他比较了三个例句：

> 1.Ice floats on water.
> （冰浮在水上。）
> 2.It's raining.
> （在下雨。）
> 3.I am hungry.
> （我饿。）

---

① 孙蕾.西方指示语研究的历史及现状[J].四川大学学报（哲学社会科学版），2002(6): 70-75.
② Bar-Hillel, Y. Indexical Expressions[J]. *Mind*, 1954(63): 359-379.

巴尔－希勒尔指出，正常讲英语的成年人对例 1 的理解是一致的，但对例 2 的理解就必须知道说这句话的时间和地点，对例 3 也需要知道说话人及说话的时间。

从上述分析可以看出，例 2 和例 3 与例 1 在句型上有所不同。巴尔－希勒尔把例 1 叫作"陈述"，例 2 和例 3 称为指索句（indexical sentence）。这里所说的指索句是指出现时态词及 I（我）、you（你）、there（那儿）、now（现在）、yesterday（昨天）、this（这）等指索词的句子。由于指索词语是人们进行有效交际所不可缺少的部分，因此对于它们的分析和研究也就成为当务之急。他认为，这就是语用学的任务。

1972 年，蒙太格在他的研究中肯定了指索词语理论是语用学研究中的一个突破，但也指出巴尔－希勒尔的理论不够具体[①]。蒙太格认为，语用学应当仿照语义学的模型论方法，所不同的是：语义学只着眼于语义的解释，而语用学还要考虑到使用语境。他多年分析的实例有人称代词、指示代词、情态词、时态词、概率词、自指及语境歧义等。蒙太格的理论为形式语用学的研究做出了重要的贡献，后来被人们称为"蒙太格语法"。

1983 年，莱文森《语用学》一书出版。这是描述语用学的一本代表性著作。R. 劳伦斯（R. Laurence）评价这本书的出版时说，语用学有了一部比它的"母学科"语义学现有的任何类似课本都优越的教科书。[②]在这本书中，莱文森把语用学的内容归结为指索语、会话含义、预设、言语行为和会话结构五大部分，而指索语就是他讨论的第一个题目，原因就在于指索语同语境之间具有特别密切的关系。在以往，指索语一直使得哲学家和语言学家们为之困惑，就是因为从逻辑真假值的角度上无法解释其意义，它的编码和解码都得依赖于语境，而语境正是语用学研究的基础。在此后相继出版的许多语用学专著和教材中，指索语大多被安排在第一个论题的位置，自然也是这个道理。

在莱文森的《语用学》中，关于指索语这一部分的标题是"deixis"，汉语译作"指示"或"指别"，与皮尔斯和巴尔－希勒尔所说的"indexical expressions"实际上是同一件事情。

指索语的研究，传统分为三类，莱文森又增加两类，一共五个类别：

（1）人称指索语（person deixis）。

（2）时间指索语（time deixis）。

（3）空间指索语（place deixis）。

（4）篇章指索语（discourse deixis）。

（5）社交指索语（social deixis）。

其中前三类最为基本，后两类为基本指索语的扩展。如图 3-1 所示。

---

① Montague, R. Pragmatics and Intensional Logic[C] //Davidson, D., Harman, G. *Semantics of Natural Language*. Dordreht: D.Reidel Publishing Company, 1972.

② Levinson, S. C. *Pragmatics*[M]. Cambridge: Cambridge University Press, 1983.

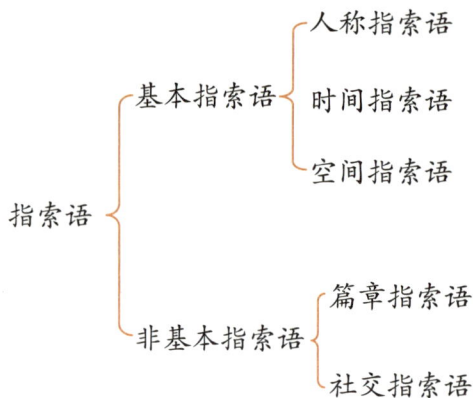

图 3-1　指索语的分类

二、指索语的功能

据巴尔－希勒尔的估计，人们一生中所说的陈述句中有 90% 实际上是指索句而不是陈述句。人们为什么这般喜欢使用指索语呢？这是因为指索语具有特殊的功能。

这是什么样的功能呢？一种在特定语境中的替代功能，即以简单替代复杂。这种方法叫作"替代法"。

例如：

> 袭人冷笑道："……从今咱们两个撂开手，省得鸡声鹅斗，叫别人笑。"①

从《红楼梦》语境知道，袭人这句话是对宝玉说的。"咱们"是指袭人和贾宝玉。"咱们"替代两个人的名字自然方便了一些。

> 你总得让别人考虑考虑吧！

这里的"别人"可能指一个人、两个人或者一群人，甚至包括不必说出或不知道名字的人。用"别人"两个字替代要省力得多。

> 我们的生活充满阳光。

这里的"我们"是指中国四万万同胞，如果不用"我们"两个字替代，那就需要说出他们所有人的名字。这不仅费力，而且也很难实现。

> 那，不同！②

抗美援朝期间，作家魏巍来到朝鲜汉江北岸，遇见青年战士马玉祥，得知他

---

① 曹雪芹，高鹗.红楼梦（上）[M].北京：人民文学出版社，1982: 294.
② 魏巍，等.谁是最可爱的人 [M].北京：青年出版社，1952: 4.

刚从炮兵连转到步兵连。作家问他："在炮兵连不是一样打敌人吗？"马玉祥答道："那，不同！"在这特定的语境中，寥寥三个字的含义一清二楚，替代了一个长长的陈述。这是一个否定的关系命题，意思是说，当炮兵和当步兵并非一样的。我们用小写字母"a"代表马玉祥，用大写字母"A"代表当炮兵，大写字母"B"代表当步兵，用"="表示相等的关系，"¬"表示"并非"，那么这个句子就可以写成：¬（Aa=Ba），意思是说，并非马玉祥当炮兵和马玉祥当步兵是一样的。

> 春分刚刚过去，清明即将到来。

这个句子含有时间指索词"刚刚"和"即将"，由于不知道说话的具体时间，因而无法判明真假。从语境可以知道，它来自郭沫若在1978年全国科学大会上的演讲词。这一年的春分是3月21日，清明是4月5日，作者演讲的时间是3月31日。因此，此例是个真命题。

指索语句在交际中之所以能够发挥独特而显著的作用，是因为使用了省力原则。省力原则或曰经济原则，即以最小的代价换取最大的效益。

在当代语用学研究中，第一个明确地提出省力原则的是美国语用学家劳伦斯·霍恩（Laurence Horn，以下简称霍恩）。他把乔治·齐普夫（George Zipf）的省力原则和格赖斯的会话准则结合起来，在1984年提出了一个两原则模式：基于听话人的Q原则和基于说话人的R原则。Q原则又叫"听话人省力原则"，R原则又叫"说话人省力原则"，他认为这两条原则结合起来，互相补充，既考虑到了说话人的需要，也满足了听话人的需要。[①]比如指索句"我们的生活充满阳光"，用"我们"替代中国的四万万同胞，是不是说话人和听话人都感到非常"省力"呢？

指索句的推理是假设的演绎推理。语境假设是推理的前提，所取代的对象即是结论。比如"我们的生活充满阳光"，指索词"我们"的语境假设是"中国四万万同胞"那么就可以推出这句话的含义就是"中国四万万同胞的生活充满阳光"。推理原型如下：

> 我们的生活充满阳光。（指索语句）
> 如果"我们"替代"中国四万万同胞"，那么中国四万万同胞生活充满阳光。（语境假设。假言推理的大前提）
> "我们"替代"中国四万万同胞"。（语境。小前提）
> 所以，中国四万万同胞的生活充满阳光。（结论）

① Horn, L. *Towards a New Taxonomy for Pragmatic Inference: Q-based and R-based Implicature*[C] //Schiffrin, D. *Meaning, Form, and Use in Context: Linguistic Applications*. Washington D. C.: Georgetown University Press, 1984.

第二节　基本指索语

一、人称指索语

人称指索语是指在交际过程中交际双方用话语传达信息时的相互称呼，而这些称呼必须在语境中才有确定的所指。汉语中的人称代词是典型的人称指索语，如"我""你""他""我们""你们""他们"等。"我"为第一人称，亦即说话人的自称；"你"为第二人称，是说话人称呼听话的人；"他"为第三人称，是说话人称呼第三者。"她"指女性，"它"表示事物，"您"表示对听话人的尊称。"我们""你们""他们"等为复数形式。

例如：

> 他是一名出色的篮球队员。

如果离开语境，我们不知道"他"指的是谁，自然无法判明这个句子的真假。人称代词"他"相当于未知数 X，因此这个句子可以写成开语句：X 是一名出色的篮球队员。当我们从语境中得知"他"是指姚明的时候，亦即 X= 姚明，然后用"姚明"替换 X，得到句子："姚明是一名出色的篮球队员。"这是一个真命题，因为它同客观世界相一致。

> 俺三人结为兄弟如何？

这是《三国演义》第一回张飞对刘备和关羽说的一句话。方言人称指索词"俺"可以表示复数，即"我们"，也可以只表示单数"我"。此例属于前者，"俺三人"是一个集合，可以写成：{ 刘备，关羽，张飞 }。这是一个问句，问句本身是没有真假的，但问句的预设有真假。此例预设"刘备、关羽、张飞结为兄弟或者没有结为兄弟"，这是一个选言命题，根据《三国演义》"桃园结义"的语境，他们结成了兄弟，预设为真，这个问句也是真问句。

汉语人称指索语还有许多复杂的情况，都需要在语境中区别开来。

"我们"一般包括说话人自己，但也可以不包括自己，只指听话人。例如一位教练员在比赛前的动员会上说：

> "在比赛的时候，我们一定要打好每个球。"

这里的"我们"并不包括教练员自己，因为教练员是不参加比赛的。

"我们"和"咱们"是第一人称的复数形式，但有时也表示单数，意思等同于"我"。例如：

> 看了这些材料，我们有个初步的想法。

咱们是个计算机盲，不会拨弄那玩意儿。

前例的"我们"可以是相关的几个人，也可以只是说话人自己的意见，即"我们"＝"我"。后例"咱们"就是指说话人自己，"咱们"＝"我"。

"咱们"并不等同于"我们"。"咱们"一般包括听话人在内，而"我们"可以不包括听话人在内。例如：

你们是山西人，我们是东北人，咱们都是北方人。
老大娘，喝茶我们自己倒。

前例的"咱们"同"我们"是一样的，包括听话人在内，称为包括式；后例不包括听话人在内，称为排除式，只能用"我们"，如果用"咱们"就错了。

"自己"通常复指前面的名词或代词；如果单用，有时是泛指的。例如：

小张暗暗埋怨自己。
还没有开口，她自己先笑了起来。
自己做错了，要有勇气承认。

前两例是复指，后一例是泛指。

"别人"和"人家"一般都是跟语境中提到的某人相对地说的，指那个人以外的某个人或某些人。例如：

她不爱说话，别人（人家）问了才回答。

在这里，"别人"和"人家"可以彼此替代。但有时候"别人"是泛指，不能用"人家"替代。例如：

家里没别人，就是我妈。

可见，它们在用法上还是有区别的。

"大家"和"大伙儿"都是统括众人的总称，如"我们大家"或"我们大伙儿"，意义上差不多。两者的区别在于"大伙儿"只用于口语，在使用语境上还是有所不同的。

二、时间指索语

时间指索语是指交际双方用话语传达信息时提到的依赖于语境才能确定的时间。
时间指索语可以分为以下三类。

（1）指索的时间词。时间词并非都是指索词，例如"唐朝""清朝""2002年""辛亥革命"的"辛亥"等，它们的意义都是确定的，并不依赖于语境，因而不属于时间指索词。而另外一些词，如"今天""明天""去年""今年""星期天""现在""将来"等，都是依赖于语境才有确定的所指，因而都是时间指索词。

有个叫阿勇的青年，是个烟鬼，妻子三令五申要他戒烟，直到下"最后通牒"：如果不戒烟就得离婚。阿勇没辙了，于是写一张"戒烟保证书"：

> 本人决定：自明天起戒烟。
>
> 阿勇于今日

"保证书"似乎明明白白，可是其中的"明天"和"今日"都是指索语，此外并没有任何时间参考点。阿勇以"明天"和"今日"互为语境，等于没有提供任何确定的日子。因为任何时候都有"今日"和"明天"，保证书可以永远不执行，阿勇想用这个小伎俩继续当他的烟鬼。当然这只是一则笑话，未必真有此事，但它说明了时间指索语对于语境的依赖性。阿勇的妻子如果真要监督保证书的执行，上下文语境固然失去效用，但是还可以求助于广义语境，亦即确定阿勇写保证书的实际日子，而这个日子是客观存在的。

（2）时间副词。例如"曾经""从来""早就""正在"等。据陆俭明、马真《现代汉语虚词散论》说，现代汉语的时间副词约有 130 个，几乎占整个副词的 30%。它们更多地表现为"时态"而不是时间。[①]

（3）时态助词。例如"着""了""过"等。

时态词有过去时态和将来时态的区别。例如：

> 李白到过天台。
> 中国队将获得冠军。

前例为过去时态，后例为将来时态。我们用 H 表示过去，F 表示将来，p 表示命题，两例可以分别表示为：

$$
Hp（过去p）
$$
$$
Fp（将来p）
$$

表示当前时态的"现在"，为了简便，可以简化为命题 p。

时态"过去"和"将来"，通常称为时点。上述两例作为时点语句，显然不同于下面的句子：

> 康德生前一直住在柯尼斯堡（现为俄罗斯加里宁格勒）。
> 我们将永远记住这个日子。

前例的"一直"和后例的"将永远"所表示的都不是时点，而是时段。前者为过去时段，后者为将来时段。用 A 表示过去时段,G 表示将来时段，两例可以分别表示为：

---

① 陆俭明，马真.现代汉语虚词散论[M].北京:语文出版社，1999.

$$Ap（过去一直p）$$
$$Gp（将来一直p）$$

时间指索语句也有一些复杂的情况。例如：

> 老王从来不打老婆。
> 杭州将下完梅雨。
> 珠穆朗玛峰一直在增高。

"老王从来不打老婆"是一个过去时段的否定式，记为 $A\neg p$（$\neg$表示"并非"）。"杭州将下完梅雨"含将来时态词"将"和过去时态词"完"，意思是：杭州下梅雨将成为过去。记为 FHp。后例的意思是说，珠穆朗玛峰在过去时段里不断增高，而且现在还在增高，记为 $Ap \wedge p$（$\wedge$表示"并且"）。

三、空间指索语

空间指索语是指在交际中涉及需要语境指明的空间位置。表示处所的指示代词"这儿"（这里）和"那儿"（那里），是最典型的空间指索词。前者为近指，靠近说话人的地方；后者为远指，远离说话人的地方。例如：

> 甜甜站这儿，虎子站那儿。

空间指索语一定是以说话人为中心参照点的。此例如果离开了说话人所处的位置，就无法找到甜甜和虎子所要站的空间。

空间是一种关系。"甜甜站这儿"，意思是甜甜站在这个位置上，可以写成公式：$R(a, x)$。a 表示甜甜，R 表示"站在"的关系，x 表示"这儿"的位置。x 是自由变项，在语境中可以有确定的解释。类此，"虎子站那儿"可以写成公式：$R(b, y)$。

> 王元泽数岁时，客有一獐一鹿同器以献，问元泽何者为獐何者为鹿。元泽实未识，良久对曰："獐边者是鹿；鹿边者是獐。"客大奇之。[1]

王元泽即王安石之子王雱。獐和鹿外形相像，小孩子王雱分辨不出来，他就说獐的旁边是鹿，鹿的旁边是獐。因为"旁边"是个空间指索词，它必须有一个空间参考点，如果两个指索词互为语境，仍然什么也确定不了。"客大奇之"，是说客人欣赏王雱的聪明和机智。

空间指索也常用方位词，如"上""下""前""后""左""右"等。方位词有两类：一是单用的方位词，二是复合的方位词。例如：

---

[1] 王利器.历代笑话集[M].上海：上海古籍出版社，1981：370.

左有关平，右有周仓。
后面跟着不少人。

前例的"左"和"右"为单用的方位词，中心参照点是关羽。后例的"后面"为复合方位词，由方位词"后"加"面"构成。至于中心参照点是什么，语境自有交代。

空间指索语可以是方位词，但并非方位词都是空间指索语。例如：

爹死后，他就成了流浪儿。
这次会议，我们就在思想上交锋了。

前例方位词"后"，表示的是时间而不是空间。后例的"上"也与空间无关，而是方位词的引申用法。

第三节　指索语的扩展

一、话语—语篇指索语

话语和语篇的区别仅仅在于：前者指口头语言，后者指书面语言。语篇通常是指比句子更大的语言单位，但也似乎不完全是这样，比如一个成语、一条谚语或者一句问候的话，都可以看成语篇。不过在这里，我们只讨论前一种意义上语篇或话语的指索语，而且不区分是话语还是语篇，我们称为"话语—语篇指索语"，意即"话语或语篇指索语"。

例如：

黛玉……便说道："你既这么说，昨儿为什么我去了，你不叫丫头开门？"宝玉诧异道："这话从那里说起？我要是这么样，立刻就死了！"①

"这么样"替代"不叫丫鬟开门"。

所以才商量着，做成那样假局子：我们爷儿三个人来，好把人家引进门儿来。

"那样假局子"替代下文所述的办法。

我不会做对不起自己良心的事，我只做自己应该做的事。还是那句话，如果想赶我走，就直接告诉我，用不着找这样那样的理由，只要你跟我说一声，我就不会赖在那里。既然大家在一起过得不开心了，OK，我走就是了，用得着这样吗？

---

① 曹雪芹，高鹗.红楼梦（上）[M].北京：人民文学出版社，1982：387.

"还是那句话"替代随后说到的话语。

一般来说，作为非基本指索语句的话语或语篇指索语，有别于第二节所述的基本指索语。基本指索语——人称指索语、时间指索语和空间指索语的参照点存在于言语之外的语境之中，而话语或语篇指索语的参照点则存在于话语或语篇的言语之中。比如第一例"这么着"前指"不叫丫鬟开门"，第二例"那样假局子"后指下文所述的办法。"还是那句话"指示随后说到的话语。

韩礼德和韩茹凯认为，语篇和非语篇的根本区别在于是否具有"语篇性"。所谓"语篇性"主要是由衔接关系体现的相关词语。因此，凡是体现语篇衔接关系的词语都可以看成语篇或话语的指索语。

例如：

不涉及文艺性的批评，不能算作真正的文艺批评。这是因为文艺批评是以作品作为批评对象的，而文艺是以具有美感形象来表现的。既然文艺批评的对象离不开形象，那么文艺批评又怎么能离开形象呢？离开形象分析，文艺批评就会失去它的文艺特点，而不成其为文艺批评。

这"因为"一词就是表示语篇衔接关系的指索语。"因为"是推理的语形标记。逻辑上的推理一般"因为"在前，为前提；"所以"在后，为结论。如果"因为"在结论之后，那是论证。

论证的公式为：

$$C（B，因为A）$$

C 为语境，B 是结论，A 是前提。论证是推理的应用，包括论题、论据和论证方式。此例作为论证，论题即首句"不涉及文艺性的批评，不能算作真正的文艺批评"，也就是推理的结论。论据即"因为"后的这些话语，也是推理的前提；论证方式即推理形式，包括三段论、假言推理和换质位法在内的一系列演绎推理。

指索语都是通过推理而求得其意义，只是基本指索语的意义必须从广义语境中推得，而语篇或话语的指索意义就存在于上下文或前言后语之中，只需找出具有衔接关系的指索语即可推出。

二、社交指索语

社交指索语是指人们在交际过程中能够体现交际者之间的身份、职位、地位、权势及亲疏远近关系的那些词语。它们是社会文化等因素对语言交际的影响和制约，也是人们适应社会交往不同需要的产物。

社交指索语主要是敬语和谦语。

（一）敬语

敬语是含恭敬口吻的用语，用于日常交际和书信往来之中。中国是个重礼仪的国家，一般人都懂得应用敬语表示对对方的尊重和恭敬。

例如：

> 1. 老太太这话，教我们如何当得起？
> 2. 昨日太太说的那样，想是太太记错了。
> 3. 老爷等着你哩！
> 4. 二位爷请坐着罢了，何必多礼？
> 5. 世兄的才名，谁人不晓？
> 6. 诸公题以何名？
> 7. 贵姓？
> 8. 您请！
> 9. 师傅，帮个忙！
> 10. 先生，让一让！

以上敬辞，例1—例4流行到清代末年，例5—例6流行到新中国成立之前，例7—例10则是当代的一般礼貌语言。

中国这个礼仪之邦的文人雅士们，在他们的口头或笔下，敬辞更是不可胜数。举例如下。

"令"字族：用于对方的亲属或有关系的人。如：令尊——尊称对方的父亲，令堂——尊称对方的母亲，令郎——尊称对方的儿子，令爱——尊称对方的女儿。

"拜"字族：用于自己的行为、动作涉及对方时使用。如：拜读——指阅读对方的文章，拜辞——指告别对方，拜访——指访问对方，拜服——指佩服对方，拜贺——指祝贺对方，拜识——指结识对方，拜托——指托对方办事情，拜望——指探望对方。

"奉"字族：用于自己的动作涉及对方时使用。如：奉达（多用于书信）——告诉，表达，奉复（多用于书信）——回复，奉告——告诉，奉还——归还，奉陪——陪伴，奉劝——劝告，奉送、奉赠——赠送，奉托——拜托。

"惠"字族：用于对方对待自己的行为动作。如惠存（多用于送人相片、书籍等纪念品时所题的上款）——请保存，惠临——指对方到自己这里来，惠顾（多用于商店对顾客）——来临，惠允——指对方允许自己（做某事），惠赠——指对方赠予（财物）。

其他敬辞简要介绍如下。

"恭"字族：恭贺、恭候、恭请、恭迎、恭喜。

"垂"字族：垂爱、垂青、垂问、垂询、垂念。

"贵"字族：贵干、贵庚、贵姓、贵恙、贵子、贵国、贵校。

"高"字族：高见、高就、高龄、高寿、高足、高论。

"大"字族：大伯、大哥、大姐、大妈、大娘、大爷、大人（"人"字轻读）、大驾、大名、大作、大札。

"敬"字族：敬告、敬候。

"请"字族：请教。

"屈"字族：屈尊。

"光"字族：光临。

"叨"字族：叨光。

"雅"字族：雅意。

"玉"字族：玉体。

"芳"字族：芳龄。

"贤"字族：贤弟。

"老"字族：老板。

此外还有"久仰""足下""阁下""府上""斧正""指正""海涵"，等等。

在当代的社交用语中，这些敬辞多数已不使用，倒是某些称谓语，如"部长""局长""总经理"成了敬语。因为这是身份、地位的表征，在某些人的眼里，如果下级不以职位称谓，那就是"大不敬"了。

（二）谦语

谦语是人们日常交际和书信往来中必不可少的表示谦虚的言辞。例如：

1. 小的闻得老爷升补此任。

2. 臣妾拜见皇上。

3. 不才明主弃，多病故人疏。

4. 舍弟江南死，家兄塞北亡。

5. 鄙人姓赵。

6. A：你的英语说得真好！

    B：哪里哪里！

7. A：你真漂亮！

    B：谢谢。

例1—例3谦语、敬语并用。其余均只用谦语。

谦语"家族"举例如下。

"家"字族：用于对别人称自己的辈分高或年纪大的亲戚。如称父亲：家父、家尊、家严、家君；称母亲：家母、家慈；称兄长：家兄；称姐姐：家姐；称叔叔：家叔。

"舍"字族：用于对别人称自己的辈分低或年纪小的亲戚。如称弟弟：舍弟；称妹妹：舍妹；称侄子：舍侄；称亲戚：舍亲。

"小"字族：谦称自己或与自己有关的人或事物。如男性在朋友或熟人之间谦称自己"小弟"，谦称自己的儿子"小儿"，谦称自己的女儿"小女"，地位低的人自称"小人"，青年读书人自称"小生"（多见于早期白话文），谦称自己"小可"（多见于早期白话文），谦称自己的商店"小店"。

"老"字族：用于谦称自己或与自己有关的事物。如谦称自己没有文化"老粗"，老年人谦称自己"老朽"，年老人指自己的面子"老脸"，老年妇女谦称自己"老身"。

"敢"字族：表示冒昧地请求别人，如敢问、敢请、敢烦。

"愚"字族：用于自称的谦称，如愚兄、愚见。

"拙"字族：用于对别人称自己的物或事，如拙笔、拙著、拙作、拙见。

"敝"字族：用于谦称自己或跟自己有关的事物，如敝人、敝姓、敝处、敝校。

"鄙"字族：用于谦称自己或跟自己有关的事物，如鄙人、鄙意、鄙见。

另外还有寒舍：谦称自己的家；犬子：称自己的儿子；笨鸟先飞：表示自己能力差，恐怕落后，比别人先行一步；抛砖引玉：谦称用自己粗浅的、不成熟的意见引出别人高明的见解。还有谨悉——恭敬地知道，谨启——恭敬地陈述，等等。

斗转星移，社会在变化，社交用语也发生了很大的变化。一般地说来，当代人使用敬语已经不多，使用谦语更少。使用敬语或谦语较多的是知识界和书面语，对象也多是文化人。对于大众来说，使用敬语和谦语，都比较简单而质朴。敬语如先生、老师、师傅、老板等；谦语如小店、不敢当等。

在社交场合，敬辞和谦辞的意义可以从语境中推得，通常都是语境假设的"如果"推理：如果语境假设为真，那么推得的意义为真。比如，"师傅，帮个忙！"听话人会从语境中知道说话人要他帮忙做某件事情，由于对方对自己有礼貌，因而乐意帮忙。不过，这里的语境必须是具体语境，而不是一般语境。比如，A 说 B "你的英语说得真棒"，B 理解了 A 在夸奖自己，于是谦逊地说一声"哪里哪里"，这在中国的社交语境是恰当的，但如果你在西方某个国家，如果你也说"哪里哪里"，他会认为你在批评他判断失误，因而很不高兴。

三、指索语规约义的推导

人们的言语交际总是通过话语传达某种意义，这些意义可以是一般意义，也可以是一些特殊的会话含义。然而，在话语或社交中使用的指索词语有些特殊，它们传达的意义既不是话语的一般意义，也不是特殊的会话含义，而是一种约定的意义——一种约定俗成的意义，叫作规约含义。

规约含义有两个显著特征：一是有标记，二是约定俗成。例如：

1.啊哟，贵客临门！
2.尽管迟到，你还是来啦！
3.客人来了。

例 1 有标记语"啊哟"，例 2 有标记语"尽管"，例 3 没有标记语。"约定俗成"

的意思是说，这些标记语是在人们长期的语言交际中形成的习惯性用语。它们所传达的是规约含义。所谓"规约含义"是指附着于这些指索语的意义，它们既不同于话语的字面意义，也不同于后面将要详细讨论的会话含义。

值得注意的是，这些有标记的习用语词，差不多都是上面说到的话语或社交指索语。通过这些指索语，我们可以推导出相关的话语—语篇或社交语的规约含义。

例如：

> 1. 啊哟，贵客临门！├ 这位客人好久没有来过。
> 2. 尽管迟到，你还是来啦！├ 你没有按时到。
> 3. 你又迟到了。├ 你不是第一次迟到。
> 4. 此外，小张也功不可没。├ 这些人都有功劳。
> 5. 我还是那句话：不给钱不干了。├ 你（们）知道我说过这句话。

以上是从话语—语篇指索语推出的规约含义。

> 6. 您是领导！├ 说话人对对方尊敬而远距。
> 7. A：你英语说得真好！
>   B：哪里哪里！├ 说话人认为谦虚点为好。
> 8. 不才明主弃，多病故人疏。├ 说话人有埋怨情绪。
> 9. 庭前花未发，阁下李先生。"阁下"句├ 听话人德高望重。

以上是从社交指索语推出的规约含义。例 8 是孟浩然的诗。"不才"是孟浩然的谦称，"明主"是对唐玄宗的尊称。唐玄宗读此诗，不满于孟浩然的不满，对他终身不用。例 9 是一副对联，下联"阁下"一语双关，巧妙地表达了对一位姓李的长者的尊崇和敬意。

特别值得我们关注的是，"由于""因为""既然""为的是""因此""因而""所以""就"等指索词规约地具有因果或推断关系的含义，因此这一类句子可以转换为推理。例如：

> 因为我们是为人民服务的，所以，我们如果有缺点，就不怕被别人批评指出。

其推理式可以写成：

> 如果我们是为人民服务的，那么我们如果有缺点就不怕被别人批评指出。
> 我们是为人民服务的，
> 所以，我们如果有缺点，就不怕被别人批评指出。

原来这个推理所依据的就是指索词"因为"和"所以"的规约含义。这就告诉我们，语言与逻辑是不同的两件事情：语言指索词"因为"和"所以"并不等同于逻辑的蕴涵词（→）。

第四章

言语行为

第一节　言语行为理论

一、奥斯汀的言语行为理论

（一）概述

言语行为（speech acts）理论是第一个比较系统而且重要的语用学理论，创始人是英国牛津大学哲学教授奥斯汀。从渊源上看，该理论的提出可以追溯到马林诺夫斯基和维特根斯坦。

马林诺夫斯基早在1923年就说过，"语言的原始功能是作为一种行动方式，而不是思想的对应物。""在最初的使用中，语言作为人类行为，是连接人类一致行动的纽带。它是一种行为方式，而不是思考的工具。"[①]这里虽然还说不上系统的言语行为理论，但是确有值得称道的言语行为思想。

维特根斯坦后期哲学的中心是语言游戏论。根据这种理论，语言和活动被看作一个整体，语言的学习和使用被看作类似于游戏的一种活动。维特根斯坦是从一场足球赛中得到语言游戏的灵感的。他所说的"游戏"就是指诸如下棋、打牌、玩圆环、掷骰子、球赛、奥林匹克运动会之类的活动。维特根斯坦认为，一个有关游戏的共同本质纯属子虚乌有，人的活动有多少种，游戏就有多少种。人们只能描述游戏，而不能去定义它。游戏的意义就是在我们所描述的许许多多种游戏中显现出来的。语言游戏也是这样。他还明确地表示："我用'游戏'这个词意指语言游戏。"在他看来，语言游戏不仅包括描述事实和陈述思想，还包括提问、评价、请求、允许、命令、任命、指责等语言活动。维特根斯坦的语言游戏论是与他的"意义即用法"的观点分不开的。他说："一个语词的意义就是它在语言中的用法。""让语词的用法使你懂得它的意义吧。"[②]维特根斯坦还指出，意义的指称论或图像论等之所以

[①]　Malinowski, B. The Problem of Meaning in Primitive Languages[M]. New York: Harcourt Brace Jovanovich, 1923: 316.

[②]　Wittegenstein, L. *Philosophical Investigations*[M]. Oxford: Basil Blackwell, 1958: 43, 71.

会误入歧途，就是因为它们脱离了生机盎然的语言活动。

　　奥斯汀是牛津日常语言学派的代表人物之一。1955 年，他在美国哈佛大学作了题为"如何以言行事"（How To Do Things With Words）的系列讲演，后经他的学生 J. O. 厄姆森（J. O. Urmson）整理成书，并于 1962 年出版。奥斯汀的这次讲演，集中地体现了他多年来的研究成果，是他一生中最后的杰作。奥斯汀的言语行为理论超越了哲学界，成为语言学特别是语用学的重要研究内容，同时也成为一些逻辑学家探讨的对象。

　　奥斯汀的言语行为理论，其基本出发点就是：当人们说出一串话语时，他就在完成一种行为，人的言语本身就是一种行为。用奥斯汀自己的话说，"说什么也就是做什么"（to say something is to do something）。用公式来表示上述观点是：在说 x 的时候表示我在做 y（in saying x I was doing y）。

　　奥斯汀在言语行为的研究中区分了两类话语：施为话语（performative utterance）和叙事话语（constative utterance）。施为话语是用来实施某种行为的，说话本身就是做事，因此无真假之分，只有得体或不得体的区别；叙事话语指各种陈述，其作用是描述某一事件、过程或状态，因而有真假之分。奥斯汀举例说：

　　　　1. "我愿意娶这个女人做我的合法妻子"——当婚礼正在进行过程中说这番话。
　　　　2. "我命名这艘船为伊丽莎白女王号。"——当命名仪式正在进行，在船头砸破酒瓶时说这番话。
　　　　3. "我把表赠给我表弟。"——在遗嘱中说这番话。[①]

　　奥斯汀认为，在合适的情形下说出这种语句，并不是描述或陈述"我"正在做的事，而是"我"通过说这句话来做这件事。例如命名一艘船，就是通过说"我命名……"这句话来实现的。这些施为式话语都没有什么真假之分，但是有得体（happy）或不得体（unhappy）的问题。例如一个人说"我愿意娶这个女人做我的合法妻子"，只有在合适的情形下才是得体的，否则就是不得体的。

　　奥斯汀认为，一个得体的施为式话语必须满足以下 6 个必要条件。

　　（A.1）必须存在一个公认的、确有约定效果的约定程序，程序包括有一定的人在一定的情境中说出的一定话语。

　　（A.2）在某一确定的场合中，那些特定的人和情境对被援引的特定程序的执行必须是合适的。

　　（B.1）所有参加者必须正确地实施该程序。

　　（B.2）所有参加者必须完全地实施该程序。

　　（C.1）使用这种程序的，常常是那些具有一定思想或感情的参与者，或者是那些为参与者主持仪式的人。因此，无论是那些参与者还是与程序实施有关的部门的

---

① Austin, J. L. *How to Do Things with Words*[M]. Oxford: Oxford University Press, 1962: 5.

人，事实上都必须具备那种思想感情，并且参与者自己必须有意这样去做。

（C.2）参与者自己后来确实这样去做了。

如果违反这 6 条中的任何一条，我们的施为话语都是不得体的。其中 A 和 B 组为得体的外在条件，C 组为得体的内在条件。

奥斯汀把话语区分为施为话语（施为句）和叙事话语（叙事句）之后，他进一步发现这一区分存在一些问题，主要是没有找到这两类话语在句法形式上的过硬标准。奥斯汀最初所说的施为句，其基本的句法形式是：I V^p …（V^p 表示施为动词），诸如"我命名……""我允诺……"之类。可是"我说明……""我认为……"等句子应当属于叙事句而不是施为句，但在句法形式上与施为句并没有什么不同的地方。于是奥斯汀不再把施为句看成专门一类的特殊句子，而是看作一般类型的施为话语，包括显性施为句和隐性施为句两种。前者就是原先所说的施为句，后者包括许多其他种类的话语。

奥斯汀放弃了施为句和叙事句的区分，这不是后退而是前进。因为把隐性施为句也看成施为句的一种，显然更加突出了话语施为性的普遍意义，从而增强了言语行为理论的说服力。

（二）奥斯汀的"三分说"

奥斯汀放弃了施为句和叙事句相对立的二分理论，提出了语谓行为、语旨行为和语效行为的三分学说。"三分说"是奥斯汀言语行为理论的基石。

1. 语谓行为

语谓行为（locutionary act）是以言指事，即"说了什么"。例如 A 对 B 说："救救孩子！"这"救救孩子"的一连串语音，就是语谓行为。可以记为：

$$A说X$$

语谓行为包括发出声音 X_0 和组成词语 X_1 两个部分，亦即 $X=X_0+X_1$。人们说话首先要发出声音，但声音不一定都有意义。比如医生在检查病人的咽喉部位时，要病人发出"啊"的声音，这声音并不表达任何意义。在奥斯汀那里，X_0 为发声行为。然而没有意义的 X_0 不是语谓行为，X_1 就是说话人说了什么，包含有意义的词语及组词成句的语法，还涉及语调。X_1 包括了奥斯汀所说的出语行为和表意行为。人们的言语行为首先是语谓行为。

2. 语旨行为

语旨行为（illocutionary act）是以言行事，表明说话人意图的行为，亦即说话者的用意。例如 A 命令 B："救救孩子！"这命令就是语旨行为。语旨行为与语谓行为是不可分割的。如果语谓行为 X 表达了一个思想，那么它必然同时是一个语旨行为 Y。可以记为：

> A说X旨在Y

例如一位母亲带着孩子逛商场时，孩子指着柜台里的蛋糕说："这蛋糕我没吃过。"孩子的话在表述一件事情的同时，还表达了要母亲给他买蛋糕的愿望。这个愿望就是孩子说话的用意，亦即语旨行为。常见的语旨行为有：陈述、断定、请求、命令、询问、许诺、宣告、感谢、道歉、祝贺等。

3. 语效行为

语效行为（perlocutionary act）是以言成事，即话语的效果。例如 A 说服 B："救救孩子。"这"说服"就是语效行为。如果说说话人的语谓行为是说了 X，语旨行为是说话人说 X 时的用意 Y，那么语效行为就是说说人所取得的话语效果 Z。可以记为：

> A说X旨在Y做到Z

语效行为实际上是语谓行为和语旨行为的结果。常见的语效行为除说服外，还有劝说、吓唬、鼓舞、欺骗、激怒、使惊异、使误解、使窘迫、使满意、解除紧张心理等。

在人们的日常交际中，一个表达式一般都能同时完成语谓、语旨和语效行为。语谓行为是就语句 X 的表达而言的，如果我们暂且不考虑表达 X 时的发声和出语行为，单就表意行为而言，语谓行为的意义就是语句 X 的命题，所以我们对语谓行为的分析主要是对语句 X 的命题意义的分析。语旨行为是语句 X 与表达者用意 Y 联系的结果，同一语句由不同的人在不同语境中表达出来，其含义往往不尽相同。可见语旨行为已进入语用的范围。语效行为是语句 X、表达者的用意 Y 与听话者三者联系起来的结果。不同的听话者会有不同的反应，因而也是语用问题。语谓行为、语旨行为和语效行为三者相比较，前者比后者考察的因素要少，但前者是后者的基础。反之，后者比前者具有更为丰富的内容。就言语行为的整体来说，它属于语用学。

二、塞尔的发展

（一）概述

塞尔是美国加利福尼亚大学伯克利分校的哲学教授，奥斯汀的弟子，牛津日常语言学派在美国的主要代表人物。塞尔继承和发展了奥斯汀的言语行为学说，并把它看作是一种解释人类言语交际的理论。

奥斯汀把言语行为三分为语谓行为、语旨行为和语效行为，塞尔在此基础上提出了修正的意见。他不接受奥斯汀的关于语谓行为和语旨行为的区分，取消了语谓行为这个类，代之以话语行为和命题行为。因此，塞尔的言语行为理论是"四分说"，具体如下。

（1）话语行为（utterance act）。

（2）命题行为（propositional act）。

（3）语旨行为（illocutionary act）。

（4）语效行为（perlocutionary act）。

两相比较，塞尔的话语行为相当于奥斯汀的语谓行为中的发声行为和出语行为，更为重要的是塞尔用命题行为取代了奥斯汀语谓行为中的表意行为。奥斯汀认为句义（sentence meaning）与语旨用意（illocutionary force）之间存在根本性的区别，而塞尔则认为"不存在不带有语旨特征的句子"[1]，"经由说出句子所实施的言语行为就是句义的功能"[2]。塞尔认为，不同的语境里，同一命题可以具有不同的语旨行为。例如：

> 1. 萨姆抽烟。
> 2. 萨姆抽烟吗？
> 3. 萨姆，抽烟！
> 4. 要是萨姆抽烟就好了。

这四个句子具有相同的话语内容，即"萨姆抽烟"，但是表达了不同的语旨行为：例1是陈述，例2是询问，例3为请求，例4是愿望。塞尔认为，命题是一种表意行为，但它不是语旨行为，所以塞尔把不包含表意行为的语谓行为称为"话语行为"，而把作为表意行为的的命题独立出来成为一种单独的言语行为类别，称为"命题行为"。这样，塞尔就把奥斯汀的"三分说"发展为"四分说"。

按照塞尔的观点，应该将命题与断定、陈述等严格区别开来，断定和陈述属于语旨行为，而命题是在断定行为中所断定的东西；在陈述行为中所陈述的东西，只有对命题的表达才算是命题行为。他强调："命题行为不能单独出现，就是说我们不能只是做出指称和谓述而不做出断定，不提出问题，或不做出其他语旨行为。"[3] 塞尔为语旨行为刻画了一个一般形式：

$$F(p)$$

F 表示语旨用意，它以"陈述""确认""询问""指令""劝告""祝贺"等为值，p 表示命题的表达式。

奥斯汀和塞尔都认为语旨行为是整个言语行为理论的核心，都把重点放在对语

---

[1] Searle, J. R. Austin on Locutionary and Illocutionaiy Acts[J]. *The Philosophical Review,* 1968(77): 412.

[2] Searle, J. R. *Speech Acts: An Essay in the Philosophy of Language*[M]. Cambridge: Cambridge University Press, 1969: 18, 25.

[3] 同上。

旨行为的研究上。对语旨行为的分类是言语行为研究的重要工作。如前所述，表达语旨行为的话语由语旨用意 F 和命题内容 p 两个部分组成，对语旨行为的分类，实质上是对 F 的分类。

奥斯汀曾将语旨行为分成判定式（verdictives）、执行式（exercitives）、承诺式（commissives）、表态式（behavitives）和阐述式（expositives）五种。塞尔在"语旨行为的分类"一文中，表示不同意奥斯汀的这种分类，同时提出了自己的分类主张。

为了正确地划分语旨行为的种类，塞尔提出了以下六条分类标准。

（1）行为目的上的区别。

（2）语词与世界相适应方向上的区别。

（3）表现心理状态上的区别。

（4）语旨行为表现出来的力量和强度的区别。

（5）说话者及听话者的身份、地位对话语的语旨用意施加影响方面的区别。

（6）由语旨指示机制所决定的命题内容方面的区别。

（二）塞尔提出的五类"语旨行为"

塞尔根据这六条分类标准（这是最基本的六条标准，除此以外还有六条，一共十二条标准），把语旨行为分为如下五类。[①]

1. 断定式（assertives）

断定式的目的在于使说话者（在不同程度上）承认某个事物是哪种情况，承认所表达的命题是真实的。所有断定式语句，都是可以对它们作评价的，评价的范围是真或假。断定式语旨行为，可以用符号表示如下：

$$\vdash \downarrow B(p)$$

⊢ 表示断定，↓ 表示它的适应方向是从语词到世界，B 代表"相信"（belief）这种心理状态，p 代表命题内容。例如："专家们肯定这次海啸是由海底地震引起的。"

表达这类行为的动词有"断定""做出结论""肯定""否定""陈述""通知""通告""提醒""反对""预告""报告"等。

2. 指令式（directives）

指令式的目的在于说话者试图使听话者去做某件事。其公式是：

$$! \uparrow W(H做A)$$

---

① Searle, J. R. *Expression and Meaning: Studies in the Theory of Speech Acts*[M]. Beijing: Foreign Language Teaching and Research Press, 2001: 12-19.

！表示目的，↑表示其适应方向是从世界到语词，W 表示需要（want）或希望（wish），命题内容始终是听话人 H 去做某一将来的行动 A。例如："政府要求全社会关心弱势群体。"

表达这一类行为的动词有"询问""命令""请求""乞求""要求""诉求""哀求""恳求""祈祷""吩咐""嘱咐""责成""邀请""劝告""促使""禁止""建议"等。

3. 承诺式（commissives）

承诺式的目的是使说话者（在不同程度上）承担去做未来的某个行动的责任。其公式是：

$$C\uparrow I(S做A)$$

C 表示用途，↑表示其适应方向是从世界到语词，I 表示"意图"（intention）。命题内容是说话者 S 去做未来的某一行动 A。例如："我保证依法纳税。"

表达这一类的动词有"允许""威胁""警告""企图""采纳""拒绝""赞成""保证""打赌"等。

4. 表情式（expressives）

表情式的要点是表现某种心理状态，这种心理状态是由关于某一事态的诚实性条件来限定的。其公式是：

$$E\Phi(p)(S / H+性质)$$

E 表示对所有表情式都是共同的语旨用途和目的；Φ 是空集符号，它表示没有适应方向；p 是一个变项，它的变程就是在完成这类语旨行为中所表达的各种可能的心理状态；而命题内容则把某特性（并不必须是一种语旨行为）归于说话者（S）或者听话者（H）。例如："我衷心祝贺你再次夺冠。"

表示表情式这一类语旨行为的动词有"祝贺""道歉""慰问""感谢""哀悼""欢迎""问候""称赞""抱怨""悲叹""抗议""痛惜"等。

5. 宣告式（declarations）

宣告式的特征在于：成功地完成这一类活动，就会使某一种社会性质的事态得到实现。宣告式的公式是：

$$D\updownarrow\Phi(p)$$

D 表示宣告的目的；↕表示其适应方向既是从语词到世界，又是从世界到语词。

它没有真诚性条件，所以在真诚性条件的位置上填上空集符号"Φ"，此外还有一般命题变项"p"。例如："我宣布运动会闭幕！"如果成功地实施了这一行为，运动会就闭幕了。又如："你被解聘了！"这一语旨行为得到成功的实施，被解聘的事态就存在了。

宣告式有一特点，即当发出话语企图完成一个语旨行为时，要求有一定的超语言的社会规范，使说话者有权利做出这种宣告，这样才能成功地完成宣告式的语旨行为。比如你是会议主持人，你才有权宣布开会或者散会。

表示宣告式这一类语旨行为的动词有"命名""解雇""开除""宣战""辞退""任命""否决""批准""放弃（权利要求）"等。

塞尔的语旨行为的分类，其科学性在学术界颇有争议。莱文森认为，塞尔的分类虽然比奥斯汀有所改进，但"仍然因为缺乏原则基础而令人失望"[①]。有人认为，莱文森的批评根据不足，但是塞尔的分类并没有给我们提供更多的新东西。塞尔的分类标准过于繁杂，依据十二条标准划分五类语旨行为，在逻辑上是不适合的。传统语言学对陈述句、疑问句、祈使句和感叹句的分类，除感叹句可以归于陈述句外，其他三种都可以独立存在，并有较大的概括性，因此就可以将语旨 F 分成陈述、疑问、祈使三类，而不必分为五类。姜望琪在《当代语用学》一书中说："言语行为理论最初的诱人魅力来自它为人们提供了更大的想象空间，似乎有可能从此揭开更多的语言秘密。因此，人们感兴趣的是具体的言语行为。"[②]他也认为，语言的三种基本句型：陈述句、疑问句和祈使句，可以用来描述、提问和命令，再加上奥斯汀的"I name this ship the Queen Elizabeth"（我命名这艘船为伊丽莎白女王号），"I promise..."（我承诺……）这样一些施为句就行了。

1985 年，塞尔和范德维克出版了《语旨逻辑基础》（*Foundations of Illocutionary Logic*）一书，对语旨行为进行了形式研究，给出了 7 条公理和若干定理，但还不是严格意义上的形式系统。1992 年，我国学者蔡曙山完成博士论文《语力逻辑》（语旨亦译"语力"），在塞尔和范德维克工作的基础上，建立了语力命题逻辑形式系统 FP 和 FPN。1998 年，蔡曙山出版专著《言语行为和语用逻辑》一书，进一步完成了量化语用逻辑和模态语用逻辑的形式系统。

① Levinson, S. C. *Pragmatics*[M]. Cambridge: Cambridge University Press, 1983: 240.
② 姜望琪. 当代语用学[M]. 北京：北京大学出版社，2003: 47.

第二节　话语的施为性

一、施为动词

奥斯汀提出的言语行为理论，特别是他后来取消了施为句和叙事句的二元对立，把叙事句看成隐性的施为句，解决了人类社会的一个重要问题：说话算不算做事？奥斯汀明确地回答说：说话就是做事，言语是一种行为。

自古以来，人们总是把"言"与"行"对立起来，认为言不是行，行不是言。人们常说"言行要一致""言必行，行必果"，不都说明言和行是两码事而不是一码事吗？可是这样一来，世界上就有相当一部分人只是要要"嘴皮子"而不做事情。例如一些行政人员和企业的领导人，他们发发指示，出出主意，只有言而没有行。节目主持人也是动嘴不动手，他们中的佼佼者被称为"名嘴"而不是"名手"。如果说话不算做事，那么他们就都是些不做事的"闲人"。教师职业是"阳光底下最神圣的事业"，教师的工作就是"传道、授业、解惑"，那么教师的"工作"又怎么能不算是做事呢？在日常生活中，比如谈恋爱，就是在谈话中相恋相爱，最终结成伴侣，完成了一件"终身大事"。

"说话就是做事"，集中地体现在人们的话语中总是有一个或明或暗的施为动词。例如：

> 1.我宣布大会开始！
> 2.我请求你别走。
> 3.我感谢你的帮助。
> 4.你去北京吗？
> 5.这是我的错。
> 6.我和苏珊5月1日结婚。

前三例都含有明显的施为动词：例1是"宣布"，例2是"请求"，例3是"感谢"。后三例虽然在字面上没有看到施为动词，但都暗含有施为动词：例4是询问，例5是道歉，例6是宣告。前三例称为显性施为句，后三例称为隐性施为句。

以上语言事实表明，一个语句无论是显性或者隐性，它们都含有施为动词，都是"言有所为"。它们的深层语法形式是：

$$I + V^p + s$$

I为说话人"我"，V^p为施为动词，小写s为内嵌句。用树形图4-1可以表示。

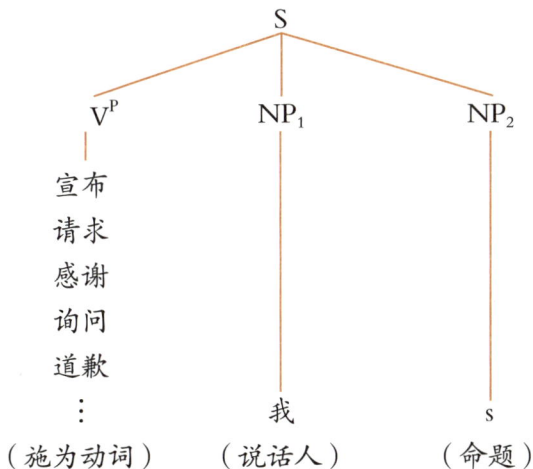

$$S$$

V^P　　　　NP_1　　　　NP_2

宣布
请求
感谢
询问
道歉
⋮

我　　　　　　s

（施为动词）　　（说话人）　　（命题）

图 4-1　施为句语法树形图

树形图表明，任何话语总是意味着"我宣布……""我请求……""我感谢……"，如此等等。它们都属于语言行为中的语旨行为。其中 V^P 就是施为动词，NP_1 即说话人"我"，小写 s 为句子 S 的内嵌句，是个命题。

应用逻辑公式，施为句可以写成：

$$V^P(a,p)$$

意思是说，"我宣布……""我请求……""我感谢……"，等等。在塞尔的语旨行为一般公式 F（p）里，语旨行为 F 就是施为动词 V^P，p 为命题内容。从理论上说，现代逻辑中的信念逻辑（B（a, p））、知道逻辑（K（a, p））等，都可以看成语旨逻辑的子系统。

二、显性施为句

（一）含义

显性施为句（explicit performatives）是指在一个话语中包含有明显的施为动词的语句。这里再举一些例子：

1. 我断定张三是小偷。
2. 我提醒你别再抽烟了。
3. 我恳求你留下来陪陪我。
4. 我命令你回家做作业。
5. 我允许你留职停薪。
6. 我赞成老张主持会议。
7. 我祝贺你得了头奖。

8.我后悔去了酒吧。
9.我任命你当副总。
10.我宣布球队解散。

按照塞尔的语旨行为分类，例1和例2属于断定式，例3和例4属于指令式，例5和例6属于承诺式，例7和例8属于表情式，例9和例10属于宣告式。它们都含有明显的施为动词，因而都是显性施为句。

（二）特征

从以上实例可以看出，显性施为句都具有施为动词这一明显标记。除此之外，它们还有以下一些特征。

1.第一人称

显性施为句的主语都是说话人"我"。因为要实施一个语旨行为，必须通过说话人向听话人发出话语才能实现。如果说话人不说话，话语无从发出，也就无法实现施为的语旨行为。

2.陈述句

显性施为句总是陈述性的。例如疑问句："你去北京吗？"如果加上第一人称"我"和施为动词"问"，改为："我问你去不去北京。"这仍然是个陈述句，句末只能用句号而不是问号。祈使句也是如此。例如祈使句："你回来！"如果改为："我命令你回来。"也还是一个陈述句。至于疑问句："我能断定张三是小偷吗？"这是个自己问自己的疑问句，实际上并没有断定，只是一个隐性施为句而不是显性施为句。

3.肯定句

因为如果使用否定句就会形成对语旨行为的否定，也就是不要采取某种语旨行为。例如"我不断定张三是小偷"，那就意味着说话人没有做出"断定"的语旨行为，所以不是断定式的显性施为句。当然话语中仍然暗含有说话人的某种用意，这也属于隐性施为句。

4.现在时态

因为说话者正是在表述话语时实施某一语旨行为的。如果用过去时态或将来时态，那就变成对过去事情的陈述和对未来事件的预测或预示。例如："我曾经恳求你留下来陪陪我。"只是说明有过这件事情，但并不意味着说话人现在实施"恳求"这一语旨行为。又如："我打算请你留下来陪陪我。"同样不意味着现在实施"请求"这一语旨行为。

5.不同民族语言有不同的语法形式

就汉语而言，显性施为句的典型形式就是兼语式。其句法形式为：

主语—谓语$_1$—兼语—谓语$_2$—（宾语）

主语为第一人称"我"，谓语₁即施为动词。兼语通常是听话人"你"或"你们"，它既是谓词₁的宾语，又是谓语₂的主语。谓语₂是兼语的谓语，为一般动词，可以带宾语，也可以不带。例如："我任命你当副总。"主语是说话人"我"，谓语₁为施为动词"任命"，兼语是听话人"你"，谓语₂是一般动词"当"，宾语是名词"副总"。兼语可以不是"你"或"你们"，而是其他名词。例如："我赞成老张主持会议。"兼语是名词"老张"。谓词₂如果是不及物动词，后面不带宾语。例如："我命令你出去。"谓词₂为不及物动词"出去"，所以后面没有宾语。有时候在宾语位置上是其他成分。例如："我命令你回家做作业。"其中"做作业"也是谓语，应为谓语₃，属于连动式。

兼语式的显性施为句可用图 4-2 的树形图来表示。

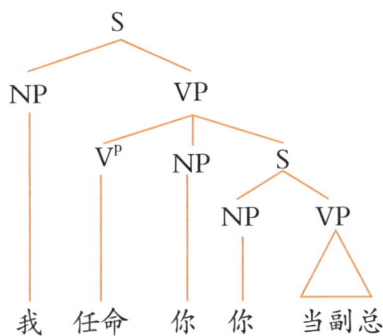

图 4-2　兼语式显性施为句的语法树形图

图 4-2 中主语 NP 为说话人"我"，谓语 VP 中的 V^p 是施为动词"任命"，兼语为 NP "你"，内嵌句中的谓语 VP 是"当副总"。逻辑公式是：

$$V^p(a,b) \wedge H(b)$$

意思是说："我任命你并且你当副总。"

显性施为句的典型形式是兼语句，但也常用其他形式。例如："我告诉你一个好消息。"这是双宾语句，句法形式为：主语 + 施为动词 + 宾语₁ + 宾语₂。如果是："我报告一个好消息。"那就是一个简单的主谓宾结构句子，句法形式为：主语 + 谓语 + 宾语。

三、隐性施为句

隐性施为句（implicit performatives）是指这样一类句子，在字面上没有出现施为动词，却同样表达了语旨行为。隐性施为句是相对于显性施为句而言的。试比较以下例句：

1. a. 我知道小张是博士。
   b. 小张是博士。
2. a. 我问你去不去北京。
   b. 你去北京吗？
3. a. 我警告你以后小心些。
   b. 你以后小心些。
4. a. 我向你道歉。
   b. 对不起！
5. a. 我宣布散会。
   b. 散会！

例 1 类为断定式，例 2 类为指令式，例 3 类为承诺式，例 4 类为表情式，例 5 类为宣告式。每一类的 a 和 b 尽管命题内容相同，但是分属不同的施为句类型：所有的 a 都是显性施为句，而所有的 b 都是隐性施为句。

两相比较，隐性施为句的最大特征是句法形式上没有明显的施为动词标记。隐性施为句没有明显的施为动词，既是缺点，也是优点。因为没有施为动词，它不如显性施为句那样显豁地表明语旨行为，但是它很简洁，而且句法上丰富多彩。如果有人每说一句话都是"我断定……""我命令……""我承诺……""我宣告……"等，那就未免单调乏味，令听话人不堪忍受。事实上，人们在言语交流中，即使没有明白地说出语旨行为，但是听话人在大多数的情况下都是能够辨别说话人的语旨行为的。

《战国策·赵策四》中的《触龙说赵太后》一文说，秦国攻赵，赵求救于齐。齐要赵国送长安君为质，遭到赵太后一口拒绝。赵国老臣触龙在说服赵太后时，有以下一段对话：

左师公曰："老臣贱息舒祺，最少，不肖，窃爱怜之，¹愿令得补黑衣之数，以卫王宫，没死以闻。²"太后曰："敬诺。³年几何矣？⁴"对曰："十五岁矣。⁵虽少，愿及未填沟壑而托之。⁶"太后曰："丈夫亦爱怜其少子乎？⁷"对曰："甚于妇人。⁸"太后笑曰："妇人异甚。⁹"对曰："老臣窃以为媪之爱燕后贤于长安君。¹⁰"曰："君过矣，¹¹不若长安君之甚。¹²" ①

触龙接着说了一番道理，说服了赵太后把长安君送去齐国为质。

在这一段对话中，我们可以清楚地看出，其中大部分属于隐性施为句，具体说来，例 1 是陈述，例 2 是请求，例 3 是许诺，例 4 是询问，例 5 是陈述，例 6 是愿望，例 7 是疑问，例 8 是肯定，例 9 也是肯定，例 10 是推测，例 11 是反对，例 12 是否定。其中典型的显性施为句只有例 10，含有"老臣窃以为"的句法标记。例 2 和例 6 含有施为动词"愿"，例 3 含有"诺"，也属于显性施为句。其余都是隐性施为句。

　　隐性施为句由于没有明显的施为动词，在句法形式上难以识别，因此依赖于字面、语境意义及某些句法形式，才能确定句子的语旨行为或者命题内容。如例 4"年几何矣？"就是根据字面有疑问词"几何"确定为"询问"的语旨；又根据上文"老臣贱息（儿子）舒祺"，确定句子的命题内容是："舒祺现在几岁？"例 11"君过矣"，根据语境知道，"君"即"你"，指触龙，意思是"你错了"，表示了"反对"的语旨行为。

　　隐性施为句由于没有明显的施为动词，语旨用意有时不是那么显豁，听话人容易产生不同的理解。例如："我明天就去北京。"听话人可以理解为"陈述"，它说明了一件事情；也可以理解为"预告"，一个计划有了实施的具体时间；也可以理解为"许诺"，即答应去做某件事情。当然，还可以理解为其他语旨行为。究竟这句话的语旨行为是什么，在具体语境中会有明确答案的。

　　隐性施为句由于没有明显的施为动词，即使理解为同一类语旨行为，也还有语旨力量上的差别。例如："把门关上！"听话人可以理解为指令类的语旨行为，但它是命令呢，还是请求或者建议呢？听话人也只有从说话人说这句话的语气、声调及表情等语境因素中才能体悟出来。

第三节　间接言语行为

一、间接施为句

　　塞尔于 20 世纪 60 年代末期提出了间接言语行为（indirect speech acts）理论。所谓"间接言语行为"，就是指通过另一种语旨行为来间接实现的一种语旨行为。

　　表达间接言语行为的是间接施为句。例如：

> 你能说话小声点吗？

　　这就是一个间接施为句，表面上是"询问"，问对方有没有小声说话的能力，似乎对方只要回答能或不能就行。其实不然，实际上这是个命令句，表达的是一个"请求"的语旨行为，它等于说："我请求你说话小声点。"也就是说，一个"请求"的语旨行为却是通过一个"询问"的语旨行为表现出来，所以说是间接言语行为。

　　间接施为句既不同于显性施为句，也不同于隐性施为句（广义地说，隐性施为句可以包括间接施为句）。试比较：

> a. 我断定张三是小偷。
> b. 张三是小偷。

c. 张三有三只手。

三个句子表达了同一种语旨行为"断定"，以及同一个命题内容：张三是小偷。但是 a 有明显的施为动词"断定"，属于显性施为句；b 没有明显的施为动词"断定"，属于隐性施为句；而 c 的表达却"转了一个弯儿"，只是间接地表示了"断定"的语旨行为，所以属于间接施为句。

间接言语行为是相对于直接言语行为而言的。直接言语行为是说，这句话要求正常而准确地表达说话人所要传递的意向信息。在整个直接言语行为的过程中，话语都是按照字面意义进行的，没有超越字面意义的意向信息出现。而间接言语行为却没有这种直接性，而是故意"绕点儿弯子"，把话说得婉转一些，以取得更好的表达效果。在间接言语行为中，话语意义往往超越了字面意义，甚至背离了字面意义。例如"张三有三只手。""三只手"在字面上是无法解释通的。

所谓"文如看山不喜平"，无论是口头表达还是书面表达，人们往往喜欢把话说得更有礼貌、更为优雅，或者更为含蓄，所以在许多情况下，人们会应用间接施为句。"一句话，百样说。"说话人完全有条件根据交际语境选择最佳的表达方式。

例如，说话人要求听话人把门关上，当然可以直接地对听话人说："你去把门关上！"或者客气一点说："请你去把门关上。"或者用语气强的形式说："我命令你去把门关上。"或者用较弱的语气说："我求求你把门关上。"这些都属于直接施为句。可是在某些语境中，人们往往不这样说，而是应用间接施为句来表达。下面列出了12 个间接施为句：

1. 你能把门关上吗？

2. 你如果（要是）能把门关上，我就太感谢你了。

3. 我能不能请你关一下门？

4. 你最好能走进来时把门带关一下。

5. 你进来时是不是忘记关门啦？

6. 你进来时忘记了一件事。

7. 房里好冷呀！原来是谁忘记关门了。

8. 我经常教你进了门以后要干什么？（父母对孩子说）

9. 你进门以后干什么？怎么又把我的话忘了。

10. 谁怕把尾巴夹住了？

11. 谁的尾巴那么长呀？

12. 谁那么缺德？（说话人眼睛望着门说）[①]

当然还可以举出一些例句来表示说话者要求听话者去关门的意思，但这已经足够说明间接施为句在人们日常交际中应用的广泛性。

① 周礼全.逻辑：正确思维和有效交际的理论[M].北京：人民出版社，1994：419.

二、规约性间接言语行为

规约性言语行为是指对一个句子的实际的语旨用意做一般性推断而得出的间接言语行为。"语旨用意"有别于通常所说的"字面意义"，前者是指某种语旨行为，例如，有人说："你能……吗？"表达了"询问"这一语旨行为，亦即语旨用意；后者只是一般的字面解释。所谓对"语旨用意做一般性推断"，就是根据句法形式、语义或习惯就可以推断出这句话实际的语旨行为，亦即"语旨用意"。这个"推断"，就是对字面意义的"超越"，因而属于规约性间接言语行为。

规约性间接言语行为，一般出于对听话人的礼貌或者某种修辞的需要，说话人不愿把话说得太直，因而是一种委婉的说法。例如：

1. Could you be a little more quiet?
   （你能不能稍微安静点？）
2. I'd rather you didn't do it any more.
   （我宁愿你不做这种事。）
3. Would you mind not making so much noise?
   （你能不能不制造那么多噪声？）
4. I would appreciate it if you could turn off the light.
   （如果你把灯关掉，我会很感激的。）

例 1 和例 3 在字面上是"询问"，例 2 和例 4 为"陈述"，但是听话人根据句法形式"做一般性推断"，就可以得出它们的语旨用意都是"请求"。所以它们都属于规约性间接言语行为。

在英语的句法形式上，上述句子大都可以在动词之前或者句子末尾加上一个"please"（请），以表示"请求"。例如：

1. Could you *please* be a little more quiet?
2. I'd rather you didn't do it any more, *please.*

在汉语里，例 1 可以说成："请你能不能稍微安静一些？"例 2 似乎也可以说成："我宁愿请你别做这种事。"通过这两个例子是要说明：规约性间接言语行为可以根据句子的句法形式，按照习惯推断出来。

规约性间接言语行为虽然不及显性施为句或隐性施为句那样具有"直接性"，需要"绕点儿弯子"，但是这"弯子"并不很大，推断也不费力。例如前述要求听话人把门关上的例子，其中的几个句子是：

1. 你能把门关上吗？
2. 你如果（要是）能把门关上，我就太感谢你了。

3.我能不能请你关一下门？

4.你最好能走进来时把门带关一下。

5.你进来时是不是忘记关门啦？

6.你进来时忘了一件事。

7.房里好冷呀！原来是谁忘记关门了。

……

例1"你能把门关上吗？"从语义或习惯上都等于说："我请你把门关上。""你能……吗？"这一句型就是"我请求你……"这一句型的"习语"。例2"你如果能把门关上，我就太感谢你了。"这里用的是"如果 p，那么 q"的句式，它的间接语旨行为也就是"我请求（建议）你……"。例1—例5及后面几个句子，在字面上都有"关门"的字样，根据上下文语境，同样能够帮助听话人推出说话人间接所要表达的语旨用意。

规约性间接言语行为的推断，一般是离不开交际语境的。例如：

你会游泳吗？

从字面上看，此例是个隐性施为句，表达"询问"的语旨用意。如果说话人是在游泳池边或其他可供游泳的地方说这句话的，则它很可能是一个规约性间接言语行为，表达"请求"或者"邀请"。又如：

A：你能关一下窗子吗？

B：对不起，我已经脱衣服睡觉了。

在字面上，此例 A 的话也是个隐性施为句，表达"询问"的语旨行为，问 B 有没有关窗的"能力"或"条件"，但是从句法形式上，B 完全可以推断出 A 的语旨用意是"请求"，即 A 请求 B 把窗子关上。由于 B"已经脱衣服睡觉了"这个特殊语境，不能满足 A 的"请求"，不得不从原来"询问"意义上回答没有这个条件来满足 A 的"请求"。

塞尔在他的研究中，把实施指令的规约性间接施为句详细地区分为以下六类句子：

1.你能把盐递过来吗？

2.我请你现在就离开这里。

3.晚餐时官员要打领带。

4.你可不可以给我写一封推荐信？

5.你对你妈要更礼貌一些。

6.如果你给我写一封推荐信，你不会反感吧？

例 1 是涉及听话人 H 实施指令 X 的能力；例 2 是涉及说话人希望 H 实施 X 的句子；例 3 是涉及 H 实施 X 的要求的句子；例 4 是涉及 H 实施 X 的愿望的句子；例 5 是涉及 H 实施 X 的理由的句子；例 6 是把上述成分包含其中的句子，也是包含指令性施为动词的句子。

三、非规约性间接言语行为

非规约性间接言语行为是相对于规约性间接言语行为而言的。规约性间接言语行为按照习惯就可以推断出言外的用意，而非规约性间接言语行为的推断则要复杂得多，它主要依赖于交际双方共知的信息和所处的语境。下面引用塞尔的一个例子：

> A: Let's go to the movie tonight.
> （我们今天晚上去看电影吧。）
> B: I have to study for the exam.
> （我有一个考试要准备。）

这是两个学生的一次对话。学生 A 的语旨用意是"建议"，学生 B 的语旨用意为非规约性的"拒绝"。其推导步骤如下：

步骤 1：A 向 B 提出"建议"，B 做了陈述，说他要准备考试（话语的命题内容）。

步骤 2：A 设想 B 的态度是合作的，因此，他的话是"意欲"同自己的建议相关联。（合作会话原则）

步骤 3：B 的回答既然与"建议"有关联，那就必须是"接受"或者"拒绝"，"另行建议"或"进一步考虑"等。（据言语行为理论）

步骤 4：但是 B 的回答在"字面用意"上并没有属于上述任何一种语旨行为的表述，所以他的话同 A 的"建议"没有什么关联。（从步骤 1 和 3 推出）

步骤 5：因此，B 可能要表达更深一层的意思。如果 B 的话是有关联的，那么他的回答一定具有非字面上的语旨用意。（从步骤 2 和 4 推出。塞尔认为这是关键的一步）

步骤 6：A 知道准备考试需要花去大量时间，去看电影也要占用晚上的大量时间。（背景知识）

步骤 7：因此，B 不太可能在同一个晚上既看电影又准备考试。（从步骤 6 推出）

步骤 8：B 接受建议必须符合某些"恰当性条件"，其中先决条件是在命题内容的条件下，有能力实施预期的行为。（据言语行为理论）

步骤 9：因此，A 知道 B 说的可能是他无法接受 A 的建议的话。（从步骤 1、7 和 8 推出）

步骤 10：因此，B 所说的非字面意义的语旨用意大概是"拒绝"，即拒绝 A 的

"建议"。（从步骤 5 和 9 推出）

当然，以上 10 个步骤只是用来说明非规约性间接言语行为的逻辑推断过程，而不是人们在实际思维中必然经历的步骤。

非规约性间接言语行为，在很多情况下表现为一些修辞手段。例如前述关门的例子：

> 谁怕把尾巴夹住啦？
> 谁的尾巴那么长呀？

两句话都是非规约性间接言语行为，用的是隐喻。

又如一位青年数学家（B）和他的女友（A）的一段对话：

> A：我脸上有雀斑，你真的不介意？
> B：我是学数学的，就喜欢跟小数点打交道。

A 的语旨行为是"询问"，B 的话在表面上似乎同 A 的问话不相干，实际上是对 A 的"回答"。这是青年数学家的幽默，属于非规约性间接言语行为。

1971 年 7 月，温斯顿·洛德（Winston Lord，以下简称洛德）作为亨利·艾尔弗雷德·基辛格（Herry Alfred Kissinger，以下简称基辛格）的主要助手跟基辛格秘密访华。洛德的妻子贝蒂是华人，中国名字叫包柏漪。洛德非常希望妻子早点知道，但又不能明说，于是他走到窗前，意味深长而又充满感情地推开窗子说：

> 贝蒂，你看！ Peeping Jack（偷看的小伙子）。

然后提起皮包出门而去。贝蒂一望窗外，只有楼房、绿树、蓝天，根本没人偷看。她凝视着窗外，好一会儿，终于领悟了："Peeping，北平……我的天，他们是去北京！"洛德使用的就是"谐音"暗示的非规约性间接言语行为。

有人在公路拐弯处的一块标语牌上写道："今年 1—10 月份，这里已有 6 人死于撞车。"他的意图就是提醒行人注意，这路段交通事故多，预期引起的反应就是"注意行车安全"。这也是暗示的手法。

不难看出，这些推断同格赖斯的会话含义理论有着某些相通的地方。事实上，塞尔在发展奥斯汀的言语行为理论过程中也确实吸收了格赖斯的相关思想。格赖斯理论将在第六章进行比较详细的讨论。

第四节　言语行为的意义理论

一、恰当性条件

对于意义的看法，哲学家和逻辑学家历来关心的是句子的真值问题，认为一个句子只有能被证明是真或是假，才是有意义的。而言语行为理论则对这种真值条件论的意义观发起了挑战。奥斯汀、塞尔他们认为，许多句子并没有真假，但它们照样有意义。这正是他们的施为句理论的起点。

在言语行为论的视野里，基本的语义概念不是"真假性"，而是"恰当性"，亦即在日常的自然语言理解中，人们要问的是在某一个特定的语境中说出某一话语是否恰当；或者说，说出的话语是否确定地实施了言语行为。而要确定说出的话语是否完成了某种言语行为，就要检验该话语是否满足某些恰当性条件。塞尔等人提出的言语行为理论，重点研究的是各种语旨行为的恰当性条件。

语旨行为的恰当性条件（felicity conditions）是一个复合的整体，它包含多方面的条件因素，具体如下。

（一）命题内容条件

语旨行为与其命题内容是互相制约的，不同的语旨行为对其命题内容有不同的影响，而不同的命题内容适合不同的语旨行为。例如"相信"和"知道"对其命题内容就有不同的影响。

1. x 相信 p[也表示为 B(x, p)]

通常有如下两种解释。

（1）x 倾向于公开接受 p，意思是指，如果适当地问及 x（并且认为 x 是诚实的），他将表示同意命题 p。

（2）x 承诺地接受 p，通过他同意这个命题加以表示，哪怕他自己可能并没有认识到这种隐含的承诺，甚至可能拒绝它。

2. x 知道 p[也可表示为 K(x, p)]

通常也有以下两种理解。

（1）可以理解为意识到某些事情是真的，符号表示：$K(x, p) \to p$。意思是说，如果 x 知道 p，那么 p 是真的。

（2）意味着可靠地知道或理性地知道。符号表示：$(K(x, p) \land K(x, p \to q)) \to K(x, q)$。意思是说，如果 x 知道 p，并且 x 知道 $p \to q$，那么 x 知道 q。

同样，"报告"和"预告""接待"和"接见""询问"和"质问"对其所附的命题内容是不同的。有时，人们说"经理正在接待美国客人"是合适的、恰当的，改用"接见"就不妥了。这就是恰当性条件中的命题内容条件。

（二）预备性条件

语旨行为的预备性条件分析，实际上就是分析语旨行为发生的必要性与可能性的问题。以"询问"为例，说话人 S 询问听话人 H 一个问题，应该是 S 不知道其解答，否则询问是没有必要的；另外，S 应当相信 H 能够提供解答。如果 S 向 H 询问一个问题，而 S 又不相信 H 有可能解答这个问题，在这种情况下，S 的询问不符合询问的预备性条件，因而是不恰当的。又如"请求"，S 请求 H 做某事，应当是如果S 不提出请求，H 是不会自发地做某事的，不然的话，请求就是多余的了。另外，S 应当相信 H 可以做某事，如果 S 请求 H 做某事，而又不相信 H 可以做某事，在这种情况下，S 的请求也是不恰当的。

预备性条件的分析还包括对于说话者及听话者的身份、地位的分析。如果一位校长要他的学生去做一件什么事，可以看作是命令，而如果一位学生向他的校长提出做某件事的要求，那么就只能看作是一个建议或请求，而不能看作是命令。如果一个学生用命令的语气向校长提出要求做某件事，显然是不恰当的。

（三）真诚性条件

当一个人做出陈述、解释、断定或主张 p 时，就表示他相信 p；当一个人做出许诺、宣誓或保证去做 p 时，就表示他具有去做 p 的意向；当一个人发出命令、号令，要求 H 去做 p 时，就表示他有要 H 去做 p 的愿望（需要、需求）。总之，说话人在实施一个语旨行为时，他对语旨行为的命题内容，一般都具有某种确定的心理状态。人们不允许说话者断定 p 却不相信 p，答应 p 却不愿实现 p。如果说话者真的出现了这种情况或其他类似情况，那么说话者此时的心理状态是极不真诚的。要求话语恰当，就要求说话者具有真诚的心理状态，这一条件就叫作"真诚性条件"。

（四）实质性条件

语旨行为的实质性条件分析，也就是分析语旨行为是否符合语旨的目的，亦即用意。一般说来，不同的语旨行为有不同的目的，如"命令"这种行为的目的是试图使听话者去做某件事，"描述"的目的是说明某件事是怎样的，"许诺"的目的是使说话者承诺去做某件事的义务，"询问"的目的是要从听话者那里取得某种知识，等等。如果语旨行为与语旨目的相背离，这样的语旨行为就一定不会是恰当的。

在言语行为理论里，"恰当性"是一个极为重要的语义概念。这四个条件是检验说话人是否确定地完成一个言语行为的基本准则，与之相符合就是恰当的，否则便不恰当。

二、可表达性原理

言语行为理论中有一条重要的原理，叫作"可表达性原理"（the principle of expressibility），意思是说，任何可以意谓的东西都可以说出来。用公式表示即为：

$$\forall X \forall S(S意谓X \rightarrow \exists E(E是X的一个准确表达式))$$

∀ 为全称量词，∃ 为存在量词。公式的意思是说，对于任一意思 X 和任一说话者 S 而言，在任何时候，如果 S 意谓(意图传达、愿以一段话语进行交流，等等)X，那么就存在某个表达式 E，使得 E 是 X 的一个准确的表达。

可表达性原理并不否认人们在交际过程中会出现一时难以表达的情况。比如"一时语塞""急得说不出话来""顿时脑子里一片空白"，等等。但是给说话人一定的时间，他总是可以将自己的思想表述出来的。

可表达原理也不排除说话人语言能力的限制。比如对某些比较复杂的思想，说话人怎么也说不清楚。这当然是可能的，但是随着说话人语言能力的提高，这些复杂的思想也会在某个时候能够被表达得清清楚楚。

可表达性原理给了言语行为理论有力的理论支持。因为在言语行为论者看来，任一可能的言语行为都存在一个可能的语言表达式，其意义是十分确定的，其正常表达就精确地实施了那个言语行为。比如要实施一个"询问"、"命令"或者"许诺"之类的言语行为，根据可表达原理，我们只需要关注那些语句，将它们的意义正确地表达出来，就能够形成一次"询问"、一次"命令"，或者一次"许诺"的言语行为。

可表达性原理颇有点像中国古代的"言尽意论"。远在先秦时期，言与意的关系就一直为学者们所关注。墨家主张"以辞抒意"（《墨子·小取》），"执所言而意得见"（《墨子·经上》）。荀子也说："辞也者，兼异实之名而论一意也。"（《荀子·正名》）但是道家认为言不能尽意，所谓"道可道，非常道；名可名，非常名"（《道德经》）。《周易·系辞上》更明确地说"言不尽意"，所以"圣人立象以尽意"。到了晋代，欧阳建以《言尽意论》为题著文，阐述了他的"言尽意"（可表达）的观点。他认为名言的作用在于区别事物，说明道理，"欲辨其实，则殊其名；欲宣其志，则立其称"。"名逐物而迁，言因理而变"，就像"声发响应，形存影附"。名言只是物理反映，本来就不是两个东西，当然名可以辨物、言可以尽意了。"言不畅志，则无以相接；名不辨物，则鉴物不显。"如果名不能区别事物，就失去认识作用；说话不能畅所欲言，就不能实现交际的目的，所以言能尽意。这也就是中国式的"可表达原理"。

尽管"言尽意论"或可表达性原理有它们的道理，但是"言不尽意论"似乎道理更为充分。"言不尽意论"并不否认"言"能一般地表达思想，否则"言不尽意"论者自己就不能用"言"将自己的"言不尽意"的思想表述出来。但是从符号学的意义上说，语言符号可以表达思想，但如果要表达那些微妙的思想感情，并不总是那么称心如意的。因为意义有理性意义和情感意义的区分，凡是理性意义都是可以表达的，而情感意义只有一部分可以表达。在是否具有可表达性的维度上，理性意义和情感意义具有交叉关系，只有那些同理性意义交叉的那部分情感意义可以表达，而那些纯粹的情感意义则不具备可表达性。也就是说，并非所有的情感意义都可以表达。庄子说："意有所随，意之所随者，不可言传也。"（《庄子·天道》）苏东坡也有一句名言："言有尽而意无穷者，天下之至言也。"世界上不可表达的事情多了。"上帝不可说"，"禅不可说"，一些诗歌和绘画乃至爱情往往都是说不清、道不明的。它们就是"只能意会不可言传"，而不是某个人、某个时间不可表达的事情。

其实，可表达性原理是一个逻辑命题，它所给出的公式就是逻辑的。可表达性原理是就表达式的理性意义而言的，作为一条原理，追寻一种言语行为的恰当性表达，其可能性总是存在的。

三、言语行为的推理

对于言语行为理论有很多评论，是是非非，众说纷纭。有人认为，奥斯汀的语旨行为同格赖斯的会话含义在本质上是同一件事情，只是名称不同而已。有人认为，塞尔所谓的间接言语行为并不是通过实施另一种语旨行为，而是通过字面意义得到实施的，"间接言语行为"这一术语本来就是多余的。也有人认为，奥斯汀的语旨行为理论就是间接言语行为理论，因而也没有必要增加一个术语。我们在这里无意于评论这些评论，只是想从言语行为与推理的关系上说明一些问题。

言语行为理论最根本的特征是"行为"，即把"说话"也看成"做事"，因此言语行为的推理主要是关于"行为"的推理，从这一点上可以把它同格赖斯的会话含义理论区别开来。语旨行为的公式是：F（p）。F表示语旨用意，p表示命题表达式。言语行为推理主要应是F的推理，而会话含义理论则不是这样。语旨行为的推理属于语旨逻辑或认知逻辑。

例如：

1. 我知道地球是圆的。
2. 我相信地球是圆的。

例1是一个含有施为动词"知道"的显性施为句，根据"知道"的逻辑性质可以推出："地球是圆的。"例2含有施为动词"相信"，根据"相信"的逻辑性质，不能推出"地球是圆的"，但可以推出："我不相信地球不是圆的。"它们的公式分别是：

$$K(a,p) \rightarrow p$$

$$B(a,p) \rightarrow \neg Ba \neg p$$

公式中的 K 表示"知道"，K（a,p）表示"我知道p"。B 表示"相信"，B（a,p）

表示"我相信 p"。￢表示"并非"。又如：

1.我怀疑"地球是方的"。
2.我反驳"地球是方的"的说法。

例1可以推出："我不相信地球是方的。"例2可以推出："我相信地球不是方的。"它们的公式分别是：

$$D(a,p)\rightarrow \neg Bap$$

$$R(a,p)\rightarrow Ba\neg p$$

D 表示怀疑，R 表示反驳。

隐性施为句无须施为动词就可以表达语旨用意，其推理仍然是语旨行为亦即语旨用意的推理。例如：

1.你去北京吗？
2.把门关上！

例1是疑问句，语旨用意是"询问"。根据问句的预设，可以推出："你去北京或者不去北京。"例2是祈使句，语旨用意是"命令"，可以推出："门将被关上而不是不关上。"它们的公式分别是：

$$?\ (a,p)\rightarrow p\vee\neg p$$

$$!\ (a,p)\rightarrow \Diamond F(p\wedge\neg\neg p)$$

公式中的"？"表示"询问"，"！"表示"命令"。◇表示"可能"，F 表示"将来"。

隐性施为句，狭义地说，它们只是些直接施为句，因而不包括间接施为句；广义地说，间接施为句也都是隐性施为句。

规约性间接言语行为一般都是为了把话说得委婉一些，因而条件句是一种常用的句法形式。例如：

1.如果发现敌人有进攻的迹象，就立即开炮。
2.如果你能帮这个忙，我就感激不尽了。
3.如果你继续抽烟，非得肺气肿不可。

这三个例子都属于指令式，但语旨用意有程度上的区别。例1的语旨用意是"命令"。大前提是假言命题"如果发现敌人有进攻的迹象就立即开炮"，当出现"发现敌人有进攻的迹象"的现实时，就可以推出"我们立即开炮"的结论。例2是"请求"，推理形式同上。例3只是"劝告"，只要前件存在，就可以推出后件。它们的推理形式分别为：

$$!(a,p\rightarrow q)\rightarrow((p\rightarrow q)\wedge p\rightarrow q)$$

$$!^{RE}(a,p\rightarrow q)\rightarrow((p\rightarrow q)\wedge p\rightarrow q)$$

$$!^{AD}(a,p\rightarrow q)\rightarrow((p\rightarrow q)\wedge p\rightarrow q)$$

公式中的 RE 表示指令式中的"请求"，AD 表示"劝告"。这三个公式表明，它们的语旨行为都蕴涵着一个假言推理。又如：

1. 如果你不再胡作非为，我就来帮你。
2. 如果你再胡作非为，我就开除你。

两例都是承诺式。例1的语旨用意是有条件的"许诺"，假言前件实现，就可以推出后件。例2是"警告"，否定后件就可以推出前件，即"你如果害怕开除，就不能再这样胡作非为。"它们的公式分别是：

$$C(a,\neg p\rightarrow q)\rightarrow((\neg p\rightarrow q)\wedge\neg p\rightarrow q)$$

$$C^{W}(a,p\rightarrow q)\rightarrow((p\rightarrow q)\wedge\neg q\rightarrow\neg p)$$

公式中的 C 表示"承诺"，C^{W} 表示承诺式中的"警告"。

非规约性间接言语行为表现得更为曲折，常用一些修辞手法，以取得更好的表达效果。例如：

1. 珊珊是小镇上的一枝花。
2. 珊珊在读鲁迅。

两例都是陈述句，都属于断定式。例1的语旨用意是"肯定"，修辞上为隐喻，意思是说："我肯定珊珊是小镇上的美人。"可以推出："我否定珊珊不是小镇上的美人。"例2的语旨用意是"知道"，修辞上为借代，意思是说："我知道珊珊在读鲁迅的作品。"可以推出："她在读鲁迅的作品。"它们的公式分别是：

$$A(a,mp) \rightarrow Na \neg p$$

$$K(a,bp) \rightarrow p$$

公式中的 A 表示"肯定"，N 表示"否定"，mp 表示隐喻命题。bp 表示借代命题。它们的推理是一些修辞式推理。

这些修辞式的推理，在逻辑上的推导，往往是很复杂的。例如例 1 的具体的推理过程大体如下：

1. 珊珊是小镇上的一枝花。（话语）

2. "花"的指称义是一种植物。

3. "花"的内涵义是指美人。（辞典意义）

4. 珊珊不是植物。（语境）

5. 珊珊是美人。（选言推理）

6. 所以，珊珊是小镇上的美人。（（5）代入(1)）[①]

这是一个语用推理，虽然说话人的实际思维过程未必一定如此具体、严密。

① 周礼全.逻辑：正确思维和有效交际的理论[M].北京：人民出版社，1994: 538-539.

第五章

预　设

第一节　预设研究的理论轨迹

一、预设研究的缘起

英语"presupposition"一词，中国的语言学家曾经译为"前提"，逻辑学家周礼全最先译作"预设"。当前的语言学家也更多地采用"预设"的译法。

预设理论的研究可以追溯到 19 世纪 90 年代。1892 年，德国哲学家、逻辑学家弗雷格在《论涵义与意谓》一文中提出了"预设"（德文 voraussetzung）的问题。其主要思想是：①名称可以分为专名和通名。②名称都有涵义和指称。涵义即字面意义，意谓又称指称，就是这个名称所表示的对象。③一个论断（断定了的语句）也有涵义和指称。论断的涵义就是它所表达的思想，亦即命题；指称即真假值。④一个包含专名的论断，其指称是个函项。也就是说，如果这个所包含的专名没有指称，则这个论断也没有指称，即没有真假值。⑤一个专名有指称，不等于就是那个包含此专名的论断的命题内容。⑥由④和⑤可得出：专名有指称不是包含此专名的论断所表达的命题内容，但却是此论断有真假值的必要条件。在这个意义下，一个论断预设它所包含的专名有指称，即预设专名所表示的对象存在。弗雷格说，如果人们陈述某些东西，当然总要有一个预设，即所用的简单或符合的专名有一个意谓。因此当人们说"凯卜勒（或译"开普勒"）死于贫困"时，就已经预设"凯卜勒"这个名字表示某物，但是，"凯卜勒"这个名字表示某物这个思想却不因此包含在"凯卜勒死于贫困"这个句子的意义之中。否则，这个句子的否定一定不是"凯卜勒没死于贫困"，而是"凯卜勒没死于贫困"或"'凯卜勒'这个名字没有意谓"。实际上，"凯卜勒"这个名字表示某物，这一点既是"凯卜勒死于贫困"这个陈述的预设，也是其反对这个陈述的预设。①

一般地说，一个论断 A 预设 B，当且仅当 B 有指称（即 B 所代表的对象存在）

---

① 弗雷格.弗雷格哲学论著选辑[M].王路，译.北京：商务印书馆，2006.

是 A 有真假值的必要条件。

1905 年，弗雷格的文章发表 13 年以后，英国哲学家伯特兰·阿瑟·威廉·罗素（Bertrand Arthur William Russell，以下简称罗素）发表论文《论指称》，提出有名的摹状词理论，批评了弗雷格的预设理论。罗素详细分析了下面这个论断：

> 1.那个现在的法国国王是秃头。

罗素认为，经过逻辑分析，可以得出：

> 2.有一个事物是现在的法国国王，并且至多有一个事物是现在的法国国王，并且这个事物是秃头。

这是个具有三个支命题的联言命题，其中第一和第二支命题表示摹状词"那个现在的法国国王"有指称。因此此例的命题内容中也包含了"那个现在的法国国王"有指称。这是罗素对弗雷格预设理论的第一点批评。

当"那个现在的法国国王"没有指称（即那个法国国王不存在）时，上述联言命题的第一或第二支命题就是假的，因而例 2 是假的。而例 2 和例 1 是等值的，亦即具有相同的命题内容，因此例 1 也是假的。罗素认为，当一个摹状词没有指称时，包含这个摹状词的论断仍然有真假值。这是罗素对弗雷格的预设理论的另一点批评。

历史又过了 40 多年，英国哲学家彼得·弗雷德里克·斯特劳森（Peter Frederick Strawson，以下简称斯特劳森）于 1950 年在他的论文《论指称》中，又对罗素的摹状词理论提出了批评，转而支持了弗雷格。他主要有以下观点。

（1）一个语句不同于在具体语境中应用这个语句所做出的论断。语句有含义而没有指称，所以语句没有真假；只有论断才有指称，因而有真假。斯特劳森认为，罗素混淆了语句和论断，因而把对包含摹状词的语句的分析，当作对包含摹状词的论断的分析。

（2）当人们做出一个以摹状词为主词的论断时，总是认为这个摹状词是有指称的。因此，一个摹状词有指称是做出一个以摹状词为主词的论断的必要条件，因而也是这个论断有真假的必要条件。斯特劳森认为，罗素的摹状词理论，从以摹状词为主词的论断来说，是不正确的。

斯特劳森在 1952 年的《逻辑理论导论》一书中是这样定义预设的：一个命题 S 预设一个命题 S′，当且仅当 S′ 是 S 有真值或假值的必要条件。[①] 1954 年，他又在《哲学评论》杂志上发表了《指称与真值的等同》等文章，从逻辑的角度进一步讨论了预设问题。

此后，预设问题引起了哲学家、逻辑学家和语言学家们更为广泛的关注。

---

① Strawson, P. F. *Introduction to Logical Theory*[M]. London: Methuen & Co, LTD, 1952.

二、语用学维度的探究

莱文森在他的《语用学》一书中说："人们曾一度建议自然语言有两类性质不同的预设：语义预设和语用预设。它们各自独立存在。但是从 1973 年起变得越来越明显，语义预设的概念问题太多，语言理论（特别是语义学）最好放弃这个概念。放弃的理由是以在适当的探索后发现的某些现象的性质和特性为依据。"[①] 他认为，按照语义预设的理论，预设是不可消除的，而在事实上，预设恰好是可以消除的。仅就这一点而言，语义预设不能成立。预设是一种语用现象。他着重提及了"合适性"、"共同知识"和"无争议性"这些概念。他指出："已经提出各种关于语用预设的理论。最早是纲领性的，只是用语用概念提出预设可能有的各种定义。这些定义尽管术语不同，都特别使用两个基本概念：合适性（appropriateness 或 felicity）和共有知识。定义方式如下：如果一句话 A 只有当命题 B 是交谈双方的共有知识才是合适的，则 A 在语用上预设 B。"在谈到另一种处理投射问题的复杂方式能够处理语境造成的可取消性问题时，他写道："取消机制以这样的方式起作用：语境以交际双方都知道的一系列命题组成，至少对这些命题都接受，没有争议。"[②]

斯托内克尔对"语用预设"的概念提出了自己的观点。在他看来，"更一般地说，一个语言环境的任何参与者（一个人、一个群体、一个社会组织，或者是一部机器）都可以是预设的主体，任何命题都可以是预设的对象或内容"[③]。他认为预设本质上是人的一种命题态度："一个人在谈话的某个给定的时间预设 p，仅当在其相应的语言行为里他倾向于这样的行动：好像他认为 p 当然真，也像他假定了他和他的听众一样地认为 p 当然真"，"更确切地说，它是一种接受某事物为真的态度"。[④] 因此，在逻辑学家 A. V. 斯塔乔（A. V. Stechow）看来，按斯托内克尔的理解，"如果我们正加入一次谈话，则我们就是以我们视为当然的命题作为共有背景，这些作为共有背景的命题，即是语用预设"[⑤]。

英国语义学家利奇也在《语义学》一书中论述了他的语用预设观。他说："语用学的前提（即"预设"。下同）概念不但涉及语言而且涉及人。在这样的概念里不是有两个要素，而是有三个要素：'言者 S，通过所讲的话语 X，含有前提 Y。'这个概念一方面避免了把前提仅仅看作是 X 和 Y 之间单纯的逻辑关系，另一方面，同样重要的是这个概念避免了把前提看作是言者和命题之间的一种'命题态度'。"[⑥] 在这里，利奇的语用预设理论似乎不同于斯托内克尔。

---

① 莱文森，S. C. 语用学论题之一：预设 [J]. 沈家煊，译. 国外语言学，1986(1): 29-36.

② 同上。

③ 中国逻辑学会语言逻辑专业委员会和符号学专业委员会. 语用学与自然逻辑 [M]. 北京：开明出版社，1994: 204.

④ Hockney, D., Harper, W., Freed, B. *Comtemporary Research in Philosophical Logic and Linguistic Semantics*[M]. Dordrecht, Holland: D. Reidel Publishing Company, 1975.

⑤ Stechow, A.V. Presupposition and Context[C] // Mönnich, U. *Aspects of Philosophical Logic*. Dordrecht, Holland: D. Reidel Publishing Company, 1981: 216.

⑥ 杰弗里·N. 利奇. 语义学 [M]. 李瑞华，王彤福，杨自俭，等译. 上海：上海外语教育出版社，1987: 395.

美国语言学家乔治·莱考夫（George Lakoff，以下简称莱考夫）在他的长篇论文《语言学与自然逻辑》中，则把语用预设看作是关于语境的某种假定。他说："自然语言是在一定语境中用来交流思想的。每当一个说话者用一句话来完成一个语言行为——不管是断定、询问或应允等——的时候，他总是做出关于语境的某种假定。"① 莱考夫在分析了一系列例证之后，得出了六点结论：第一，对于一个句子的逻辑说明应该包括对它的预设的说明；第二，预设通常是传递的；第三，首重预设应该同多重预设区别开来；第四，所谓"同方向"或"扩大范围方向"可以用形式的方法表现出来；第五，逻辑形式应该包括一些嵌入句预设的方法；第六，应该找出一种方法，表示首重预设的限制语，而又不跟其余预设相矛盾。

此外，美国逻辑学家爱德华·基南（Edward Keenan，以下简称基南）于1973年写了《自然语言中的预设》一文，并在第一部分构造了一个预设逻辑的形式系统PL，第二部分阐述了几条关于PL系统的元定理。基南的预设理论研究属于形式语用学，这里不再多说。

三、语言逻辑的视角

在瑞典学者奥尔伍德等所著《语言学中的逻辑》一书中，他们在"预设和有定摹状词"一节中指出，像"你已经停止殴打你的妻子了吗？"这样的问句，如果要有真值，要可以回答，就必须具备一个条件：回答者必须在某个时候曾经打过妻子。这个条件就叫该问句的逻辑的预设。他们说："在古典逻辑中，预设不起任何作用，因为所有语句都被假定具有真值。但是十分可能建立这样的逻辑，它允许语句不具有真值（或者允许比二值还要多的真值），这里，预设是一个重要的逻辑关系。"② 在这本书中，他们给出的预设定义是：如果一个语句 p 和它的否定 ¬p，二者只有在 q 真时它们才是真的，那么 p 预设 q。

美国语言学家 J. D. 麦考莱（J. D. McCawley，以下简称麦考莱）著有一部名字很长的书：《语言学家总想知道但又羞于去问的逻辑》（*Everything That Linguists Have Always Wanted to Know About Logic But Were Ashamed to Ask*）。在"预设"章的开头，麦考莱就指出了"预设"概念的复杂性。他说："'预设'一词被语言学家和逻辑学家用来概括显然不属于同类的现象。有时人们说一个命题预设一个命题，有时人们说一个语句（在它的表层形式上）预设一个命题，有时人们说一个人在说一个语句的时候预设了某些东西。语言学家偶尔也说一个词预设了一个命题。"③ 麦考莱详细地讨论了语义预设和语用预设的区别。他认为，语义预设是两个命题之间的关

① 中国逻辑学会语言逻辑专业委员会和符号学专业委员会.语用学与自然逻辑[M].北京：开明出版社，1994：33.
② 詹斯·奥尔伍德，拉斯·冈纳尔·安德森，奥斯坦·达尔.语言学中的逻辑[M].王维贤，李先焜，蔡希杰，译.石家庄：河北人民出版社，1984：175-176.
③ 麦考莱，J. D.语言的逻辑分析：语言学家关注的逻辑问题[M].王维贤，徐颂列，黄华新，等译.杭州：浙江大学出版社，2011：288.

系，而语用预设是话语同命题之间的关系。在通常的用法中，话语不好说是真的或假的。他还进一步分析了语义预设和语用预设的某些可能情形，并结合复合命题的真值表，探讨了古典逻辑系统与预设逻辑系统的若干区别。

我国语言逻辑学家周礼全先生对预设理论也有比较深入的研究。他在《逻辑——正确思维和有效交际的理论》一书中，明确地提出预设是语用现象，因而通常所说的预设是指语用预设而不是语义预设。他以意义四层次（①抽象语句的意义——命题，②语句的意义——命题态度，③话语的意义——意谓，④交际语境中的话语的意义——意思）理论为基础，建立了自己独具特色的预设理论。

在预设理论的研究中，周礼全首先给出了预设规则，然后应用相应的预设规则来定义预设。在预设规则中，周礼全提出了引发条件和排除条件。前者生成预设，后者保证预设不被消除。周礼全的预设定义体现了他给出的规则，一方面从语境中生成预设，另一方面排除了各种语境因素的矛盾，具有实际的使用价值。

周礼全的预设理论似乎有点儿复杂化，甚至烦琐，其实不然。只要遵照规则和定义就能够一通百通，解释各种各样的预设现象，尤其是顺利地解释了复句的预设问题。这在后面还有详细的讨论。

第二节　预设的逻辑特征

一、预设与断言

前面讨论了预设理论的缘起及对于预设的各种不同的理解，那么问题来了：究竟什么是预设？能不能比较简单而明确地回答这个问题？

我们得从预设和断言的关系说起。

任何语句都有预设，也都有断言（assertion）。预设和断言是一个语句不可或缺的两个组成部分。请看下面的句子：

> a. 那位戴眼镜的女青年是法学博士。
>
> b. 那位女青年戴眼镜。
>
> c. 她是法学博士。
>
> d. 那位戴眼镜的青年不是法学博士。

不难看出，a 可以推出 b，也可以推出 c；d 也可以推出 b，但不能推出 c。显然 b 不同于 c。因为 b 是 a 的预设，而 c 是 a 的断言。预设与断言的区别，可以用公式表示如下：

> S预设p：S真则p真，S假则p也真；
> S断言p：S真则p真，S假则p假。

用一句最简单而又明确的话说：预设经得起否定的测试。这句话至关重要。

应用上述公式，可以清楚地解释下面的例子：

💬 **S: 王大伯的邻居是个未婚女子。**

该例子可以分析为两个组成部分：一部分是：存在 x，x 是王大伯的邻居（或王大伯有邻居）；这就是话语 S 的预设 p。它经得起否定的测试，即在否定式语句 ¬S "王大伯的邻居不是未婚女子"中，仍然存在一个 x，x 是王大伯的邻居。语句的另一部分"是个未婚女子"，它是话语 S 的断言。如果语句 S "王大伯的邻居是个未婚女子"为真，则断言 p 是真的。但是断言经不起否定的测试，即在否定式语句 ¬S "王大伯的邻居不是未婚女子"中，断言为假。"否定的测试"，是区别预设与断言的最重要的方法。

预设和断言虽然都是句子的意义成分，但以预设形式出现的意义，它们是"语境"的一部分；而作为断言的意义成分，它们不属于"语境"。从这个角度，也能把预设同断言区别开来。

语句的预设是这个语句中双方共同接受的东西，是一些已知信息；而断言却是新信息。此例的预设"王大伯有邻居"是已知信息，说话人只是作为背景知识同对方交谈，所以是预设；而这位邻居"是个未婚女子"才是说话人着意告诉对方的新信息，因而是断言。

人们的语言交流，不能没有断言，没有新信息。如果没有新信息，那么谈话就是多余的和无意义的。但是也不能没有预设，如果没有双方共同拥有的已知信息，那么话将无从说起，即使说了，对方也不知所云。所以人们的思想交流，总是以已知信息为起点，以新信息为归宿。当新信息为对方接受时，它就成了已知信息，这使得已知信息逐渐膨胀起来。又由于新信息的不断加入，人们所掌握的信息量也不断地增长着。预设—断言、已知信息—新信息是最常见的信息结构模式。

其实，从已知信息到新信息的过程就是推理的过程，即以已知信息为前提推出结论的新信息。所有的推理莫不如此。从预设到断言也是一个推理的过程，亦即逻辑的过程。"预设"概念的最先提出者弗雷格就是一位伟大的逻辑学家，是数理逻辑的奠基人之一。他提出"预设"概念（"凯卜勒死于贫困"和"凯卜勒没死于贫困"都预设主词"凯卜勒"存在）就是着眼于逻辑的。预设从一开始就是一个逻辑概念。

美国逻辑学家基南曾经给出的预设定义为：

> 语句S逻辑地蕴涵语句S′，仅当S逻辑地蕴涵语句S′，且S的否定式¬S也逻辑地蕴涵语句S。[1]

这个定义应当是简短而且鲜明的。

二、三值逻辑

预设逻辑与传统逻辑的明显区别在于：后者属于二值逻辑，非真即假，非假即真；而预设逻辑属于三值逻辑，除真假二值以外，还有第三个值：零值，即无意义。

请看下面的例子：

S：李老师还在研究《易经》。
¬S：李老师不再研究《易经》。
p：李老师研究《易经》。
¬p：李老师从来不研究《易经》。

这里，命题p既是语句S的预设，也是语句¬S的预设。假如事实上李老师原来研究《易经》，现在还在研究《易经》，那么语句S就是真的；如果李老师原来研究《易经》，现在不再研究《易经》，那么语句S就是假的。反之，如果李老师原来研究《易经》，现在不再研究《易经》，那么语句¬S就是真的；李老师原来研究《易经》，现在还在研究《易经》，那么语句¬S就是假的。总之，S和¬S属于矛盾关系，此真彼假，此假彼真。然而，如果李老师从来就不研究《易经》，那么说李老师"还在研究《易经》"或者"不再研究《易经》"就都失去了意义，它们既不是真的，也不是假的。这也就是说，如果预设的命题p为假，或者说预设p不成立，语句S和¬S都取零值。

我们用T表示真值，F表示假值，0表示零值，即无意义值。语句S和¬S的真值可以用表5-1来表示。

表5-1　S和¬S的真值

S	¬S
T	F
F	T
0	0

再举一个更为简明的例子：

S: 办公室的电脑坏了。

---

[1] 何自然，陈新仁.当代语用学[M].北京：外语教学与研究出版社，2004：140.

p: 办公室有电脑。

如果办公室有电脑并且电脑坏了，S是真语句；如果办公室有电脑，但是电脑没有坏，S是假语句；如果办公室压根儿就没有电脑，语句S无意义。

本章第一节说到罗素举过的一个例子："那个现在的法国国王是秃头。"以此批评弗雷格预设理论有问题。其实从三值逻辑的意义上说，罗素这个例子由于预设主词"现在的法国国王存在"不成立，因而话语无意义，为零值。斯特劳森也曾经讨论过类似的问题。他认为"法国现在的国王是英明的"就是一个没有真假的问题，因为现今法国没有国王，根本谈不上英明不英明。因此，"法国现在有国王"就成了判断"法国现在的国王是英明的"这一命题是真还是假的一个前提条件。

不过值得注意的是，所谓预设虚假则话语无意义，还是就一般的逻辑意义而言的。如果从应用语用学的角度来说，在特定的语境中，某些预设虚假的语句有时候具有某种特殊的语用意义，也就是说，并非绝对地没有意义。比如"孙悟空回到花果山。"预设主词"孙悟空"存在，而实际上并没有孙悟空这个人。但在《西游记》这个可能世界里，确确实实存在一个神通广大的孙悟空。虚假预设有时意味着把非言语交际双方共有场中的信息处理为预设信息，是一种超常规操作现象。[①]

三、预设就是预设

预设与我们每个人的关系都十分密切。在日常的生活中，我们所思所说的每一句话都有预设。例如有人告诉你：

> 小胖考上清华了。

这句话预设有小胖这个人，是已知信息。可是你并不知道或者想不起来小胖是谁，那么怎么办呢？你会问："小胖是谁？"那个人说："就是街头赵家那孩子。"你说："噢，噢！"表示知道了。于是你就从已知信息"小胖"推出新信息"考上清华了"（断言），完成了一次交际。

然而值得注意的是：预设就是预设，预设不同于前提，不同于含义，也不同于衍推或者其他。因此有必要把预设同相关概念区分开来。

（一）预设与前提

前提是推理的结构成分，推理者可以从前提推出结论，从已知信息预设推出新信息断言，但作为前提的预设只是许多种前提的一种，一与多不相等，预设与前提不等同。例如：

> 人走茶凉。

---

① 熊永红.虚假语用预设及其认知解读[J].西安外国语大学学报，2010(3): 34-37.

这句话的否定句是："人走茶不凉"，彼此矛盾而不能同真，但却存在共同的预设：①存在"人"；②存在"人走"；③存在"茶"。作为推理的构成成分，这句话则是一个省略的假言推理：

> 如果人走，那么茶凉。
>
> 人走，
>
> 所以，茶凉。

"如果人走，那么茶凉"是这个推理的内隐前提，不必说成预设。

从这个例子可以看出，预设并不等同于前提。如果等同，那么二者之中只需要一个词就够了，又何必前提之外还有"预设"一说呢？

（二）预设与会话含义

预设与会话含义的区别，简单地说就是：预设是"话中有话"，会话含义是"言外有意"。例如：

> A：晚上下棋好吗？
>
> B：有位老朋友来了。

B 的话答非所问，实际上传达的是言外之意：晚上我不能陪你下棋了。这与"话中有话"的预设无关。

（三）预设与衍推

衍推是一种应用义素分析法的语义推理，结论没有超出前提的范围，因而推出是必然的。衍推通常都有自己的命题序列。预设不同于衍推也是明显的，例如：

例如：

> S：阿芸买了一部《红楼梦》。

可以衍推出下面序列命题：

> p_1：阿芸买了一部古典小说。
>
> p_2：阿芸买了一部小说。
>
> p_3：阿芸买了一部书。
>
> p_4：阿芸买了书。
>
> p_5：阿芸买了某物。

语句 S 还可以有以下命题序列：

> p'_1：有人买了一部古典小说。
>
> p'_2：有人买了一部小说。
>
> p'_3：有人买了小说。

p'₄：有人买了书。

p'₅：有人买了某物。

还可以有其他的衍推命题序列。

衍推理论表明了我们每说一句话，都使自己默然承诺了许多命题的真实性。如果我们说出一句话，同时又否定其中的一个衍推命题，就会自相矛盾，违背了自己的诺言。比如你说"阿芸买了一部《红楼梦》"，同时否定阿芸买了一部古典小说，那不是自相矛盾又是什么呢？由此可见，人们说话很不容易，每说出一句话，就得对一系列的衍推命题负起责任啊！

四、预设的析出

预设 p 是某个语句 S 的逻辑后承，它与语句 S 互为条件关系。某个语句 S 是预设 p 的充分条件，在任何情况下都可以从一个有意义的语句出发分析出其中的预设。预设是某个语句有意义的必要条件，在任何情况下，如果预设虚假，则这一语句无意义。

所谓预设的析出，就是分别从某个语句和它的否定出发，不附加任何其他条件而必然地推出它们共同的逻辑后承。例如：

S：主持节目的是陈晨的姐姐。

¬S：主持节目的不是陈晨的姐姐。

从 S 和 ¬S 出发，可以必然地推出：

p：陈晨有姐姐。

p 就是所析出的预设。

析出预设的一般逻辑模式可以表示为一个假言选言推理，公式如下：

> 如果 S 则 p；
>
> 如果 ¬S 则 p；
>
> S 或 ¬S；
>
> 所以，p。

前例析出预设的推理过程如下：

如果主持节目的是陈晨的姐姐，则陈晨有姐姐；

如果主持节目的不是陈晨的姐姐，则陈晨有姐姐；

主持节目的是陈晨的姐姐或不是陈晨的姐姐；

总之，陈晨有姐姐。

换个角度来说，预设是某个语句有意义的必要条件，如果预设虚假，则这一语句无意义。因此上述析出预设的逻辑模式可以转换为：

> 如果S则p；
>
> 如果￢S则p；
>
> 并非p；
>
> 所以，并非(S或￢S)。

例如：

　　　S：永动机是英国人发明的。
　　　￢S：永动机不是英国人发明的。

S与￢S都预设：

　　　p：有永动机。

可是事实上并不存在"永动机"。因此，依据上述逻辑方法，我们便可推知现存语句既不真也不假，而是无意义。

由于语句的预设往往不是单方面而是多方面的，亦即从现存的语句出发，可以分析出若干个预设，预设析出模式可以扩展为：

> 如果S 则（p_1且…且p_n）；
>
> 如果￢S 则（p_1且…且p_n）；
>
> S或￢S；
>
> 所以，p_1且…且p_n。

例如：

　　　S：法学院把校辩论赛冠军的锦旗夺回来了。
　　　￢S：法学院没有把校辩论赛冠军的锦旗夺回来。

从S和￢S出发，根据上述逻辑模式，就可以必然地分析出如下一些预设：

　　　p_1：学校举行辩论赛。
　　　p_2：法学院得到过校辩论赛冠军的锦旗。
　　　p_3：法学院失去过校辩论赛冠军的锦旗。
　　　……

又由于一个语句的预设往往不是一个层次而是多层次的，我们从某一现存的语句出发，析出第一层次的预设之后，还可以进而析出第二层次、第三层次乃至更多层次的预设，即多重预设。这样，预设的析出模式可以扩展为：

$$(如果S则p_1)且(如果p_1则p_2)且\cdots且(如果p_{n-1}则p_n)；$$
$$(如果\neg S则p_1)且(如果p_1则p_2)且\cdots且(如果p_{n-1}则p_n)；$$
$$S或\neg S；$$
$$所以，p_1且p_2且\cdots且p_n。$$

例如：

S：李老师带的那三个博士研究生很活跃。

￢S：李老师带的那三个博士研究生不很活跃。

从 S 和￢S 出发，根据上述方法，就可以一层深一层地析出如下的预设：

p_1：李老师带三个博士研究生。

p_2：李老师是博士生的导师。

p_3：有一位李老师。

第三节　语用预设

一、语用预设的定义

预设有语义预设和语用预设之分。前一节讨论的大抵属于语义预设。

人们一般地认为，语义预设的方法是否定测试法，着眼点是命题的真假值。然而在进一步的探索中，人们发现这种语义预设会导致不能接受的后果。他们是这样论证的：

1.（A→B）∧（￢A→B）（语义预设定义）

2.（A→B）∧（￢A→B）→（A∨￢A→B）（命题逻辑）

3.（A∨￢A）→B

4. A∨￢A

5. B

从这个论证可以看出，如果接受语义预设定义，就会推出 B 是常真语句，可是事实上并非如此。例如：

💬 1. 苏珊在完成她的论文之前哭了。
预设：苏珊完成了她的论文。
2. 苏珊在完成她的论文之前死了。
预设：苏珊完成了她的论文。

两句话结构完全相同，利用否定测试法可以推出预设"苏珊完成了她的论文"，例1真而例2却是假的，因为例2牵涉到人们的常识性知识——人死后不可能完成论文。由于结论不是常真命题，例2预设不能成立。对此，可以通过对语境进行修改，通过补充预设量（presupposition quantity），以传递新的共有信息。[①] 这也造成了语义预设的可取消性。

由于语义预设在事实上可以消除，人们开始把预设研究的着眼点转向语用预设。1974年，斯托内克尔给出了以下语用预设定义：

> 一个命题B是说话者在某一语境中的语用预设，当且仅当说话者假定或相信B，假定或相信他的听话者假定或相信B，并且假定或相信他的听话者认识到他有这些假定或相信。[②]

这是从语境中的说话者的假定或相信来定义语用预设的。

20年后，1994年，周礼全在《逻辑——正确思维和有效交际的理论》一书中肯定了斯托内克尔的语用预设定义，但认为这个定义还是过于宽泛，不能防止预设消除现象，于是作者给出了预设规则和更为具体的语用预设定义。

预设规则如下：

> 在交际语境C中，说话者S对听话者H说出一句话语"U(FA)"时，S相信语词、短语或子句"B"所指的事物或事态存在，并且相信H也相信"B"所指谓的事物或事态存在。如果
> I. ①"B"是直陈话语"U(⊢A)"（⊢，断定）中的专名、摹状词、量化名词（或名词短语），或非重音部分（即非重音的语词、短语或子句），
> 或②，"B"是由直陈话语"U(⊢A)"推出的话语中的专名、摹状词、量化名词（或名词短语）或非重音部分，
> 或③，"B"是疑问话语或命令话语加上真诚准则推出的语句中的抽象语句。并且

---

① 魏在江.语用预设的认知语用研究[M].上海：上海外语教育出版社，2014：146-147.
② 周礼全.逻辑：正确思维和有效交际的理论[M].北京：人民出版社，1994：459.

> Ⅱ. S相信"B"所指谓的事物或事态存在并且相信H也相信"B"所指谓的事物或事态存在，不同S说出的话语"U(FA)"、S遵守合作准则或S相信的交际语境C中的因素C_1，C_2，…，C_n相矛盾。[①]

预设规则是人们在交际语境中说出一句话语时普遍遵守的语用规则。其中规则Ⅰ是预设规则的引发条件，规则Ⅱ是预设规则的排除条件。

应用预设规则，作者给出下面的语用预设定义：

> 在交际语境C中，说话者S对听话者H说出一句话语"U(FA)"时，S预设语词、短语或子句"B"所指谓的事物或事态存在，当且仅当
>
> Ⅰ. 根据预设规则，S相信"B"所指谓的事物或事态存在并且相信H也相信"B"所指谓的事物或事态存在。
>
> Ⅱ. S相信H知道Ⅰ。[②]

上面所说的预设规则和预设定义中，都应用了"相信语词、短语或子句'B'所指谓的事物或事态存在"和"预设语词、短语或子句'B'所指谓的事物或事态存在"这样的词句，为了简便，也可以把它们分别简化为"相信语词、短语或子句'B'为真"和"预设语词、短语或子句'B'为真"。举例如下。

在一个交际语境 C 中，说话者 a 对听话者 b 说出一句直陈简单话语"凯卜勒死于贫困"时，a 预设"凯卜勒"为真（即"存在凯卜勒这个人"）。其理由是：

（1）"凯卜勒"是直陈话语"凯卜勒死于贫困"中的专名。

（2）a 相信"凯卜勒"为真并且相信 b 也相信"凯卜勒"为真，不同 a 说出直陈话语"凯卜勒死于贫困"和 a 遵守合作准则相矛盾。

（3）a 相信"凯卜勒"为真并且相信 b 也相信"凯卜勒"为真，也不同 a 所相信的交际语境因素 c_1，c_2，…，c_n 相矛盾。

（4）以上（1）满足了预设规则的引发条件Ⅰ。（2）和（3）满足预设规则的排除条件Ⅱ。因此就可以得出：根据预设规则，a 相信"凯卜勒"为真并且相信 b 也相信"凯卜勒"为真。这就是说，由（1）、（2）和（3）就可以得出："凯卜勒"为真满足了预设定义的Ⅰ。

（5）在交际语境 C 中，a 对 b 说"凯卜勒死于贫困"时，a 必相信 b 知道 a 所用的语言及其语形、语义和语用规则（特别是预设规则）。因此，a 必相信 b 知道：根据预设规则，a 相信"凯卜勒"为真满足了预设定义的Ⅱ。

（6）由上面的（1）～（5），就可以根据预设定义得出，a 预设"凯卜勒"为真。

① 周礼全.逻辑：正确思维和有效交际的理论[M].北京：人民出版社，1994：459.
② 周礼全.逻辑：正确思维和有效交际的理论[M].北京：人民出版社，1994：459-460.

在通常情况下，"凯卜勒死于贫困"的重音总是在谓语"死于贫困"上。如果"死于贫困"是非重音部分，则 a 不仅预设"凯卜勒"为真，而且也预设"死于贫困"为真。

周礼全的语用预设定义看起来很烦琐，其实要点就是两条，具体如下。

第一，说话人与听话人存在共识（说话人相信听话人相信说话人的语境假设）。

第二，预设不与语境相矛盾（一系列的排除条件）。

其实，语义预设并非完全不可取，在同语境不相矛盾的条件下，语义预设可以看作语用预设的子集。

二、预设的语用特征

逻辑学家基南在谈到预设时说："许多语句要求有特定的文化条件和语境，为了使说出来的话能让人听懂（知道想表达的字面意义），就应当满足这些条件。这些条件就叫作语句的预设。"[①] 基南这里所说的"文化条件和语言环境"，实际包括预设的两方面语用特征：一是共识性，就是前面说到的共有或共信的知识背景，或曰"无争议的信息"；二是恰当性，发话人的话语应当与语境相协调，而预设就是满足话语恰当性的必要条件。

（一）预设的共识性

预设是怎样引发的？以往研究者提出"预设的触发语"理论，认为预设往往同某些特定的词语相联系，由它们"触发"而产生预设。

例如：

1. 林玲忘了做练习。

   预设：林玲本应做练习或打算做练习

2. 老赵今天又醉了。

   预设：老赵曾经醉过。

3. 老张后悔喝了过量的白酒。

   预设：老张喝了过量的白酒。

4. 老师表扬亮亮小朋友拾金不昧。

   预设：亮亮小朋友拾金不昧。

5. 我意识到自己犯错误了。

   预设：我犯错误了。

6. UFO 每次出现在这一地区。

   预设：UFO 从前在这一地区出现过。

7. 老李设法把车停下来。

   预设：老李试图把车停下来。

---

① Keenan, E. *Two Kinds of Presupposition In Natural Language*[C] //Fillmord C.J., Langendoen D.T. *Studies in Linguistic Semantics*. New York: Holt, Rinehart & Winston, 1971: 45-54.

8. 尽管下雨，我们还是按时赶到会场。

   预设：在某个时候下了雨。

9. 我们碰巧赶上那达慕大会。

   预设：当时正在开那达慕大会

10. 他知道小王在写毕业论文。

   预设：小王在写毕业论文。

以上 10 例有着重号的词语都是预设的触发语。这些触发语的确可以"触发"预设的生成。当然，预设并非都是由触发语"触发"生成的，但它确实可以激发说话人和听话人之间的"共识"。这就是预设的共识性。

预设的共识性是预设最根本的特征。语义预设的"（A ∨ ¬A）→ B"所体现的正是这种"共识性"。

麦考莱认为，至少可以区分两个不同的语用预设概念。除了"对于适当的话语来讲，命题必须为真"这个概念之外，还有一个更严格的概念，这个概念突出地表现在 1974 年 L. 卡尔图南（L. Karttunen，以下简称卡尔图南）的论文中：一句话预设一个命题，如果那句话只在一个话语（discourse）的一点上是可以接受的，在这一点上，那些命题是话语的参加者当作已经成立的命题。[1] 被话语的参加者当作已经成立的命题也就是无争议信息或共识性命题。对于预设的共识性，中外学者曾从不同角度做过比较充分的说明。

维索尔伦指出："无论说得多么面面俱到，这新的语言措辞所留下的隐含信息总比能明确表达的要更多。话语所携带的未披露的信息世界叫作背景信息（background information），有时也叫作共有知识（common knowledge）或共同基础（common ground），因为必须假定这种信息在某种程度上为发话人和释话人所共有。而且由于这类假设都涉及递归嵌入和相互嵌入（如我知道你知道我知道，等等），因而术语相互了解（mutual knowledge）也是常有的了。一般情况下，我只用'背景信息'或'背景假设'，因为这两个术语可以避免对有关信息的实际或甚至假定的'共有过程'做出种种交代。"[2] 维索尔伦提到的发话人和释话人所共有的背景信息或背景假设，实际上就是交际双方共知或共信的无争议信息。

我国学者刘大为的观点更为明确，他认为，"预设是正确理解一句话语从而发生相应效应的前提，所以它必须是交际双方共知的。发话者在一定预设中构建话语，受话者也在一定的预设中进入话语的理解，交际不可能在预设的真空中发生。只当受话者所掌握的预设与发话者所设立的预设一致时，话语的意义才能按发话者

---

① 麦考莱，J. D. 语言的逻辑分析：语言学家关注的逻辑问题 [M]. 王维贤，徐颂列，黄华新，等译. 杭州：浙江大学出版社，2011：291.

② 耶夫·维索尔伦. 语用学诠释 [M]. 钱冠连，霍永寿，译. 北京：清华大学出版社，2003：31.

的意图被正确理解，才会有双方的沟通"①。确实，预设是交际双方共知或共享的信息，它是人们表达和理解的重要前提，是双方沟通的必要条件。

例如：

> A：小张知道董事长不再偏听偏信。
> B：小张知道董事长还是偏听偏信。

显然，这是一番有争议的对话。根据"知道"的逻辑特性，可推出：

> a. 董事长不再偏听偏信。
> b. 董事长还是偏听偏信。

尽管 a、b 表达的意见相对立，但它们共同预设：

> p：董事长曾经偏听偏信。

命题 p 就是双方无争议的信息，亦即预设。由此可以看出，预设 p 是透过相对立的表达而实际存在的共识，即无争议的共同背景知识。

交际双方"无争议的信息"，也可以说成"双方共知或共信的信息"。"共知"和"共信"有些区别，但都是"无争议"的信息，亦即双方"都可理解""都可接受"的信息。例如：

> A：老赵的儿子出国了。
> B：老赵的儿子没有出国。

预设命题：

> p：老赵有儿子。

命题 p 是交际双方"共知"的背景知识。而

> S：今天晚上我去听新年音乐会。我家附近的音乐厅开放。

说话人的第二句话预设命题：

> p：说话人家附近有音乐厅。

听话人可能原先并不知道说话人家附近有音乐厅，而是通过说话人后半部分的预设了解到这一情况，但是听话人可以相信说话人传达的这一信息。这就是"共信"而不是"共知"。"共知"和"共信"可以统称为共识。在语用学上可称为预设的共识性。

---

① 刘大为.预设：语义预设与语用预设[C] //《中国大学学术讲演录》丛书编委会.中国大学学术讲演录.桂林：广西师范大学出版社，2002：71.

因为说话人 S 和听话人 H 的"共知"和"共信"都属于双方"无争议"的信息，所以周礼全在他的预设定义中反复地说：在交际语境 C 中，S"相信"……并且"相信"H 也"相信"……，S"相信"H"知道"……

（二）话语的恰当性条件

预设与语境相匹配，这是话语恰当性的重要方面。如果一个具体的话语不能满足特定的语境条件，就不能说这个话语是恰当的。例如一位电视实况转播主持人说了下面这句话：

亲爱的观众，亲爱的听众，让我们为双方队员的精彩球艺喝彩、加油吧！

这句话预设主持人正面对大量的观众和听众，双方队员正在进行球赛，比赛相当精彩，等等。只有满足这些条件，话语才有可能是恰当的；反之，便是不恰当的。

作为话语恰当性的条件，一个话语往往不止一个预设。例如：

S：公司办公室的电脑坏了。

这是一句陈述话语，它至少预设以下命题：

p_1：存在某公司。
p_2：某公司有办公室。
p_3：办公室有电脑。
p_4：电脑是有可能坏的东西。

这些命题都是话语 S 恰当性的条件，缺少其中任何一条，话语都不是恰当的。所以它们都是 S 的预设。又如：

S：王老师在家吗？

这是一句表示疑问的话语，至少预设：

p_1：存在"家"这样的事物。
p_2：存在"教师"这个职业。
p_3：有一位姓王的人是教师。
p_4：王老师在家或者不在家。

它们都是这个疑问话语的恰当性条件。再如：

S：把窗子打开！

这是一句表示祈使的话语，至少预设：

p_1：这间房子有窗子。

p_2：窗子是关着的。

p_3：室内有听话人。

p_3：听话人有开窗的能力。

它们也都是这句话语的恰当性条件。

一句话语，无论是陈述句、疑问句或者祈使句，往往预设中还有预设，叫作"多重预设"。例如：

S：老张的儿子不再逃学了。

语句 S 预设：

p_1：老张的儿子曾经逃过学。

p_1 预设：

p_2：老张的儿子是学生。

p_2 预设：

p_3：老张有儿子。

p_3 预设：

p_4：存在老张其人。

多重预设的第一层次是语句预设命题，其余均为命题预设命题，即预设的预设。多重预设的每一个命题都是话语恰当性的条件。

此外，在具体的语境和语篇中，预设还具有：反映主体的介入功能的介入性，反映隐性信息激活功能的隐蔽性，反映对他者评价功能的评价性等更为复杂的性质。[①]

三、复句预设

（一）概述

20 世纪 70 年代初期，有的学者曾经假设复句的预设就是各分句预设的相加。在他们看来，复句预设应是这样的集合：

$$S_0 的预设 = \{ S_1 的预设 + S_2 的预设 + \cdots + S_n 的预设 \}$$

就是说，如果复句 S_0 是由分句 S_1，S_2，$\cdots$，S_n 组成，那么这个复句 S_0 的预设

---

① 魏在江.语用预设的语篇评价功能：语篇语用学界面研究 [J].中国外语，2011(2): 23-29.

就是它的组成分句的预设的简单相加。

这里涉及所谓预设的投射问题，即以语义或语用的方法解释复句与各分句之间的预设关系问题。然而上面的假设是不正确的，因为有时由于语境因素使得分句与分句的预设无法相加，有时反而被取消了。例如：

> 张三不再打老婆了，如果他打过的话。

复句 S_0 有两个分句 S_1 和 S_2，S_1 预设"张三以前打过老婆"，可是 S_2 说明"张三可能从未打过老婆"，把 S_1 的预设取消了。可见，复句预设并不等于各分句预设的简单相加。

在周礼全的预设理论里，由于在提出预设的引发条件的同时，又提出了预设的排除条件，从而避免了前述复句预设的问题。

在《逻辑——正确思维和有效交际的理论》的"预设"章里，周礼全指出，直陈复合话语就是具有"U（ ⊢（ A → B ））"、"U（ ⊢（ A ∨ B ））"、"U（ ⊢（ A ∧ B ））"和"U（ ⊢ ⌐ A ））"形式的话语。找出直陈复合话语的预设的方法，同找出直陈简单话语的预设的方法基本相同，只是找出直陈复合话语的预设时，常常需要应用分句之间的排除条件。

预设在复句中消失的一种情形是句子的预设在复句中被公开否认。例如：

> S_0：老张不在乎花很多时间在工作上，事实上他下岗了。

复句 S_0 有两个分句 S_1 和 S_2，S_1 预设 p"老张花很多时间在工作上"。S_0 的前半部分有预设触发语"在乎"，可见 S_1p 是这部分的预设。但是对于整个语句 S_0 来说，它并不预设 S_1，因为 S_1 这个预设在 S_0 的后一部分中被否认了。

另一种情形是使用后续的"如果"分句可以很自然地中止说话人理应表达的预设。例如：

> S_0：老赵不再在背后说同事的坏话，如果他在背后说过同事坏话的话。

复句 S_0 共有两个分句 S_1 和 S_2，S_1 预设"老赵以前曾经在背后说同事的坏话"。可是 S_2 却把 S_1 这个预设抵消了。因为 S_0 的后续"如果"分句（即 S_2）说明"老赵可能从未在背后说过同事的坏话"。

值得注意的是，确定复合话语的预设时，还常常需要应用分句的会话含义作为排除条件中的内容。例如：

> S_0：如果有超能力存在，那他一定是无所不能的。

复句 S_0 共有两个分句 S_1 和 S_2。从字面上看，S_1 预设"有超能力存在"，可是根据会话含义，说话人并不相信人可以拥有超能力。也就是说，如果预设"有超能力存在"为真，就同会话准则相矛盾，不能满足预设定义（Ⅰ），因而 S_1 预设"有超能力存在"被取消。

因此，一般地说来，复句 S_0 有分句 S_1，S_1 预设 S_1p，那么复句 S_0 预设 S_1p，当且仅当 S_1 的推出同 S_0 的推出不相矛盾；如果相矛盾，则 S_1p 取消；如果 S_0 有会话含义 $\neg S_1p$，则 S_1p 取消；如果语境因素有 $\neg S_1p$，S_1p 也取消。实际上，预设的投射问题不仅反映了语句间的逻辑—语义关系，更多地反映了语句间受语境影响的语用关系。

以上说到复句预设中的分句预设在某些情况下可能被取消，但这只是复句预设的部分情况。也就是说，只要遵守了预设的全部规则，复句预设可以是各分句预设的相加。例如：

> S_0：老张的儿子是科学家，老李的女儿是艺术家。

复句 S_0 共有两个分句 S_1 和 S_2。S_1 预设"老张有儿子"，S_2 预设"老李有女儿"，S_0 预设"老张有儿子，并且老李有女儿"。亦即"老张有儿子"和"老李有女儿"为真。

（二）类型

下面就汉语复句的三种主要类型——联断型、选择型、条件型的预设问题分别做些讨论。

1.联断型复句

例如：

> a.董先生虽然侨居海外，但他能讲一口流利的普通话。
> b.董先生侨居海外，他不能讲一口流利的普通话。
> c.董先生没有侨居海外，他确实能讲一口流利的普通话。

联断型复句 a、b、c 中，b 是对 a 的否定，但 a 与 b 共同预设了"董先生侨居海外"，因为"董先生侨居海外"是交际双方共同接受的命题。a 和 c 共同预设"董先生能讲一口流利的普通话"。b、c 与 a 仍然有着共同的预设：存在董先生其人。由此可见，联断型复句预设同样是交际双方共同接受的命题，它可以由并列复句与其否定句共同推出。

2.选择型复句

选择型复句可分为相容和不相容两类。例如：

> 或者方芳会法语，或者林玲会法语。

此例为相容的选择复句，断定方芳与林玲至少有一个会法语。假如交际的另一方已知方芳不会法语，但不知道林玲是否会法语，那么他可能取如下语句与对方交谈：

> 方芳不会法语。

从语义上看，这是较弱的否定。可以认为，在特定的言谈背景中，他们共同预设了"林玲可能会法语"。很明显，这里"林玲可能会法语"是交际双方可以共同接受的。如果人们知道林玲不会法语这一事实，并进而做如下的陈述："林玲不会法语"，于是"方芳可能会法语"便成了他们共同的预设。如果确知方芳和林玲事实上都不会法语，因而表述为："方芳和林玲都不会法语。"虽然这是逻辑意义上最强的否定，但他们仍然有着共同的预设，即"存在方芳其人并且存在林玲其人"。

不相容的选择复句以"要么"为联结标记，表示数者必居其一，数者只居其一，有非此即彼的意思。不相容选择复句的预设也是交际双方共同接受的背景命题，它同样经得住否定的检验。例如：

> 我市围棋比赛第一名要么是陈晨，要么是林敏。

预设陈晨与林敏两人中有并且只有一人是我市围棋比赛的第一名。如果不是陈晨，那就是林敏；反之，不是林敏就是陈晨。因为这是双方共同可以接受的。倘若既不是陈晨也不是林敏，他们仍然有着共同的预设，即"存在陈晨和林敏两人"。

3. 条件型复句

条件型复句包括假设复句和条件复句。下面依次分析它们的预设。

假设复句中前一分句提出一种假设，后一分句说明这一假设的情况实现后所产生的结果。事实上，这里的"假设"和"结果"中往往包含某种预先的设定，这种预先的设定便成为交际双方共同接受的背景命题，亦即预设。例如：

> 你若是从杭州的环城西路走过，便能看到一片片新建的绿地。

其否定句是："你从杭州的环城西路走过，也不能看到一片片新建的绿地。"两个句子虽然互相矛盾，但有着共同的预设：杭州有环城西路，并且有一片片新建的绿地。

条件复句中前一分句提出一种条件，后一分句说明在满足相关条件的情况下所产生的结果。其中所包含的共同背景命题即预设。例如：

> 只要林敏出门，花花总是送上一程。

否定句是："林敏出门，花花从来不送。"两个句子虽然互相矛盾，但它们有共同预设，即"林敏出门及存在林敏其人和小狗花花"。

条件复句有不同的类型，与"只要，就"不同，"只有，才"不表示充分条件，而表示必要条件。然而，就预设而言，两者没有实质性的区别，作为交际双方共同接受的命题，它同样经得起否定的检验。

第四节　非陈述句预设

一、疑问句预设

（一）概述

关于非陈述句的预设，学术界曾经讨论过，但都各说各的，而且不考虑同陈述句的预设理论统一起来。周礼全的预设理论，以他"一以贯之"的研究方法，逻辑地包含了非陈述句——疑问句和祈使句的预设问题。

疑问句是表示"询问"的语旨行为的语句，一般都有问词、问域，说话时有疑问语调，书面语有问号。汉语中的问词有两类，一是疑问代词，如"谁""什么""怎样""多少""哪里"等，一是语气助词"吗""吧""呢"等。问域是指询问的范围，如时间、处所、数量等。问号即疑问句符号"？"。例如：

> 张老板什么时候到呢？

问词是"什么"和"呢"，问域是张老板到的时间。

人们在言语交际的过程中，一个人向他人提出疑问，一般情况下总能得到某种回答。疑问句的回答有可能回答和真回答的区别。比如张老板到的时间可能是下午两点、三点，明天、后天，等等，都可以是可能回答。在这些可能回答中，某个回答是事实的"真"，比如张老板事实上是在下午三点钟到的，就是这个疑问句的真回答。

（二）类型

汉语疑问句分为三类：是非疑问句、选择疑问句和特指疑问句，它们的预设也有三种情况。

1.是非疑问句

是非疑问句是把一件事情说出来以后，要求听话人做出肯定或者否定的回答。例如：

> 他是教授吗？

这是一个是非疑问句，问域为这个人是不是教授；问词是语助词"吗"。其话语形式是：

$$U(?(A \vee \neg A))$$

U 表示话语，"？"为疑问。$A \vee \neg A$ 是问域，要求在"他是教授"和"他不是教授"的是与非之间做出回答。其预设是：

> … p：他是教授或者他不是教授。

"他是教授或者他不是教授"是这个疑问句的两个可能回答，其中一定有一个是真回答。根据真诚准则，在交际语境 C 中，S 对 H 说话语"U（?（A∨￢A））"时，S 相信"（A∨￢A）"是 H 能回答的。由此推出：S 相信"（A∨￢A）"为真，并且相信 H 也相信"（A∨￢A）"为真。这就满足了预设规则的引发条件 I.③。S 相信并且 S 相信 H 也相信"（A∨￢A）"为真，也满足预设的排除条件，从而满足了预设的定义。

因此，?S 预设 p 为真。亦即在交际语境 C 中，S 对 H 说是非疑问话语 U 时，预设 A∨￢A 为真。当然，?S 还可以有其他的预设，这些其他预设，可以按照陈述句的预设处理。例如存在某个人"他"，存在"教授"这样的身份，等等。这些都是 ?S 的"其他预设"。

2. 选择疑问句

选择疑问句给出并列的几个项目，让听话人选择其中一个作为回答。例如：

> … 这幅画画的是老虎呢，还是猫呢？

作为选择疑问句，?S 提供了两项选择："这幅画画的是老虎"和"这幅画画的是猫"。它们都是这个疑问句的可能回答。其话语形式是：

$$U (?(A_1 \vee A_2 \vee \cdots \vee A_n))$$

预设是：

> … p.这幅画画的是老虎，或者这幅画画的是猫。

因为在交际语境 C 中，说话者 S 对听话者 H 说出疑问话语"U(?(A_1∨A_2∨⋯∨A_n))"时，根据真诚准则，S 相信此话语是 H 能回答的。这就表示：S 相信此话语是 H 能够回答的，并且 S 相信此话语有可能回答。"U（?（A_1∨A_2∨⋯∨A_n））"的可能回答是："A_1"，"A_2"，…，"A_n"，S 相信此话语有可能回答，就是 S 相信"A_1"，"A_2"，…，"A_n"中至少有一个为真。这就是说，S 相信（A_1∨A_2∨⋯∨A_n）为真。同样地，由 S 相信此话语是 H 能回答的，就可得出 S 相信 H 相信"（A_1∨A_2∨⋯∨A_n）"为真。这就满足了预设规则的引发条件 I.③。

疑问话语的真诚准则是合作准则中最强的准则，S 相信并且 S 相信 H 也相信"（A_1∨A_2∨⋯∨A_n）"为真，是从 U（?（A_1∨A_2∨⋯∨A_n））"和真诚准则推出的，因此，S 相信并且 S 相信 H 也相信"U（?（A_1∨A_2∨⋯∨A_n））"为真，就不会同 S 所说的此话语和合作准则相矛盾，而且也不会同 S 所相信的交际语境中的 C_1，

C_2，…，C_n 相矛盾。由此可以得出：S 相信"（$A_1 \lor A_2 \lor \cdots \lor A_n$）"为真，也满足了预设规则的排除条件，因而也满足了预设定义Ⅰ。显然，S 相信并且 S 相信 H 也相信"（$A_1 \lor A_2 \lor \cdots \lor A_n$）"为真，也满足了预设定义Ⅱ。

因此，在交际语境 C 中，S 对 H 说选择疑问话语 U 时预设"$A_1 \lor A_2 \lor \cdots \lor A_n$"为真。除此以外，还可以有其他预设。

3. 特指疑问句

特指疑问句是对一件事情中的某个（些）项目提出疑问。句中的问词相当于代数方程式的未知数 x，而要求对话者提供信息，即对 x 的解答。所以特指疑问句又称为 x 问句。例如：

> 谁是大腕？

其话语形式是：

$$U\ (?(x \in B，Ax))$$

$\in$ 表示"属于"。问词是疑问代词"谁"，相当于未知数 x。"谁是大腕？"相当于：x 是大腕。问域是"人"，用 B 表示人，A 表示"大腕"，因此公式实际就是：（?（$x \in$ 人，x 是大腕））。预设是：

> p：有人是大腕。

因为特指疑问话语"U（?（$x \in B$，Ax））"的可能回答是：b_1 是 A，b_2 是 A，…，b_n 是 A，而 b_i（$i = 1,2,\cdots,n$）是 B 类中的分子。同前述疑问话语一样，可以推出：S 相信并且 S 相信 H 也相信（"b_1 是 A" $\lor$ "b_2 是 A" $\lor \cdots \lor$ b_n 是 A）为真，这也就是 S 相信并且 S 相信 H 也相信"$\exists x$（B（x）$\land$ A（x））"为真。它满足预设规则的引发条件和排除条件，从而也满足预设定义。

二、祈使句预设

祈使句是表示命令、请求等语旨行为的语句，表达时有一个表示祈使的语调。祈使句的一般特征是：①第二人称；②主语省略；③将来时态。书面语通常用符号"！"。例如：

> 过来！
> 请（你）过来！

这里不考虑说话人 S 和听话 H 的相对的社会地位，也不考虑 S 是命令还是请求，它们共同的话语形式是：

U(!A)

它们的预设是：

p：听话人不在说话人身边。

因为 p 是 S 为真的条件，亦即话语恰当性的条件。当然还有一些其他预设，例如"存在至少一个听话人""听话人有活动的可能性"，等等。

说话者 S 对听话者 H 说一句祈使话语"U（!A）"，就是 S 要求 H 完成 A 这一行动。根据是否改变原来事态，祈使句的预设可以分为以下两个类别。

（一）G = G* 的预设

我们把 S 说出"U（!A）"时（即 H 尚未进行 A 这一行动时）的事态记为 G，H 完成 A 后的事态记为 G*。如果 S 要求 H 使 G 保持不变，这个祈使句就是 G = G* 句。例如：

让门关着！
请不要开门！

两例都要求 H 保持原来事态不变，所以 G（门关着）= G*（门关着）。它们的预设都是：

p：门是关着的。

（二）G ≠ G* 的预设

一个祈使句，如果 S 要求 H 改变事态 G 使之成为不同的 G*，便是 G ≠ G* 句。例如：

把门打开！
别把门关着！

两例都要求改变原来事态，所以 G（门关着）≠ G*（门开着）。它们的预设也都是：

p：门是关着的。

根据真诚准则，在交际语境 C 中，S 对 H 说命令话语"U（!A）"时，S 相信 A 这一行动是 H 能完成的，也就是说，S 相信 H 通过行动使 G 成为 G*。因此 S 相信并且 S 相信 H 也相信 G 为真，因而满足了预设规则的引发条件 I.③和预设规则的排除条件Ⅱ，从而满足了预设定义。由此可以得出，S 预设"G"为真。

S 相信并且也相信 H 也相信 G 为真，既然满足了预设规则的引发条件和排除条件，也就满足了预设定义Ⅰ，显然也满足预设定义Ⅱ。由此可以得出，S预设G为真。

第五节　预设的应用

一、预设与话语表达

在认知和交际过程中，人们注重理想的表达，这是不难理解的。预设对话语的表达具有十分重要的意义。预设的利用有助于人们更准确地表达自己的想法，更充分地体现说话的意图，从而较好地实现预期语效与实际语效的一致。不论在日常交际抑或跨文化交际中都存在各式话语障碍，需要交际双方充分利用语义预设、语用预设、文化预设等来共同完成交际。[①]

（一）准确地表达思想

人们在表达自己的思想观点时，首先应当注意自己所运用的事实预设的准确性，以避免出现"言不符实""词不达意"现象。例如：

> 听说你又没考及格。
> 老李后悔自己的言辞过于激烈。

由于两例包含"又"和"后悔"这样的预设触发语[②]，因而它们分别预设着"你过去至少有一次没考及格"和"老李的言辞过于激烈"这样的事实预设。假如实际上对方以前都是及格的，老李也没有言辞过激的情形，那么两例都背离了表达准确性的要求。

同样，在认知和交际中，人们还必须注意自己说话的预设，充分考虑到听话人是否具有与自己共知或共享的知识背景。简单地说，就是要看对方能否听懂自己所说的话。倘若听话人不具有这种知识背景，那么发话人就应当通过适当方式，把预设这种"隐前提"转化为"显前提"。例如，有的学者认为：

> 从社会大系统的角度来看，可以认为科学具有三种社会形态，即科学的知识形态、科学的技术形态和科学的文化形态。前者是科学的原生态，后两者是科学的衍生态。知识形态的科学缘起于对自然界及其规律的探索，因此科学的知识形态是科学的基础。知识形态的科学在社会系统中的转化有两个方向，即向物质方向转化，成为技术形态的科学，从而促进社会生产力的向前发展；向精神方向转

---

① 张义君.跨文化交际中的话语障碍与文化预设[J].深圳大学学报（人文社会科学版），2010(2): 107-110.
② Levinson.S. C. *Pragmatics*[M]. Cambridge: Cambridge University Press, 1983: 179.

化，则成为文化形态的科学，从而促进社会意识层向前发展。[①]

这段话至少预设了以下知识背景：①科学具有不同的社会形态；②知识形态的科学在社会系统中存在转化的可能性；③科学具有不同的社会功能。这是一些理论性预设，倘若听话的一方并不具有这方面的背景知识，那么发话人就有必要对相关理论做出清楚明白的解释。

（二）巧妙地传递信息

预设传达的是双方共知或共信的信息，也就是说，预设所传达的某些信息对方并不知晓但可以相信，因此说话人可以利用预设巧妙地传递一些对方不知道的信息。这是一种表达的艺术，是思维灵活性的要求。例如：

> 我留学美国时学的是分子生物学。

说话人要传达的新信息（断言）是：他的专业是分子生物学，顺便告诉听话人他曾经留学美国。这自然有利于提高自己在对话中的地位。这"顺便"传递信息的艺术便是预设的利用。

据说有一位美貌的姑娘，有很多男青年在追求她。为了摆脱一些男青年的纠缠，她说：

> 我的男友要我读点泰戈尔。

预设她已经有了男友，从而消除了一些男青年的非分之想。实际上这位姑娘还没有男友，只是巧妙地利用了预设。按说预设虚假，语句无意义，但是从语用学的角度说，在特定的语境中，此例具有某种意义是显而易见的。

另有一位姑娘得到男友送给她的一枚戒指，很想把这件事情告诉同事，但又不好意思，于是她故意地伸出手来忙这忙那，说：

> 这天气真怪，戴个戒指都嫌热。

她就是想利用预设告诉同事：她的男友送她戒指了。信息是传递出去了，只是不够巧妙，或者说，不够艺术。

（三）恰当地提出问题

恰当的话语表达应当满足特定的语境假设和语旨用意，合理的预设是话语恰当性的重要条件。广播剧《还我299个吻》描述的是这样一个荒诞而富有哲理的故事：

一对曾经两情依依、如漆似胶的年轻恋人，由于追求的生活目的各自不同而分道扬镳了。失恋的姑娘自然很痛苦。于是，她向法庭起诉：要求归还恋爱期间她曾经奉献的299个吻。

---

① 诸大健.新世纪：我们需要普及科学文化[J].探索与争鸣，2001(7): 14-17.

这是一个奇怪的案件，而更为奇怪的是，法官竟判被告当场还原告 299 个吻。

就在两人进行接吻时，姑娘却大呼：不公正！因为被告的吻已经丝毫不带感情，根本不是她当初亲吻的等价物。最后法官弄得左右为难……

听完广播剧，各人有各人不同的思考和理解，但大家都会觉得姑娘的要求和法官的判决都是不合情理的。原因就在于他们都预设了一种错误的假定，即"任何东西都是可以偿还、可以索赔的"。事实上，恋人之间的"吻"是难以归还、难以索赔的无价的情感之物。

学术研究一刻也离不开讨论和争辩，但有时讨论和争辩所遇到的障碍可能与问题本身包含着某些不恰当的事实预设或理论预设相关。正如一位英国学者所说，这些问题所产生的困难，不是由于任何一种无知而不能回答，而是"由于歪曲了问题本身的性质而引起的。这就如同一个人在提出问题时，不是问'什么是螺丝起子？'而是问'螺丝起子是哪一种凿子？'"。

二、预设与话语理解

从理解的角度看，预设的分析和推导，有助于人们更为深刻、全面地获取信息，也有助于人们识破"复杂问语"，增强答问的针对性和有效性。

（一）由表及里，获取更多信息

如前所述，预设是没有明确、直接表达出来的语句，它总是隐藏在现存语句的内层，往往不太引起听话人的注意，可是有时候它却能传达重要的信息，甚至还是发话人主观上并不愿意传达的信息。如果我们能透过话语表层，深入理解和把握其中的"隐前提"，那就有望获取更大的信息量。例如某学校负责人对媒体说：

> 💬 我们学校宁可不要回扣，也要让学生喝到合格的牛奶。

此例我们至少可以获取这样一些信息：①当前回扣之风盛行；②学校收取回扣是正常现象；③学校很想得到回扣。这些都是话语恰当性的条件，因而都是此例的预设。[①] 然而对于这些信息，特别是②、③两条，学校这位负责人大概不会愿意公开地承认吧。我们理解了这句话的一系列预设，实际上也就是捕捉到了更多的相关信息。在教学中，有关预设的知识教育不仅有助于提高阅读能力，更可以培养学生的语言推理能力和逻辑分析能力。[②]

再举一个历史上的例子。

清代末年，湖州的赵三和周生商量去外地做生意，约定黎明时上船。周生上船后很长时间不见赵三上船，便要船家去催。船家敲赵三家的门，同赵三的妻子有下

---

① 刘大为.预设：语义预设与语用预设[C] //《中国大学学术讲演录》丛书编委会.中国大学学术讲演录.桂林：广西师范大学出版社，2001：72.

② 倪慧.命题预设与语义教学[C] //复旦大学外文学院.复旦外国语言文学论丛：2018（秋季号）.上海：复旦大学出版社，2019：9-15.

面一段对话：

> 船家："三娘子，三郎为什么还不上船呀？"
> 三娘（大惊地）："他早就离开家了。"

周生大为惊讶，赶快禀报县府。由于缺少线索，很久未能破案。后来有位朝廷大员来县里视察案情，他看过案卷说："我知道谁是凶手了。"于是逮捕了船家，经过审讯，船家交代了犯罪经过。原来那天赵三上船太早，船家就把他杀了，抢了赵三的银两，处理好赵三的尸体后，装作没事人一样等候周生上船。

那位大员之所以能够破案，恰恰是船家自己"泄漏了天机"，使得那位大员从船家话语的预设中获得了所需要的信息。因为船家的话预设了"他知道赵三不在家"。如果船家不知道赵三不在家，他就不会喊"三娘子"，而是喊"三郎"或"赵三"，问他为什么还不上船。否则，这句话是不恰当的。

（二）识别预设，避免轻易上当

通常情况下，预设为真是确保问句具有合理性的逻辑前提。在语言交流过程中，假如交际一方的问话事先预设了某种错误的因而也是不能为对方所接受的命题，那就形成了逻辑上常讲的"复杂问语"。因为"复杂问语"明显地背离了合作原则的"质准则"，自然也就成了有效交际的一大障碍。在一个相声节目里，有这样一段对话：

> 甲：你打过群架吗？
> 乙：没有。
> 甲：你侮辱过妇女吗？
> 乙：没有。
> 甲：你掏人家钱包给逮住过吗？
> 乙：没有——不对，我什么时候掏过人家钱包啦？

显然，假如乙从来没有掏过人家的钱包，那么，对于甲"你掏人家钱包给逮住过吗？"这个问句，无论回答"是"或"否"，都不合适。理由很明显，因为我们只要稍加分析就会发现，肯定的回答等于说"我掏过人家钱包并且给逮住过"，否定的回答等于说"我掏过人家的钱包但没有给逮住"。可见，无论肯定的回答，还是否定的回答，结果都是承认"我掏过人家的钱包"。不难看出，如果我们能识破这类预设，理解并抓住"复杂问语"的要害之所在，那么就不至于轻易落入对方的圈套和陷阱。

传统逻辑的一个经典例子是："你停止打老婆了吗？"你回答"是"也不行，"不是"也不行，因为它预设你曾经打过老婆。如果你没有打过老婆，那么正确的回答是否定话语中的预设："我从来不打老婆。"这是对问句的有效"回绝"。

第六章
CHAPTER 6

会话含义（上）

第一节　古典格赖斯理论

一、自然意义与非自然意义

　　会话含义（conversational implicature）[①]是美国语言哲学家格赖斯最先提出来的。1967 年，格赖斯在哈佛大学的威廉·詹姆斯系列讲座上做了三次演讲，后来公开发表了演讲中的两个部分，即《逻辑与会话》（1975 年）和《对逻辑与会话的几点说明》（1978 年）。格赖斯主张的会话含义理论对当时主流的言语行为理论产生了巨大冲击，以至自此以后很长的时间里言语行为理论几乎销声匿迹，会话含义理论则成为哲学家、逻辑学家和语言学家们共同关注的一个重要课题[②]。姜望琪（2020）认为格赖斯提出语用学理论的哲学意义在于，他的理论是西方哲学界语言转向的终结，他提出的"所言"与"所含"这对概念强调了逻辑（语义）意义与语用意义的区别，开启了意义研究的新维度。[③]

　　格赖斯所做的演讲，对话语的自然意义和非自然意义做了区分，明确了语义学和语用学的研究范围，理顺了语义学与语用学的关系，从而减轻了语义学的繁重负担。它是语用学和语言逻辑的核心内容之一，也是当代语用学基础理论的组成部分。

　　然而，如果我们要想全面、深入地了解格赖斯的会话含义理论，首先应当了解格赖斯关于"意义"的学说。早在 1957 年，格赖斯就在《哲学评论》上发表《意义》一文，提出了他的"非自然意义理论"。他把"意义"分为两类："自然意义"（natural meaning）和"非自然意义"（non-natural meaning），"会话含义"隶属于"非自然意义"。

[①]　有人将 implicature 译为含义，如沈家煊、陈融、熊学亮、索振羽；有人译为含意，如何自然、徐盛桓、吕公礼；还有人译为隐含意义或隐涵，如钱冠连、周礼全。至于哪种翻译更为确切，可参阅熊学亮《认知语用学概论》第 71 页 "含义研究的术语和方法论小议"。

[②]　Levinson, S. C. Speech Acts[M] // Yan Huang. *The Oxford Handbook of Pragmatics*. Oxford: Oxford University Press, 2017: 199-216.

[③]　姜望琪. 格赖斯语用学再探：《逻辑与会话》翻译心得三题[J]. 当代修辞学，2020(3): 1-10.

所谓"自然意义"，不妨做这样的理解：它是指不涉及"意图"的意义，也就是说，"话语的意义只是'自然地'被理解"①，"这种联系是自然的，没有意图的"②。"自然意义"反映的是事物内在的特性和关系，如"础润而雨"、斑点与麻疹的关系，等等，这些意义的理解不需要具体的语境，也不会因语境的不同而变化。与此相对应，"非自然意义"是指满足了以下条件的意义：说话人 S 发出话语 U，具有非自然意义，当且仅当：①S 发出 U，试图在听话人 H 那里引起某种效果 Z；②通过 H 认可 S 的意图并使 S 的愿望完全实现。因此，"非自然意义"并不反映事物的内在属性和联系，而是指说话人在一定的意图驱使下的信息交流的内容，语境在非自然意义的传达与解读过程中起到非同寻常的作用。

例如：

　　a. 快看，黑云密布，狂风大作。

显然，a 的自然意义是：

　　b. 大雨将至。

这是在"自然"状态下被理解的，没有涉及说话人的"意图"或其他语境因素，因而属于自然意义。然而这句话如果放置到具体语境中，就会产生无数不同的意义：

　　c. 别去了，取消计划吧。（语境是几个朋友在谈论郊游计划）
　　d. 快回去收衣服吧。（语境是两个妇女的闲聊）
　　e. 带上雨伞！（语境是妈妈嘱咐上学的孩子）

如果此话发生在一些特殊的年代，它又会有另外的意义：

　　f. 形势将有大变化，一场政治运动将要到来。

这些意义都发生在具体的语境中，加进了说话人的各种"意图"，所以都属于非自然意义，也就是格赖斯所谓的"含义"（implicature）。

据说从前有一个县官在判一个案子的时候，写下了下面的判词：

　　a. 情有可原，理无可恕。

后来这位县官接受了犯罪人的贿赂，但他没有改动判词的文字，只是把判词中的两句话颠倒了一下，于是成为：

　　b. 理无可恕，情有可原。

① 索振羽.语用学教程[M].北京：北京大学出版社，2000：54-55.
② 莱文森，S. C.语用学论题之二：会话含义[J].国外语言学，1986(2)：68-74.

两次判词在表面上并没有什么区别，都是联言命题 p ∧ q，只要两个支命题都是真的，则联言命题为真。可是推敲起来就会发现：前后两个判词都暗含有"但是"一词，而"但是"具有约定的"比较"义：后者甚于前者。根据县官的"意图"，前者是要重判的，而后者则可以网开一面，罪犯可以不判刑或者判轻刑。这些体现说话人"意图"的意义，都属于非自然意义，亦即含义。

格赖斯对于非自然意义还有一系列的区分，可以表示为图6-1。

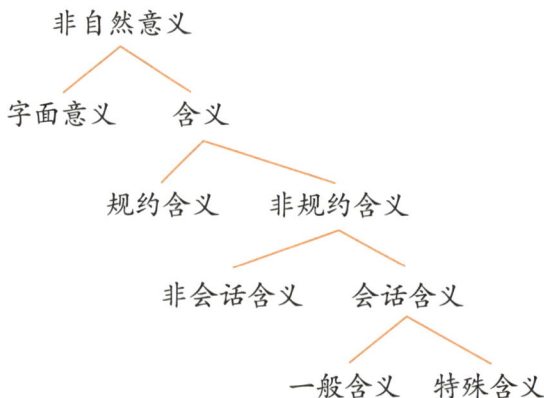

图6-1 非自然意义的区分

格赖斯的"非自然意义"理论对交际者的说话意图给予了高度重视，实际上提出了一种崭新的交际理论。格赖斯将交际的成功与否同交际意图联系起来，不但符合言语交际的实际，而且为话语意义的理解提供了新的视角：从"实际要表达什么"的角度，在非自然意义中划出会话含义这一语用意义，这就同字面表达的意义即语义意义有了区分，因而是对语用学研究的一大贡献。

二、合作原则

（一）具体内容

格赖斯早年在牛津大学圣约翰学院任研究员，后来在美国加利福尼亚大学伯克利分校任教授。他同奥斯汀一样，也是日常语言学派的哲学家，认为自然语言是完善的，不需要用理想的逻辑语言来代替它。格赖斯认为，为了实现成功的交际，人们总是有意或无意地遵守一条基本原则，即"在参与交谈时，根据你所参与交谈的目的或方向的改变而提供适切的话语"[①]，这便是合作原则（cooperative principle）。

那么，合作原则有些什么具体内容呢？格赖斯认为，可以仿效德国哲学家伊曼努尔·康德（Immanuel Kant，以下简称康德）的办法，划分"量""质""关系""方式"四个范畴，在这些范畴中，每个范畴都是一条合作准则，其中包括若干"次准则"。遵守这些准则和次准则，就是遵守合作原则的体现。具体内容如下。

---

① Levinson, S. C. *Pragmatics*[M]. Cambridge: Cambridge University Press, 1983: 101.

1. **量的准则**（maxim of quantity）

量的准则在于提供适量的信息。

（1）所说的话语应包含交谈目的所需要的信息。

（2）所说的话语不应包含超出需要的信息。

2. **质的准则**（maxim of quality）

质的准则在于努力使你的话语真实。

（1）不要说自知虚假的话。

（2）不要说证据不足的话。

3. **关系准则**（maxim of relation）

关系准则强调说话要有关联，要切合题旨。

这条准则很简明，但是，它有多少类的"关联"？谈话的重心和话题又如何在会话过程中转换？格赖斯认为需要做进一步的研究。

4. **方式准则**（maxim of manner）

以上各范畴均与"说什么"相关，而方式范畴则与"如何说"相关。总的准则是要"清楚明白"，次准则则包括以下方面。

（1）要通俗明白，避免晦涩。

（2）要清楚明了，避免歧义。

（3）要简明扼要，避免冗长。

（4）要井井有条，避免杂乱。

以上就是格赖斯提出的合作原则的基本内容。此外，还有一些重要原则，如礼貌原则，则是后来的学者们增添上的。这将在后面谈到。

（二）合作原则的注意事项

对于上述准则，格赖斯指出：

（1）这些准则各自所具有的重要性是不一样的。例如：质的准则的第一条次准则是首先要被遵守的，然后才能谈及其他；而话语冗长，至多只是引起一些温和的批评而已。

（2）还有一些准则，比如关于美学、社会和道德性质的准则，它们也能产生某种含义。这里只谈会话准则及其所产生的会话含义，是因为它们与谈话的首要目标即交换信息和相互影响行动相联系。

（3）谈话是一种有特定目的的行为，故在除了谈话之外的其他活动领域，上述准则至少有一部分也可适用。例如："我在修车时需要四枚螺丝"，即希望你递过来四枚，而不是两枚或者六枚。这是量的准则。又如"我在做蛋糕"，即希望你递来是糖而不是盐。这是质的准则。

（三）违反合作原则的情况

格赖斯还指出：在实际生活中，交际者并非时刻都遵守合作原则和准则，也就是说，他们往往采取不合作的态度。实际上，交际者违反某条准则是常有的事情，这样的例子可以举出很多，具体如下。

1.违反量的准则

故意提供不足量或过量的信息。例如《吕氏春秋·淫辞》记载了这样的对话：

> 荆柱国庄伯令其父视日，曰"在天"；视其奚如，曰"正圆"；视其时，曰"当今"。

楚国大官庄伯不知什么事使父亲不高兴了，他要父亲出去看看太阳，父亲说："太阳在天上。"问："太阳怎样了？""正圆着哩！"再问是什么时候，答："就是现在这个时候。"这就是一种不提供任何信息量的不合作态度。

2.违反质的准则

例如提供虚假信息，诱使对方上当受骗。《史记·郑世家》有这样一段话：

> 缪公元年春，秦缪公使三将将兵欲袭郑，至滑，逢郑贾人弦高诈以十二牛劳军，故秦兵不至而还。

秦缪公派遣三个将军率兵去袭击郑国，路过"滑"这个地方，被郑国商人弦高发现了，弦高谎称奉郑国国君之命，以十二头牛前来犒劳秦军。秦国将领以为郑国已经有了准备，偷袭无望，于是退兵回国。弦高"诈以十二牛劳军"，违反了质的准则，对秦军来说，自然是不合作的；但对于郑国来说，却是一种大智大勇的爱国主义行为。从这里可以看出，会话与语境密切相关。

3.违反关系准则

例如故意岔开话题。《孟子·梁惠王》中记载了孟子同齐宣王的一段对话：

> 孟子谓齐宣王曰："王之臣有托其妻子于其友而之楚游者，比其反也，则冻馁其妻子，则如之何？"王曰："弃之。"曰："士师不能治士，则如之何？"王曰："已之。"曰："四境之内不治，则如之何？"王顾左右而言他。

孟子对齐宣王说："假如有人到楚国去，走之前把老婆孩子托付给了朋友，当他回来时看到老婆孩子正在挨冻受饿。"孟子问齐宣王："应该怎样对待这个朋友？"宣王明确地说："同他绝交。"孟子问："假如司法官不能管理他的下属，该怎么办？"宣王说："撤他的职。"孟子又问："假如一个国家治理不好，那该怎么办？"宣王故意东张西望，把话题扯到别的事情上了。齐宣王在同孟子的对话中，开始是很合作的，回答干脆利落；当问及国王治国的问题时，他就"顾左右而言他"，岔开话题，采取不合作的态度。

4.违反方式准则

例如故意把话说得晦涩难懂，颠三倒四，啰嗦重复，让听话人不知所云，使得交际无法延续下去。这是在会话方式上的不合作态度。

在充分阐明合作原则在交际中的普遍性的同时，格赖斯也对合作原则的违反情况，也就是"不合作"的情况进行了梳理，概括为四种。

（1）说话人可能悄悄地、不动声色地违反某一准则。这在某些情况下可能将会话引入歧途。

（2）说话人可能公开地宣布不遵守合作原则或某项准则。例如对问题不予理睬，而说："我不知道您说些什么。"或者干脆说："无可奉告！"

（3）说话人面临"冲突"，只能顾此失彼，即为了维护一条准则而不得不违反其他准则。格赖斯举了一个例子：

> A: Where does C live?
> （C住哪儿？）
> B: Somewhere in the south of France.
> （法国南部的某个地方。）

格赖斯认为此例即为质与量的准则相"冲突"，答话人只好违背量的准则来维护质的准则。

（4）说话人有意违反或利用某一准则来传达会话含义，使得听话人明白其另有用意，进而推出会话含义。这类情况也就是本章所主要讨论的特殊含义的推导：说话人虽然违背了某项准则，但其目的还是为了使交际顺利进行；听话人也明白说话人并非存心不合作，而是另有"隐情"。其实，严格地讲，这种情况不能算是违反合作原则。

（四）合作原则的影响

"合作原则"的提出，在很多方面为语言交际现象提供了新的理解思路，带来了深远的影响。主要表现在以下方面。

（1）"言外之意"或"意在言外"现象是言语交际中的老话题，然而以往的研究更多的是事实的描述，缺乏理论的阐发。格赖斯的合作原则对此做了科学而合理的解释，使得语法学家和语义学家一筹莫展的问题豁然开朗，因而是言语交际研究的一次质的飞跃。

（2）合作原则使学术界将研究的视角从静态的语形和语义分析转移到了动态的语用分析，使得语言学的研究更接近丰富多彩的现实生活，从而增加了语言学研究的深刻性和实用性。

（3）合作原则的四个准则与康德"范畴表"中的四个范畴：量、质、关系及方式完全一致，因而具有一定的哲学意味。从遵守和违反两方面考虑合作原则，也正好符合康德"二律背反"式的辩证思维特点，具有较强的概括性和操作性。[①]

---

① 徐盛桓.含义本体论研究[J].外语教学与研究，1996(3): 21-27，80；徐盛桓.含意推导思维形态的变化和发展[J].外语学刊，1998(1): 1-6.

（4）还要说到一点，说话人即使公开采取不合作的态度，其仍有可能传达某种会话含义。例如说话人说："无可奉告！"这句话仍然告诉了我们：其中定有隐情，只是当前还不适宜于公开言说罢了。如果是转移话题，那也说明原来的话题不利于说话人的个人利益，或者不适合谈话的氛围。即使是撒谎，当在语境中被识破时，恰好说明了说话人有所隐瞒。

三、"会话含义"的含义

"会话含义"是指交际中话语的含义，是根据合作原则及其准则得出的含义。格赖斯在说明了合作原则及其准则之后，据此对"什么是会话含义"这个问题做出了解释。

格赖斯是怎样具体说明"会话含义"的含义的呢？按照周礼全先生的理解和解释，大体如下[①]。

说话人 S 发出话语 U，具有会话含义 p，当且仅当：

（1）S 被假设是遵守合作准则的，或至少是遵守合作原则的。

（2）要使 S 说话语 U 不与（1）相矛盾，就要假定 S 认为 p。

（3）S 认为（并且 S 认为听话人 H 认为 S 认为）：听话人 H 有能力推出或者直观地了解（2）。

格赖斯会话含义定义中的（3）指出：S 的会话含义涉及 S 的认识能力，其中包括 S 对 H 的认识能力。这一点很重要，因为 S 发出话语 U 的会话含义 p，是 S 传达或意图传达给 H 的意思，因而要求 S 和 H 必须互相对对方的认识能力有正确的了解。

根据格赖斯会话含义理论，会话含义一般产生于遵守或者违反某一（些）合作准则。也就是说，如果遵守了合作准则，那么就会产生一般会话含义；如果违反了某一合作准则而又遵守了合作原则，那么就会产生特殊会话含义。

例如有 A、B 二人，A 站在一辆熄火的汽车旁，B 向 A 走来：

> A：车没油了。
> B：前面拐角处有一修车铺。

A 对 B 说话的意图是想得到汽油，根据 B 说的话语 U，又根据关系准则，A 可以得出会话含义：

> p：拐角处那个修车铺还在营业并且有汽油卖。

从这个例子看，说话人 B 不违反或至少不能肯定违反了某条准则。它应属于一般会话含义。

---

① 周礼全．逻辑：正确思维和有效交际的理论[M]．北京：人民出版社，1994: 433-434.

又如：

> A：小李上哪儿去了？
> B：我看见一辆"三枪"牌自行车停在实验室门口。

B 的话答非所问，违反了关系准则。要使说话人 B 说出的话语 U 不与合作原则相矛盾，就必须假定 U 的含义是：

> p：小李可能在实验室。

听话人 A 有这个认识能力，并且说话人 B 也认为 A 有这个认识能力，而且 B 只是在主观解释下说 U 的会话含义是 p。此例属于特殊会话含义。

格赖斯对于"会话含义"的概括是含义理论的重要内容，可以让我们比较准确地把握会话含义的主要特征，有助于我们用可靠的方式将会话含义与其他的话语意义区分开来。

会话含义就是越出话语的字面意义而得出的意思，是根据合作原则和语境推导出来的"言外之意"。因此，会话含义不同于前面说过的衍推和预设。如果说衍推和预设是"话中有话"，那么会话含义就是"言外有意"。

例如话语：

> 小王真是"太聪明"了。

根据语境和质的准则可以知道：这是一种"反语"的说法，它的会话含义应当是命题：

> p_1：小王是个大笨蛋。

话语 U 还可以推出命题：

> p_2：存在小王这个人。

p_2 经受得起否定的测试，它是预设。话语 U 还可以推出：

> p_3：有人真是"太聪明"了。

p_3 是衍推，虽然不能经受否定的测试，但它是根据逻辑和语义必然地推出的。它同预设一样，都是"语内推理"，而会话含义则是"言外推理"。

俗话说："锣鼓听声，说话听音。"无论是"语内推理"还是"言外推理"，都是正确思维和有效交际所不能或缺的。

第二节 会话含义的语用特征

在论及会话含义的特征时，格赖斯认为，会话含义大体具有五大基本特征，它们是：可取消性、不可分离性、可推导性、非规约性和不确定性。①

一、可取消性

格赖斯认为，交际者在会话中既然必须遵守合作原则，又可以公开宣布不予遵守，那么，会话含义就有可能在特殊情况下被取消。这就是会话含义的可取消性（cancellability）。

会话含义的可取消性，一般体现为以下两种情况。

1. 通过附加一个分句来取消含义

在话语表达中，如果说话人多说的一句话，表明或者暗示了他已退出合作原则，就会取消原有的会话含义。例如：

> a. 小李打赌赢了50元。

遵循量的准则，a的会话含义是：

> b. 小李打赌赢了50元整，不多也不少。

然而句子：

> c. 小李打赌赢了50元，至少50元。

通过增加分句"至少50元"，就取消了前半句原有的含义b。

2. 在特定的语境中取消含义

例如：

> 系主任：李丽有没有达到50个学分？
> 班主任：李丽已经达到50个学分。

班主任的话语原来含义应是：李丽只取得50个学分，不多也不少。但在对话的语境中这个含义被取消了。因为系主任关心的是李丽是否达到了毕业的学分标准，而班主任想说的也只是李丽达到了标准而已。很可能李丽的实际学分多于50个，但在这个特定语境中，就没有什么意义了。

格赖斯认为，在会话含义的五大特征中，可取消性是最重要的，它是每个会话含义都具备的特征。其实，可取消性并非只为会话含义所独有，它不是判定会话含

---

① Levinson, S. C. *Pragmatics*[M]. Cambridge: Cambridge University Press, 1983: 114-118.

义的充分条件。正如前面说过，预设也具有可取消性。如果仅仅依赖于可取消性来测试会话含义，那是容易出错的。格赖斯也认为，他本来也无意把包括可取消性在内的五大特征作为测定会话含义的决定性标准，虽然他希望其中有一些至少可以为确定是否存在会话含义提供某些依据。

二、不可分离性

会话含义是说话人利用合作原则中的各项准则，让听话人越过话语的字面意义（话语内容）推导出来的。它依附于话语内容而不是话语形式，因此不可能通过同义互换将依附于话语内容的含义从话语中分离出来。如果话语在特定的条件下产生了会话含义，那么无论使用什么样的同义结构，含义始终存在。这就是会话含义的"不可分离性"（non-detachability）。

会话含义源于话语的语义而非语形，所以应用具有"同样意思"的词语来替换话语中的相关部分，不会改变原有的会话含义。例如：

你"太聪明"了。

在修辞学上称为"反语"，会话含义是：

你太笨了。

尽管我们可以将话语替换为：

1. 你太有智慧了。
2. 你的脑袋太灵光了。
3. 你的智商太高了。
4. 你真是智力奇才。

如此等等。但这些不同的说法，它们的会话含义基本没有改变，从例1到例4它们的会话含义都是："你太笨了。"也就是说，此例中会话含义并不会因为改变了说法，就被分离出去。

会话含义的"不可分离性"这一特征有很大的局限性。格赖斯自己也承认，同方式准则相关的会话含义没有不可分离性。从这个意义上说，"不可分离性"既不是必要条件，也不是充分条件。况且，怎样才算是"同样意思"？这在事实上是很难界定的。严格地说，任何表达式的意义都是不一样的，否则它们就没有存在的必要了。

三、可推导性

会话含义具有可推导性（calculability），这是十分明显的。所谓"可推导"，就是听话人一方面根据话语的字面意义，另一方面根据合作准则和语境，可以通过有限的步骤推导出相应的会话含义。

会话含义的一般推导模式如下。

说话人 S 说了话语 U 具有"会话含义"p，当且仅当：

（1）S 说了 U；

（2）没有理由认为 S 不遵守合作准则，或至少 S 会遵守合作原则；

（3）S 说 U 而且又要遵守合作原则或某准则，因此 S 必定想表达 p；

（4）S 知道而且双方都知道：如果 S 是合作的，那么一定假设 p；

（5）S 没有采取任何行为阻止听话者作 p 的理解；

（6）因此，S 是想要听话者作 p 的理解，即 S 说话语 U 的意图是传达含义 p。

例如：

> A: 材料写好了没有？
> B: 上午厅长来了。

从字面意义看，B 答非所问，实际上传达了会话含义：

> 材料没有写好。

根据上述模式，其推导过程如下。

（1）B 说了话语 U："上午厅长来了。"

（2）A 问的是"材料写好了没有"，但 B 却回答"上午厅长来了"，违反了关系准则，但没有理由认为 B 是不遵守合作原则的。

（3）B 说"上午厅长来了"且又是遵守合作原则的，因此 B 必定想表达 p："材料没有写好。"

（4）B 知道而且 A 也知道：如果上午厅长来了，则 B 需要陪同厅长，因而没有时间写材料了。

（5）B 没有阻止 A 作这样的理解。

（6）因此，B 说"上午厅长来了"，其会话含义就是："材料没有写好。"

"可推导性"是得出会话含义的必要条件，而不是充分条件。因为没有可推导性，人们就不能够传达会话含义；但是遵循合作原则推导出来的意义并非都是会话含义。比如规约含义，实质上也是遵守合作原则的，但它不是会话含义。

四、非规约性

会话含义不同于话语的规约意义，它具有非规约性（non-conventionality）。因为会话含义是通过合作原则中的各项准则，通过话语的字面意义，结合语境推导出来的。会话含义越出了字面意义，因此它不是字面意义，也不是字面意义的一部分；它是"言外之意"，并且随着语境的变化而变化，以至于消失。至于规约含义，它一般是由特殊的指索词引发的，不超出字面意义，也不大受到语境的影响。

例如：

💬　哎呀，这里很冷。

如果说话人是在一间房子里对另一个人说这句话的，那么根据合作原则和语境，可以推出会话含义：

💬　1. 该把窗子关上。

如果说话人是在旷野对另一个人说这句话的，那么就可能推出：

💬　2. 我们该回去啦！

而如果就规约性而言，这句话就只是惊讶于此处的寒冷，它仅同特定词语"哎呀"的字面意义有关。可见，会话含义是非规约性的。

会话含义的非规约性，还表现在话语 U 的真假不会影响到会话含义 p 的真假；反过来也是如此。例如：

💬　妈妈打了儿子。

根据量的准则，我们自然会把它的含义理解为：

💬　妈妈没有打死儿子。

此时话语 U 真，含义 p 也真。假如妈妈打死了儿子，而说话人违反量的准则，隐瞒了信息，仍然说"妈妈打了儿子"的话，这时话语 U 仍为真，但是含义 p 是假的。因为含义 p 是从话语 U 的字面意义上推导出来的，并且超越了字面意义。

五、不确定性

会话含义的"不确定性"（indeterminacy），是指具有单一意义的话语在不同的语境中，可以推出不同的会话含义；甚至在同一语境中，有时候也很难确定相关的含义究竟是哪一个，或者全部都是。也就是说，会话含义的推理是或然性而非必然性的。

例如：

💬　老张是一架机器。

在不同的语境中，它可以产生不同的会话含义：

💬　1. 老张从来不知道休息。
　　2. 老张是高效率的。
　　3. 老张是冷酷的。

4.老张有气喘病。

......

那么此例的会话含义究竟是哪一个呢?

会话含义由于有其本身的基本特征,可以帮助人们更好地识别会话含义,并把他们同其他的话语含义区别开来。

莱文森认为格赖斯的会话含义的五个基本特征有重复之处,因此他取消了"不确定性"而将会话含义归纳为四个特征。他认为"不确定性"与"非规约性"的第一种情况其实都是指具体语境对话语含义推导的决定作用,只是角度不同罢了。他还认为格赖斯所谓的会话含义的特征太一般,而且不够准确,如"不可分离性"认为会话含义是不依赖语形的说法就太武断。[①] 格赖斯所说的含义特征还招来了生成语义学派的批评,J. 赛道克(J. Sadock,以下简称赛道克)就指出:①格赖斯将"非规约性"定义为"会话含义应该是不包括在话语的规约含义之内的"是循环定义,不够严谨;②这些特征并非会话含义特有,而且都经不起实际测试。如:关于"不可分离性",他指出:"但是假定所谓的含义实际上属于每个语句的语义内容,那么它的不可分离性并不是由于它是会话含义而具备的。更糟的是,甚至是最明显的会话含义的例子也有问题。"他举出了有力的例证:

A: Some of the boys went to the soccer match.
（有一些男孩去看足球赛。）
B: Some and perhaps all of the boys went to the soccer match.
（有一些,也或许是全部的男孩都去看足球赛了。）

A 句和 B 句的真值一样,应该有共同的含义"男孩没有都去看足球赛",可是 B 句却没有。除了用反例证明这些特征皆不够普遍外,赛道克还指出"会话含义似乎是唯一的一类可以自由强化的语用或语义推理,即可以跟一个说明这种含义的陈述并联而不会有异常的冗余感"[②]。

第三节　会话含义的分类

一、格赖斯的分类

格赖斯具体地讨论了会话含义的五个特征,自然是为了分清什么是会话含义,

① Levinson, S. C. *Pragmatics*[M]. Cambridge: Cambridge University Press, 1983: 116.
② Sadock, J. On Testing for Conversational Implicature[C] // Cole, P. *Syntax and Semantics 9: Pragmatics*. New York: Academic Press, 1978: 281-314.

什么不是。然而事实上，依靠这五个特征并不能够准确地辨别一个含义是不是会话含义，因而还需要在会话含义的分类中做进一步的讨论。

　　会话含义是指实际语境中交际话语的真实意义，这对于以实际运用中的动态语言为对象的语用学来讲，无疑是至关重要的。就会话含义本身而言，分类又是基础，因为它真实反映了对会话含义内容的理解和所采取的研究方式。

　　格赖斯把会话含义分为两类：一般会话含义和特殊会话含义如图 6-2 所示。

会话含义

一般含义　　　　特殊含义

图 6-2　格赖斯会话含义的分类

　　格赖斯在首创会话含义的概念时，提出了会话含义的分类标准：是否依赖于语境。在格赖斯看来，所谓一般会话含义（generalized conversational implicature），就是不需要参照语境来理解的会话含义；所谓特殊会话含义（particularized conversational implicature），就是需要参照语境来理解的会话含义。

　　对于一般会话含义，格赖斯没有做深入的研究，他只举了一个 "a + n"（不定冠词 + 名词）的例子：

> X went into a house.
> （X走进一所房子。）

格赖斯认为，这个含 "a house" 的句子的会话含义是：

> 这房子不是X的家。

因为推导不需要特殊的语境，所以属于一般会话含义。

　　特殊会话含义是格赖斯研究的重点。在他看来，这种深层的含义常常是在遵守合作原则的前提下，违反一条或几条准则而得到的。对此，他的合作原则是较有解释力的，因而，格赖斯非常自然地将他的研究重心设定在违反准则的特殊含义的推导上。例如：

> A：罗马是罗马尼亚的首都，对吗？
> B：我说哟，青岛是青海的省会哩！

B 故意说了违反质的准则的话，由此推出：

> 罗马怎么会是罗马尼亚的首都呢？瞎扯淡！

这一推导是在特定的会话语境中得出的，因而是特殊会话含义。

格赖斯明确提出了"违反"（flouting）这一说法，他花费了很多精力，分别对违反质、量、关系及方式准则的现象进行了分析。下一节将专门讨论这一问题。

二、对格赖斯分类的讨论

格赖斯提出的分类标准为是否依赖于语境，虽然他在实际分类中有考虑到是否遵守合作原则的问题，但他太强调"违反"的情况，因而忽视了对一般会话含义的研究。莱文森则在格赖斯分类的基础上，力图改进其分类方法。莱文森提出的会话含义的分类标准是两个：语境和原则。在原则标准上，他明确地提出了"遵守准则"的概念，将遵守准则推导出来的含义称为标准会话含义（standard conversational implicature）；反之，称为非标准会话含义（non-standard conversational implicature）。[①]如图6-3所示。

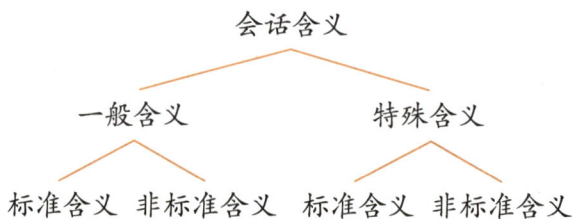

会话含义

一般含义   特殊含义

标准含义 非标准含义   标准含义 非标准含义

图6-3 莱文森会话含义的分类

莱文森不同意格赖斯认为特殊含义都是违反规则的这一笼统而武断的说法，认为它们实际上是一种交叉关系（cross-cut）[②]。

首先，对于非标准含义而言，大多数特殊含义需要一些特殊的背景，可是也有例外。例如：

> War is war。
> （战争就是战争。）

此例违反量的准则，传达的是特殊会话含义：

> 战争是残酷的，会给人类带来灾难。

但是得出这一结论并不需要特殊的语境。

其次，对于标准含义而言，同样也存在对语境的依赖。这是问题的关键所在。例如：

> A: (to passer by): I've just run out of petrol.
> （对路过的人说：我的车没油了。）

---

① Levinson, S. C. *Pragmatics*[M]. Cambridge: Cambridge University Press, 1983: 126-127.

② 同上。

B: Oh; there's a garage just around the corner.

（噢，在拐角处有个修车铺。）

如果没有 A，对 B 可以作不同的理解：告诉别人到修车铺去碰面，或者告诉行人可以到修车铺去避雨等。一旦放置于 A 的语境之下，意思就确定了下来：

可以到前面的修车铺去加油。

这一现象的存在，究其原因恐怕在于："合原则的话语必须是遵守相关性准则的，因而理解时就不能抛开相关的话题和内容。"在莱文森看来，合原则的话语可以是特殊的，也可以是一般的会话含义；不合原则的会话含义也是二属的。语境和原则是两个不同的标准。莱文森在确定分类标准后，进一步指出，"只有那种遵守原则而又不需要语境帮助就可推知的会话含义，才是最重要的。它们很难与语义内容区分开，它们几乎在所有的语境里都跟有关的语句相联系"①。

关于标准会话含义，下面再举几个例子：

1. 有些姑娘穿裙子。

根据量的准则推出的含义是：

不是所有姑娘都穿裙子。

2. 一只大象比一只蚂蚁大得多。

根据质的准则推出的含义是：

这是不需要证明的。

3. 开门！

根据方式准则推出的含义是：

不必说明应用什么方法。

它们都遵守了合作原则及其准则，所以都属于标准会话含义。

格赖斯重视违反原则而推导的会话含义，故将遵守原则的会话含义称为非会话含义，而"非会话含义"恰恰是莱文森研究最深的内容，称其为"标准会话含义"；格赖斯较为关注特殊会话含义中的非标准含义的研究，莱文森则将研究重点设定在一般会话含义中的标准含义的研究上。他们个人的偏爱，在此一目了然。

继格赖斯和莱文森之后，国内外学者对会话含义的分类做了进一步的探讨。如赛道克等对非会话含义的说法提出疑义，建议在非会话含义与一般含义和特殊含义

① Levinson, S. C. *Pragmatics*[M]. Cambridge: Cambridge University Press, 1983: 126-127.

之间，省去非规约非会话含义。[①] 熊学亮认为："这一提法很有实际价值，因为至少我们可以把语用学价值较低的'直义对含义'和'非规约会话含义和非规约非会话含义'这两个对立体从会话含义理论中排除出去，将焦点仅仅放在'规约与非规约'与'一般和特殊'两对矛盾上"。[②] 徐盛桓认为格赖斯和莱文森的意义体系过于复杂，不利于操作，因而将之简化为三个概念："会意性的语用句意、一般含义、特殊含义。"[③] 此外，姜望琪在比较了 R. 哈里齐（R. Harnish）、赛道克、莱文森及霍恩的分类基础上提出了一种新的设想[④]，如图 6-4 所示。

会话含义

一般含义　标准含义　　特殊含义　非标准含义

图 6-4　姜望琪会话含义的分类

这些研究单从分类的角度看，无疑是与格赖斯、莱文森的分类思路一脉相承的，并没有明显的突破。

三、分类的新思路

会话含义从格赖斯提出到现在，研究有了很大的进展，然而在分类上始终只是在前人制定的框架中做些缝缝补补的工作，而对于格赖斯分类的一些基本问题并没有讨论清楚，这样提出的方案难免无的放矢，效果并不理想。

（一）格赖斯分类的主要问题

那么，格赖斯分类的主要问题在哪儿呢？[⑤]

1. 格赖斯的语境标准很难运作

一般含义和特殊含义的主要区别在于对语境的依赖程度，前者是在隐性语境的层面上讲的，后者则扩大到了同一言者的上下文语境。既然会话含义研究的是实际运用中的话语（句子 + 语境）的意义，也就是使用中的意义（meaning in use）[⑥]，是一个具体、完整和连续的动态的过程，因此一个句子一旦被运用，它所激活的意义势必或多或少地与语境发生联系。从这点上讲，所有会话含义的推导都离不开语境，只不过是语境量的多少而已，而语境的量化是一个极难实施的工作。请看下例：

① Sadock, J. On Testing for Conversational Implicature[C] // Cole, P. *Syntax and Semantics 9: Pragmatics*. New York: Academic Press, 1978: 281-314.

② 熊学亮. 含义分类标准评析 [J]. 外语教学与研究.1997(2): 1-8.

③ 徐盛桓. 论"一般含义"：新格赖斯会话含义理论系列研究之四 [J]. 外语教学，1993(3): 1-9，34；徐盛桓. 论"常规关系"：新格赖斯会话含义理论系列研究之六 [J]. 外国语，1993(6)：13-20，82；徐盛桓. 会话含义理论的新发展 [J]. 现代外语，1993(2): 7-15，72.

④ 姜望琪. 语用学：理论及其应用 [M]. 北京：北京大学出版社，2000: 65.

⑤ 金立. 会话含义的分类及其思考 [J]. 浙江社会科学，2003(5): 130-135.

⑥ Katz, J. Common Sense in Semantics[C] // LePore, E. *New Directions in Semantics*. London: Academic Press, 1987: 157-233.

1. "爸爸，天晴了！" ⊢ 带我去动物园吧！

2. "你姥姥到很远很远的地方去了。" ⊢ 姥姥去世了。

例 1 是一个孩子对父亲说的话，目的是想爸爸带他去玩，这里肯定有一个具体的情景语境：爸爸事前一定说过诸如"如果明天天晴，就带你去动物园"的话。类似于这样的句子，一个五岁的孩子就能说。例 2 是大人说的话，它是用委婉的说法表达"姥姥去世"这个事实。这一会话含义，对于一个年龄大一点的孩子来讲，理解没有问题，但如果是对一个年幼的孩子讲，他的脑子里还没有这样的知识，他也许就不能明白父母的良苦用心。因此这也就成了父母对孩子心存怜爱的善意谎言。例 1 利用的是具体的情景语境，例 2 依赖的则是抽象的隐性语境。对于一个小孩来讲，可以成功地解读前句，但也许就不能掌握后句的真正用意。这是否说明后句需要的语境量大于前句呢？恐怕不好这么说。因此，语境量的多少往往因人而异，因时而异，因地而异，很难操作。

2. 原则标准有待商榷

至于标准含义和非标准含义这一层次，划分的依据是对会话原则的遵守与否。可是会话原则本身也存在问题。众多的语言学家都对之表达了疑义。格莱尔德·盖世达（Gerald Gazdar，以下简称盖世达）、霍恩和莱文森因不满于"合作原则"的解释力而加强了"量"原则的具体化研究，利奇则提出了"礼貌原则"以试图拯救"合作原则"，到了斯珀伯和威尔逊，他们索性抛开"合作原则"，另辟蹊径地提出了"关联原则"，这些都足以说明原则自身的不足。再加上原则的运作最终也需参照语境，因而势必导致标准含义和非标准含义与一般含义和特殊含义产生交叉的情况，所以这一分类标准也是不完善的。

在分析了语境和原则这两种分类标准的不足后，我们有了一个新的思路。我们认为，比较而言，立足于语境的不同层面对会话含义进行三分是较为行之有效的做法。

其实，格赖斯的语境概念是有层次的。最里层是抽象的隐性语境，中间层是上下文语境，最外层是言外具体情景语境。就按这个思路，我们可以给出图 6-5 所示的分类图式。

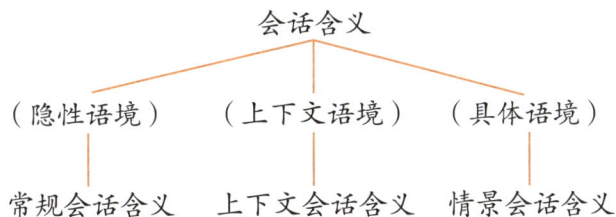

图 6-5　会话含义的三分图式

这个图式，不但具有普遍性而且层次分明，还能体现出由内向外层层演进的趋势。在这里，我们暂且将抽象隐性语境中的会话含义称为常规会话含义，这是受到沈家煊先生的"常规言外意"的启发 ① ；将上下文语境中的会话含义称为上下文会话含义；将具体情景语境中的会话含义称为情景会话含义。

先讨论常规会话含义。

格赖斯理解中的会话含义大部分是通过言外具体的情景语境和言内上下文语境获得，但也有一部分是语句直接暗含的。换言之，除了情景语境和上下文语境以外还存在另一种语境：它是交际双方所共有的知识背景，可以是约定的传统习惯、定形的文化背景、习得的百科知识、必要的思维能力和语言运用原则等内在化、认知化的结果。这类语境与我们常规的民族文化传统语境有重合之处，但又远远超出了它的范畴。这类语境外部特征不明显，实际存在于交际者的头脑中，但必须依托具体语句得以体现，它们就是隐性语境。从隐性语境推导出来的含义即常规会话含义。例如：

A: Herb hit Sally.
（贺伯打了萨拉。）
B: Herb didn't kill Sally by hitting her.
（贺伯打了萨拉，但没有打死她。）

根据量的准则就可以从话语 A 推出含义 B，无须上下文或其他情境知识，这就是常规会话含义。又如：

A: John and his wife bought a new car.
（约翰和他的妻子买了一辆新汽车。）
B: They bought only one car, not one each.
（他们一起买了一辆车，而非每人各买一辆。）

这一推导过程同样不需要上下文或具体情景语境，因而也属于常规会话含义。

其次说上下文会话含义。

例如：

A: What on earth has happened to the roast beef?
（烤肉到哪里去了？）
B: The dog is looking very happy.
（那条狗看起来很开心。）
C: Perhaps the dog has eaten the roast beef.
（也许是它吃了。）

---

① 沈家煊.语用、认知、言外义 [J].外语与外语教学，1997(4): 8.

C 必须从上文 A 和 B 推出，这是上下文语境，推出的含义为上下文会话含义。

再次说情境会话含义。

假定某机构规定，必须养三头奶牛才能给予优厚的补贴，为此，某机构调查员跟约翰的邻居有如下的对话：

> Inspector: Has John really got the requisite number of cows?
>
> （调查员：约翰真的达到了要求的数量了吗？）
>
> Neighbour: Oh sure. He has three cows all right.
>
> （邻居：是的，他确实有三头奶牛。）

根据邻居提供的具体信息，显然，约翰可以获得优厚的补贴。这里的语境是言外情景语境，推出的含义为言语外的情境会话含义。

这三种会话含义有时是重合的，有时是相抵消的，有时是独立存在的，所以应该作为一个有机的整体进行综合的研究，而在这三者中，我们认为对第一种含义的探索是最有意义的，正如沈家煊所言："先弄清'常规言外意'的推导过程，不失为明智之举，这些年来语用学的研究最能吸引人、最有成效的部分也在这里。"[①]

（二）会话含义的本质

在弄清语境的真正内容之后，我们就可以明确以下内容。

第一，会话含义是指语境中言语的真正用意，而语境有隐性语境、上下文语境和言外具体情景语境。相应之下，会话含义也有三个层次：在隐性语境中得出的是常规会话含义，依赖上下文语境推知的是上下文会话含义，在外部具体情景语境的关照下获得的是情景会话含义。会话含义按由内到外的原则，呈现出从常规到特殊、从多义到明确的逐渐演进的趋势。因而在绝大多数情况下，一句话的真正用意，往往落实于由具体的外部情景语境所激活的情景会话含义。这不由引起我们的思考：一直以来被语言学家争论不休的会话含义的可取消性和不确定性其实是相对于隐性语境或上下文语境下的会话含义而言的，具体的情景语境中的会话含义一般应该是明确的、不可取消的，除非是歧义或双关等特殊的情况。如：

> 1. 春天终于到了。
>
> 2. A：听说解放军已打到长江了。
>
> 　 B：春天终于到了。
>
> 3. （听说解放军已打到长江了。）春天终于到了。

例 1 表现为规约含义——盼望春天的等待心理和春天到了的喜悦之情，主要通过"终于"体现。例 2 是显性上下文语境中的话语，表达了超常规的上下文会话含义——终于要解放了的喜悦和激动之情。例 3 运用隐性语境中的话语，表达了常规

---

① 沈家煊.语用、认知、言外义 [J].外语与外语教学，1997(4): 8-9.

的会话含义。

其实我们可以将语境对含义确定的作用理解成原有信息与新信息之间相互作用的结果。这里有三种情况：①当上下文语境或具体情景语境作为新信息与话语所具有的隐性语境相一致或有所加强时，抽象语境下的会话含义体现为话语的最终含义；②当上下文语境或情景语境与隐性语境相冲突或不相关时，上下文语境或情景语境下的超常规含义将抵消隐性语境中的常规含义而体现为最外层的情景会话含义；③当上下文语境或情景语境与原有的隐性语境不是简单的一致、冲突和相离散，而是呈现出一种复杂的交叉或补充关系时，话语的最终含义也将体现得更为复杂，在对隐性语境中常规含义继承的同时，又对之进行了相应的补充和发展。为了更清楚地说明问题，请看下例：

> A：你好！（隐性语境中）
>
> B：你好！（老友相遇）
>
> C：你好！（仇人相见）
>
> D：你好！（《红楼梦》中的林黛玉临终所言："宝玉，你好……"）

A 是隐性语境中的含义，是一句典型的问候语，表示友好和关心之意。这句话的理解对于每一个中国人来讲是没有问题的。将它置于具体的情景语境中，就有了 B 和 C。它们的情况有所不同：B 中新语境下的新信息加强了原有的信息，强化了原有的"友好""愉快"之意；而 C 中新语境与原有语境矛盾，新信息否定了原有的信息而产生了超常规的含义"你怎么还活着""我恨死你了""你真是太坏了"，等等。D 又是另一种情况。新信息不是加强了原信息，也不是否定了原信息，而是对它进行了补充，因而这一语境中的会话含义也就呈现出更为丰富而多彩的面貌。它是黛玉在临终时的最后一句呼唤，它饱含了多少爱恨情仇，多少甜酸苦辣，多少无奈和企盼。一方面对宝玉的负心而心存怨恨，一方面又对他依依不舍，此中情愫实在是言有尽而意无穷。

从以上分析可以推知，交际中语言的意义常常是非常复杂的。第一种情况下的常规含义较为容易获得，而后两种特殊含义的推知需要费些工夫。但是必须清楚一点：在日常生活中，如果不是因为特殊的需要，交际者不会也完全没有必要采用复杂曲折的语言，这不但不利于表达，同样也不利于理解。根据"省力原则"，交际双方都应该使用简单而直接的语言，这样的话，各层语境中的会话含义是一致的；一旦为了特殊需要，如为了礼貌而故意采用委婉的说法，这样的话，抽象隐性语境中的常规含义将被言外情景语境中的特殊的超常规含义所抵消。

第二，既然会话含义是指不同于字面意义的含义，那么使用中的语言都有会话含义吗？这个问题也常常会导致一种误解，似乎只有那种通过违反规则才产生的与字面含义迥异的语言事实才有会话含义。通过对语境和所指的澄清和梳理，我们应该明白，使用中的所有语言事实都可能产生会话含义：或者话语本身就暗含常规而不用言说的观念、知识和习惯等，交际时体现为常规含义；或者联系上下文产生上下文含义；或者结合具体情景语境而产生情景会话含义。这些会话含义是有规律地逐层加以体现的。从广义上讲，一个句子一旦实现它的交际功能，它就不仅仅只承载语法意义，更多的是语用意义，也就是会话含义。正如言语行为论的代表人物塞尔所说："不存在不带语旨特征的句子。""一般说来，通过说话所实施的言语行为就是句子的功能。""语旨"也就是"以言行事"[1]，这似乎可以理解为句子普遍具有的语用层面的意义。传统的研究往往没有将语用意义视为第一意义的格局，并且缺乏交际与传达的视角。[2]一个句子甚至一个词语有时可以不具备语义上的意义，却具有语用上的意义，如英语的指示代词 that。[3]

这三种会话含义有时是重合的，有时是相抵消的，有时是独立存在的，所以应该作为一个有机的整体，但这并不意味着将取消一般含义和特殊含义、标准含义和非标准含义这些概念。

第四节　特殊会话含义的推导

一、利用量的准则的推导

格赖斯理论认为，会话含义产生于两种途径：一是交际者通过遵守合作原则和它的准则产生一般含义；二是交际者在遵守合作原则的基础上有意违反某些准则而产生特殊含义。格赖斯高度重视特殊会话含义的推导，亦即如何利用"违反"合作准则来推导会话含义。他分别地从量、质、关系和方式四个方面讨论了各条准则的"违反"情况，或者说，提供了"利用"或"无视"各准则的一些例证。

虽然在前一节中我们不支持格赖斯关于一般会话含义和特殊会话含义的分类方法，但是对于古典格赖斯理论而言，它的特殊会话含义的推导仍然是其十分精彩的部分。这些推导通常都是生动形象、含蓄幽默的，可以说是一门说话的艺术，一门崭新的修辞学。

这里先讨论如何利用量的准则来推导会话含义。

（一）违反量的准则第一条次准则

所说的话语应包含交谈目的所需要的信息。说话人故意说一些信息量不足的

---

①　索振羽. 语用学教程[M]. 北京：北京大学出版社，2000: 163.

②　Diessel, H. Demonstratives, Joint Attention, and the Emergence of Grammar[J]. *Cognitive Linguistics*, 2006(7): 463-489.

③　Meira, S. Tiriyó: Non-contrastive Exophoric Uses of Demonstratives[M] // Levinson, S. C., Cutfield, S., Dunn, M., et al. *Demonstratives in Cross-linguistics Perspective*. Cambridge: Cambridge University Press, 2018: 222-241.

话，让听话人推导出会话含义。例如 20 世纪 60 年代，有一位大嫂丢失了火车票，雷锋掏钱为大嫂买了车票，帮她抱着孩子，送她上车。下面是他们的对话：

> 大嫂：大兄弟，你叫什么名字？住在哪里？
> 雷锋：大嫂，我叫解放军，就住在中国。

雷锋的回答信息量明显不足，违反了量的准则第一条次准则，但实际上他是在传达会话含义："大嫂，你别问了。不需要你还钱的。"这在修辞学上称为"闪避"辞格。

（二）违反量的准则第二条次准则

所说的话语不应包含超出需要的信息。说话人故意说一些超信息量的话语，以此来传达会话含义。例如：

> 赵子曰大声地说："你赶紧跑，到后门里贴戏报的地方把那张有我的名字的报子揭下来！红纸金字有我的名字，明白不明白？不要鼓楼前的那张，那张字少；别揭破了，带着底下的纸揭就不至于撕破了！办得了办不了？"

这是老舍《赵子曰》中赵子曰对旅馆伙计说的一段话。从信息量说，只需要"到后门里贴戏报的地方把那张有我的名字的报子揭下来"这一句话就够了。其后的那些多余信息所传达的会话含义是：大学生赵子曰极力表现自己义务献演成功后的喜悦心情。

二、利用质的准则的推导

（一）违反质的准则第一条次准则：不要说自知虚假的话

说话人故意说一些不符合事实的话，让听话人根据语境推导出会话含义。它们通常表现为这样一些修辞格。

1. 比喻

> 霎时间，东西长安街成了喧腾的大海。

长安街成了大海，这在事实上当然不可能，但说话人的目的是要通过这比喻的说法，让听话人推导出会话含义：长安街人山人海，热闹非凡。

2. 夸张

> 依俚种的甜瓜，一百里就闻到瓜香了。

"瓜香一百里"当然不符合事实，这里只是极力形容依俚种的甜瓜很远就闻到香味。这就是此例的会话含义。

3. 反语

> 我告诉您了，根据报纸上官方介绍，他是天底下头等大好人，浑身上下毫无缺点，连肚脐眼都没有。

这是反话正说，传达的会话含义是：他是天底下头等大坏人。

4. 缓叙

> 桂芳，你妈病了，快回去看看。

事实上，桂芳的妈妈已经死了，说话人怕桂芳一下子承受不了，故意说成"你妈病了"，让桂芳有个思想准备。这就是所谓"善意的谎言"。

（二）违反质的准则第二条次准则：不要说证据不足的话

说话人故意说一些没有根据的话，以此来传达会话含义。例如：

> A_1：孔明七擒孟获，孟子的后代怎么这样野蛮呢？
> B_1：你知道吗？孔明是孔子的后代哩！
> A_2：那哪能呢
> B_2：是呀，那哪能呢？

这段有趣的对话，B 显然是在暗示 A 的话没有根据。其会话含义是："无稽之谈。"此例同时也违反了关系准则。

三、利用关系准则的推导

违反关系准则：说话要有关联，要切合题旨。

说话人说一些岔题的话，让听话人推导出会话含义。具体有以下几种情况。

（一）转移话题

> A：C夫人是个丑八怪。
> B：今年暑天，气候凉爽宜人。

比如说在一次上流社会的茶会上，A 说了上句；经过一阵沉默之后，B 接了下句。B 这样地转移话题，传达的会话含义是：A 的话是失礼的。

（二）答非所问

> A：小张还没有女朋友吧？
> B：他周末总是往医学院跑。

B 的话答非所问，其会话含义是："小张有女朋友，在医学院。""答非所问"与

"转移话题"不同,后者是真正转换了话题,而前者只是表面上转换话题而实际上并未转换,仍是同一话题。

(三)提出问题

> 儿子:噢,打球去了!
> 母亲:你的作业做完了吗?

母亲的问话所传达的会话含义是:"如果你没有做完作业,是不能去打球的。"或者:"必须做完作业,才能去打球。"

四、利用方式准则的推导

方式准则有四条次准则,在实际应用中多有交叉。这里举几个例子,大体上做些说明。

(一)违反第一条次准则:要通俗明白,避免晦涩

利用这条次准则推导会话含义的,是故意把话说得晦涩难懂。例如:

> 我早就算好日子的,能没信?小吴,又是福建的吧?我看我二姐准是……

年轻妇女黄梅等待丈夫从朝鲜来信,因为不好意思,故意说得晦涩难懂,什么"二姐"呀,"福建"呀,而实际所要表达的就是:"有朝鲜来的信吗?"

(二)违反第二条次准则:要清楚明了,避免歧义

利用这条次准则推导会话含义的,是故意说出歧义的话语(这里的"歧义",大多是指"多义")。这种情况,最常见的就是"双关"。例如:

> 我心想,大不了你当家长,我当副家长,叫人笑我气管炎。

"气管炎"一语双关,传达的会话含义是:"叫人笑我妻管严"。"气管炎"是语表,为字面意义;"妻管严"是语里,即含义。

当然,话语歧义并非都属于"双关"辞格。例如:

> 曾文清:(慢慢由身上取出一张淡雅的信笺)昨天晚上我作了几首小东西(有些羞涩地递到愫方面前)在,在这里。

语见曹禺《北京人》。说话人把自己写的几首向心爱的人表示情意的诗词称作"小东西",有两层含义:一是表示情深义重,几首小诗表达不了;二是自谦小诗写得不好。但它们不是"双关",没有语表和语里的区别。

(三)违反第三条次准则:要简明扼要,避免冗长

利用这条准则推导会话含义的,是故意说出冗长的话语。例如:

> 夫专诸之刺王僚也，彗星袭月；聂政之刺韩傀也，白虹贯日；要离之刺庆忌也，苍鹰击于殿上。此三子者，皆布衣之士也，怀怒未发，休祲降于天，与臣而将四矣。若士必怒，伏尸二人，流血五步，天下缟素，今日是也。

《战国策》载，秦王向安陵君索要安陵，被安陵君的使者唐雎拒绝，于是用"伏尸百万，流血千里"的"天子之怒"相威胁，而唐雎则针锋相对地说明"布衣之怒"的威力。唐雎的话语意曲折，却又十分明朗，锋芒逼人，所传达的含义便是："我发起怒来，就杀掉你！"秦王听得明白，脸色骤变，于是"长跪而谢之"。

（四）违反第四条次准则：要井井有条，避免杂乱

利用这条准则推导会话含义的，是故意把话说得颠颠倒倒，没有条理。前面黄梅"我早就算好日子"的例子，就同时也违反了这条次准则，这里不再另外举例了。

第五节　规约含义

一、规约含义的研究概况

规约含义（conventional implicature）是格赖斯首次提出的，与会话含义相对的另一类非真值条件的意义。规约含义仅仅附着于某些特殊语词，是处在话语内容与会话含义尤其是一般会话含义之间的意义。规约含义的研究对解读相关的语义学和语用学问题至关重要。

格赖斯认为，与会话含义相比，规约含义具有四大特征：①规约含义是语言约定俗成的部分，因而是不可预测的；②规约含义不受语境影响，因而无法取消；③规约含义附着于特定语词，因而可以与句子分离；④规约含义是语词固有的，因而不需要推导。格赖斯仅仅以"but"（但是）和"therefore"（因此）为例加以说明："but"与"and"命题的真值一样，只是多了一个"比较性、对比性"的意思。"therefore"不影响命题的真假值，只是指明了上下文之间具有因果的推论关系。因而"but"和"therefore"都具有规约含义。至于其他例子，格赖斯没有展开[①]。

这里以"therefore"（因此）为例：

> a.他是英国人，因此他是勇敢的。

如果仅就真值条件而言，这是一个联言命题，只要他确实是英国人，确实勇敢，这句话就是真的。其真值如表 6-1 所示。

---

① Grice, H. P. Logic and Conversation[M] // Cole, P. *Syntax and Semantics 3: Speech Acts.* New York: Academic Press, 1975: 41-58.

表 6-1　a 句真值分析

p	q	p∧q
T	T	T
T	F	F
F	T	F
F	F	F

但 a 中的 "因此" 规约地具有因果关系的 "结果" 义或者推断关系的 "结论" 义，因而可以理解为：

💬　　　b. 他是勇敢的这一情况是他是英国人这一情况的后果。

这就是 a 的规约含义。从推断关系来说，它可理解为这样一个推理：

💬　　　c. 如果他是英国人，则他是勇敢的。他是英国人，所以他是勇敢的。

其真值如表 6-2 所示。

表 6-2　c 句真值分析

p	q	（p→q）∧p→q
T	T	T
T	F	T
F	T	T
F	F	T

从这里不难看出，话语里的 "因此" 并不等同于逻辑联结词的蕴涵或推理关系的 "推出"。此例的推出义仅仅是 "因此" 的规约含义而已。

然而对于语言逻辑工作者来说，规约含义理论回答了一个语言逻辑上的大问题：话语中的关联词语不等同于逻辑联结词——"因为""所以""因此"都不等同于 "推出"（⊢）或蕴涵（→）关系。

格赖斯在会话含义理论中开宗明义地提出了规约含义这一崭新的概念，的确给人以赏心悦目之感。然而，由于规约含义与一般会话含义之间确实存在着诸多相似之处，要将二者区分清楚确非易事；而且作为一个范畴，仅仅只有 "but" 和 "therefore" 两个成员，也没有太大的意义。所以有人认为，从某种意义上讲，规约含义不是一个很有意义的概念，建议将之分解到衍推、语义预设及会话含义，尤其是一般含义中去。

莱文森在评价格赖斯理论的基础上，对规约含义做了很有价值的探索。他的贡献可主要概括为三个方面 ①。

首先，他指出了规约含义中必不可少的中心成员——指索词的大量存在，特别是话语指索词和社会指索词。话语指索词是对话语具有标志作用的词，如："however"（然而）、"moreover"（此外、而且）、"besides"（此外）、"anyway"（不管怎样）、"well"（噢）、"still"（仍然）、"furthermore"（此外、并且）、"although"（尽管）、"oh"（哎呀）、"so"（所以），等等。例如英语中"oh"一词，作为话语始发词，一般产生于听到某一消息以后做出的反应。它作为一个规约符号，具有"消息已被接受和理解"的规约意义，与真假值无关；社会指索词是指携带社会意义的词，包括"mate"（伙伴）、"your honor"（阁下）、"sonny"（孩子）、"hey"（嗨）、"oi"（哇），等等。如法语中的两种表达方式："tu es le professeur"（你是教师）和"vous etes le professeur"（您是教师）表示一样的真值，tu 和 vous 都是第二人称单数，但后者有"尊敬""远距"等规约含义。

其次，莱文森在认同格赖斯归纳的规约含义的特征外，还提出规约含义具有影响句法规则的特点。如"tu"，它使得句子使用动词的单数形式"es"，而"vous"使得句子使用动词的复数形式"etes"，可是在"etes"后并未跟上一个复数的名词短语，仍然是单数名词，这是受"vous"的影响。这说明语用层与句法层之间存在着一个交接面，交接面中的现象显得尤其复杂。

最后，莱文森指出，既然语词具有规约含义是一个已被接受的普遍现象，那么自然语言的词库中是否应当包括这一语用的意义呢？这显然是对传统语义学的挑战，或者说，多多少少有点语用学试图向语义学延伸的意图。

此后，霍恩在区别规约含义和会话含义的同时，又增加了两条规约含义的普遍特征：①规约含义与语用预设相近；②语用投射（从小到大的推论方法）作用于规约含义要格外分明 ②。可是问题在于："预设"一词自弗雷格提出至今，提法和定义一直不统一，语义预设和语用预设的区分也不明晰，所以要把规约含义和语用预设进行系统的比较，很难得出令人满意的结果。

但是我们知道，规约含义是附着于某些特定语词的，很容易在句子中同时充当预设触发语，这时所产生的意义是二属的。例如：

a. The flying saucer came again.
（飞碟又来了。）

b. The flying saucer came before.
（飞碟曾经来过。）

---

① Levinson, S. C, *Pragmatics*[M]. Cambridge: Cambridge University Press, 1983: 127-130.

② Horn, L. Pragmatics Theory[M] // Newmeyer, F. *Linguistics: The Cambridge Survey (Vol I.)*. Cambridge: Cambridge University Press, 1988.

预设触发语和规约含义词都是"again"，所以 b 既是预设又是规约含义。从两个不同的角度切入得出的结论重合，这是很正常的现象，不需要也不应当回避。就像在句子"这个问题，我们再讨论一下"中，"这个问题"既是句子的主语，同时又是话题。

根据预设与规约含义存在某些重合的现象，有人建议将预设和规约含义等同起来，或者将规约含义归并至预设中去。也有人建议用规约含义代替语义预设。例如卡尔图南和 S. 皮特士（S. Peters）认为，大量被称为预设的例子实际是规约含义，最典型的例子是小品词，其余还有事实动词和含义动词等。[①] 其实这样说不太合适。首先，它们是两种性质迥异的意义；其次，预设的范围很大，与规约含义重合的只是其中的一小部分而已。

在语言学界，K. 拜齐（K. Bach）更是独树一帜地提出了一个新的观点[②]：规约含义是不存在的，它只是格赖斯和其他语言学家的语感（intuition）错误所构建起来的神秘之物。维索尔伦对规约含义也有自己的观点：一是将包括规约含义在内的隐含意义（implicated meaning）产生的原因归之为"意义真空"的存在[③]。意义真空存在的可能性包括：背景信息、共有知识和共有背景。二是将规约含义视为不同于预设的另一种结构与真实意义之间的中间体，是一种依赖上下文才能进行推导的语用含义。对于他们的观点，学界也有许多具体的讨论。

二、规约含义研究中的几个问题

综上所述，我们认为，规约含义是直接附着在特殊词语上的含义，它是话语意义和一般含义的中间体，以不具有一般含义的特征而区别于一般含义。难怪莱文森把规约含义看成是语言启动后的半影（penumbra）[④]。既然是半影，未免显得神秘而难以捉摸。

综观哲学家、语言学家们的研究，规约含义无非是围绕以下几个核心问题展开的。

（1）规约含义是否有真假值？这里存在着传统的否定观和激进的肯定观。这些观点要置于广阔的逻辑—语义理论的框架下进行思考。

（2）规约含义是属于语义层还是属于语用层，抑或是语义层和语用层的交接面？更有甚者认为规约含义属于语义层、句法层和语用层的交接面。

（3）规约含义是不是言说内容？这在根本上是对"言说内容"和"含义"这对非自然意义的区分和界定的再思考。

① Karttunen, L., Peters, S. Conventional Implicature[M] // Oh, C. K., Dinneen, D. *Syntax and Semantics 11: Presupposition*. New York: Academic Press, 1979: 1-56.

② Kent, B. The Myth of Conventional Implicature[J]. *Linguistics and Philosophy,* 1999(2): 327-366.

③ Verschueren, J. *Understanding Pragmatics*[M]. Beijing: Foreign Language Teaching and Research Press, F27，227-253.

④ 熊学亮.含义分类标准评析[J].外语教学与研究，1997(2): 1-8.

（4）规约含义与一般含义、语义预设、语用预设、衍推、逻辑蕴涵（implication）及断言之间的关系如何？作为含义的构成成员，它们在实际语境中以何种规律体现为实际意义和意图？呈现出怎样的反应关系？

（5）规约含义从成员的语法功能上讲，主要是一些连接词、连词和部分起连接作用的副词。它们不影响整个句子的内容，仅仅是在主句基础上实施二级言语行为。在这点上，规约含义与话语修饰语相似，两者的差别在于是否约定俗成。那么，当话语修饰语运用得多了，有了较为固定的意义时，是否有着向规约含义演变的趋势？

（6）既然规约含义是约定俗成的，就必定有民族性、地区性。从某个角度上讲，它是对整个语言发展的一种折射。

（7）规约含义作为普遍存在的一种意义，它的产生、传递、解读及显现如何结合认知的关联理论展开研究，这是一个全新的视角。

对于上述问题，目前虽然还不能全部给予明确的回答，但是可以展开以下讨论。

（一）规约含义与真值

一般地认为，规约含义是语言约定俗成的部分，不影响句子的真值判断，因而无真假值。其实，这是就二值的数理逻辑而言的；如果越出这个阈限，情况就不同了。例如：

> a. 他们结了婚并且生了孩子。
> b. 他们生了孩子并且结了婚。

在二值的数理逻辑里，由"并且"联结的联言命题，只要支命题为真则联言命题为真。根据交换律，$(p \land q) = (q \land p)$。也就是说，a 和 b 两个句子是等值的：$a = b$。可是按照社会的"规约"来说，b 所传达的意思和 a 相比较总不是那么"正常"（按照传统观念"约定俗成"）。因为这里的"并且"属于"有序"合取，用符号 $\land$ 表示，$(p \land q)$ 和 $(q \land p)$ 的交换律不能成立，也就是说，$a \neq b$，故具有规约含义的合取词"并且"并非与真值无关。

（二）规约含义与推理

据说规约含义由于相关词语有"固定含义"，因而不具有可推导性，与推理无关。其实，造就规约含义的"相关词语"有"固有含义"与规约含义的推理是不相矛盾的。前者是词语意义，后者是话语含义。

规约含义也是推理的结果。所谓推理就是由前提得出结论，并且前提与结论之间具有某种必然或者或然的联系，规约含义就是这种推理的结果。例如：

> a. 小王年纪很轻，但是成绩不小。

可以规约地推出：

···   b. 这是令人感到意外的。

b 就是 a 的规约含义。说它是规约含义，是因为它是由相关词语"但是"约定俗成地得出的，而不必考虑语境和合作原则。这"相关词语"在莱文森那里称为"必不可少的中心成员"——指索词。它们包括话语指索词和社会指索词，在话语中具有"消息被接受和理解"的规约作用。

话语指索词除"但是""因此"等以外，还包括"不管怎样""尽管""哎呀"等话语始发词，它们具有外显性的标志作用。例如：

···   A：老张架子真大，请也请不来。

    B_1：不对！他来了。

    B_2：真的吗？你看他来了。

    B_3：注意！他来了。

    B_4：不管怎样，他来了。

    B_5：毕竟他来了。

    B_6：尽管如此，他来了。

    ······

B_1 表示否定的态度，意为老张架子不大；B_2 表示怀疑的态度，意为老张的架子没有你说的那么大；B_3 是对 A 的警告，意为别让老张听见了；B_4 是一种调和的态度，意为老张架子大不大并不重要，只要他来了就好；B_5 是对 A 的劝告，意为 A 不必再说老张架子大了；B_6 是赞成 A 的观点，但有保留。它们都是一些"外显性提示"。

（三）规约含义与语境

一般地说，规约含义不受语境影响，因而无法取消。然而，规约含义的具体化、丰富化，实际上离不开语境的参与。说规约含义是语词固有的，因而无法取消，这只是一种抽象的笼统的含义，只有落实到具体的语境中才能实现具体，实现丰富[①]。以"but"为例：

···   A: Shaq is huge but he is agile.

      （沙克身材高大，但他动作敏捷。）

    B_1: Shaq is huge but (unlike most huge people), he is agile.

      [沙克身材高大，但他动作敏捷。（与大多数身材高大的人不同）]

---

① Mey, J. L. *Pragmatics: An Introduction*[M]. 2nd Edition. Beijing: Foreign Language Teaching and Research Press, 2001: 10, 50-51.

B₂: Shaq is huge but(unlike others on the list), he is agile.

[沙克身材高大，但他动作敏捷。（和名单上的其他人不同）]

B₃: Shaq is huge but(contrary to what you said), he is agile.

[沙克身材高大，但他动作敏捷。（和你说的正好相反）]

"but"作为一个连接词，本身就含有"对比性"的意义，这一意义在 A 中具体化了一些，但仍然有很大的不确定性。在 B₁、B₂、B₃ 中得以真正地明确化、多样化。这是语境参与的结果。因而可以得出一个更为明确的结论：语境不但不会消解语词的规约含义，反而能彰显语词的规约含义。

再说，规约含义是会随着语境变化而变化的。比如前面所举的例子：如果说在几十年前，法国的孩子与父母说话会用"vous"表示尊敬，那么现在，这种用法已经不存在了。再者，在魁北克酒吧要一杯酒用无礼貌的形式"tu"丝毫没有问题，但如果在法国却是非常无理的行为。可见，规约含义不是一成不变的，其因约定俗成而产生，也应随着社会的发展而发展、变化而变化。

（四）规约含义与其他含义的区别

规约含义是否存在的理由，就在于它有没有自己独特的个性，能不能与其他含义区别开来。现在看来，规约含义是实实在在存在的。

1. 规约含义与预设

规约含义和预设是两种不同性质的含义：规约含义具有社会的"约定性"（约定俗成），而预设则体现了交际双方的共识性和语境的恰当性。每个句子都有预设而且往往不止一个预设，但并不是每个句子都有规约含义。预设的触发语和规约的指索词虽有交叠之处，但只是部分现象。我们可以说规约含义是一种指索词的推理，但不能说预设是触发语的推理。也就是说，规约含义与预设的区别还是明显的。例如：

> a. 哎呀，老赵来了！
> b. 在场的人为之惊讶。
> c. 存在老赵其人。

b 是规约含义，c 是预设。b 和 c 既不能混同，也不能彼此取代。

2. 规约含义与衍推

规约含义既然在具体化、丰富化的过程中离不开语境的参与，那么它就有了语用学的意义，而衍推只是一种语义推理，前者具有或然性，而后者则是必然推理。例如：

> a. 老赵仍然当厅长。
> b. 老赵职务不变。
> c. 老赵仍然当官。

b 是 a 的规约含义，是由指索词"仍然"引发的，因为"仍然"规约地具有"情况还是老样子"的含义。c 是 a 的衍推，因为"官"是"厅长"的上位概念，由 a 推出 c 具有必然性。

3. 规约含义与会话含义

规约含义最容易与一般会话含义相混同（与特殊会话含义的区别比较明显），但二者仍然有所区别。例如：

> A: 我有三头牛。
>
> B: 我也有三头牛。
>
> B_1: 我只有三头牛。
>
> B_2: 我也不比你差 / 你没什么好得意的。

B 是对 A 的回应，B_1 遵守量的准则，是 B 的一般会话含义；B_2 为 B 的规约含义，由指索词"也"引发，因为"也"规约地表示后者具有前者同类的属性或特点等意义。

（五）规约含义与言语行为

规约含义的指索词与言语行为的施为动词相比，前者"常常不表示具体的言语行为，而是对主句做某方面的评价；不试图改变语句的内容，而致力于规定语句内容表达的形式"[①]。所以，规约含义指索词实施的是存在于施为动词之上的二级言语行为，其使得一级言语行为的实现特征化。例如：

> Therefore, I warn you the bull is dangerous.
> （因此，我警告你，这头公牛很危险。）

依据奥斯汀和塞尔的言语行为理论，句中的"warn"不仅传达了"bull is dangerous"的信息，做到了"以言表意"，而且还起到了"警告""提醒"的作用，实现了以言行事的目的。这是"warn"表现出的言语行为力量。与此相比，"therefore"就有所不同。它对句子的意义没有任何影响，只是凌驾于主句之上，指明这一命题得出的方式是"结论性的"，暗示着"上下文中必定有着这一结论推知的理据"。这种作用便是"therefore"的规约含义"结论性"所实施的二级言语行为。它是在具体的实义动词实施了一级言语行为以后的再运作。这种二级言语行为可以是"对比性的"（contrastive，如 but）、"归纳性的"（conclusive，如 accordingly）、"让步性的"（concessive，如 although）及"添加性的"（additive，如 also），等等。

总之，规约含义具有它区别于其他含义的特征。在审视这些特征时，我们应该明确：语言原则不同于科学原则。科学原则不允许有例外，但语言原则在普遍遵守的情况下，允许有违反的现象，而这些现象，正是语言学家重视和关注的焦点[②]。

---

① Bach, K. The Myth of Conventional Implicature[J]. *Linguistics and Philosophy*, 1999(22): 327-366.

② Bilmes, J. *Discourse and Behavior*[M]. New York and London: Plenum. 1986: 50.

第七章

会话含义（下）

第一节　从古典格赖斯主义到新格赖斯理论

一、古典格赖斯理论的不足

格赖斯会话含义理论是继言语行为理论之后语用学研究的一大突破，因此赢得了学术界的普遍重视和高度赞誉，激起了人们对话语意义的广泛关注和研究热情。随着研究的逐步深入，它的不足之处也愈见明显。概括起来，古典格赖斯理论的不足主要有以下几个方面。

（一）一些重要术语未能明确界说

格赖斯在创建会话含义理论的过程中，提出了一系列崭新而又重要的术语，它们是一些"关键词"，对于正确理解格赖斯理论至关重要。遗憾的是，其中不少术语，格赖斯未能明确地界定，使得人们在解读的过程中遇到许多困难。

格赖斯把"意义"区分为"自然意义"和"非自然意义"，但是缺少明确的界说，更少例证。格赖斯认定，非自然意义由字面意义和含义两部分组成，那么"字面意义"和"自然意义"是什么关系呢？还有"字面意义"与"话语内容"及"真值意义"等又是什么关系呢？

关于"意义"，格赖斯采用"meaning"一词，而罗素建议替换为"saying"更合适。因为"meaning"要求话语内容与表达的意思一致，而"saying"容许它们一致，也可以不一致。这一说法又如何理解呢？

格赖斯把话语内容与规约含义区分开来，但没有做出严格的说明。就算可以把"话语内容"解释为真值条件的意义，可是如前一章所述，人们对真值意义也有不同的理解，规约含义未必与真值无关。

格赖斯提出的会话含义与非会话含义的区分，同样是界限不清的。格赖斯认为，由美学的、社会的或道德的原则和准则得出的含义是非会话含义，比如"说话必须是有礼貌的"，属于社会的道德原则，由此得出的含义即是非会话含义。可是人们有理由认为，说话有礼貌也应是"合作"的表现。比如人们应用委婉的说法来传达信息，不正是出于合作的诚意吗？况且，合作原则要求"不要说自知虚假的话"，说话要"简明扼要""井井有条"等，这不同时也是社会的、美学的原则和准则吗？

（二）"合作原则"比较含糊笼统

格赖斯的合作原则在普遍得到认可的同时，也受到了学术界的许多批评，甚至可以说，这是格赖斯理论中最具争议的部分。这些批评，可以概括为以下几点。

1. 对什么是"合作"表述得不够清晰具体

虽然格赖斯指出合作原则是"在参与交谈时，根据你所参与交谈的目的或方向的改变而提供适切的话语"，并且为此规定了四项准则，但是合作原则并未因此而明晰起来。

先说"合作"的含义，正如斯珀伯和威尔逊所指出的，格赖斯认为"一个或一组共同目标，至少有一个彼此接受的方向"，这个假定的合作程度太高。为了取得交际成功，一个真心的发话人和一个自愿的受话人"所必须共同拥有的唯一目标，就是理解对方和被对方理解"，其他就不那么重要了。[①]

再说四项合作准则。合作原则的各个准则过于笼统，以至于在某种场合任何东西都能够根据意义推出，实际上，合作原则只是含义推导的必要条件而非充分条件。[②] 这四项准则本来就来源于康德的四个哲学范畴，虽有概括性，但是缺乏可操作性，并且各个准则之间存在交叉重叠之处。比如量的准则，格赖斯自己也说过第二次准则的作用可以由关系准则承担。质的准则显然与社会的、道德的准则相关，但是格赖斯却把社会的、道德的准则排除在"合作"之外。关系准则应是最重要的一条准则，但格赖斯更是语焉不详，连一条次准则也没有提出来，而他自己也认为需要做进一步研究。至于方式准则，比如在说话啰嗦的情况下，一般总是有一些不相关联的话，并且这与违反量的准则也有所关联。

2. 对"不合作"情况的概括不够严密充分

格赖斯将不合作行为概括为三种情况。这三种情况都有待商榷。

先看他的第一种不合作现象，即故意说谎让对方上当受骗。可是我们大家都亲身经历过"编造善意的谎言和倾听美丽的假话"的情况，你能说所有的说谎现象都是不合作的吗？恐怕不能这样武断。例如 A 得了绝症，A 和 B 有下面一段对话：

> A：大夫，我的病能治好吗？
> B：是的，能治好。你一定要有信心。

[①] 何自然，冉永平.语用与认知：关联理论研究[M].北京：外语教学与研究出版社，2001: 9.
[②] Sadock, J. On Testing for Conversational Implicature[C] //Cole, P. *Syntax and Semantic 9: Pragmatics*. New York: Academic Press, 1978: 281-314.

B 的话"能治好"，从内容上讲是撒谎，应当说是不合作的；然而从态度上讲，医生这样说完全是为了病人有一个良好的心态，又应当说是合作的。那么到底是合作的还是不合作的呢？可见，在什么是"合作"的问题上，格赖斯说得过于笼统，而且在具体的实施过程中也常有矛盾之处。

再看第二种情况：公然宣布不遵守合作原则和准则，如不回答对方的问题或不予理睬。请看下例：

> A：请问贵公司的员工对公司满意吗？
> B：你不知道合格员工的标准之一就是不外泄公司的秘密吗？
> C：对不起，无可奉告！
> D：无可奉告！

B、C、D 的含义都是一样的，只不过在婉转程度和礼貌态度上有很大的差异。根据格赖斯的说法，只有 D 是不遵守合作原则的。B 实际上属于在遵守合作原则的前提下故意违反关系准则的做法，B 和 D 都没有回答问题，为何一个是合作的，另一个却是不合作的？这是不是暗示我们决定话语合作与否的标准是说话的态度和情感因素而非含义本身？如果这样的话，那怎样处理 C 呢？因为它态度上是婉转礼貌的，内容上却是不予理睬。

最后看看第三种情况：说话者面临顾此失彼的局面。如当有人问你去学校的具体时间，而你因为不清楚确切时间但又不能不说，于是只能说出一个大概时间"今天上午吧"，这一回答在量的准则与质的准则上选择了遵守质的准则而违反了量的准则。如果仔细考察这种情况就不难发现，答话人之所以这样做，其实是出于对问话人的尊重，否则他完全可以直接说"不知道"。而且这种情况与特殊含义的推出情况交叉重合。因此，认为它是违反合作原则的回答未免有点牵强。

其实现实生活中的话语交际是五彩缤纷的，还有许多现象值得探讨，如双方由于知识背景的不同导致了误解但又没有影响交际继续的情况，交际者由于缺乏相应的知识而无法回答问话只好沉默不答或支支吾吾的情况，这些现象比比皆是。又如，人们谈论年龄时通常给出虚数"二三十岁""十多岁""八九十岁"等，这些回答是遵从习惯的结果，那这是合作的还是不合作的呢？

3. 局限于直陈话语

格赖斯所说的合作原则，只局限于直陈话语，没有涉及命令话语和疑问话语的合作问题，更没有涉及它们的会话含义。这不能不说是一个明显的缺陷。

4. 合作原则不能解释所有的言语交际现象

例如语言学家冯·戴伊克就明确指出合作原则不适合文学语言，原因在于：①文学语言不符合质的准则，因为说话者往往说些本人明知不符合现实的东西；②说话者采用文学语言，常常表达太多或太少的信息，不符合量的准则；③文学语言常常是不同于生活语言的，不符合关系准则；④文学语言常常是晦涩的、含糊的、零乱的、富于创造的、重复的，不符合关系原则。① 在这点上，基南也有同感，认为会话含义不能适用于所有的社团，因而不具有普遍性。虽然冯·戴伊克的说法显然存在将修辞学与语用学等而观之的倾向，基南的观点也招致了其他学者如利奇的反驳，但我们认为他们都从一定程度上透露出合作原则缺乏普遍解释力的问题。

（三）含义类别的区分不够缜密

格赖斯虽然把含义区分为规约含义和非规约含义，非规约含义又分为会话含义和非会话含义，会话含义再分为一般含义和特殊含义，但是对它们之间的区别并没有说清楚。实际上格赖斯所关注的只是特殊会话含义问题，其他如什么是规约含义，什么是非规约含义，什么是非会话含义，格赖斯都没有做清楚的说明，连举的例子都很少，以致操作起来比较困难。即使是特殊含义，格赖斯为其所确定的语境标准也不是一以贯之的，在许多情况下，他所遵循的是能否遵守合作原则和合作准则这一标准。但他又不像莱文森那样，明确地提出"语境和原则"两个标准。

（四）含义推导缺乏具体的运作机制

格赖斯虽然强调会话含义具有可推导性，也给出了一个推导模式，但是这个推导模式只是特殊会话含义的推导模式，而且缺乏具体的运作机制。至于一般会话含义和规约含义的推导，格赖斯没有给予应有的注意。

当然，格莱斯的古典会话含义理论还有其他不足，比如吴国良、顾曰国指出，"格莱斯由于完全在人类的理性基础上构建语用学，他的语用学因此丢弃了人类情感。而 Damasio 等神经科学家的研究证明，情感比理性更基本"②，因此他们呼吁在格莱斯语用学上添加情感的思路。应当指出，上面说到的格赖斯理论中的一些不足，丝毫无损于这一理论的重要学术价值。有重要学术价值的理论通常都会经历从粗糙到精致、从不完善到完善的过程。格赖斯的会话含义理论将研究视角从句法、语义层转入了实际交际中的语用含义，其意义重大，影响深远。而学术界对于格赖斯理论不足之处的讨论，正是促使格赖斯理论实现从粗糙到精致、从不完善到完善的动力所在，并且因此产生了新格赖斯会话含义理论。

二、格赖斯理论的新发展

新格赖斯会话含义理论以讨论格赖斯合作原则为发端。针对格赖斯合作原则理论的不足，学术界主要出现了三种匡谬正误的做法：一是基本肯定它，对它的准则尤其是量的准则做更具体更精细的形式化分析，如霍恩、盖世达和莱文森在量的准则上都有所建树。二是在认同"合作原则"的基础上，补充别的原则。利奇便是这种做法的典型代表。他在"合作原则"的基础上，创建了另一条平行的原则——礼

---

① 程雨民.格赖斯的"会话含义"与有关的讨论[J].国外语言学，1983(1): 19-25.
② 吴国良，顾曰国.论格莱斯语用理性的情感缺失[J].人文新视野，2020(1): 189-198.

貌原则。最后一种是完全抛开"合作原则"而另立原则。斯珀伯和威尔逊的"关联理论"便是这种思路。这些新理论的意义，远不只是对合作原则问题的匡谬正误，而是构成了与"古典格赖斯理论"相对的"新格赖斯理论"的主要内容，它们立足于自身提出了切实有力的修正或重构方案，为会话含义理论的日臻完善做出了重要贡献。

关于合作原则的修正或重构方案，主要有以下几种。

一是霍恩两原则。1984 年，美国耶鲁大学霍恩发表《语用推理新分类初探——基于 Q 原则和 R 原则的会话含义》，首次提出了他的两原则模式。霍恩"两原则"就是：Q 原则（量原则）和 R（关系原则）。[1] 在以后的著述中，霍恩又进一步阐述了这一理论，使得它成为新格赖斯理论中最具影响力的基础理论之一。

二是莱文森三原则。1987 年，莱文森在霍恩等人研究的基础上，发表论文《语用学和前指代语法》，提出了他的会话含义"三原则"的主张。莱文森三原则即：量原则、信息原则和方式原则。[2] 1991 年，莱文森在论文中把这"三原则"正式称为"新格赖斯语用学机制"（Neo-Gricean pragmatic apparatus）[3]，它构成了"新格赖斯会话含义理论"的核心内容。2000 年，莱文森进一步丰富了合作原则的内涵，系统研究了各种语用蕴含的推导方式。[4]

三是利奇的礼貌原则。英国学者利奇另辟蹊径，于 1983 年提出了著名的礼貌原则（politeness principle），对合作原则进行了合理而有效的补充[5]。2000 年，我国学者索振羽在利奇礼貌原则的基础上，进一步提出了得体原则[6]。

四是周礼全的五原则。在格赖斯的合作原则和利奇的礼貌原则的基础上，我国学者周礼全于 1994 年提出了合作原则的五条准则（或曰"原则"），即：①真诚准则；②充分准则；③相关准则；④表达准则；⑤态度准则[7]。

五是斯珀伯和威尔逊的关联原则[8]。巴黎大学的斯珀伯和伦敦大学的威尔逊在他们的"关联理论"中逐条讨论了格赖斯合作原则和准则，认为只需要一条原则——关联原则就够了。他们从认知心理学出发，主张用关联原则来代替格赖斯的合作原则，建立比较具体的认知模式。从某种意义上说，关联理论已经是不同于合作原则的另一种理论了。

---

① Horn, L. Toward a New Taxonomy for Pragmatic Reference: Q-based and R-based Implicature[C] // Schiffrin, D. *Meaning, Form, and Use in Context: Linguistics Applications*. Washington D. C.: Georgetown University Press, 1984.

② Levinson, S. C. Pragmatics and the Grammar of Anaphora[J]. *Journal of Linguistics*, 1987(23): 379-434.

③ Levinson, S. C. Pragmatic Reduction of the Binding Conditions Revisited[J]. *Journal of Linguistics*, 1991, 27(1): 107-161.

④ Levinson, S. C. *Presumptive Meanings: The Theory of Generalized Conversational Implicature*[M]. Cambridg, MA: The MIT Press, 2000.

⑤ Leech, G. N. *Principles of Pragmatics*[M]. London: Longman, 1983.

⑥ 索振羽.语用学教程[M].北京：北京大学出版社，2000: 88-126.

⑦ 周礼全.逻辑：正确思维和有效交际的理论[M].北京：人民出版社，1994: 439-448.

⑧ Sperber, D., Wilson, D. *Relevance: Communication and Cognition*[M]. 2nd Edition. Beijing: Foreign Language Teaching and Research Press, 2001.

六是神经语言学研究对意图的双重控制机制的揭示。2010 年，马可·马佐尼和埃马努埃拉·坎皮西（Emanuela Campisi）对格赖斯以个人意图为交际行为出发点的人类交际模式进行了修正，认为说话通常是一种相当自动的活动，由上下文线索提示，并由从社会规律中抽象出来的行为图式驱动。他们研究了面向未来意图的主动控制机制，确证了意图促成言说的直接作用[①]。

新格赖斯理论里，合作原则与含义的推导具有更为密切的联系，许多推理可以从原则或准则直接衍生出来，且不限于特殊的会话含义。会话含义的推理研究，构成了新格赖斯理论的又一核心内容。

在霍恩的两原则理论中，量原则提示我们，说话人说 p 时，就可以推出极限是 p ；而在关系原则中，说话人说 p 时，则可以推出"不只是 p"。莱文森的三原则，则把"霍恩等级"明确地包含在量原则的表述之中。此外，英国语言学家盖世达对等级含义和子句含义的研究，在学术界引起了广泛关注。[②]

周礼全应用经他修改后的合作五原则理论，重新给出了会话含义——隐涵的定义，以及相当具体的推导方法。由于这里的合作原则的准则不仅包含了格赖斯的各条准则，还包含了命令话语和疑问话语的合作准则，包含了美学的、道德的和社会的合作准则，因而远比格赖斯会话含义的推导范围广阔得多。

河南大学徐盛桓在莱文森三原则的基础上，于 1993 年在《新格赖斯会话含意理论和语用推理》的论文中构建了一个会话含义的语用推理机制。徐盛桓的含义推理机制包括推导过程和实施规则两个部分，其中实施规则包括方式准则、量准则和信息准则三个方面，对规则也做了具体说明，因而可操作性较强。徐盛桓的理论研究，为会话含义推理的进一步完善做出了贡献[③]。

斯珀伯和威尔逊所倡导的关联理论认为，交际的过程就是一个示意—推理的过程。"示意"是指说话人"明确一个使某事件明确的意图"，包括信息意图（内容）和交际意图（动机）。"推理"是指听话人从说话人所提供的迹象中推出说话人的意图，推理就是寻找关联。关联理论把认知总原则定义为认知相关和交际相关两种。认知相关是指人的认知倾向于最大程度地增加相关，而交际相关则是指每一个显现性交际行为所传递的最佳相关的假设。"显现性交际行为"即是说话，它是以认知相关为基础的。

关联理论作为新格赖斯理论的最新成果在我国引起了广泛的关注，并且推动了语言学家们研究语用推理的热情。复旦大学熊学亮于 1996 年发表论文《单向语境推导初探》，给出了一个单项语境推导模式，并且进行了论证。在 1999 年出版的《认

① Mazzone, M., Campisi, E. Are There Communicative Intentions?[C] // Miranda, L. A. P., Madariaga, A. I. *Advances in Cognitive Science: Learning, Evolution, and Social Action*. IWCogSc-10 Proceedings of the ILCLI International Workshop on Cognitive Science, 2010.

② Gazdar, G. *Pragmatics: Implicature, Presupposition and Logical Form*[M]. New York: Academic Press, 1979.

③ 徐盛桓.选择、重构、阐发、应用：我对新格赖斯理论的研究[J].现代外语，1995(2): 11-17.

知语用学概论》中，也有专章讨论语用推理问题。这些研究，都有一定的实践意义。

新格赖斯理论更为具体的内容，将在本章以下各节里进行讨论。

第二节 "合作原则"思想的演进

一、霍恩两原则

霍恩认为，格赖斯的会话准则及根据这些准则推导出来的会话含义，主要来自两个方面：一是关于信息量方面，要求说话者充分表达自己的意思，让听话人比较容易地接受和理解。这也就是乔治·齐普夫（George Zipf）所说的"听话人经济原则"（auditor's economy）。二是诸如关系准则等，属于"说话人经济原则"（speaker's economy）。两条原则合起来，就是"省力原则"（the principle of least effort）[1]。因此，霍恩主张把格赖斯的合作原则由四条减少到两条，即 Q 原则（quantity principle）和 R 原则（relation principle）[2]。

> Q原则（基于听话人）：
> 使你的话语充分。（参照量、关系和方式准则）
> 说得尽可能多。（以关系准则为条件）
> 下限原则，诱发上限会话含义。
> R原则（基于说话人）：
> 要使你的话语只是必要的。（以关系和量的准则为条件）
> 只说必须说的。（以量的准则为条件）
> 上限原则，诱发下限会话含义。

显然，霍恩两原则真正考虑到了说话人和听话人两方面的利益。Q 原则是指尽量说足够的话，能说多少就说多少，让听话者听个明白；R 原则是指话语要提供必要的信息，即不说多于所要求说的话，立足于说话者。的确，在实际的话语交际中，说话人从经济原则出发，能不说则不说，而听话人往往希望说话人尽量多说，直到"言尽意"为止。这种貌似矛盾的客观事实，正好体现了这两个原则间既互相对立又互相补充的辩证关系。为了说清这种复杂关系，霍恩还提出了"劳动语用分工"理论：人们在交际时总是倾向于用最简单的话语表达最充分的意思，因此首先

---

[1] 姜望琪.语用学：理论及其应用[M].北京：北京大学出版社，2000: 153-154.

[2] Horn, L. Toward a New Taxonomy for Pragmatic Reference: Q-based and R-based Implicature[C] // Schiffrin, D. *Meaning, Form, and Use in Context: Linguistics Applications*. Washington D.C.: Georgetown University Press, 1984.

遵循 R 原则，尽量用简单的无标记方式加以表达；但如果 R 原则不能完全表达的话，则起用 Q 原则，即用并不简明的特殊有标记的方式加以表达。

不难看出，霍恩的 Q 原则和 R 原则渊源于格赖斯的量的准则和关系准则，但不等同。霍恩原则的范围广于格赖斯准则，特别是 R 原则，除格赖斯的关系准则外，还包括量的准则第二次准则和方式准则简短次准则等。所以这里还是译作"Q 原则"和"R 原则"为宜。

霍恩两原则还有一个重要的贡献，在于其提出了"等级会话含义"的思想，这一思想后来被称为"霍恩等级"（Horn scale）。早在 1972 年，霍恩在他的博士论文里就提出了这样的思想：假设有一个包含几个成分的数量等级，说话人在一个句子中用了其中的一个成分 P_i，那么听话人就可以推断：①包含其他非末尾成分（如 P_j）的句子不能代替包含 P_i 的句子；②他必须推断包含末尾成分 P_k 的句子不能代替包含 P_i 的句子；③如果以 $P_k > P_j > P_i$ 这个顺序排列，那么包含 P_j 的句子不能代替包含 P_i 的句子的这个事实，蕴涵包含 P_k 的句子也不能代替包含 P_i 的句子。1984 年，霍恩在一篇论文中指出，等级会话含义是基于 Q 原则的会话含义的首要例证。

霍恩的两原则表明说话人和听话人都希望自己能够省力，但这只是问题的一方面，还必须考虑另一方面——效果。如果大家都一味地省力，那就什么也不说不听好了；但这同时也就没有了任何效果。所以，为了取得交际的效果，每个人又都要付出努力。在霍恩看来，只有关系原则还不够，还需要提供一定的信息量，即量原则。这就是霍恩提出两原则的缘由。

二、莱文森三原则

莱文森的"三原则"，是他在霍恩两原则基础上提出的，包括量原则（quantity principle）、信息原则（informativeness principle）和方式原则（manner principle）[①]。其主要内容如下。

（一）量原则（Q-原则）

> 说话人准则：
> 不要让你的陈述在信息上弱于你认识允许的程度，除非较强的陈述同信息原则相抵触。
> 受话人推论：
> 相信说话人提供的已经是他所知道的最强信息，因此：
> 1.说话人说A（w），而且<s,w>形成"霍恩等级"，以致A（s）⊢A（w），则可推导出K¬（A（s）），即说话人知道，较强信息是不能成立的。

---

① Levinson, S. C. Pragmatics and the Grammar of Anaphora[J]. *Journal of Linguistics*, 1987(23): 379-434.

2.如果说话人说A（w），而A（w）并不蕴涵内嵌句Q，但Q却为一个较强的陈述A（s）所蕴涵，且{s, w}是一个对比集，则可以推导出¬K（Q），则说话人不清楚Q是否可以成立。①

莱文森的研究，深化了"霍恩等级关系"。符合这一关系的词语，前者的信息要强于后者，英文中有许多词语符合这种关系，例如：

<all,most,many,some,few>

<and,or>

<excellent,good>

<hot,warm>

<always,often,sometimes>

<succeed in doing,try to do,want to do>

<must, should,may>

<love,like>

……

汉语中这样的词语同样大量存在，例如：

〈全部，大部分，许多，一些，少数，…〉

〈优秀，优良，良好，一般，…〉

〈爱，喜欢〉

〈总是，经常，有时〉

〈炎热，温暖〉

〈必须，应该，可以〉

……

下面举两个实例。例如：

A：你爱李丽吗？

B："我喜欢她。"

根据受话人推论1，〈爱，喜欢〉构成霍恩等级关系，B回答了较弱的信息，所以暗示了较强信息"我爱她"不成立，因而，B利用了这一原则婉言说出了实情。

又如：

a. 我相信李丽是大学生。

b. 我知道李丽是大学生。

---

① 这里的A表示一个任意句子的框架，A（s）、A（w）分别表示同一框架内包含s内容和w内容；<s, w>表示尖括号内的词语的信息强度按先s后w排列：⊢表示蕴涵；K表示"知道"，¬表示"否定"。

根据受话人推论 2，说话人说 a，并不蕴涵从句"李丽是大学生"，可是 b 可以蕴涵"李丽是大学生"，因为〈知道，相信〉构成霍恩等级关系，也就是说，说话人说 a 时其实并不知道"李丽是大学生"是否成立。

（二）信息原则（I-原则）

> **说话人准则：最小极限化准则。**
>
> "尽量少说"，即只说最小极限的话，只要能达到交际目的即可（注意到量的原则）。
>
> **受话人推论：扩展规则。**
>
> 通过找出特定的理解来扩展说话人话语的信息内容，直至认定为说话人的语义意图为止。特别是：
>
> 1.设定句中所谈的对象和时间之间所形成的关系是常规关系，除非①这与已经确认的情况不符；②说话人违反了最小极限化准则，用了冗长的表达形式。
>
> 2.如果某种存在或实情正好同已确认的情况相符，就设定这正是句子所要说的。

信息原则其实是指说话人力求用"尽量少说"，听话人努力"扩展信息"，直至充分掌握话语意图为止。莱文森列举了几种常用的模式。例如：

1.比尔买了一件新大衣，扣子却少了一颗。→比尔的新大衣是有扣子的。
2.躺在床上的宝宝哭了，爸爸把她抱起来。→爸爸是宝宝的父亲。
3.约翰给幼儿园老师送花。→约翰给一位女性送花。
4.约翰和玛丽买了车。→两人合买了一辆车。

其中，例 1 为联系型推导，例 2 为归类型推导，例 3 为常理型推导，例 4 为联袂型推导。

（三）方式原则（M-原则）

> **说话人准则：**
> 不要无故用冗长、隐晦或有标记的表达形式。
>
> **受话人推论：**
> 说话人用冗长、有标记的表达形式，他的意思就同他本来可以用无标记形式所表示的意思不一样，尤其是他要尽力避免常规的联想或用信息原则推导含义。

方式原则其实是指，如果说话人表达的是常规意义，那么常常是用无标记的表达方式，如果表达的是非常规内容，则会使用有标记的表达方式。例如：

A：这次分房，你分到了吗？
B：我总算分到了个大套。
C：我总算弄到了个大套。

C 和 B 意思一样，都是"分到一个大套"的意思，只不过 B 是常规回答，C 用"弄到"而没直接说"分到"，含有"房子来得不容易，费尽心机""房子并非用常规的程序分到的"等言外之意。

莱文森的三原则具体运用时需遵照严格的次序：量原则＞方式原则＞信息原则。具体说明如下。

（1）符合"霍恩等级关系"的表达形式实行量原则的推导先于信息原则的推导。

（2）其余情况则由信息原则得出特定的理解。

除非：

（3）并存两个意义相同的表达形式，一个有标记，一个无标记；无标记的由信息原则推导，有标记的由方式原则推导出运用信息原则无法获得的含义。

莱文森三原则的提出，标志了"新格赖斯会话含义理论"的正式诞生。这一理论使古典的会话含义理论发生了质的飞跃，形式化和解释力大大增强，尤其是其中的"量原则"，科学地揭示了隐藏于日常话语中的深层的信息等级规律，其学术价值和现实价值不可估量。

三、利奇的礼貌原则和索振羽的得体原则

（一）礼貌原则具体内容

在新格赖斯合作原则的理论研究中，英国学者利奇另辟蹊径，于 1983 年提出了著名的礼貌原则（politeness principle），对合作原则进行了合理而有效的修正和补充。

利奇的礼貌原则共有六条准则，准则下面又各有两条次准则[①]。

1. **得体准则**

减少表达有损于他人的观点。

（1）尽量少让别人吃亏。

（2）尽量多使别人得益。

2. **慷慨准则**

减少表达利于自己的观点。

（1）尽量少使自己得益。

---

① Leech, G. N. *Principles of Pragmatics*[M]. London: Longman, 1983: 132.

（2）尽量多让自己吃亏。

3. 赞誉准则

减少贬损他人。

（1）尽量少贬低别人。

（2）尽量多赞誉别人。

4. 谦逊准则

减少表扬自己。

（1）尽量少赞誉自己。

（2）尽量多贬低自己。

5. 一致准则

减少与他人的观点不一致。

（1）尽量减少双方分歧。

（2）尽量增加双方一致。

6. 同情准则

减少与他人情感对立。

（1）尽量减少双方反感。

（2）尽量增加双方的同情。

利奇认为，有了礼貌原则，很多问题就会迎刃而解。人们为何不直接表达而要曲折表达？为何故意违反合作原则？为何含蓄晦涩地表达？为何选用非常规的表达方式？其实都是出于对礼貌的推崇。为了多尊重他人，有利于他人，人们在交际中经常有意地违反合作原则中的某些准则，来维护礼貌原则。例如：

> A：你觉得他在家是个模范丈夫吗？
> B：他长得挺有个性！

A问的是对某人在家里的综合评价，B答非所问，意思是：不想谈论别人的私生活，但又不便直接回绝。这里B是违反了合作原则中的关系准则，但是却遵守了礼貌原则中的得体准则："减少表达有损于他人的观点。"又如：

> A：他善于交际吗？
> B：他非常善于交际。

B在此说的是反语，其实是恪守礼貌原则而违反了质的准则。

（二）礼貌原则的特点

利奇认为礼貌原则有以下特点[①]。

---

① 索振羽.语用学教程[M].北京：北京大学出版社，2000：96-99.

1. 级别性（gradations）

交际中的礼貌语言是有级别的，使用中要注意两种情况：一是语言本身的礼貌级别，一是恪守原则时的礼貌种类。例如：

> A：关上电视！
> B：请把电视关上！
> C：可以把电视关上吗？
> D：可以麻烦您把电视关上吗？
> E：有点吵，是吗？
> F：您不觉得吵吗？

这些句子其实都传达了一个意思"关上电视"，可是一个较一个婉转含蓄，礼貌级别逐渐提高。

2. 冲突性（conflicts）

各准则或次准则会发生冲突。例如：

> A：再来杯咖啡吧！
> B：好的，谢谢！
> C：谢谢，不早了，我得走了！

如果此时天色已晚，或者 A 急于出门或家里将有贵客来访，A 此时并非真的希望对方再喝杯咖啡继续聊天，仅仅是句客气话而已。这时 A 违背了合作原则中的质的准则要说真话，却维护了礼貌原则中的得体准则——尽量少让他人吃亏。

3. 合适性（appropriateness）

交际中要根据语境（对象、内容、场合等）来选择礼貌手段，确定礼貌级别。这其实是在说明礼貌原则并不是一成不变，而是随语言的变化而变化的。如上文关于"关上电视"一例，父子之间会选用礼貌级别较低的话语，学生对老师就会选用礼貌级别较高的话语；即使对同一个人，礼貌程度也是不同的。

利奇认为，现实生活中普遍存在不直接明说而故意拐弯抹角、婉转含蓄表达的现象，对于此种语用问题，会话含义束手无策，"礼貌原则"却能帮助"合作原则"做出合理的解释，因此认为"合作原则"与"礼貌原则"是相辅相成、互相补充的[1]。可是，在格赖斯所举的例子中也有许多都涉及礼貌问题，如教授觉得 X 学生不适合某工作但又不得不推荐的例子，违反量原则的深层原因就是出于对 X 学生的尊重。在没有明确提出"礼貌原则"之前，对上述例子的理解并没有什么问题，也就是说，对此大家是心照不宣的。从客观上讲，礼貌原则是体现合作原则的一个较为重要的因素，遵守礼貌原则的话语应该都是合作的，但符合合作原则的表达并非都是礼貌

---

[1] Leech, G. N. *Principles of Pragmatics*[M]. London: Longman, 1983: 80.

的，如仇人见面时的"你好"。

（三）得体原则

我国学者索振羽在利奇的礼貌原则的影响下，于2000年在《语用学教程》一书中提出并强调了"得体原则"。与利奇不同，索振羽把礼貌原则作为一条准则包含在得体原则之内，而不是礼貌原则包含得体准则。索振羽的得体原则一共有三条准则和若干条次准则。

1. 礼貌准则

（1）赞誉次准则：有点过分但不太过分的赞誉，是一种礼貌。

（2）谦虚次准则：有点过分但不太过分的谦虚，是一种礼貌。

（3）一致次准则：减少分歧或对立，力求一致，至少达到部分一致。

（4）同情次准则：减少反感，增进谅解，加深情谊。

（5）宽宏次准则：得理让人，给别人留面子。

（6）恰当称呼次准则：根据交际双方的情况，选用恰当的称呼。

礼貌原则具有三个特征：级别性、冲突性和适合性。

2. 幽默准则

（1）岔断次准则：包括衬跌、顿跌和歇后。

（2）倒置次准则：包括主客关系倒置、因果关系倒置、逻辑关系倒置和轻重关系倒置。

（3）转移次准则：包括反语、飞白、易色和降用。

（4）干涉次准则：包括双关、矛盾和精细。

（5）降格次准则：包括比喻、比拟、夸张和自嘲。

（6）升格次准则：包括歪解、妙答和归谬。

幽默原则具有不协调性、情趣性、适切性的特点，发挥着增添欢乐、消除隔阂、缓解矛盾、显示超群才智、摆脱困境和回敬挑衅等功能。

3. 克制准则

（1）讽刺挖苦。

（2）指桑骂槐。

（3）说反话。

索振羽认为，得体原则既能科学、合理地解释"合作原则"难以解释或无力解释的一些重要问题，又便于交际者熟练地掌握和运用。[①]索振羽的得体原则，在吸收国外语言学研究成果的同时，致力于创建具有汉文化特色的语言学理论，描述和解释汉民族的言语交际现象，一别直接借用外来理论的做法，给了人们触处逢春的欣喜。

---

① 索振羽.语用学教程[M].北京：北京大学出版社，2000.

四、周礼全的五原则

周礼全在《逻辑——正确思维和有效交际的理论》一书中认为，一个语言形式的意义，就是语言的使用者根据语形、语义、语用规则和交际语境，应用这个语言形式所表达或传达的思想感情。据此，他将意义概括为四层次：命题——抽象语句的意义，命题态度——语句的意义，意谓——话语的意义，意思——交际语境中的话语的意义。一个语句"FA"的抽象语句"A"的意义是命题 A；一个语句"FA"的"F"所表达的意义是命题态度 F；一个话语"U（FA）"所表达的思想感情 U（FA）叫作意谓；交际语境 C_R 中的话语 C_R"（U（FA））"的意义，就是它所表达的意思 C_R^*（U（FA））[①]。

在这四层次意义中，后者比前者具体，是由前者和一个新因素所构成的有机整体；前者比后者抽象，是后者这个有机整体中的一个因素。在这些意义中，只有"意思"才是语言交际中具体的、完整的和真实的意义。其他意义都只是语言交际中抽象的和部分的意义，都只是意思的构成要素而已。

在四层次理论的支持下，周礼全充分考察了格赖斯的含义理论，认为它存在这些明显的不足：①格赖斯对字面意义和规约含义的区别，没有做出严格的说明。②格赖斯提出的会话含义和非规约非会话含义的区别，也有争议。③格赖斯的会话含义定义的（Ⅱ），也有问题。④格赖斯的合作原则只限于直陈话语，不包含命令话语和疑问话语的合作准则及它们的会话含义。针对这些不足，周礼全提出了一组扩充的合作准则和一个新的会话含义的定义。在格赖斯的合作原则和利奇的礼貌原则的基础上，他将合作原则的准则扩充为五条准则（"五准则"或曰"五原则"）[②]，具体如下。

（一）真诚准则（相当于质的准则）

（1）在一个交际语境 C 中，说话人 S 对听话人 H 说出一句直陈话语"U（⊢A）"时，S 必须相信命题态度"⊢A"所断定的事态是存在的，亦即 S 必须相信所表达的事态是存在的，或命题 A 是真的。

（2）在一个交际语境 C 中，说话人 S 对听话人 H 说出一句命令话语"U（！A）"时，S 必须相信命题态度"！A"所要求的行动是 H 能完成的或能实现的。

（3）在一个交际语境 C 中，说话人 S 对听话人 H 说出一句疑问话语"U（？A）"时，S 必须相信命题态度"？A"所提出的问题是 H 能够回答的。

（二）充分准则（相当于量的准则）

（1）在一个交际语境 C 中，说话人 S 对听话人 H 说出一句直陈话语"U（⊢A）"

① 周礼全.逻辑：正确思维和有效交际的理论[M].北京：人民出版社，1994：15-22.
② 周礼全.逻辑：正确思维和有效交际的理论[M].北京：人民出版社，1994：439-448.此书中对"含义""字面意义""规约含义""会话含义""非会话含义"等概念分别采用不同的术语："隐涵""言说内容""约定隐涵""谈话隐涵""非谈话隐涵"。虽然存在个中差异，但不影响我们在本文所做的研究。

时，S 必须相信命题态度"⊢A"所断定的事态是 S 能够提供的最大量的事态信息。

（2）在一个交际语境 C 中，说话人 S 对听话人 H 说出一句命令话语"U（！ A）"时，命题态度"！ A"所要求的行动必须是 S 要求 H 做出的最大程度的行动。

（3）在一个交际语境 C 中，说话人 S 对听话人 H 说出一句疑问话语"U（？ A）"时，命题态度"？ A"所要求回答的问题必须是 S 要求 H 做出的最大程度的回答。

（三）相关准则（相当于关系准则）

在一个交际语境 C 中，说话人说出的话语必须有助于实现谈话的目的，也就是说，说话人说出的话语必须是和谈话的目的相关的。

（四）表达准则（相当于方式准则）

（1）在一个交际语境 C 中，说话人说出的话语必须是不含混的。

（2）在一个交际语境 C 中，说话人说出的话语必须是无歧义的。

（3）在一个交际语境 C 中，说话人说出的话语必须是不冗长的。

（4）在一个交际语境 C 中，说话人说出的话语必须是有秩序的。

（五）态度准则（合作原则中无对应准则）

在一个交际语境 C 中，说话人说出的话语必须是有礼貌的。

不难看出，周礼全的合作五原则（准则）虽然源于格赖斯和利奇的理论，但却是按照自己的语用学思想，用自己的方式表述的。其中的第一条相当于格赖斯合作原则的量的准则，第二条相当于质的准则，第三条相当于关系准则，第四条相当于方式准则，第五条相当于利奇的礼貌原则。显然，他把礼貌原则融入了合作原则中，并将其作为合作原则的一条准则，而不是把它们并列起来。此外，周礼全的这些准则不仅涉及陈述句，而且涉及命令句和疑问句。

周礼全的五原则关系到言语交际的两个不同方面：前三条准则，亦即真诚准则、充分准则和相关准则，都是关于话语的表达和传达的内容的准则；后两条准则则是关于话语表达方式的准则。其中表达准则是关于话语本身的，或者说，是关于话语的表达方式的。态度准则既涉及说话方式，也涉及话语内容。例如在一个会场上，有人问一位小姐："您能否告诉我，昨晚您同谁约会了。"这句话语在表达方式上颇有礼貌，但是提出的问题内容却有些失礼。

这五条准则虽然涉及言语交际的不同方面，但彼此之间又有着不同程度的联系。就直陈话语来说，比如根据充分准则，说话人 S 说出一句直陈话语时，必须提供 S 所能提供的最大量的事态信息，而且必须相信这些信息为真，这就同时遵循了真诚准则，否则无助于实现谈话的目的。一句直陈话语所断定的事态信息为真，但如果不是相关的，也无助于实现谈话的目的；反之也是如此。如果从命令句和疑问句来说，五条准则之间也有大致类似的联系。

五条准则互相联系，相辅相成，但在某些具体情况下，一句话语却未必能够同时遵守它们。例如有时遵守了真诚准则，就不能遵守充分准则，在这种情况下，就有了应当优先遵守哪一条准则的问题。

因此，五条准则还有强弱的区别。大致说来，相关准则和真诚准则最强。当相关准则和真诚准则同其他准则相冲突时，说话人一般应当遵守前者而放弃后者。

最后，无论古典格赖斯理论还是新格赖斯理论，均有将会话的理解过程限定为以信息处理为前提的演绎推理过程的倾向。相对地，迈克尔·托马塞罗（Michael Tomasello，以下简称托马塞罗）、伊斯特凡·凯奇凯斯（Istvan Kecskes，以下简称凯奇凯斯）等各自提倡的语用学模型则更加重视对与会话相关的人类一般认知机制的探讨。尤其托马塞罗（2008）提出的人类合作交际模型（human cooperative communication）[①]，在继承格赖斯合作原则思想的同时，又不限于"字义主义"或"推理主义"，从交际主体的意向性、共通背景等非语言的心理机制切入，探讨人类会话与合作的原理。有关研究与后续发展可视为格赖斯理论的一种另类发展方向。

第三节　会话含义推理的研究

一、盖世达的等级含义理论

会话含义的等级含义思想是新格赖斯理论中的一个亮点，最早见之于霍恩1972年的博士论文；后来在莱文森、周礼全和徐盛桓等学者的合作原则研究中均有所体现。这里只谈谈盖世达的一些研究。

英国语言学家盖世达于1979年在《语用学：会话含义、预设和逻辑形式》（*Pragmatics: Implicature, Presupposition and Logical Form*）一书中明确地提出了"等级含义"（scalar implicature）和"子句含义"（clausal implicature）两个概念，并且进行了较为具体的讨论。

盖世达所说的"等级"是一个序列：$< e_1, e_2, \cdots, e_n >$，其中的 $e_1, e_2, \cdots, e_n$ 都是语词，它们分别地指称不同程度的某一属性，并且 e_i 比 e_j（$i < j$）提供更多的信息。这就是说，对于任何两个不同的语句 A（e_i）和 A（e_j），如果 $i < j$，则 A（e_i）推出 A（e_j），但反之不然。

例如 < 所有，多数，有的 > 就是一个等级序列，"所有"比"多数"提供更多的信息，"多数"又比"有的"提供更多的信息；而不是相反。

> a. 所有的女孩参加了舞会。
> b. 有的女孩参加了舞会。

① Tomasello, M. *Origins of Human Communication*[M]. Cambridge, MA: The MIT Press, 2008. Kecskes的模型可参见Kecskes, I. *Intercultural Pragmatics*[M]. Oxford: Oxford University Press, 2013.

c.并非所有的女孩参加了舞会。

由 a 可以推出 b，由 b 不能推出 a；但由 b 可以推出 c。这就是等级含义推理。其他如 < 并且，或者 >< 必然，可能 >< 优秀，良好 >，等等，都是等级序列。

因此，等级含义的推导公式是：

> 假设等级序列 $< e_1, e_2, \cdots, e_n >$，
>
> 如果说话人断定 A（e_2），那么其含义是 ¬A（e_1）；
>
> 如果说话人断定 A（e_3），那么其含义是 ¬A（e_2）∧¬A（e_1）；
>
> 同理，如果说话人断定 A（e_n），那么其含义是 ¬A（e_{n-1}）∧¬A（e_{n-2}）∧⋯∧¬A（e_1）。

盖世达所说的子句含义是指一些非基本单句在会话中所传递的一种含义。如果说前面的等级序列是一些词项的有序集，那么子句含义则是一些命题的有序集。例如 { a 知道 p，a 听说 p }：

我听说老赵下乡了。

复杂表达式"我听说老赵下乡了"（p），句中的"老赵下乡了"是子句（亦即命题 q）。由于"听说"是非叙实性动词，从此例不能推出或预设"老赵下乡了"，即说话人对"老赵下乡了"这一命题未做断定。听话人可以根据量原则推出"老赵下乡了"的信息不确定；因为如果是确定的，说话人就应该说："我知道老赵下乡了。"（r）否则违反合作原则。因此，此例的含义是：老赵下乡了是可能的，老赵没有下乡也是可能的。

子句含义的推导公式是：

> 如果说话人断定某个复杂表达式 p，
>
> 1.p 包含一个命题 q，并且
>
> 2.p 不能推出或预设 q，并且
>
> 3.存在一个包含 q 的与 p 几乎同等简洁的可替代表达式 r，而 r 可以推出预设 q，这样就可以通过 p 而不是 r 推出含义：说话人不知道 q 是真的还是假的。

如果等级含义与子句含义同时存在，就产生了含义的投射问题：复杂表达式的含义不等同它所有组成部分的含义的简单总和。例如：

a.有学生是青年，如果不是全部的话。

b.不是所有学生是青年。

c.可能所有学生是青年。

a 的子句"有学生是青年"，基于"有"应该有等级含义 b，但是 a 基于"如果"，又应该有子句含义 c，b 和 c 显然不一致，c 取消了 b。要解决这个问题，必须建立"优先"机制：子句含义优先于等级含义。这样就可以确定，a 的含义是 c：可能所有学生是青年。

二、周礼全的隐涵理论

（一）隐涵理论的定义

周礼全在充分考察了格赖斯的含义理论之后，认为其合作原则和会话含义的定义都存在明显的不足。针对这些不足，周礼全提出了一组扩充的合作准则，并在此基础上给出了一个新的会话含义的定义，建立了他的会话含义推导理论——隐涵（implicature）理论。

周礼全给出的隐涵定义 [①] 为：

在一个交际语境 C 中，说话人 S 向听话者 H 说了一句话"U（FA）" [②] 并且"U（FA）"的意谓中有命题态度 FA 时，话语"U（FA）"隐涵命题态度 F^*B（F^* 可以同于或不同于 F，B 可以同于或不同于 A，但 F^*B 不同于 FA），当且仅当

1. S 遵守合作原则；

2a. S 认为，由命题态度 FA 加上合作准则能推出命题 F^*B；

或者

2b. S 断定了 C 中的因素 C_1，C_2，…，C_n，并且 S 认为由 FA 加上合作准则再加上断定了的 C_1，C_2，…，C_n 能推出 F^*B。

3. S 认为，H 知道 1 和 2。

（二）隐涵理论的解释

对于上述隐涵定义，周礼全给予以下的解释。

（1）我们说"'U（FA）'的意谓中有 FA"，这里"U（FA）"的意谓 U（FA）和其中的命题态度 FA 是脱离语境的。但我们说"话语'U（FA）'隐涵 F^*B"，这里的 F^*B 却是在交际语境中并由交际语境得出的。

（2）格赖斯区分了遵守合作原则和利用合作原则，而这里不做区分。利用合作原则也被看作遵守合作原则。

（3）定义中的 2a 就是格赖斯所说的一般会话含义，2b 就是特殊会话含义。

（4）定义中的 1、2 和 3 都是刻画 S 做出隐涵 F^*B 时的思想感情，其中包括 S

---

① 周礼全. 逻辑：正确思维和有效交际的理论[M]. 北京：人民出版社，1994：448.

② 在周礼全关于意义的四层次理论中，公式"U（FA）"是指话语，A 指命题，FA 是由对命题的态度 F 和命题 A 构成的整体，称为命题态度。U 是指副语言成分"U"所表达的思想感情。在这一理论中，有引号与无引号在意义上是有区别的。

向 H 表达 F^*B 这一意图。因此，隐涵定义中包含了"S 遵守""S 认为"这些短语。

（5）定义中说，由命题态度 FA 再加上合作准则能推出 F^*B，这就表示：仅仅由命题态度 FA 或仅仅由合作准则是不能推出 F^*B 的。因此，在交际语境 C 中，话语"U（FA）"隐涵 F^*B，不同于 FA 蕴涵 F^*B，也不同于 FA 衍推 F^*B。

（6）定义中说，话语"U（FA）"隐涵 F^*B，但格赖斯和其他语言逻辑学家则说"……说话人 S 隐涵 F^*B"，这两种说法实质上是等同的。

紧接着，周礼全举出了几个应用隐涵的实例，这里引用其中两个例子，以帮助读者进一步理解上述理论。

> A：现在几点钟了？
>
> B：金教授正出门散步。

这是关于时间的会话，根据相关准则，B 的回答是关于时间的。再根据交际语境 C 中的因素 c_1，即金教授每天下午四点钟出门散步，就能推出：现在是下午四点。

在这里，B 说出的话语"U（FA）"是 B 用副语言成分说出的："金教授正出门散步。" FA 是命题态度：断定"金教授正出门散步"；B 所应用的合作准则是相关准则；交际语境 C 中的因素 c_1 是"金教授每天下午四点钟出门散步"。所以，F^*B 是：断定现在是下午四点。

一天，A 和 B 在谈论某些同事的人品，A 说：

> 李教授是一只老狐狸。

这句话就其意谓来说，它显然是假的：李教授是人，怎么会是一只狐狸呢？根据真诚准则，此话必有其他意思。再根据相关准则，这句话应是关于李教授人品的。最后根据交际语境中的因素，即关于语言中的比喻用法，就可以推出话语隐涵：李教授是一个狡猾的人。

三、徐盛桓的语用推理机制

1993 年，徐盛桓在研究莱文森三原则的基础上，创立了一套具有较强操作性的语用推理机制，并用它来解释和推导话语含义。[①] 徐盛桓的语用推理机制，包括两部分：推导过程和实施规则。

（一）推导过程

推导过程可用图 7-1 表示。

---

① 徐盛桓.新格赖斯会话含意理论和语用推理[J].外国语，1993(1): 9-16, 82.

标记性 ——→ 无标记

有标记　　"霍恩关系" ——→ 无

方式原则推导　　有　　信息原则推导

量原则推导

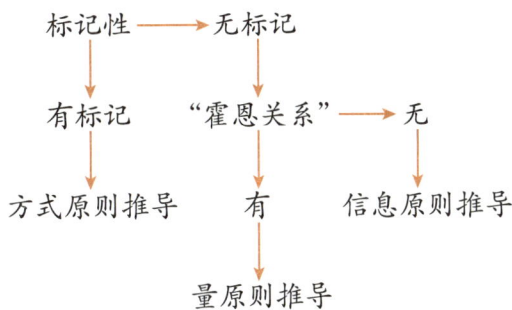

图 7–1　徐盛桓推导过程示意

推导过程以"标记性"为起点，遵从"先纵后横"原则依次进行，通过箭头表示的通道过渡，直至纵行的终端，做出推导的选择。

徐盛桓在给出推导图示之后，具体地提出了包括方式原则、量原则及信息原则的推导实施规则，使得含义的推导有了较强的可操作性。

（二）实施规则

1. 方式原则推导的实施规则

一个标记性的表达形式可能有会话含义集合 $\{I_1, I_2, \cdots, I_n\}$，如果从语境效果看，$I_1 > I_2 > \cdots > I_n$，则 I_1 最有可能成为所期待的含义。例如：

A：你去苏州吗？
B：我不是不想去。

B 的回答中运用了标记成分"不是不"，虽然意思相当于肯定，却比一般的肯定要牵强一些，保留一些，我们可以设想出一系列可能的含义："我不是不想去，而是：没有时间 / 孩子没人管 / 身体不太好 / 过几天要考试 ……"交际者可以根据实际语境对这些假设进行考察，最后得出合理的解释，这就是真实的会话含义。

2. 量原则推导的实施规则

<s,w> 符合"霍恩等级关系"，则：

$A(s) = A(w) + A(x)$

（1）$A(s) \vdash A(w)$

（2）$A(w) \vdash \neg A(s)$

（3）$A(w) \vdash \neg A(s)$

$\therefore A(w) \vdash \neg (A(w) + A(x))$

$\vdash A(w) + \neg A(x)$

$\vdash \neg A(x)$

（4）$A(w) \vdash \neg T(A(s))$（T 表示"说明"）

$A(w) \rightarrow \pm A(s)$（$\pm$ 表示 $+A(s)$ 或 $-A(s)$）

（5）$K(A(w)) \vdash K(\neg A(s))$（K 表示"知道"）

$$\vdash \neg K (A (x))$$

（6）设 V ={ F_1，F_2，…，K_1，K_2，…}

V 是一个表感知活动的动词集，F 为感觉、想象，尚未达到"知"（K）的动词，K 表示达到"知"的那些动词。以"知"和"未知"形成"霍恩等级关系"，P 为一命题，则：

①K（P）$\vdash$ P

②F（P）$\vdash \neg$ K（P）

③F（P）$\rightarrow \pm$ P

以上六条实施规则可以分为以下三种情况。

第一种情况，根据规则（1）进行分析：从话语的强势推出弱势。例如，某大学语言学硕士生要修满 40 学分才能毕业，再看下面的对话：

> A：方芳可以毕业吗？
>
> B：方芳已经有 41 学分了。

由规则（1）A（s）$\vdash$ A（w）推出：方芳可以毕业了。

第二种情况，根据规则（2）（3）（4）进行分析：关于话语弱势的推出。例如：

> A：方芳和李力的恋爱进展如何？
>
> B：方芳是喜欢李力的。

霍恩等级 < 爱，喜欢 >，"爱"="喜欢"（w）+ 其强烈程度达到对情侣爱恋的程度（x）。根据规则（3）A（w）$\vdash \neg$ A（x），可以推出：并非其强烈程度达到对情侣爱恋的程度，即他们的关系有进一步发展的可能。而不是根据规则（2）A（w）$\vdash$ A（s），推出："方芳不爱李力。"

第三种情况，根据规则（5）（6）进行分析：从说话人表示的知识状态进行推导。例如：

> 我相信李力是博士。

霍恩等级 < 知道，相信 >，"相信"尚未达到"知道"的程度，根据规则（6）的第②条 F（P）$\vdash \neg$ K（P），可以推出："我不知道李力是博士。"又根据第③条 F（P）$\rightarrow \pm$ P，可知其蕴涵："李力也许是也许不是博士。"

3. 信息原则推导的实施规则

设话语所谈及的对象或事件可能形成如下关系：{ R_1，R_2，…，R_n }，若从贴近实情或常规的程度来说，$R_1 > R_2 > \cdots > R_n$，则 R_1 优先成为扩展说话人话语的信息内容的最贴近的因素，从而推导出说话人的话语意图。

对于常规（关系），可以做这样的规定。

对象或事件：

（1）所形成的共轭关系优先于贴近的常规关系；

（2）所形成的预设关系和衍推关系被视为是不言而喻的；

（3）现实关系的认定优先于常规关系的认定。

共轭关系用于对象，它们所形成的关系有关系轴，像是共处一个轭，如上义—下义、整体—部分、汽车—司机、师—生、父—子等。

预设、衍推关系用于事物。例如：

> a.张先生和张太太来交钱买房子。
> b.张先生和李先生来交钱买房子。

从常规关系来看，张先生和李先生各买一套房子；而张先生和张太太是夫妻，为共轭关系，优先于一般常规关系，因此可以推出：他们共买一套房子。又如：

> a.她买了一条裙子，拉链一下子就坏了
> b.拉链坏了，她只好再买一条裙子。

a 句的裙子和拉链是常规关系，而 b 句就不同了：拉链是原来的那条裙子上的，而不是新买的裙子上的，这是现实关系。因此，现实关系的认定应该优先于常规关系的认定。

四、熊学亮的单向语境推导模式

熊学亮在讨论了"超载信息"（话语携带的语用信息）和认知语境之后，给出了一个单向推理模式[①]，如图 7-2 所示。

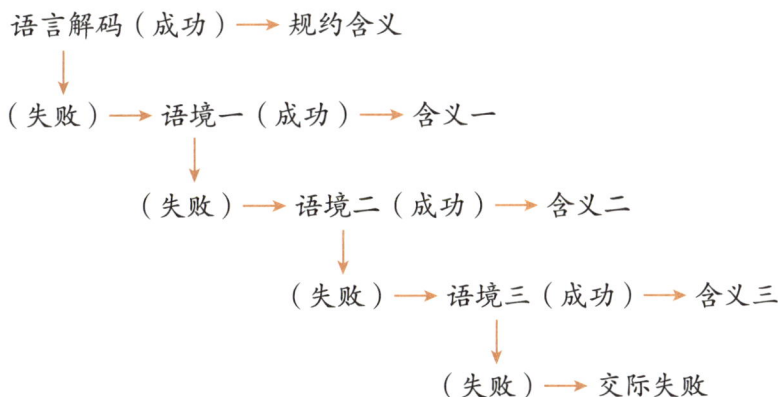

语言解码（成功）——→ 规约含义

（失败）——→ 语境一（成功）——→ 含义一

（失败）——→ 语境二（成功）——→ 含义二

（失败）——→ 语境三（成功）——→ 含义三

（失败）——→ 交际失败

图 7-2　熊学亮的单向推理模式示意

语境一指具体场合状态。例如有 A、B 二人在海滨第一游泳场游泳后来到第二

---

① 熊学亮.认知语用学概论[M].上海：上海外语教育出版社，2001: 160-163.

游泳场，发现第二游泳场比第一游泳场好得多时，A 对 B 说："你会游泳吗？" A 和 B 一起游过，当然知道 B 会游泳，A 的话岂不是莫名其妙吗？可正是这个具体语境，让 B 推出会话含义："再游一次好吗？"

语境二指工作记忆状态。例如在学生宿舍，A 对 B 说："你会游泳吗？"在通常情况下，A 是想了解 B 的游泳能力，话语没有超载信息；但是如果他们刚刚谈起学校游泳池对外开放的事，那么话语的超载信息亦即会话含义便是："我们去游泳好吗？"

语境三指知识结构状态。例如一个孩子在一个小书迷家里玩橡皮球，把球打到书的后面了。此时小书迷正好看到球的落处，孩子问："球呢？"小书迷答："在托尔斯泰后面。"这里需要的是相关的知识背景，如果在孩子的知识结构里缺乏相应的知识，那么就无法理解小书迷的意思，交际因此失败。

熊学亮认为，他的单向语境推导模式，集斯珀伯和威尔逊的关联理论，霍恩的 R 和 Q 原则，以及莱文森的 Q、I 和 M 原则的大成。在他看来，这三种理论可以分为两类：斯珀伯和威尔逊的理论所强调的是语言非规约的推理部分，而霍恩和莱文森主要探讨的是语言的规约推理部分。尽管三种理论都强调认知因素，莱文森和霍恩的研究仍然在格赖斯的框架中进行，而斯珀伯和威尔逊则另立门户，自成认知语用学体系。

第四节　关联理论

一、关联原则与关联推理

关联理论（relevance theory）是法国学者斯珀伯与英国学者威尔逊合作提出的，并于 1986 年首次出版了《关联性：交际与认知》（*Relevance: Communication and Cognition*）一书，1995 年再版。关联理论将交际与认知有机地结合起来，从认知的角度对会话含义的推导进行了有益的探索，不仅为语用学提供了崭新的思路，而且从一定意义上讲，"给认知科学打下一个统一的理论基础"[①]，对认知心理学、交际学、篇章学和翻译学等学科都产生了深远的影响。威尔逊、罗宾·卡斯顿（Robyn Carston，以下简称卡斯顿）（2007）[②]、埃瓦·瓦拉斯泽夫斯卡（Ewa Walaszewska）[③] 后续从词汇语用角度对关联理论的深化与拓展也已成为语用学的一大发展方向，在国

① Sperber, D., Wilson, D. *Relevance: Communication and Cognition*[M]. 2nd Edition. Beijing: Foreign Language Teaching and Research Press, 2001.

② Wilson, D., Carston, R. A Unitary Approach to Lexical Pragmatics: Relevance, Inference, and Ad Hoc Concepts[C] // Kasher, A. *Pragmatics II: Critical Concepts (Vol. 2)*. Milton Park, Abingdon: Routledge, 2012.

③ Wałaszewska, E. *Relevance-Theoretic Lexical Pragmatics*[M]. Newcastle upon Tyne: Cambridge Scholars Publishing, 2015.

内亦获得颇多响应。如陈新仁（2015 年）借鉴关联理论与词汇语用学的思路，重新定义了字面意义与会话含义的分界，力图进一步厘清语用学与语义学的边界。这一探索从汉语语用学发展历程的角度看是十分有益的尝试。[①]

记得吕叔湘先生早有所言："介绍的目的是借鉴，是促进我们的研究，我们不能老谈隔壁人家的事情，而不联系自己家里的事情。"沈家煊也一再倡导要运用国外先进的语言理论来解释汉语现象。因此，下面我们将尽量运用汉语的例子来阐发关联理论的主要内容。

（一）关联原则

关联理论有两条笼统的原则，它们构成了关联理论的基础。这两条原则分别是认知原则和交际原则。

认知原则：人类认知倾向于同最大程度的关联性相吻合。

交际原则：每一个话语或其他交际行为都应设想为具有最佳的关联性。

认知原则认为人类理解话语时往往倾向于获得最大关联性，这通常要求交际者遵守"量原则"提供"充分"信息；而交际原则却认为，虽然交际者对话语会产生关联期待，但是在实际交际活动中，出于经济的心理，人类并非一定要期待最大关联性而往往满足于最佳关联。认知原则是交际原则的基础，它可以预测人类的认知行为，故对交际起到引导作用。

斯珀伯和威尔逊在《关联性：交际与认知》的第一版中，只提出了一条关联原则，而在第二版中，这条原则被改为第二关联原则，即关联的交际原则，并另外增加了一条原则——第一关联原则，即认知原则。[②] 他们的目的是提醒交际者将最大关联与最佳关联加以区别。所谓"最大关联"是指：用尽可能少的努力获得最大的语境效果（the greatest possible effects for the smallest possible effort）；所谓"最佳关联"是指：用较小的努力获取足够的语境效果（adequate effects for no unjustifiable effort）。最大关联和最佳关联在很多情况下并不完全重合。例如：

> A：现在几点了？
> B：八九点吧。
> C：八点半了。
> D：八点三十一分二十秒。

针对 A 的问话，B、C 和 D 都做出了回答。但是 B 的回答过于笼统，信息的精确度太差，语境效果小，关联性小，没有提供满意的回答；反之 D 遵守量原则，提供了准确而又充分的信息，语境效果最大，关联性自然也最大，可是他的回答同样不能令人满意，因为 D 的回答尽管准确，但是过于烦琐累赘。只有 C 的回答最让 A

① 陈新仁.语义学与语用学的分界：一种新方案[J].外语教学与研究，2015(6): 838-849, 959-960.
② 何自然，冉永平.关联理论：认知语用学基础[J].现代外语，1998(3): 96.

满意，最满足 A 的关联期待。因为他一方面提供了较为准确的而对于 A 来讲又是足够的信息，使 A 获得了足够的语境效果；另一方面又比 D 的回答来得简洁明了，因而是最佳关联。最佳关联是言语交际活动的核心原则。

在关联理论中，关联性是命题 p 与一组语境假设 { C } 之间的关系。关联性被视为输入到认知过程中的话语、思想、记忆、行为、声音、情景和气味等的一种特性。如果输入的内容引起了人们的注意，并愿意为处理它而付出努力的话，它就具有了关联性。至于什么信息使得人们愿意参与处理，这就涉及语境效果。能否取得语境效果及语境效果的程度大小，决定了人们是否愿意为理解它而付出努力。显然语境效果和付出努力是关联性的两个重要概念，只有理解了它们才能理解关联性。

（二）新旧信息的相互作用

人们在交际中处理一句话语时，需要从头脑中提取许多原先已存在的假设，然后再在这些假设的基础上处理即时获取的更新的信息。这样一来，话语的理解就成了新信息与已有信息的相互修正、抵消与重组的过程。同一个人总是在不断变化的语境中去理解新信息，由于人和人的语境基础不同，同一句话语会对不同的人产生不同的语境效果。斯珀伯与威尔逊将这种新旧信息的相互作用概括为下面三种情况：

1. 加强现时的语境假设，亦即为其提供更多的证据

例如：

> A：你生病了吗？
> B：是的，我发烧了。

B 不但回答了 A 关于是否生病的问题，而且还明确地提供了更充分的信息：发烧了。这是对"生病"这一信息的细化和强化。B 这样的回答当然是令 A 满意的，因为他满足了 A 的问话期待。

2. 与现时的语境假设产生矛盾，亦即为其提供有力的反证

例如：

> A：你生病了吗？
> B：我没有生病啊，一切都很好。

A 的问话实际上存在一个语境假设：B 生病了。可是 B 的回答否定了这种假设，而且还提供了反证：一切都很好。B 的回答不但没有满足 A 的信息期待，而且否定了他原有的信息期待，两种信息以互相矛盾的方式使 A 获得了新的信息：原来 B 没有生病，自己搞错了。这也可以理解为 B 的话对 A 产生的语境效果。

3. 与现时的语境假设相结合，产生语境含义

语境含义是根据输入的内容和话语两方面一起推导出来的结论，而不是单方面只靠输入内容或语境。例如：

> A：你生病了吗？
> B：刚刚吃了两片百服宁。

针对 A 的问题，B 没有做出直接的回答，但是从服用了百服宁的新信息及交际者头脑中积累的有关健康的百科知识与简单的逻辑知识，就可以轻松地推断出：B 是生病了。这类意义不同于以上两种直义（字面意义），它是会话含义。这种含义隐含于话语之中，需要结合语境假设通过推导才能获得。因为要结合语境假设才能得到，而语境假设又总是因人而异，所以对同一句话不同的人可能产生不同的理解。比如 A 是个孩子，头脑中没有百服宁是治疗发烧、感冒等疾病的常用药的知识的话，B 的回答他就很难理解；如果 A 所在的地区没有广泛使用百服宁这种药物的话，听话人也不能理解 B 的回答。这种情况还可以设想出许多。由此可见，与直义相比，含义具有不确定性。这种现象在生活中大量存在。

（三）关联性分析

关联性是由语境效果（或称为认知效果）和所付出的努力两个参数决定的。关联性与语境效果成正比，与处理话语所付出的努力成反比。下面我们从语境效果和付出努力这两个角度对同一个语用交际话语进行对比分析。

1.语境效果越大，关联性越强

例如：

> A：今晚一起看电影好吗？
> B：对不起，明天有考试。
> C：对不起，我没空。
> D：对不起，我要复习英语。
> E：对不起，我要复习大学英语一册的语法。

B、C、D 和 E 都是对 A 的回答。它们一个比一个具体，提供的信息一个较一个更多，语境效果自然也是一个大于一个，关联性一个强于一个。

2.所付出的努力越多，关联性越弱

例如：

> A：今晚一起看电影好吗？
> B：对不起，我没空。
> C：对不起，我要复习英语。
> D：对不起，我要复习大学英语一册的语法。
> E：对不起，明天要考试。

B、C、D 和 E 都是对 A 的回答。B 的回答直接明了，理解最轻松，关联性最强，但有点不太客气；相比之下 C 的回答较显委婉，以复习英语为理由婉转拒绝了 A 的邀请；与 C 相比，D 也有礼貌但略显烦琐，问话人只需了解答话人要复习英语不能应约即可，至于复习的具体内容则完全不关心；与 B、C、D 比较，E 的回答最为委婉含蓄，以自己明天有考试为由礼貌地拒绝了邀请，这最满足利奇的礼貌原则，然而听话人 A 要理解 E 的含义就需要付出较大的努力。这里有一个推理过程。首先需要推出 E 的结论：

> 如果明天要考试，今晚就需要复习。
> E 明天要考试
> 所以，E 今晚要复习。

然后再推出今晚 E 不能应约的结论：

> 如果今晚 E 和我去看电影，那么他必须有空；
> E 要复习英语，他没有空；
> 所以，E 不能与我一起去看电影。

E 拒绝得最委婉，不确定性最大，理解付出的努力最大。

从上可知，处理 B、C、D、E 四种回答所需的努力一个大于一个，因而关联性也就一个弱于一个。

3. 最佳关联

上面两组句子，一组是关联性逐渐增强，另一组则是关联性逐渐减弱。增强与减弱的句子次序并不完全相应。这说明语境效果与付出的努力并非规则地从正负两方面制约关联的程度和强弱。因此，要真正把握交际话语的意义，就必须在两者之间找到平衡。这就是所谓的"最佳关联"——用较小的努力可以获得足够的话语关联。我们用语境效果与付出努力两条标准逐一考察上述的四种回答，结论就清清楚楚了。

回答	语境效果	付出努力	最佳关联
B：对不起，明天要考试。	最小	最大	否
C：对不起，我没空。	较小	最小	否
D：对不起，我要复习英语。	较大	较小	是
E：对不起，我要复习大学英语一册的语法。	最大	较大	否

B 和 E 都要付出较大的努力，因而不论语境效果如何都不是最佳关联；C 虽然付出的努力最小，可是获得的语境效果也小，也不能算是最佳关联；只有 D 付出的努力较小得到的语境效果较大，符合"用较小的努力可以获得足够的话语关联"的

要求，理所当然具有了最佳关联。它清楚、明确地表达了拒绝之意，对方仅仅需要简单推理就可获悉足够的信息，很好地满足了 A 问话的信息期待。D 不仅是最佳关联的话语，而且也是最为成功的交际。

由上可知，关联理论将人类的交际行为理解为这样一个程序：首先对句子的字面意义加以解读，然后再调用相关的语境假设进行充实，在用较小的努力获得了明说层面的直义之后，再去获得句子暗含的意义即含义。只有这样，才能获得句子足够而完整的意义。

（四）认知语境

在关联理论中，"认知语境"是一个重要的概念，也称为"语境假设"。交际过程中双方互明的共知环境称为"相互认知语境"。认知语境是在交际互动过程中，交际者为了正确理解话语而从人们的头脑中选择出来的一组命题或假设，它们随着推理过程而不断变化、发展。认知语境不仅仅限于现实环境中的情景和话语本身，还包括原先存在于交际者头脑中的对世界的各种知识和经验等；认知语境不是交际者事先知道的，也不是固定不变的，而是一个动态变化的过程。

一句话语的语境常常需要通过推理不断完善。所谓"话语理解"就是将新信息置于由人的一组假设组成的语境中加以处理，最后得出结论。例如：

> A：你要吃糖吗？
> B：吃甜食不利于健康。

A 在推知 B 的意思的时候必须通过调用"他注重健康"这一假设作前提进行推理：

> 前提：B认为吃甜食不利于健康。
> 　　　他注重健康。
> 结论：B不吃甜食。

然后，再调用假设"糖是甜食"与结论"B 不吃甜食"一起作为新的语境假设继续推理，这样才能推知最终结论：

> 前提：B不吃甜食。
> 　　　糖是甜食。
> 结论：B不吃糖。

因此，推理的过程也就是语境补全的过程。

语境包括长时记忆和短时记忆中储存的信息，可以分为三种信息：逻辑信息、百科知识和词语信息。认知结构的差异造成了语境假设的不同，因而不同的人常常推出不同的结论。例如：

> A：你去过西湖吗？
> B：我还没有去过杭州。

这里显然存在一个前提：西湖在杭州。A 听了 B 的话后可以得出这个结论：B 没有去过西湖。这里需要假设话语是关联的，然后从认知语境中调用一些语境假设来补全当前推理的语境：

> 西湖在杭州。
> 如果去过西湖，一定去过杭州；
> 如果没有去过杭州，一定没有去过西湖。
> B 没有去过杭州。
> 所以，B 没有去过西湖。

反之，如果对于一个不知道西湖在杭州的人来讲，他的认知语境中没有这一百科知识，因而理解时无法从中调用语境假设，他就会认为 B 的回答缺乏关联性，自然得不出"B 没去过西湖"的结论。

在关联理论中，关联是个不变项和已知项，语境是个变项和未知项。交际中确定某一话语具有关联性后，再去建构一系列相关的语境假设，推出话语的结论。这种做法可以符合建构主义做法，即先假设一种目标或结论，然后从多角度多方面构建这一目标或结论得以实现的条件，最后再围绕各个条件提出相应的措施和具体的做法。

二、不关联的情况

斯珀伯和威尔逊认为，语用交际中大部分是关联现象，但仍存在新旧信息不关联、不能产生语境效果的情况。对于不关联的情况，斯珀伯与威尔逊认为有以下三种。

第一，跟已有信息没有联系的孤立的新信息。例如你在读此文时，我对你说："1881 年 5 月 5 日喀布尔天气晴朗。"

第二，跟已有信息重复但又不能使之加强的新信息。例如你在读此文时，我告诉你："你正在读这篇文章。"

第三，跟已有信息矛盾但又不足以否定已有信息的新信息。例如在你读此文时，我对你说："你睡着了。"

其实以上三种情况，未必就如斯珀伯和威尔逊所说：不相关联。事实上，我们仍然可以从关联的角度加以解析。

例如第一种情况：如果从你在读此文的现时情景语境上讲，我说的关于喀布尔的天气情况的话语当然没有联系，产生不了新的信息，因而没有取得语境效果。但是，假如你知道我这段日子正在研究喀布尔的气象情况，或者我正从喀布尔回来，或者几天前你问过我喀布尔的天气情况的话，那么，我说的话自然就可以推得一系列的结论：原来已经研究到 1881 年的情况了，研究进展真快；我虽然已经回来了，但仍对喀布尔恋恋不舍；我满意地回答了你几天前提出的问题等。如果构建这些语境假设的话，"我"的话就不能说是不相关联的了。

同样，上文的第二种情况也可以分析。从表面上看，你正在读此文，我说"你正在读这篇文章"仅仅是对原有状况的重复，没有新的信息输出，也就是说，从情景语境上看，似乎不能产生语境效果。可是我们完全可以提出另外一些语境假设。比如我事先和你约好出去，无奈你在读此文，我仅以此话婉转试探一下；我已经读过此文并多次向你推荐你不听，今天你终于读此文了；我进入你的房间你没注意，我以此话打招呼。如果这样的话，你就可以获得新的信息：我们约好出去的，是我在提醒你，你会回答："哦，我马上就看好了，稍等！"这篇文章是我推荐的，你会回答："是的，很不错，谢谢你！"你知道是我来了，你会说："我还当是谁呢？原来是你啊。"在这些语境假设中，"你正在读这篇文章"当然是关联的，而且是较强的关联，因为产生了较强的语境效果。

其实在实际交际中，存在许多信息重复的现象，都不能简单地说是不相关联的，因为交际者说话往往有他的原因。例如鲁迅的《故乡》中描写："我家门前有两棵树，一棵是枣树，另一棵也是枣树。"作者不直接说"有两棵枣树"，显然是独具匠心：枣树象征了北方人民强烈的斗争精神，是作者文中着意颂扬的。又如，老朋友见面时常常情不自禁地说："你好，你好！"这种重复恰恰传达了老友邂逅的惊喜和激动；如果仅用"你好"就显得平静、客套了一些。再如，朋友见面相互介绍时，我说："她是我妈妈，我是她女儿"，风趣而幽默，定会博得一笑。这种信息重复的现象比比皆是。

最后看第三种情况。你在看书，我说："你睡着了。"斯珀伯和威尔逊认为二者不相关联，因为新信息明显与旧信息矛盾却又无法否定它。那么我们想问，既然我知道你在看书，却说"你睡着了"，这显然是睁着眼睛说瞎话，但除非是傻子或疯子，否则一定有他说瞎话的原因，或者说存在某种语境假设。我们可以设想一下：你在中午看书，昏昏欲睡，我说此话是在提醒你"打起精神，别睡着了"；我说了一句话，你没有搭理，我生气了，此时说"你睡着了"的用意是提醒你"刚才我的话为什么不回答，我生气了"；还可能是你刚才说了一句十分让人费解、不着边际的话，我不懂，故言"你睡着了"，意思是"你是在说梦话吧，我一点也不懂"。这样的语境假设还可以设想许多。

斯珀伯和威尔逊对不关联的情况概括得不够全面，导致其对关联和不关联情况的分析都不够清晰，缺乏解释力。他们认为产生语境效果的话语是关联的，语境效果通过新旧信息的加强、矛盾和共同推出含义得以实现，这似乎在暗示我们：凡是新旧信息没有产生这三种作用的就是不关联的。不关联包括信息孤立、重复和矛盾但不足以否定等三种情况，其实只要稍加推敲就会发现，在他们所谓的关联和不关联之间存在着一个断层，许多语言事实处于其间无法决定其归属。例如：

A：李校长开会回来了吗？

B：李校长开会去了？我不知道。他什么时候去的？

显然 A 的话暗含"李校长开会去了"，可是在 B 的认知语境中不存在这一假设。A 的话对 B 来讲是出乎意料的，因而他发出"他什么时候去的？"的疑问。这里明显产生了语境效果，自然是关联的。可是很难在信息的加强、否定或共同推知含义三类语境效果中找到解释，但我们完全可以认为它是关联的。这种现象，已经有人注意到了。再如：

A：苹果多少一斤？

B：（略）

A：橘子呢？

B：（略）

A：西瓜呢？

B：（略）

A：葡萄呢？

B：（略）

根据关联理论，上述 A 的四句问话不存在相互加强、矛盾和共同推出含义等关系，似乎是不关联的；但同时它们又不符合孤立、重复和矛盾但不足以否定等不关联的情况，似乎又不能说是不关联的。我们认为，虽然四句话缺乏紧密的直接联系，然而都统摄于顾客买水果这一语境下，因而又是有一定关联的。由于斯珀伯和威尔逊对关联和不关联情况的概括不够全面，一旦面对类似的情况，关联理论就会产生束手无策的尴尬。

三、关联理论与格赖斯含义理论

（一）关联理论与格赖斯含义理论的区别

斯珀伯与威尔逊在格赖斯会话含义理论的基础上，尤其是针对它的不足，从认知心理学角度提出了关联理论。不可否认，从含义理论到关联理论的发展是语用学的一大进步；关联理论在许多方面超越了含义理论，对语用学的发展产生了深远的影响。两相比较，关联理论与格赖斯的含义理论有以下一些不同之处。

1. 出发点不同

格赖斯的含义理论主要从语用学的视角出发，具有较强的哲学意味；关联理论则试图建立一个心理模式，从认知心理学及语言哲学、交际学等多学科视角对语言的交际与认知进行了探讨。正如斯珀伯和威尔逊所言，关联理论的目标是："确认根植于人类心理并能解释如何交际的一种内在机制。"①

2.研究的角度不同

格赖斯的含义理论主要从遵守和违反合作原则的角度入手，侧重于对话语表达的研究；关联理论则将认知与交际结合起来，将语用学研究的重点从话语的产生转移至话语的理解，进而将话语交际解释为从认知到推理的过程，大大地丰富了语用学研究理论。

3.对意义的定义不同

格赖斯将会话含义定义为"言者的意图"，又将意图得以实现的条件规定得过于严格，因而与现实形成了一定的断层。关联理论认为，交际者在实际交际中无须满足所有的条件，只要能够做到：使 A 识别 B 的意图 a（假定 A 和 B 为交际者）即可；识别意图就是理解意义，并不一定要相信说话人的意图。

4.解释对象的范围不同

与格赖斯的含义理论相比，斯珀伯和威尔逊的关联理论不仅适用于解释含义，而且适用于识别明说的意义即直义。格赖斯虽然将直义与含义区分开来，但是他的研究主要集中于含义尤其是特殊含义上，对直义缺乏论述。这似乎说，直义只要在语法层便可以处理，不属于语用学的研究范围。由于格赖斯只研究含义却不能对整个交际系统进行解释，"合作原则"缺乏统一性和概括性。与此不同，斯珀伯和威尔逊认为：作为人类认知的重要途径，交际过程其实就是处理原有信息并获取新信息的过程。关联可以对包括直义与含义在内的整个话语系统的意义进行阐释，不仅含义的获取需要推理，直义的获取同样需要推理，从而阐明了推理是交际的普遍现象。

5.理据的解释力不同

格赖斯在含义理论中认为，交际双方能够实现信息传递和解读的理据是"共有知识"，然其并未对此加以阐述。相比之下，关联理论中的"互为显映"（mutual manifestness）提供了丰富的解释力。关联理论认为，人和人在交际中所建立的认知语境不同，当同一个命题在不同的认知语境中得以显映时，交际双方会出现认知语境的重合，在这一重合的语境上进而推出合理的结论。"互为显映"与"共有知识"相比，前者更符合人们的实际情况。因为人们虽然生活于同一个物质世界里，但是并不能简单地认为人们享有的世界知识都是完全相同的。实际上人和人之间存在很大的差异，他们不可能建立完全一样的认知语境。再者，"互为显映"更符合人们的交际心理。因为在交际中，人们的认知语境相互显映，在相近的知识和能力的基础上产生新的信息，这才是最重要的。人们交际的目的不是交流原有的"共有知识"，而是推知新的信息。

---

① 张亚非.关联理论述评[J].外语教学与研究，1992(3): 64.

6.现实性的强弱不同

会话含义理论建立在说话人对合作原则有意遵守或违反的基础上，可是实际上不管是说话人还是听话人都不可能在交际时去考虑"遵守"抑或是"违反"的问题。合作原则对解释语言的意义有一定的作用，但不太符合话语交际的实情。与此不同，关联理论强调交际者对关联性的自然遵循，并非刻意的追求，这就比较符合事实。人们在交际时总是自然而然地遵循关联原则说些关联的话，做些关联的事，即使有些话语貌似不关联，深究下去也许可以找到深层次的关联。因此，关联原则较合作原则更具现实意义。此外，格赖斯过于强调对合作原则中质的准则的遵守；关联理论认为这不符合交际事实，出于经济的原理，人们在交际中常常不去期待精确无误的信息而偏向于满足模糊大体的信息，因此只有关联才是交际的最基本的原则。

7.对语境的看法不同

以前的语言学家大多认为语境是预先确定的和可知的，交际者根据语境进行推理得出结论。格赖斯就持这样的观点，认为语境可作为确定的条件参与含义的推理。关联理论对语境的看法与众不同：语境由一系列处于动态的设想或者命题组成。根据认知原理，人们总是希望用尽量少的努力获取尽量令人满意的语境效果，因而在理解时不是先确定语境然后再根据语境推理，而是先假设需要处理的信息是关联的，然后再去调用有关的信息组成语境推知结论。所以语境成了变项和未知项，关联成了不变项和已知项。这种独具新意的观点不仅让人耳目一新，而且很有启发意义。

8.应用价值不同

关联理论有着比格赖斯理论更大的应用价值，它不但有助于解决歧义的消除、指称义的确定、词语意义的收窄和扩大等问题，还能分析语态、时态、情态动词、助动词、小品词、联系词及句子与语篇的文化特征等。此外，它对文学作品、媒体语篇及翻译等各个层次的语篇，以及隐喻、幽默、反语和夸张等修辞化的艺术语言皆能做出崭新的阐释。

（二）关联理论的不足

如上所述，关联理论的确从许多方面对格赖斯的含义理论做了有益的补充和修正。但是任何理论都有一个逐步完善的过程，关联理论不可避免地存在一些不足。当然，原因之一是认知心理学本身就具有一些不足，没有就这些问题给出圆满的结论，正如何自然所言："关联理论也必然带有认知心理学的某些弱点与不足。"[①]

1.话语解释的结果在必然性与或然性上存在矛盾之处

斯珀伯和威尔逊认为依照关联原则处理话语应该得到唯一的必然的结论，可是一旦联系具体语言事实就不难发现，要使话语解释做到绝对精确是不太可能的。因为语言自身具有很大的模糊性，交际必然涉及复杂多变的心理和受局限的能力等

---

① 何自然，冉永平.关联理论：认知语用学基础[J].现代外语，1998(3): 105.

问题，我们只能争取推理结论尽量接近说话人的意图，要做到绝对确定似乎不太可能。

2. 关联理论对人在推理过程中的主体性强调不足

虽然关联理论在一定程度上重视认知主体在感知、处理、解读话语中所表现的能动性，但是它又利用语境效果和心理努力两个变量的消长来解释语用现象。此外，关联理论还忽视了人的主体性，如交际目的、文化信仰及礼貌心理等。针对复杂多变的语用现象，它存在简单化的倾向。

3. 语境效果和心理努力的确定不易操作

关联理论认为，人们在交际中期待用较小的付出获取足够的语境效果，一旦获取足够的信息，推理就会终止。心理努力与语境效果是判断关联性的两个参数，可是语境效果与心理努力本身却无确定的系数可以参考。怎样去确定最经济的心理努力呢？这往往因人而异，即使是同一个人也很难确定。怎样知道已经获取了最佳关联呢？这未免增加了原则的操作难度而使之显得空泛。关联理论认为，语境效果与心理努力从正负两方面决定关联性，关联性与心理努力成反比，付出努力越大语境效果越小，关联也越小，反之就越大；同时又认为，语境效果的大小取决于努力的多少。这样一来，关联理论似乎是将关联、语境效果与心理努力三个概念循环定义了，导致了理论自身的模糊和抽象。

4. 其他待探索的问题

关联理论认为，在交际中人们总是要对头脑中的庞大信息系统进行选择，调用一系列语境假设，可是这些假设是如何产生的、以怎样的顺序产生的？听话人为什么会产生这种解释而不是那种解释呢？这种最佳关联的解释是怎样产生的？这些问题都有待探索。这不仅仅是关联理论的不足，也是整个认知科学的缺陷。①

第五节　含义推导的自然模式

一、激活语用模式

通过以上讨论，我们感受到：新老格赖斯理论内容丰富多彩，甚至令人眼花缭乱。在这些理论中，有的别开生面，有的细致深刻，但也有的稍嫌烦琐，理解起来有些费力。

---

① 以上观点详见：何自然，冉永平.关联理论：认知语用学基础[J].现代外语，1998(3): 94-109; Sperber, D., Wilson D. *Relevance: Communication and Cognition*[M]. 2nd Edition. Beijing: Foreign Language Teaching and Research Press, 2001: 4-6; 曲卫国.也评"关联性"[M]//何自然，冉永平.语用与认知：关联理论研究.北京：外语教学与研究出版社，2001: 23-31; 张亚非：关联理论述评[M]//何自然，冉永平.语用与认知：关联理论研究.北京：外语教学与研究出版社，2001: 9-23.

钱冠连说："语用推理本来就无须走纯粹的形式化途径，也找不到纯粹形式化的途径。"[1] 这句话似乎应当这样理解：作为形式语用学，形式化语用推理是必要的，但它只能解释语言这个大系统中的部分语言现象。就人们日常的言语交际而言，诚如钱冠连所说，从来没有人是靠会话原则来与别人进行言语交往的，会话在事实上是不服从成文的规则的管束的。语用公式并不是越细越好，因为"真理本身是简易的，公式的形成是自然的。如果有可行的模式的话，那模式一定是简单的。"[2]

其实，人们的日常交际并非总是那么复杂，在大多数情况下都是非常简单、应用起来轻松愉快的。在交际中，人们总是"得懒且懒"，能省力就省力，这叫"省力原则"。但是有时候为了更为理想的语境效果，却也不怕花费力气。

人们的言语交际颇有些像电脑操作：打开一个窗口，然后根据需要选项，再一个个地打开。

让我们打开本书第一章说到的语用模式：

> C（A，所以B）

应当说这个公式是最简单不过了。它只包括三个选项：语境 C 、前提 A 和结论 B。这个公式不仅简单，而且自然，它完全是从人们日常交际的自然状态出发的。

先打开语境 C。所有的语用推理都离不开语境，即使就所谓的"常规含义"而言，"客观世界的常规就是语言运用的环境"[3]。不过在交际中，语境因素有时候可以忽略不计。例如：

💬　**鲁迅生于1881年。**

交际者无须考查它的语境因素，直接认知并储存到记忆中就行了。然而这句话仍然没有离开语境。"1881 年"属于公历纪年法，如果不使用公历，则鲁迅并非生于 1881 年。此例如果不采用某种特殊的语境手段（比如重读某个词语），则它不传达含义，不属于本节讨论的范围。

语境也不是人们必须打开的第一选项。语境 C 是随着交际的需要随时打开的，它是一个变项，随时都在变化发展着。一般说来，语境取项总是以方便、省力为宜。例如前面举过的例子：有位女生到食堂窗口买饭，师傅给她打了三毛钱的饭。女生奇怪地问："你怎么知道我买三毛钱饭？"师傅说：

💬　**女生都打三毛钱饭。**

推理是：女生都打三毛钱饭；你是女生，所以你打三毛钱饭。就语境选择而言，

---

[1]　钱冠连.论构建语用推理模式的出发点：新格赖斯理论评论[J].现代外语，1994(3): 6.

[2]　同上。

[3]　同上。

师傅选择的是情景语境（因为看一眼最省力），然后应用三段论推出自己的结论。小孩儿见大人就喊"叔叔""阿姨"，见老人就喊"爷爷""奶奶"，选择的也是情景语境。

言辞语境无疑是交际者随时都会选用的。例如某家商场免费供应一种饮料，每人限饮一杯。某甲想再饮一杯，第二次来到取饮料的地方。工作人员说：

> 你又来了。

一个"又"字使某甲陷入了尴尬。

情景语境有眼前情景和背景之分，有时候需要动用双方共有的背景知识才能实现成功的交际。例如鲁迅《故乡》中的"豆腐西施"杨二嫂对"我"说：

> 忘了？这真是贵人眼高……

"我"要理解这句话的含义是什么，就只有依赖于背景语境了。

在言语交际中，人们最直接关心的是前提 A。因为有了前提，就有条件推出结论 B 来，也就有可能成功地完成交际任务。

打开前提 A，有两个选项：显前提和隐前提。显前提见之于话语，具有字面意义；隐前提不见之于或不完全见之于话语，是从语境中搜索到的。还是说"买三毛钱饭"的事：

> 女生都打三毛钱饭
> （你是女生）
> 所以，……

"女生都打三毛钱饭"，是师傅说出来的，因而属于显前提；"你是女生"为隐前提，来源于情景语境。它们都是推出结论的先决条件。

交际者打开前提 A 后，首先获得显前提，然后再根据语境补足隐前提，就可以打开结论 B，完成推导任务了。如前例：

> 女生都打三毛钱饭；
> 你是女生；
> 所以，你打三毛钱饭。

此例依赖于语境，应是语用推理；但它只是字面的直义推理，还不能算是含义推理。含义推理不是纯粹的字面推理。

例如：

> A：还是方芳高明。
> B：方芳有四只眼睛！

B 的话的隐前提是：方芳戴眼镜。根据情景语境和关联原则，可以推出结论：方芳比别人更有眼力看出问题。这是一个特殊会话含义的推理。

再如前面"杨二嫂"例，显前提为杨二嫂说的话语："忘了？这真是贵人眼高……"隐前提是相关的背景知识，由此推出的结论是：杨二嫂对"我"没有认出她来很不满意。

二、打开显前提

显前提就是交际者的话语前提，但是话语含义不同于话语的真值意义。也就是说，含义不能单独从话语前提的真值条件推导出来。例如：

> a. 过去了。
> b. 过去了！如果过去了，那么过去了。

它们的逻辑公式分别是：

$$a.\ p$$

$$b.\ p \wedge (p \to p)$$

a 和 b 的真值完全相同，但是 a 只有字面意义，而 b 还具有含义：对已经发生的事情用不着感伤不已。

从含义推理出发，打开显前提，有两个选项：有标记和无标记。先看"有标记"。

所谓"有标记"，就是指话语中含有某些指索词，它们标示着话语具有某种含义。例如：

> a. 请你把门打开。
> b. 飞碟又来了。
> c. 因此，我警告你，这头公牛很危险。
> d. 理无可恕，但是情有可原。
> e. 您是校长？
> f. 小张熟悉小李。
> g. 中国或者日本建立了南极考察站。
> h. 我不是不想去苏州。

a 有标记"请"，属言语行为义。b 有标记"又"，有含义"飞碟曾经来过"。它既是规约含义，也是预设，预设应为非规约含义。c 有标记"警告"，含警告、提醒之义，属于言语行为义；标记"因此"，含"结论"义，属于规约含义，也被看作二级言语行为。d 有标记"但是"，含规约义。e 的标记"您"属于社交指索词，含有"尊敬"的规约义。f 为等级含义句，"熟悉"强于"知道"。g 为子句含义句，p 或者 q 弱于 p 并且 q。h 有标记"不是不"，表示说话人对"去"有某种保留。

以上这些标记的区别，只有对研究者来说才是重要的；就交际者而言，他们关心的只是得出什么样的含义。交际者对这些标志性词语很熟悉、很敏感，因而操作起来并不困难。

至于无标记话语所传达的含义，也难不住"万物之灵"的交际者们，其方法就是"搜索"关联性。只要听话人认定话语同说话人的意图相关，就会想方设法找出关联、推出结论来。例如：

1. A：我的自行车胎破了。
　　B：前面拐角处有一家修车铺。
2. A：小王呢？
　　B：会议室在放录像。
3. A：因荷而得藕？
　　B：有杏不须梅。

这几例对话都无标记，而且话语间都有不循常规之处。正是这些特点使得交际者去寻求关联，以便推出结论。例1根据语境和合作原则，从 B 可以推出"可以把自行车推到那里修理"。这是一般会话含义。例2中 B 的话违反关系准则，但从语境可以推出"小王可能在会议室"。这是特殊会话含义。例3的背景是这样一个故事：明代神童程敏政（B）赴京，宰相李贤（A）想招他为婿，出了个双关语的上联考他，意思是：因何而得偶？程敏政也用双关语答出下联，意思是：有幸不须媒。虽然他们都违反了方式准则，但是彼此心照不宣，问答都十分精彩。此例也属于特殊会话含义。

同样，实际的交际者们也是不关心什么原则或准则，但又都能够正确推导出话语含义来。

三、探寻隐前提

在含义推理中，人们往往只关注显前提而忽略隐前提，似乎隐前提不如显前提那么重要。其实不然。一个推理如果缺少某个前提，不论是显是隐，都一样地推不出结论来。因此必须重视隐前提，并且把隐前提转换为显前提，以便于推出结论。

探寻隐前提，第一项任务是对需要解释的显前提做出解释。这经过解释的前提本来是隐前提，解释后成为用来推导的显前提。

显前提来自交际者的话语，但是有些显前提必须经过解释才能成为含义推理的前提。也就是说，一些含义不能从未经解释的表层结构直接推导出来。例如：

> 我们今天宰了他一刀。

如果仅就显前提而言，就是用刀捅了某人；而在特定的语境中，意思是指让某人破费了一些钱。这"意思"就是显前提背后的隐前提。由此可以推出含义：今天某人请客了。此例如果不加解释就进入推理，是会闹出笑话的。修辞上的比喻、夸张、双关等，都需要经过解释才能成为推理的前提。又如：

> A：请替我买包烟。
> B：小店关门了。

"小店关门了"有两种解释：一是小店打烊了，另一是小店倒闭了。这两个解释就是两个隐前提。如果是前者，可以推出含义：今天买不到烟了；如果是后者，含义则是：这里买不到烟了。究竟哪一种是此例的隐前提，这在特定的语境中是不难确定的。

第二项任务是用隐前提对显前提做出补充，让隐前提（补充后也成了显前提）同原来的显前提共同推出结论。

在含义推理中，有时候从说话人的话语似乎可以推出某个含义，实际不能，因为缺少某个前提。例如：

> A：西湖湿地保护专家研讨会在刘庄开会。
> B：夏曦教授昨天来到杭州。

这似乎可以推出含义：夏曦教授参加西湖湿地保护研讨会。其实未必。如果结论成立，必须补充一个前提：夏曦教授是应邀专家之一。（如果需要，还应补充"刘庄就是西湖边上的'西湖国宾馆'"。）这补充的前提就是会话中的隐前提。又如：

> A：晚上我们看电影好吗？
> B：明天我要考试。

此例曾经作为间接言语行为讨论过，就言语行为而言，A 是建议，B 是拒绝（言语行为义也是一种含义）。就会话含义而言，B 的话语传达了特殊会话含义：B 晚上不能去看电影。A 要从 B 的话语显前提推出 B 晚上不能去看电影的结论，中间还存在这样一些隐前提：准备考试需要占用晚上很多时间，看电影也要占用很多时间，B 不可能在同一个晚上既看电影又准备考试。否则是推不出的。

此外，显前提的预设也都是隐前提。预设就是作为交际双方的共有知识和话语恰当性的条件隐藏在显前提之中的，否则话语不恰当，不能充当推理的前提。所以，一些语言学家喜欢把"presupposition"（预设）译作"前提"，实际指的就是这种隐前提。当预设从显前提中被推导出来的时候，可以说预设也是一种含义，即预设义。以预设为前提推导出来的含义是含义的又一层次，可见含义是分层次的。预设有多重预设，同样说明了含义的层次性。

在日常的含义推导中一般都存在若干隐前提，只是这些隐前提在交际者的脑海里往往只是一瞬间的事，甚至由于经验的原因连想也没有想过，但它们确确实实是存在的，它们存在于显前提跟结论的关联之中。

隐前提是含义推理中最神秘的部分，它们中有许多说不清道不明的东西。也就是说，并不是任何隐前提都能够转换为显前提，比如纯感情、纯意志的因素，这些都是无法补充出来的。

四、揭示含义奥秘

在含义推理中，有了前提 C（A）就可以推出结论 B，揭示含义的奥秘了。然而，含义推理不同于"常规"的推理，它的主要推理形式不是一般的演绎推理或者归纳推理，而是试推法，虽然在推导中也会应用到演绎或者归纳。

含义推理的功夫全在于寻求前提和结论之间的某种似有似无的逻辑关联。试推法就是通过语境假设和语境选择来确定这种关联的推理方法。它大概就是皮尔斯所说的"abduction"（溯因推理）。在皮尔斯那里，溯因推理是同演绎法、归纳法对举的，含有推测和决断等意思。

人们日常的含义推理并不复杂，在许多情况下只是瞬间的事情。特别是在唇枪舌剑之时，比如辩论赛，语境瞬息万变，哪里有时间思考什么推导程序或推导规则，往往就凭借直觉和经验做出决断。

例如：

> A：昨天我看到总经理和一个漂亮女人卿卿我我。
> B：哎呀，他的妻子知不知道？

B 所传达的含义是：那个漂亮女人不是总经理的妻子。这一判断并没有经过多少思考，差不多就是凭直觉得出来的。当 A 接着又说："我以为她是谁呢？原来就是总经理的妻子。"这是 A 有意地同 B 开了一个玩笑，是一则幽默。其所以能够取得良好的语境效果，就是利用了交际者的直觉心理。

这里不是说含义推理没有什么前提或规则，恰好相反，这种直觉和经验都是平时以认知的经验形式积累起来的结果。也就是说，人们在平时的习得中掌握了相关的知识及认知的规律、规则，并以经验的形式积淀在脑海里，每当需要的时候就会自动地"蹦"出来。正因为这样，人们的含义推理能力才会有高下之分、巧拙之别。

从另一个角度上说，含义推理并非都没有思考时间。在许多情况下，人们又是可以从容地去探求前提和结论间的关联的。例如：

> 张三是一架机器。

听话人可以通过一系列的语境假设和语境选择来确定含义推理的结论。当然，每一次假设都必须用隐前提来解释显前提。举例如下。

假设1：

张三从来不知道休息。由此推出含义：张三是个工作狂。根据语境，张三不是这样的人。推论失败。

假设2：

张三办事效率很高。由此推出含义：张三工作的计划性和办事能力都很强。根据语境，张三不是这样的人。推论失败。

假设3：

张三是个冷酷的人。由此推出含义：张三没有人情味。根据语境，张三不是这样的人。推论失败。

假设4：

张三有气喘病。由此推出含义：张三的工作精神可嘉。根据语境，张三不是这样的人。推论失败。

假设5：

张三思维方式呆板。由此推出含义：张三缺乏灵活性。根据语境，张三就是这样的人。实践是检验真理的标准，这次推论成功。

在这个例子中，"张三缺乏灵活性"的结论，就是应用试推法一步步推导出来的。试推法作为一种语境假设和语境选择的推导过程，如果写成公式的话，那就是：

$$A_1 \text{ 或者 } A_2 \text{ 或者} \cdots \text{或者} A_{n-1} \text{ 或者} A_n;$$
$$\text{如果} A_1 \text{则} B_1 \text{并且非} B_1, \text{ 所以非} A_1;$$
$$\text{如果} A_2 \text{则} B_2 \text{并且非} B_2, \text{ 所以非} A_2;$$
$$\vdots$$
$$\text{如果} A_{n-1} \text{则} B_{n-1} \text{并且非} B_{n-1}, \text{ 所以非} A_{n-1};$$
$$\text{所以，} A_n 。$$

然而这一公式并不能保证含义推理的必然性，因为公式的假言前提并非穷尽了一切可能。应用试推法推导的含义推理，其结论只能是或然而非必然的。这一特点，决定了含义的不确定性。

含义推理还有许多问题，比如这些"或者"和"如果"是怎样产生的？或者说，它们是怎样在语境中被"激活"的？交际者如何做出最佳选择？如何提高含义推理的有效性？凡此等等，尚需从理论和实践两个方面寻求解答。

第八章

言语交际图式

第一节　言语交际过程的图式化

一、言语交际模式

交际是人们应用符号传达思想感情，以协调双方行为的过程。言语交际是交际者通过说话的方式进行的交际，是人类最重要的交际方式，因为只有言语交际才能使交际达到精确的水平。

为了研究言语交际的具体过程，人们常常采用图式化的方法，把交际过程表示为可以诉诸视觉形象的模式，即"言语交际模式"。

对言语交际模式的研究，目的是从现实生活变化万千的话语交际中概括出语言交际的构成、过程和特征，从而为话语交际提供有益的指导。下面，我们引介几种具有代表性的交际模式。

索绪尔将话语交际的整个过程绘制成上下两幅循环图。他认为 A、B 两个人的交谈构成了一种言语循环：循环的起点是 A 的大脑，大脑产生概念（concept）以后，将它转化为相应的语言声音符号（linguistics sounds and sound-image），然后声音从 A 的口里传播到 B 的耳中，接着，声音在 B 的大脑中再进行形式与概念的联结，形成相应的思想。[①] 如果 B 想继续表达，那么只需重复以上的过程。如此这般地继续下去，就形成了一个周而复始的话语交际循环模式。如图 8-1 所示。

---

① 费尔迪南·德·索绪尔.普通语言学教程[M].北京：商务印书馆，1980.

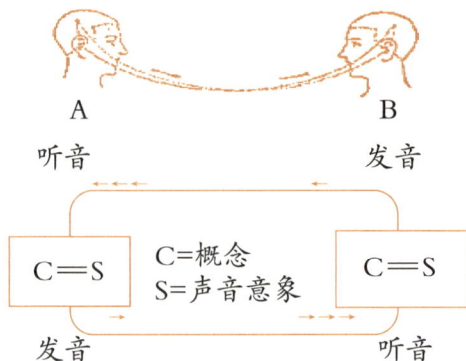

图 8-1　索绪尔的话语交际循环模式示意

　　索绪尔的循环图是应用结构主义方法论研究言语交际活动的产物，它对于人们理解和把握言语交际过程具有至关重要的意义。然而，话语交际不仅仅包括语言本身，它还涉及和交际相关的所有因素。"因此，索绪尔所理解的交际实际上是把语言符号从言语交际过程中孤立出来研究，而没有考虑整个交际过程中的其他因素。"[①] 这个不足在后来的研究中不同程度地得到了弥补。

　　美国信息论的创立者克劳德·艾尔伍德·香农（Claude Elwood Shannon，以下简称香农）和他的合作者沃伦·韦弗（Warren Weaver，以下简称韦弗）认为，交际就是信息源（information source）选择信息内容，转换为承载意义的符号（signal），通过传播渠道传送给接受者（receiver），最终到达交际目的地（destination）的过程。香农和韦弗将这一过程绘制为线形图，如图 8-2 所示。[②]

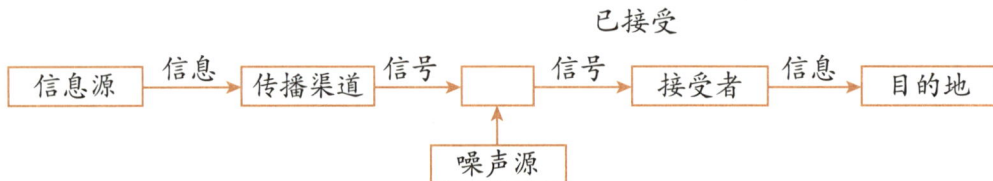

图 8-2　香农和韦弗信息传递线形图示意

　　索绪尔的循环图是将交际理解为编码—解码循环往复的过程。我们发现，香农和韦弗的线形图与其有相似之处。从信息源经过转换成为语言符号的过程实际上就是一次编码的过程；从接受信息到到达目的地，也就是解码的过程。两者的差别似乎仅仅在于：索绪尔的循环图将编码和解码刻画成循环往复的动态过程，而香农和韦弗则是刻画了话语从表达到理解的一次性过程。

　　立足于编码与解码，语言学家对话语交际模式进行了许多处理，其中斯珀伯与

---

① 程丽霞.交际模式研究的整合趋势和整合语言学[J].外语教学，2004(5): 1.

② Shannon, C. E., Weaver, W. *The Mathernacation Theory of Commmunication*[M]. Urbana: The University of Illinos Press, 1949.

威尔逊就曾提出，如果沿着这一思路，话语交际可以刻画为如图 8-3 所示的过程 [①]。

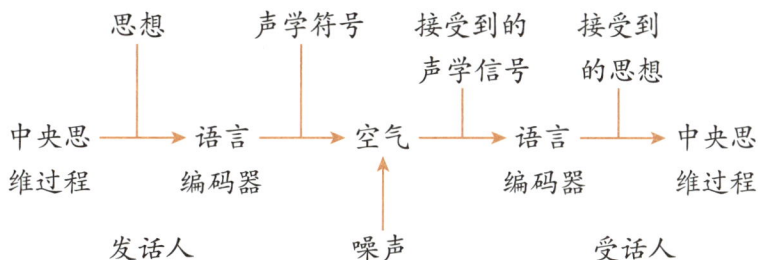

图 8-3　斯珀伯与威尔逊语码交际模式示意

斯珀伯与威尔逊明确地指出，在这一模式中，话语交际是一个纯粹的语码操作过程，由编码和解码这两个关联的过程组成，它体现了语码交际模式的核心思想。

利奇认为语法学与语用学解决的问题是不同的，由于他对语用学的重视，使得他在分析话语交际过程时加入了语用学的内容。由于受到韩礼德语言功能三分法（即把语言功能分为人际功能、概念功能和语篇功能）的影响，利奇明确指出言语交际分为人际的、观念的和文本的三个层面。这些内容都直接体现在利奇的梯形图中 [②]，如图 8-3 所示。

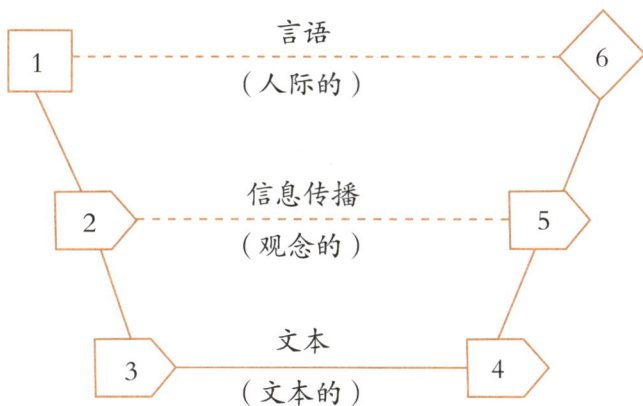

图 8-4　利奇的言语交际梯形图示意

图中的 1 是话语交际的起点，表达者根据人际关系层面的有关因素来确定传达的目的和意图，然后在 2 上选择相应的概念，最后，生成具体生动的有声语言"表之于外"。可见，1—2—3 的进路是表达者编码的过程。与此相对，4—5—6 的进路则是接受者解码的过程，程序正好与编码相反，释话人首先通过话语了解主要概念、把握具体意义，然后再确定表达者表达的意图和目的。利奇的梯形图将人际关系内容加入话语交际的模式中，并对话语交际原则如礼貌原则等进行了深入的研

①　Sperber, D., Wilson D. *Relevance: Communication and Cognition*[M]. 2nd Edition. Beijing: Foreign Language Teaching and Research Press, 2001: 4-6.

②　Leech, G.N. *Principle of Pragmatics*[M]. London: Longman, 1983: 58-59.

究，这都很有意义，使得话语交际成为一个与交际双方密切相关的语用学理论。

我国语言学家王寅认为，交际模式必须考虑到交际双方、表达方式及意义。综合这些因素，作者给出了图8-5所示的交际圆锥图的剖面图。[①]

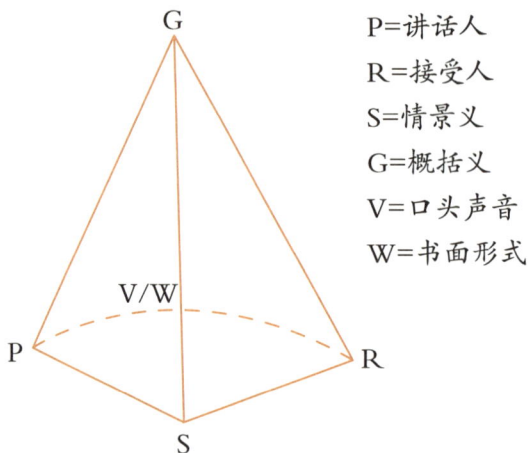

P=讲话人
R=接受人
S=情景义
G=概括义
V=口头声音
W=书面形式

图8-5　王寅的交际圆锥图示意

从圆锥图中看，"语言交际过程可解释为：当讲话人P在特定的情景S之中产生某一思想（即语义）需要向接受人R表达时，他将运用语言的概括义G与社会情景义S，通过声音V或书写W，以GS为轴沿PR弧向R传递这一思想"[②]。语义处于中心位置，可以分为两种："概括义G和情景义S，两者形成一个GS轴，语言交际以此为轴得以进行。"[③] 与前面几种交际模式不同，王寅的圆锥图对语义给予了高度的重视。

二、周礼全的语言交际图式

1994年，周礼全在《逻辑——正确思维和有效交际的理论》一书中给出了一个线性的"语言交际图式"，如图8-6所示。

$$I_1（E_1）\rightarrow I_2（E_2）\cdots\rightarrow I_{n-1}（E_{n-1}）\rightarrow I_n（E_n（M））\rightarrow$$
$$\text{"U（FA）"}（M'）\rightarrow E'_n（M''）\rightarrow E'_{n-1}\rightarrow E'_{n-2}\rightarrow\cdots\rightarrow E'_1$$

图8-6　周礼全的语言交际图式

这一图式比较复杂，传达的信息较多，比较能够满足交际者认知交际过程的需要。

周礼全说："人们的一切社会活动，都是有意图（或有目的）的活动。人们的语言交际活动，是说话者S意图通过话语向听话者H传达他的思想感情，从而产生某

① 王寅.论语言交际模式[J].外语教学，1995(2): 40.

② 同上。

③ 同上。

一或某些后果的活动。"① 图式中的 I 表示意图，E 表示效果，M 表示思想感情，"U（FA）"表示话语。

在言语交际的过程中，说话人 S 总有一个最初的或最根本的意图，记为 $I_1(E_1)$。有了 $I_1(E_1)$ 之后，S 就要考虑如何实现这一意图。通常有这样的情况：S 要实现 $I_1(E_1)$，就要先实现另一意图，记为 $I_2(E_2)$，而为了实现 $I_2(E_2)$，S 又必须逐步实现一系列意图：$I_3(E_3)$，$I_{n-1}(E_{n-1})\cdots\rightarrow I_{n-1}(E_{n-1})$。

说话人 S 还要考虑：要实现 $I_{n-1}(E_{n-1})$ 这个意图，S 应向听话人 H 传达什么思想感情和应用什么话语表达这种思想感情。作者用 $I_n(E_n(M))$ 表示 S 意图使 H 知道或认识 S 有思想感情 M。用"U（FA）"（M′）表示：表达 S 的思想感情 M′ 的话语是"U（FA）"。

前面这段公式是说话人 S 所经历的思想活动和言语行为的过程，即 S 的表达或传达；下面即是听话人 H 所经历的思想活动过程，亦即 H 的理解。

当听话人 H 听到 S 所说的"U（FA）"（M′）之后，H 就知道或认识 S 有思想感情 M，记为 $E'_n(M'')$。

当 $E'_n(M'')$ 出现之后，即当 H 知道 S 有思想感情 M″ 之后，就会逐步出现一系列的后果：E_{n-1}，E_{n-2}，…，E'_1。

图式中的"$\cdots\rightarrow\times\times$"表示"…的产生导致 ×× 的产生"。$E_i$（i=1，2，…，n）是 S 主观意图产生的后果；E'_1 是客观上或事实上产生的相应 E_i 的后果。客观上或事实上产生的后果 E'_1 可以就是 S 意图产生的后果 E_1，但也可以不是。M 是 S 意图使 H 知道或认识的 S 的思想感情，M′ 是 S 应用话语"U（FA）"所表达的 S 的思想感情。话语"U（FA）"所表达的 S 的思想感情 M′，可以就是 S 意图使 H 知道或认识的 S 的思想感情 M，但也可以不是。

H 的理解是 S 表达的逆过程：H 由知道或认识"U（FA）"（M′），进而知道或认识 $I_n(E_n(M))$。

周礼全对图式详细解释之后，又以《三国演义》中孔明智激周瑜的故事为例，对图式进行了具体的应用性说明：

> 话说新野之战，刘备败走江夏，曹操率百万大军直逼江东。孔明只身来到东吴，见孙权对于抗曹之事举棋不定，便由鲁肃引他去见周瑜。孔明见周瑜时有一个根本意图：促使东吴抗曹，这个根本意图就是 $I_1(E_1)$。孔明认为要实现这一根本意图，必须先说服周瑜，因为周瑜掌管东吴的兵权，又是孙权信任的人物。孔明意图说服周瑜赞成抗曹，就是 $I_2(E_2)$。孔明又考虑到要说服周瑜必须用激将法，即 $I_3(E_3)$。于是孔明决定向周瑜"传达"曹操下江东意在得到大乔、小乔，这就是 $I_4(E_4(M))$。于是孔明说道："愚有一计……只须遣一介之使，扁舟送两个人。操一得此两人，百万之众皆卸旗卷甲而退矣。"孔明即时吟诵《铜雀台赋》云："……

---

① 周礼全.逻辑：正确思维和有效交际的理论[M].北京：人民出版社，1994：503.

揽二乔于东南兮，乐朝夕之与共……"这就是"U(FA)"(M')。

周瑜听了孔明的话语"U(FA)"(M')后勃然大怒，并且说："老贼欺吾太甚！""吾与老贼势不两立！"这里包括了好几个步骤：首先是周瑜知道并相信了孔明所"传达"的思想感情，即 $E'_4(M')$，并且 $E'_4(M'') = E_4(M)$。其次，周瑜果然被激怒了，这就是 E'_3，并且 $E'_3 = E_3$。周瑜坚决赞成抗曹，这是 E'_2，并且 $E'_2 = E_2$。最后，东吴决定抗曹，这是 E'_1，并且 $E'_1 = E_1$。[①]

周礼全的"语言交际图式"，我们理解有以下几个特点。

第一，图式中含有四个要素，亦即言语交际过程的四要素：意图 I、效果 E、思想感情 M 和话语"U（FA）"。其中话语"U（FA）"是个复杂结构，在周礼全的意义理论中，U 表示副语言成分，A 是命题，F 为命题态度。

第二，意图 I 和效果 E 构成了特定的相应关系。它们可以分成相应的层次：有说话人的 I_1，I_2，…，I_n，相应地就有听话人的 E_1，E_2，…，E_n。此外还有说话人的 $I_1(E_1)$，$I_2(E_2)$，…，$I_n(E_n)$，这括号里的 E 只是说话人主观上预期的效果，而不是在听话人那里实际实现了的客观效果。

第三，思想感情 M 亦即说话人的"意思"，在不同语境中也有区别。M 只是说话人在思考中而尚未表达出来的意思，M' 是说话人通过话语实际表达出来的意思；M'' 是听话人通过说话人的话语实际理解的意思。它们可能相同，但也可能不相同。

第四，图式中的符号"→"表示一种"导致"关系。作者说："语言交际图式中的'…→××'表示'…的产生导致 ×× 的产生'。"[②] 这一点十分重要，它表明了言语交际各要素之间的制约作用。例如意图的层层制约、意图对话语的制约及表达对理解的制约，等等。如果没有这些前者制约后者的"导致"关系，任何言语交际都是不能实现的。

三、言语交际的简化图式

言语交际图式有繁有简，简单的清楚明白，繁杂的详细具体，各有各的用处。在这里，我们试图简化周礼全的言语交际图式，以期达到简繁适当之效。这个简化的图式如图 8-7 所示。

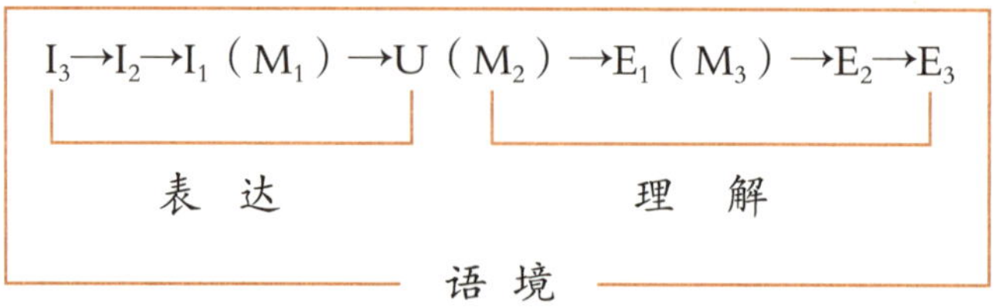

$$I_3 \rightarrow I_2 \rightarrow I_1 (M_1) \rightarrow U(M_2) \rightarrow E_1(M_3) \rightarrow E_2 \rightarrow E_3$$

表　达　　　　　理　解

语　境

图 8-7　周礼全的简化言语交际图式

---

① 周礼全. 逻辑：正确思维和有效交际的理论 [M]. 北京：人民出版社，1994：503.
② 周礼全. 逻辑：正确思维和有效交际的理论 [M]. 北京：人民出版社，1994：504.

图式的解释如下。

第一，I 表示说话人的意图；M 表示"意思"，包括说话人想表达或实际表达的意思，以及听话人所理解的意思；U 表示说话人说出的话语；E 表示说话人的话语在听话人那里所收到的语效。

第二，说话人的意图 I 是分层次的。I_1 表示说话人在这次交际中的直接意图；I_2 表示说话人深一层的意图；I_3 表示说话人更深层次的意图（这一点与周礼全的解释稍有区别）。当然，说话人可能还有更深层次的意图，那将是 I_4、I_5 等。一个性格直爽的人，所谓"一汪清水———一眼就能看到底"，或者一个头脑简单的人，他们的意图层次就可能少一些；一个城府深邃或者深谋远虑的人，意图层次就会多一些。简单的事情，意图层次少一些；复杂的事情，意图层次多一些。

第三，图式中的意思 M 在不同情况下，其含义是不相同的。M_1 是指说话人考虑如何按照意图向听话人表述自己思想时所形成的意思；M_2 是说话人实际说出来的话语所体现的意思。在很多情况下，说话人的 M_1 不等于 M_2。例如有一位公司职员意图向总经理提出提高薪水的要求，为此他准备了同总经理谈话的内容，并且写成文稿，背熟。可是见到总经理的时候，总经理问他有什么事，他竟然张口结舌，说不出半句话来。最后总算是吞吞吐吐、结结巴巴地说出了提薪的请求。对这位职员来说，在这次交际中的 M_1 和 M_2 相去甚远。当然，表达能力强的人的表达，例如孔明智激周瑜时，M_1 是等于 M_2 的。

至于 M_3，是听话人根据说话人的话语所理解的意思。它可能等于 M_2 或 M_1，也可能不等于。所谓"不解"，即 M_3 等于零；所谓"误解"，M_3 和 M_2 或 M_1 不相干；所谓"仁者见仁，智者见智"，由于听话人与说话人的知识背景等语境因素有别，M_3 也不等于 M_2 或 M_1。当然，在许多情况下，M_3 是可以等于 M_2 或 M_1 的。

第四，话语 U 是言语交际过程的关键环节，它是连接说话人的表达和听话人的理解的纽带。在任何成功的言语交际中，话语 U 的纽带作用都是功不可没的。例如，美国克莱斯勒汽车公司曾经一度濒临破产，著名企业家李·艾科卡（Lee Iacocca，以下简称艾科卡）就任总裁，为了挽救这家大公司，他到处游说，直至在国会上发表演说。他说了许多话，其中一句最为打动人心："如果克莱斯勒破产，美国失业率一夜之间将上升千分之五。"由于得到国会的救助，艾科卡复兴了克莱斯勒，也创造了他一生事业中的奇迹。可见交际中的话语作用是不可忽视的。

第五，语效 E 体现了言语交际的结果，亦即交际的成功或者失败。语效和说话人的意图是相应的：E_1 相应于 I_1，E_2 相应于 I_2，E_3 相应于 I_3。如果还存在更深层次的 I，比如 I_4、I_5 等，则它们也会有相应的 E_4、E_5 等。如果说话人的意图能够从语效中体现出来，交际就是成功的；否则便是失败的。如果某个 E 等于零，说明它未能体现说话人的某一意图，但它也是一种语效，即语效为零。

第六，图式中的 $I_3 \rightarrow I_2 \rightarrow I_1$（$M_1$）$\rightarrow$ U（M_2）为说话人的表达过程，U（M_2）$\rightarrow$

$E_1 (M_3) \rightarrow E_2 \rightarrow E_3$ 为听话人的理解过程。表达是从说话人的意图到话语的过程，理解是从说话人的话语到听话人领悟的过程。后者是前者的逆过程。关于表达和理解，本章第二、三两节还有具体讨论。

第七，整个交际过程是在特定的语境中进行的。这里的语境是动态的，千变万化的。由于言语交际通常是双方轮番说话，说话人和听话人的角色轮番变换，言语交际的过程实际就是从表达到理解的循环往复的过程。这一切都是在语境中进行的。说话人意图的确立、话语的选择及听话人的反应都与语境的变化息息相关。例如在火车的车厢里，有一位男青年同一个漂亮姑娘"有话没话"地拉着家常。在这个特定的语境中，这位男青年的最初意图（I_1）只是"套近乎"，同漂亮姑娘叙话是一种愉快，聊慰旅途的寂寞。随着谈话的深入，男青年觉得与姑娘的思想感情颇多相似之处，男青年产生了深一层的意图（I_2）：想与这位姑娘交个朋友。在这样的语境里，男青年倾心相诉，于是产生了更深一层的意图（I_3）：欲与姑娘缔结百年之好。在姑娘这一方面，也觉得跟这位男青年一见如故，思想感情上发生了相应从 E_1 到 E_2、E_3 的变化。这样"一见钟情"的故事，就是随着语境的变化而变成事实的。

其实，言语交际的简化图式还可以简化，如图 8-8 所示。

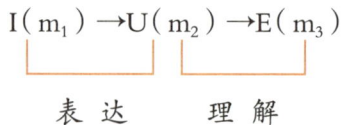

$$I(m_1) \rightarrow U(m_2) \rightarrow E(m_3)$$

表　达　　　理　解

图 8-8　言语交际的进一步简化图式

图 8-8 的"简化图式"意思是说：说话人的每一表达总是为了实现某种意图 I，并且有一个想要表达的意思 m_1，然后用话语 U 表达出来，话语 U 实际表达的是 m_2，听话人根据说话人的话语 U 来理解说话人的意思 m_2 或说话人想要表达的意思 m_1，而听话人实际理解的意思为 m_3，亦即说话人说话语 U 的语效 E。由于言语交际通常是双方轮番说话，说话人和听话人的角色也轮番变换，言语交际的过程实际就是从表达到理解的循环往复的过程。

第二节　表　达

一、意图

表达是把说话人的意图 I 和思想感情 M 组织成话语 U 的过程。意图 I 和思想感情 M 都只存在于说话人的思维之中，只有通过话语 U 才能传达给听话人。所谓"表达"就是"表之于外，达及他人"的意思。"表之于外"是把信息发送出去，"达及他人"则是要通彼此之情。因此，表达是要讲究语效的，只有实现了意图才能算是理想或比较理想的表达，即良表达。

言语交际中的任何表达都是有意图的。即使一句寒暄，说声"你好"，也体现了问候听话人的意图。对陌生人，比如在火车车厢里说些"今天天气不错"的"废话"，实际上也有意图。它用以表示友好，意思是说："我们可以聊聊天，共同打发难耐的时光。"俗话说"无事不登三宝殿"，小事情意图简单，一两个意图而已；大事情意图复杂，可能有许多个或许多层次的意图。总之不会有没有意图的言语交际。即便幼儿在交际时也会通过视线确认交际对象的意图，而其他动物包括猩猩也无法在交流中如人类一般利用意图。①

什么是意图？意图（intention）是指说话人为达到某种目的的想法或打算，说白了就是"你想干什么"。比如"问好"，朋友见面说声"你好"，表示对听话人的关切；如果是仇人说声"你好"，那是一种挑衅。由于说话人要达到的目的不同，即使同一话语，他们的意图往往各不相同。也还有另一种情况：说话人都是关切听话人，有的说："在忙什么？"有的说："吃过饭啦？"有的说："住下吧！"尽管话语不同，所体现的却是同一意图。这些不同的话语只与传统习惯有关，而与话语的具体内容没有关系。

言语交际是一种言语行为，说什么就是干什么。人们说出一句话，总是要体现某种意图。塞尔认为，说出一个句子实际上表明了如下三个方面：①意图使听话人知道（认识或意识到）某些规定的事情，②试图通过认识这些意图进而使听话人知道（认识或意识到）这些事情，③意图通过听话人把握所说这句话的规则的知识而达到相应的认识……假如说话人说出这个句子，他就能实现①、②、③三个意图。听话人对所说的话的理解仅仅是上述意图的体现。如果听话人把握了这个句子，也就是理解了它的意义，理解了支配这个句子成分的规则。一般来说，这些意图也就实现了。②言语行为有语谓行为、语旨行为和语效行为的区别，它们分别体现了与意图的不同关系。语谓行为体现了说话人的信息意图，它告诉听话人：说话人想传达什么信息；语旨行为体现了说话人的行事意图，或称语旨用意；语效行为体现了说话人成事意图，或称语效用意。例如：

1.我警告你，张三为富不仁，别跟他交往。

2.你到营销部去，把李经理请来。

3.请问到湖滨大厦怎么走？

例1中的信息意图是告诉听话人：张三为富不仁，你别跟他交往，行事意图或

---

① Josep, C., Michael, T. What Chimpanzees Know about Seeing, Revisited: An Explanation of the Third Kind[M] // Eilan, N., Hoert, C., McCormack, T., et al. *Joint Attention Communication & Other Minds Issues in Philosophy & Psychology*, Oxford: Oxford University Press, 2005: 45-64.

② Searle, J. R. *Speech Acts: An Essay in the Philosophy of Language*[M]. Cambridge: Cambridge University Press, 1969: 48.

语旨用意是"警告"，成事意图或语效用意是要说服听话人从此不跟张三交往。例2的信息意图是要听话人去营销部把李经理请来；行事意图是"命令"；成事意图是听话人服从命令，把李经理请来了。例3的信息意图是要听话人告诉他怎样才能到达湖滨大厦，行事意图是"请求"和"询问"，成事意图是希望从听话人那里得到满意的回答。

在言语交际的三种意图中，信息意图最为基本，是说话人最直接的交际目的。行事意图意在使听话人明白说话人的用意，成事意图意在希望在听话人那里获得实际的交际效果。行事意图和成事意图可以说是说话人传达信息意图的意图，可以合称为交际意图。它们的区别在于：行事意图是在言语交际过程中就可以实现，而成事意图则未必如此，它可能是言语交际过程以后的事情。相比较而言，信息意图是第一性的，交际意图是第二性的、从属的。如果没有信息需要传达，交际意图就没有存在的必要了。按照托马塞罗关于言语交际与其他交际具有理论一致性的假设，类似的意图结构与序列可以从非语言交际中得到佐证，如手势交际中手指行为包含的意图可以分为指示意图和社会意图，其中指示意图是第一性的，社会意图是第二性的。[①]

例1说话人最直接的目的是要告诉听话人：张三为富不仁，希望听话人不要同张三交往。这是信息意图。说话人传达这一信息意图的意图是向听话人发出警告，即使说话人没有说出"我警告你"，"警告"的意图也体现在信息的意图里面。至于听话人是否从此不跟张三交往了，听话人也许当场表示听从，但也可能体现在听话人以后的实际行为之中。当然也可能当作"耳旁风"，听话人继续同张三交往。说话人的意图有浅层和深层之分。浅层意图通常是指直接的、易为听话人理解的意图；深层意图是隐藏在浅层意图背后的意图，一般建立在浅层意图的基础之上。前述例1，浅层意图是说话人告诫听话人别同张三交往，而深层意图是在教育听话人：交友要注意选择对象，要结交好人，不要结交恶人。例2的浅层意图是要听话人把李经理请来，深层意图表示了对李经理的尊重。又如：

> 祝你生日快乐！

其浅层意图自然是"祝愿"；至于深层意图，对于不同的参加者可能是不相同的。如果是一般朋友，可能仅仅是"祝愿"；如果是亲人，比如说是父母，他们更多的是希望孩子健康成长；如果是子女，则更希望老人健康长寿。

说话人的意图还有明示和暗含的区别。明示意图是听话人"一目了然"的意图，暗含意图则不是那么"一目了然"。明示意图和暗含意图之间不必是浅层与深层的关系。例如：

> a. 我警告你，张三为富不仁，别跟他交往。
> b. 张三为富不仁，别跟他交往。

---

① Tomasello, M. *Origins of Human Communication*[M]. Cambridge, MA: The MIT Press, 2008.

a 的"警告"意图见之于话语，属于明示意图，浅层意图；b 为间接言语行为，暗含有"警告"的意图，但同样还是浅层意图。不过，深层意图一般都是暗含的意图。

明示意图与暗含意图还可以有另一种解释：前者为虚假意图，后者为真实意图。例如《水浒》第三回，提辖鲁达三拳打死"镇关西"郑屠，心想："洒家须吃官司，又没人送饭，不如及早撒开。"拔步便走，回头指着郑屠的尸体道：

> 你诈死，洒家和你慢慢理会。

鲁达的明示意图是他还要回来和郑屠算账，实际上这是个虚假意图。鲁莽的鲁达粗中有细，他正是要在人们都以为他"还会回来"的误解中逃走了。乘机逃走（"不如及早撒开"）才是暗含的真实意图。

我国学者钱冠连在论及"语用原则与策略"时，专门分析了"目的—意图原则"。他认为，目的是指谈话所要达到的总目标，意图是由目的分解而来的分配在一个一个话轮之中的局部意向。他指出，受目的—意图驱动的话语，总体上讲，是具有足够的语境效果的。实现全部任务之前，一定是将总目的分解为一个一个的意图体现在话轮里。谈话人受目的—意图驱动，自然会有恰当的策略，不必着意考虑自己是不是在与对方合作。话语是跟着意图走的。语用策略也是跟着意图走的。他充分肯定了意图在语用学中的分量，认为语用学研究的最低限度的范围是符号进入语境并带上个人意图的研究。钱冠连的观点对于我们研究言语交际图式乃至整个描述语用学都是颇有启发意义的。[①]

二、表达过程

表达的过程是说话人从确定意图到组织话语的过程。说话人伴随意图有选择地生成便于听话人理解的话语。这一过程被一些语用学研究者称为"接收者设计（recipient design）"[②]。在这个过程中，说话人在思维中进行了一系列的推理。这就是说，推理不仅是听话人的事情：听话人在理解过程中固然需要推理，同样，说话人在表达过程中也需要推理。从这个意义上说，表达的过程也是推理的过程。

表达过程中需要推理，主要表现在两个互相联系的环节中：一是确定意图，二是组织话语。

（一）确定意图

在言语交际中，说话人必须明确自己"想干什么"，亦即确定自己的谈话意图是什么。说话人在确定意图时一般都有所思考，想着向听话人传达什么样的信息，其

① 钱冠连.汉语文化语用学[M]. 2 版.北京：清华大学出版社，2002: 158-164.
② Mark, B., Marlieke, V. K., Arjen, S., et al. Recipient Design in Human Communication: Simple Heuristics or Perspective Taking?[J]. *Frontiers in Human Neuroscience*, 2012(6): 70-72.

语旨用意和语效用意各是什么。这样的思考随着所做的事情大小而有所不同。一般说来，小事情思考少，大事情思考就多；简单的事情思考少，复杂的事情思考多。比如朋友见面说声"你好"，用不了多少思考；如果是外交谈判或者重要的商务谈判等，则需要更多的思考。有时候在"非常"的情况下，说话人压根儿来不及思考，但所谓"急中生智""情急智生"，这个"智"就说明在理智控制之下，即使是"随口应答"也是有思考的。

哪里有思考哪里就会有推理。说话人确定意图的思考主要是一些语境假设和语境选择的推理，它们都是在特定的语境中进行的。

语境假设是指说话人依据语境设想了一些谈话意图。比如根据听话人的一些特点和听话人与说话人之间的关系，以及谈话时空条件等，设想着此次谈话应该告诉听话人一些什么样的信息？此次交际的目的是什么？交际的结果可能会是怎样？当然并非每一个交际都有那么多的假设，但假设总是存在的。就算是同事们每天上班时说声"早上好"，一般也都在听话人的目光得到回应时才说的。如果对方正鼓着嘴生气或者故意扭过脸去，你还会说"早上好"吗？总之，说话人都必须做出假设，然后确定这一次、这一轮，甚或整个语篇的意图。

哪里有思考，或者说哪里有假设，哪里就有推理。比如同事的目光有了回应，于是在你认为对方也是友好的情况下确定了问好的意图。这里面就有了推理。如果要把这个推理写下来，那就是：

> 如果同事是友好的，那么我确定向他问好。
> 这位同事是友好的，
> 所以，我确定向这位同事问好。

这个假言推理，虽然只是瞬息间的事情，但是思维的速度犹如电光石火，这样的推理是不难完成的。

有些事情的语境假设不止一个，于是就需要语境选择。所谓"选择"，"选"而有"择"，选择就是推理。比如你的朋友与张三交往甚密，可是张三为富不仁，可能会危害你的朋友。你思考着：该不该把这个情况告诉这位朋友？如果不告诉朋友，那是违背朋友准则的。经过选择，你确定了信息意图，告诉朋友说："张三为富不仁，别跟他交往。"这个推理大体是：

> 告诉或者不告诉朋友关于张三的情况；
> 不告诉相关情况有违朋友准则，
> 所以，我确定把张三的情况告诉朋友。

这是个选言推理。

确定意图的推理还有许多复杂的情况，比如假言选言推理、选言假言推理、三段论和反三段论，等等，这里就不一一讨论了。

（二）组织话语

组织话语是指在交际中根据确定的意图把自己的思想感情组织成话语，传达给听话人。这是个编码过程：从 I（M_1）到 U（M_2），即把思想感情转换为相应的语言符号。

交际中的 I（M_1）和 U（M_2）是有区别的：前者属于思维范畴，只存在于说话人的脑海里；后者则是话语，可以把说话人的思想感情传达给听话人。M_1 是体现了说话人意图的思想感情，M_2 是说话人的话语表达出来的思想感情。"组织话语"就是实现从前者到后者的转换过程。

组织话语包括两项工作：一是确定说话方式，二是构造实际表述的话语。说话方式是指怎么样说，直说还是曲说。构造实际表述的话语是指如何遣词造句，把已经确定的意图体现在话语之中。就先后而言，应该是先确定说话方式，然后根据说话方式构造表述的话语。

例如：

> a.请你把车子挪开！
> b.你能把车子挪开一点吗？

a 是直说，b 是曲说。两者所体现的思想或意图是相同的，只是在方式上 b 比 a 较为委婉，给予听话人更多的尊重。

确定说话方式和构造表述的话语都是根据语境做出选择的。比如说话人要听话人打开窗户，选择直说还是曲说就要根据此时此地的会话对象的具体情况。如果听话人是自己的晚辈宜用直说；如果是长辈或者陌生人则宜用曲说。词语的选择也是如此。例如：

> a.刘老先生仙逝了。
> b.刘大爷走了。

两句话体现了相同的意图，都是告诉听话人一个信息：一个姓刘的老人死了。但是在用词上大不相同：a 是在一个严肃的场合对有文化的人说的，b 则是在一般场合对一般老百姓说的。

既然选择即是推理，那么选择说话方式和选择表述的词语也都存在着这样那样的推理。从这个意义上说，组织话语的过程也是推理的过程。

三、良表达

（一）良表达的条件

良表达就是理想的表达。在言语交际中，说话人根据意图组织话语，淋漓尽致地表达出了想要表达的思想感情，并且收到了预期的效果，这就是良表达。具体说来，良表达必须满足这样一些条件。

（1）充分体现了意图 I，包括深层次的意图。

（2）充分考虑到语境的各个要素，成功地组织话语，实现了从 $I(M_1)$ 到 $U(M_2)$ 的转换。

（3）预期语效与实际语效相一致。

（二）良表达的特征

良表达具有以下三个特征。

1. 准确性

表达的准确性要求 $M_1 = M_2$，说话人意随旨出，充分体现交际的意图，把想要表达的意思同实际表达的意思一致起来。

然而由于思想和话语并非同一件事情，人们的表达往往做不到 $M_1 = M_2$，有时候相去甚远。例如：

> 刘大请客，有的客人未到。刘大说："该来的没来。"有人觉得自己是不是不该来的来了，于是走了。刘大又说："不该走的走了。"没走的心想自己是不是该走的没走，于是客人走光了。

刘大请客，自然不会故意地撵走客人，但在事实上客人都走了。这只能责怪刘大的表达太不准确，M_1 和 M_2 相差十万八千里。

表达的准确性还要求说话人的话语符合语言表达的规范，要有良好的语言技巧训练。作家阿列克谢·尼古拉耶维奇·托尔斯泰（Alexei Nikolayevich Tolstoy）曾经说过："思想只能表现在唯一的一句话里，应当找到这样一句话。"贾岛的"推敲"就是绝好的例子。

然而这样严格的语言训练并不是人人都有的。例如有一位外国朋友用汉语对他的中国朋友说：

> 那天我看你，你不看我，我们不互相看。

显然这位外国朋友的汉语训练还很不够，远离了汉语规范。应当说，这位朋友的表达是不准确的。

2. 恰当性

表达的恰当性要求说话人的话语同语境相协调。恰当性就是满足语境的一些条件：①说话人和听话人拥有共知或共信的背景知识；②传了了适量的新信息，并为听话人所关心；③符合交际场合的氛围；④符合说话人的意图；⑤表达清楚明白。

恰当性有别于真实性。人们交际中的话语，可能既真实又恰当，也可能真实而不恰当或者恰当而不真实，甚至既不真实也不恰当。交际中的话语当然要求真实而又恰当，但是有时候恰当性比真实性更为重要。例如一位新郎当着朋友的面对新娘说：

> 我任命你为内务大臣兼财务大臣。

这自然不是什么真的"大臣"，但是这句话同结婚的喜庆气氛相协调，所以是恰当的。然而下面的例子就不同了：

> 晚上，赵大为去医院看望住院的丈母娘，拎一些水果，问寒问暖，丈母娘很高兴。一会儿，丈母娘让大为他们早些回去，明天还要起早上班。大为想多陪会儿老人，脱口而出："上周带儿子去动物园看猴子都不止这一会儿呢。"把老人气得血压上升，大为还未知觉。

相比之下，赵大为的话语同当时的语境不相协调，尽管他的话语真实，但却是不恰当的。

3. 灵活性

灵活性就是用不拘一格的表达方式以获取最佳的交际效果。"一句话，百样说。"同一个意思可以有不同的话语表达式，但是在特定的语境中，它们就有了优劣之分。如果 U_1 优于 U_2，则取 U_1 而舍 U_2。公式为：

$$（U_1优于U_2）\rightarrow（U_1 \wedge \neg U_2）$$

例如同样是在集会上第一个发言：

> a. 我来抛砖引玉。
> b. 我打头炮。

两例说不上谁优谁劣。如果联系语境，优劣立即显现出来：a 在知识分子的集会上为优，b 在战士的集会上为优。

"到什么山上唱什么歌。"根据语境灵活地选择表达的话语，是实现良表达的重要方法。"一句话叫人笑，一句话叫人跳。"不同的话语选择，其交际效果是大不相同的。

表达的灵活性还表现在一种方式行不通的情况下采用其他方式。在特定的语境中，如果使用某种表达方式，比如常规方式，就会导致交际的失败，因此说话人必须巧妙地采用某种非常规方式，以取得预期的交际效果。例如《三国演义》第四十七回说，黄盖用苦肉计，阚泽献诈降书，被曹操识破，曹操命部下将阚泽推出斩首。此时：

> 泽面不改容，仰天大笑。操教牵回，叱曰："吾已识破奸计，汝何故晒笑？"泽曰："吾不笑你，吾笑黄公覆不识人耳。"操曰："何不识人？"泽曰："杀便杀，何必多问！"操曰："吾自幼熟读兵书，深知奸伪之道。汝这条计，只好瞒别人，

如何瞒得我？"泽曰："你且说书中那件事是奸计？"①

当黄盖的苦肉计被曹操识破之后，阚泽采用了非常规的应对方法，先是大笑，然后说黄盖"不识人"，后又说："杀便杀，何必多问？"灵活主动地调动着曹操的思维，最后一步步说服了曹操，赢得了交际的成功。如果按照常规方法进行辩解，那么阚泽必死无疑。

第三节　理　解

一、理解即是推理

理解是表达的逆过程，亦即听话人把说话人所表达的话语转换为听话人自己的思想感情的过程。公式是：$U（M_2）\rightarrow E（M_3）$。正确的理解应当是 $M_3=M_2$，甚至越过 M_2 而等于 M_1。然而由于语境的复杂性，M_3 同 M_2 或 M_1 往往只具有近似的性质。所谓"仁者见仁，智者见智"，同一话语 U 在不同的听话人那里往往会有不同的理解。

关联理论认为，示意（ostension）和推理（inference）是一个交际过程的两个方面。从说话人的角度上说，交际是一个示意的过程：说话人在向听话人传递某种信息意图和交际意图。从听说人的角度上说，交际是一个推理的过程：听话人从说话人用示意手段提供的信息中推断出说话人的意图。"关联理论框架下的言语交际活动是一个有目的、由说话人示意、听话人推理的动态过程。"② 根据关联理论，我们可以轻而易举地得出结论：理解即是推理。但这不能反过来说：推理即是理解。因为推理不只是听话人的事情，如前所述，说话人在确定意图时也有一系列的推理。

关联理论的创立者之一的威尔逊，早在她和尼尔·史密斯（Neil Smith）合写的《现代语言学——乔姆斯基革命的结果》一书中，就曾经给出"关联性"概念的非正式定义："会话的参加者有整套共同的知识、假设和信念，能为这套共同知识增添新信息的话语，则具有信息性；那些不添加新信息的话语则不具信息性。关联性似乎包括一种特殊的信息性。从直觉上说，如果两句话结合起来产生新的信息，而这种新信息又不能单独从任何一句话得出，那么其中一句话就跟另一句话相关联。"③例如：

---

① 罗贯中.三国演义（上）[M].北京：人民文学出版社，2019：428.

② 张新红.意图的传达与推理[M] //何自然，冉永平.语用与认知：关联理论研究.北京：外语教学与研究出版社，2001：244.

③ 尼尔·史密斯，达埃德尔·威尔逊.现代语言学[M].李谷城，方立，吴枕亚，等译.北京：外语教学与研究出版社，1983：190.

> a. 如果小张愿意做老张的徒弟，老张就教小张太极拳。
> b. 小张愿意做老张的徒弟。

a 和 b 结合起来可以产生新信息，亦即推出结论：

> c. 老张教小张太极拳。

这是个假言推理肯定前件式，其信息关联十分明显。但是有时候两句话结合还不能产生新信息，也就是说还不能推出结论。例如：

> a. 苏西一见猫就尖叫。
> b. 有一只猫从拐角走来。

要从 a 和 b 结合推出结论来，还必须补充信息：

> c. 苏西在场，她能够看到那只猫。

增加这个附加条件就可以产生新信息，亦即推出结论：

> d. 苏西可能要尖叫。

所谓"关联性"，就是这样一些特殊的信息性。

关联理论认为，理解中的推理就是寻找关联。他们说："甚至连外表上不相关联的话，只要看作是针对前一句话的，也可以解释成传达某种相关联的信息。"[1] 例如：

> A：你的儿子真的喜爱安尼特。
> B：他小时候总喜爱玩蜗牛。

这两句话之间似乎很难找到关联性。如果执意要找关联的话，就像威尔逊他们所说，"只要看作是针对前一句话的"，就有可能找出关联性来。比如解释为：B 的话表示他的儿子兴趣怪异。如果喜爱安尼特也是一个怪异的兴趣，那么 B 的话就同 A 的话有了关联性。

英国语言学家 G. 布朗（G. Brown）和美国语言学家 G. 尤尔（G. Yule）合著的《话语分析》（*Discourse Analysis*）一书，也认为理解的推理是意义上"欠缺的环节"（missing link）。"当两个语段之间的意义联系存在脱节现象，需要补上某个环节能使它们联系起来时，这个补上去的环节就是推论。""推论也可以认为是在理解过程中，听者／读者遇到了认知上的中断，为了达到理解所进行的填补行为。"[2] 所以，理解的推理通常都是一些缺省的推理，缺省某个（些）前提或者结论。它们都是一

---

[1] 尼尔·史密斯，达埃德尔·威尔逊. 现代语言学 [M]. 李谷城，方立，吴枕亚，等译. 北京：外语教学与研究出版社，1983：190.

[2] 廖秋忠.《篇章分析》介绍 [J]. 当代语言学，1987(4): 156-160.

些相关联的信息。

理解的推理是十分复杂的，往往需要动用听话人与说话人的许多共有知识。这些知识包括：①一套语言知识（一种语法）；②一套非语言知识和信念（一部百科知识）；③一套推理规则（一种逻辑）。^① 根据这些共有知识的不同特点，我们可以把理解的推理分析成两种情况：一种是语内推理：根据语言和逻辑的知识就可以从话语本身推导出相关信息，比如衍推和预设的推理。另一种是言外推理：根据一套非语言知识、信念和逻辑，越出字面意义进行推理，比如会话含义和间接言语行为的推理。

二、译义和释义

理解有两个特点：一是选择性，另一是准确性。选择性是指听话人理解说话人话语时采取的取舍态度。由于受到社会背景、个人兴趣、行为动机等因素的影响，不同的听话人对于同一话语的理解往往有不同的选择。准确性是指听话人所理解的意思同说话人表达的意思之间的符合程度。说话人所表达的意思 M_2 在具体语境中是客观而且确定的，如果听话人理解的意思 M_3 等于 M_2，就是准确的理解；反之便是非准确的理解。理解的选择性和准确性相互关联，前者是后者的前提。也就是说，理解的选择性决定和影响着理解的准确性。有时候听话人力图准确地理解说话人的意思，但在实际上却由于主观因素而不能做到。准确性是言语交际的实际语效。

根据语境对于理解的影响程度，理解可以分为译义和释义两种。

（一）译义

译义作为一种理解方式，主要依据是说话人话语的表面意义，亦即字面意义，在理解过程中不考虑或基本不考虑语境因素。

译义的理解最容易使人联想到翻译。翻译是指把一种语言信息转换为另一种语言信息的过程或结果。它以不同语言之间词汇的同一性为前提，在此基础上寻求对等的表现。例如：

> a. The stars are out.
> b. 星星出来了。

在这里，英语为原语，汉语为目标语，翻译者就是在汉语中寻找对等成分，以重现英语的相关信息。翻译的工作主要是在话语的字面意义上进行的，语境作用并不明显，所以属于译义。

翻译也是一种言语交际行为，因而也有一个"示意—推理"的过程。何自然，

---

① 尼尔·史密斯，达埃德尔·威尔逊.现代语言学[M].李谷城，方立，吴枕亚，等译.北京：外语教学与研究出版社，1983：187.

陈新仁《当代语用学》一书认为："翻译是个特殊性质的双重的示意—推理交际活动。"[1] 在第一个示意—推理过程中，原语作者是说话人，他向译者示意所要表达的信息和交际的意图，而译者则是听话人，他通过推理再现原语作者的意图。在第二个示意—推理的过程中，译者成了说话人，他把对原语作者意图的理解用目标语传达给听话人，此时他又是说话人。译者这种特殊的双重身份，决定了翻译作为言语交际的特殊本质。

译义理解并不限于不同自然语言之间的翻译。其实，它是一种常用的理解方式。例如：

> 1. a. 国家不论大小，都有值得我们学习的地方。
>   b. $(p \lor \neg p) \to q$
> 2. 2的平方是4。
> 3. 辛亥革命发生于1911年。

例1也是一种翻译，即把自然语言翻译成形式语言；例2为自然科学的理解；例3为社会科学的理解。它们也都是字面上的理解，与语境关系不大，因而也都是译义。

然而这类译义不同于上例。上例不同语言之间的翻译有三个交际者——说话人、译者和听话人，1—3作为个人认知，只有说话人和听话人两个交际者（在教学或写作中仍为三个交际者）。但是这一类的译义也是言语交际行为，它们也有一个示意—推理的过程。这类译义的理解是把说话人的话语转换为命题，即 U（M_2）→ p，也就是 E（M_3）。M_3 可能等于 M_2，但也可能并不相等。

译义的理解并非脱离语境，而是把对语境的依赖降低到最低程度，以至趋近于零。例如"辛亥革命发生于1911年"，似乎与语境毫无关系，其实不然。"1911年"的计算方法是西方历法，以耶稣降生那一年为公元元年；如果按中国历法，应是辛亥年，所以称为"辛亥革命"。再如不同语言的翻译，看起来只是把一种语言的话语转换为另一种语言的话语而与语境无关，实际上在译者的脑海里涉及不同文化语境的诸多因素，对不熟练的译者来说尤其如此。

（二）释义

释义是必须依赖于语境的一种理解方式，是以听话人为中心的一种再创造的过程。在释义的理解中，听话人完全不是消极和被动的，而是根据说话人所传达的话语，创造性地利用语境的各个因素，逆向地一步步推导出说话人的表层乃至深层的意图。

例如校园草地上一个小牌子写着：

---

[1] 何自然，陈新仁. 当代语用学[M]. 北京：外语教学与研究出版社，2004: 199.

> 芳草青青，足下留情。

根据校园草坪这个语境，可以有一连串的推理：

> 1. 青青的草坪是可爱的，人人应当爱护草坪。
> 2. 爱护草坪就不能损害草坪。
> 3. 校园草坪是供欣赏的，大家不要践踏它。
> 4. "足下留情"是双关语：除了要求大家不要用"足"践踏草坪外，"足下"还有尊贵的"先生""女士""君""您"等意思。
> 5. 文辞优美，使人以愉悦的心情接受建议。

这些就是听话人对说话人的话语 U（M_2）所理解的 E（M_3），它们大多超越了话语的字面意义，所以属于释义。

这样的释义与语境密切相关。更有甚者，有时候话语离开语境就无从解释。例如：

> 你吃我的肉，我的肉比你瘦。

这是些什么话啊！实际上是在食堂吃饭时一个女孩对另一个女孩说的。"你吃我的肉"是说"你吃我买的肉"；"我的肉比你瘦"也是说"我买的肉比你买的肉瘦"。这种在特定语境中的省略，对于局外人来说就不可思议了。

释义对语境有很大的依赖性，所以有时候会由于语境的原因造成理解上的困难。例如杜甫《羌村》诗云：

> 娇儿不离膝，畏我复却去。

历来就有两种解释：其一是说娇儿绕膝依依，怕我还要离开他们；另一是说，娇儿绕膝，由于怕我，又悄悄地溜开，写初见时既亲热又害怕的样子。两说均有道理，由于年代久远，究竟哪一种才是正确的理解，已经无从查考。李商隐写过不少脍炙人口的无题诗，究竟它们的深层意图是什么，也因为语境原因而成为永久的"诗谜"。

释义的理解是听话人对说话人话语的"再创造"，由于听话人的思想、信念、背景、场合等语境因素的差别，所释之"义"，特别是在说话人的深层意图的理解上，往往大相径庭。鲁迅说，同一部《红楼梦》，"经学家看见《易》，道学家看见淫，才子看见缠绵，革命家看见排满，流言家看见宫闱秘事……"[①] 人们也常说"一千个人心里就有一千个哈姆雷特""仁者见仁，智者见智"。许多释义在多大程度上符合原意，有时候只有说话人自己知道。

---

① 鲁迅.鲁迅全集（第7卷）[M].北京：人民文学出版社，1981：419-420.

三、误解、曲解及其他

理解是衡量说话人语效的尺度，也是衡量听话人理解能力的尺度。然而理解并非都能尽如人意，误解和曲解是常有的事。

（一）误解

误解是指释义者无意中背离了说话人的原意，使得 M_3 不等于 M_2。例如：

> 中巴车上，一个外地人询问旁边的女士："小姐，请问下一站是哪里？"女士说："讨厌！"外地人愕然。过了一站后，外地人又问："下一站是驿亭吗？"女士说："不管。"外地人又是愕然。到了上虞东站，女士一脸微笑地对外地人说："这位兄弟，到驿亭去是要换车的。你在这里下车，然后买到驿亭的票就行了。"外地人愤然说："你不是耍我吧！刚才你明明说；'讨厌''不管'，怎么现在又告诉我呢？"女士听后忙解释道："你误会了。'陶堰'是绍兴的一个小镇，'百官'是上虞的一个镇。"外地人惊讶得说不出话来。

因为口音的缘故，外地人误解了女士的好意，造成了 M_3 不等于 M_2。

（二）曲解

曲解是听话人有意地背离说话人的原意，故意做出有利于自己的释义，也使得 M_3 不等于 M_2。例如有单身男子，房间里一片狼藉，却能泰然处之。女朋友偶尔光临其陋室，评说几句，反倒被他驳得哑口无言。下面是"她"和"他"的一段对话：

> 她：桌上东西摆得满满的，你就不能理一理？
> 他：桌子就是放东西的，如果空着，它的作用在哪儿呢？
> 她：那你怎么在地上也摊得一塌糊涂？衣服、球拍、包，到处都是！
> 他：谁又规定地上不能放这些东西？地板只不过是做得矮一些的桌子啊！
> 她：你看地板上的灰都积得有地毯那么厚了！
> 他：是啊，省得我买地毯了。
> 她：床单有多长时间没洗了？简直和地板一样脏！
> 他：你怎么不说，我的地板和床单一样干净呢？
> …………

"他"的话全是对诸如"桌子的作用""地板""地毯""干净"等概念的曲解。说起来强词夺理，听起来似是而非，这就是曲解的特点。

（三）别解

别解也是有意地背离说话人的原意，但它不属于歪理谬论，而是一种别开生面的新颖构思，传达另一个崭新的信息。例如：

1. "眼睛是心灵的窗户"，请你为窗户装上玻璃吧！（眼镜广告）

2. 千里之行，始于足下。（鞋的广告）

3. 挺身而出，展示女性最美的曲线。（孕妇服的广告）

这些广告语都是对原来词语的别解，也都是一些艺术的创造，给人以美的享受，韵味无穷。

（四）歧解

歧解是指不同的听话人对同一话语有不同的理解，亦即在释义上出现了分歧。例如前面所述，对杜甫诗句"娇儿不离膝，畏我复却去"的不同释义，就属于歧解。歧解中至少有一种解释 M_3 不等于 M_2。

（五）多解和缺解

多解是指听话人理解说话人的话语意义是"添枝加叶"，信息量大于说话人的原意，$M_3 > M_2$。与多解相反，缺解是指听话人理解说话人的话语意义没有到位，信息量小于说话人的原意，$M_3 < M_2$。

（六）不解

不解是指听话人对说话人的话语意义一无所知，理解的信息量等于零。例如对方问路，听话人却听不懂他的话语，对于听话人来说即是不解。学生考试交白卷，也是不解。

会话并不仅限于良表达与理解的理想状况。对交际中那些不理想状况的关注，一向是过往语用学研究所缺失或轻视的。不过这一缺陷正逐渐得到补足。以凯奇凯斯为首的研究团队近年来一直致力于在交际的"理想—非理想""个体—社会"之间寻找平衡。若说言语行为理论、新旧格赖斯理论、礼貌原则、关联理论等是基于理想主义交际观的传统语用学视角，那么凯奇凯斯等人主张的语用学的社会认知方法（social-cognitive approach to pramatics）[1] 则更关注包括但不限于上文论及的交际的不理想面。

第四节　说　服

一、说服：语效的体现

言语交际的目的是什么？从说话人的角度上说，就是实现交际的意图，希望听话人接受他所传达的思想感情，收到预期的语效。从听话人的角度上说，则是从说

---

[1] Kecskes, I. The Paradox of Communication: Socio-cognitive Approach to Pragmatics[J]. *Pragmatics and Society*, 2010, 1(1): 50-73.

话人那里获取相关信息，了解说话人的意图。这就是交际图式中所说的 I（M_1）→
U（M_2）→ E（M_3）的过程。这里的 E 即是语效。

交际语效可以体现在许多方面，比如说话人意图使听话人惊讶，听话人果然
惊讶了；说话人意图使听话人恐惧，听话人果然恐惧了；说话人意图使听话人高兴，
听话人就欢喜雀跃；说话人意图使听话人伤心，听话人就泪流满面；如此等等。然
而语效的核心内容是说服，即说话人意图用理由充分的话语使听话人心服口服，并
且付诸行动。说服是语效 E 最重要的体现。

说服，说得具体一些，就是说话人通过话语让听话人经过自由选择，乐于接
受说话人所传达的思想感情，并且付诸行动。说服是一门科学，也是一种艺术。作
为科学，诚如马克思所说："理论一经掌握群众，也会变成物质力量。理论只要说
服人，就能掌握群众；而理论只要彻底，就能说服人。所谓彻底，就是抓住事物的
根本。"[1] 作为艺术，它是用表述来影响人们行动的技巧。"三寸之舌，强于百万之
师。"说服的作用无论如何不可低估。

交际中的说服是一个过程，是说话人通过话语使听话人的认知结构由平衡到
不平衡再到平衡的过程。听话人在接收说话人的信息以前，知识或信念通常处于一
种独立平衡状态，也就是说，听话人有一个相对稳定的信念域。由于说话人向听话
人传达了某些信息，这些信息可能是听话人闻所未闻的新知，或者与原有信念相冲
突的新观念。起初这些新的知识或观念，对于听话人来说还是异己的，他们面临着
选择：接受或者排斥。只要听话人意识到这些新的知识和观念是事实上存在的，尽
管他们还不打算改变自己的知识结构和信念，说服便开始了。因为这意味着听话人
已经意识到新的信息有一定的可靠性，意味着原来的独立平衡受到了破坏。在言语
交际的过程中，听话人接受了这些新的知识和信念，于是出现了新的平衡。这就是
说，听话人在自己的信念域里融进了新的知识或者改变了观念，这就实现了说服。

说服的过程可以用下面的渐进图式表示（见图8-9）。

不！→不可能→不合理→不大合理→令人怀疑→
也许可考虑→合理的→可能的→是！

图 8-9　说服过程的渐进图式

听话人就是这样由"不"到"是"，一步步地转变了信念，被说话人说服了。说
服的作用就在于：在听话人的信念域里架起了从"不"到"是"的桥梁。

例如：

战国时燕人蔡泽入秦，扬言要取代应侯范雎的相位。当时范雎炙手可热，对
蔡泽散布的舆论颇不以为然。他使人召来蔡泽，与之一席长谈，却出人意料地自

① 马克思《黑格尔法哲学批判》导言[M]//中共中央马克思恩格斯列宁斯大林著作编译局.马克思恩格斯选集(第一卷).北京：人民出版社，1972: 9-10.

动把相位让给了蔡泽。原来蔡泽列举了许多事例，讲了一番道理，主要是：范睢如果功成不退，就会遭杀身之祸；如果急流勇退，则能安享富贵。范睢权衡利弊，终于为蔡泽所说服，自动让出了相位。

在这个成功的说服实例中，听话人范睢在蔡泽的说服下，从"不"到"是"一步步地完成了观念的转变。欲知范睢思想转变的细节，请读《史记》卷七十九《范睢蔡泽列传》。

然而，说服并不是万能的，并非说话人在任何时候对任何听话人都可以说服。说服失败也是常有的事。例如《三国演义》第九十三回记载了诸葛亮与王朗的交锋，故事概述如下：

孔明兵出祁山，魏国司徒王朗，时年七十六岁，说是来日交战，"老夫自出，只用一席话，管教诸葛亮拱手而降，蜀兵不战自退"。次日阵上，王朗说了一通"天数有变，神器更易，而归有德之人"的大道理，非但没有说服孔明，反被孔明驳得体无完肤。孔明最后骂道："皓首匹夫，苍髯老贼！汝即日将归于九泉之下，何面目见二十四帝乎？"王朗听罢，气满胸膛，大叫一声，撞死于马下。[①]

这是个失败的说服实例。王朗自不量力，口出狂言，不但没有说服对方，反而自取灭亡。

说服是一门科学，也是一种艺术，说服不同于压服，也不同于欺骗。说话人不能强迫听话人接受某种观点，也不能用谎言引诱听话人相信某种观点。说话人只能提供相关信息让听话人自由取舍，也就是说，说服仅仅是在听话人乐于接受的情况下才能发挥作用。压服往往是压而不服，并不能帮助听话人实现从"不"到"是"的观念的转变。欺骗也只能起作用于一时，当听话人知道事实真相之后，所有的谎言都会被暴露在光天化日之下。

二、说服三要素

说服作为科学和艺术，按照亚里士多德的说法，它有三个要素，即理性（logos）、情感（pathos）和品格（ethos）。

（一）理性

理性作为说服的第一要素，是指说话人在说服过程中所使用的那些有力的论据和合乎逻辑的推理，亦即论证。人是理性的动物，总是通过自己的理性来判断真假。如果说听话人的信念是建立在他们认为真实的基础上，那么说话人就有可能为他们提供一些新的事实和严密的推理，从而改变听话人原来的知识结构和信念。这就是说服的理性力量。也就是马克思所说的"理论只要彻底，就能说服人"。

---

① 参见罗贯中.三国演义（下）[M].4版.北京：人民文学出版社，2019：839-841.

例如莎士比亚在剧本《裘力斯·恺撒》中说，古罗马勃鲁托斯等人刺杀了凯撒，在罗马市民大会上，勃鲁托斯发表演讲，他说：

> 我爱恺撒，但我更爱罗马……因为恺撒爱我，我为他流泪；因为他是幸运的，所以我为他欣慰；因为他是勇敢的，所以我尊敬他；因为他有野心，所以我杀死他……我怎样对待恺撒，你们也可以怎样对待我……

由于恺撒在罗马具有极崇高的威望，勃鲁托斯要打破市民们原来的信念平衡是很不容易的，然而勃鲁托斯用了一系列的"因为，所以"显示了他的理性，平静地让市民们自由地做出选择，最终赢得了罗马市民们的拥护。他的说服成功了，这是理性的胜利。

说服区别于压服，就在于说服诉之于理性，充分说明了道理，让听话人自由地做出选择。

（二）情感

说话人在说服听话人的过程中，除理性因素以外，情感因素也有很大的作用。人们常说"晓之以理，动之以情"，说理固然重要，"动情"也不可少。中华民族是一个特别重感情的民族。林语堂说："对中国人来说，一个观点在逻辑上正确还远远不够，它同时必须合乎人情。"[1] 这也许是中国人思维方式的一个特点。

例如一位学者要给一群医务工作者做一个非关医学的报告。在他开始讲演之后，会场上仍然人声嘈杂，有人埋头读着厚厚的书，压根儿就不准备听讲。于是他随口朗诵起下面的诗来：

> 每当我想起病中的时光，
> 白衣战士就引起我深情的遐想：
> 他们入情的话和那圣洁的心灵，
> 给我以生活的勇气和前进的力量。

这一招果然很灵，会场上立即安静下来，给了他发表精彩演说的机会。

这里还应当说到那次罗马市民大会，勃鲁托斯的演说以理服人，赢得了市民们的拥护，此时作为俘虏的恺撒"干将"安东尼，在得到勃鲁托斯的许可后也发表了精彩的演说（勃鲁托斯已离开会场），他充分利用情感的力量，重新树起恺撒伟大至尊的形象，又一次打破了市民们刚刚建立起来的信念平衡。于是一切又回到了起点，并最终取得了对勃鲁托斯的胜利。

白居易曾说："动人心者，莫先乎情。"情感架起了说话人和听话人之间的桥梁。

（三）品格

"情理"二字固然是说服力的主要来源，但是不可忽略的还有第三个说服要

---

[1]　林语堂.中国人 [M].郝志东，沈益洪，译.杭州：浙江人民出版社，1988：73.

素——说话人的品格。亚里士多德说:"演说者不仅必须考虑如何使他的演说能证明论点,使人信服,还必须显示他具有某种品质,懂得怎样使判断者处于某种心情。""使人信服的品质有三种,这三种都不需要证明的帮助,它们是见识、美德和好意。"[①] 中国古训也说:"太上有立德,其次有立功,其次有立言。"可见"立德"先于"立言";"己所不欲,勿施于人",身教更重于言教。还有"有德不可敌",说话人的良好品质具有不可战胜的说服力量。

例如《三国演义》第三十八回,刘备三顾茅庐,终于见到了孔明。刘备说:"汉室倾颓,奸臣窃命,备不量力,欲伸大义于天下,而智术浅短,迄无所就。惟先生开其愚而拯其厄,实为万幸!"于是孔明纵论天下大势,提出了著名的"隆中决策"。"玄德闻言,顿首拜谢。只这一席话,乃孔明未出茅庐,已知三分天下,真万古之人不及也!"

这里撇开孔明"隆中决策"的论证令人信服以外,孔明的"见识、美德、好意"三种品质同样是令人信服的。水镜先生曾说:"伏龙、凤雏,两人得一可安天下。"可见孔明见识超人;在三顾茅庐的过程中,刘备深知孔明"淡泊明志"的高尚美德;刘备三顾茅庐终于感动了孔明,孔明帮助刘备的"好意"也是明显的。所以刘备听到孔明的一番高论之后"顿首拜谢",从此"如鱼得水",在孔明的辅助下完成了三分天下的大业。

说话人的品格在说服过程中的重要性是不难理解的。因为说服的目的在于使听话人接受说话人提出的思想观点,如果说话人品质高尚,就会使得听话人觉得可信度高,从而增加话语的说服力。反之,如果说话人的品格低下,就会使听话人不想听、不愿听,即使在听,也往往持怀疑的态度。这自然会大大地降低话语的说服力。比如一个你从心底厌恶的人跟你大谈伦理道德,即使入情入理,你也不会相信他的"鬼话"。

说服三要素可以分别发挥作用,但如果三个要素齐备,那么一般说来,说服的效果是非常好的。之所以说是"一般说来",是因为顽固不化的听话人总是存在的,说服并非万能。

三、说服方法

说服需要有适当的方法,也就是说,并不是一片好心都能够说服听话人,都能够取得理想的说服效果。

(一)掌握说服要点

1.说话人发出信息,使信息达于听话人的感官

这是说服的第一步,也是说服的基本前提。如果说话人不发出信息,或者听话人"听而不闻,视而不见",那么再好的意图也无法实现。

---

① 亚里士多德.修辞学[M].罗念生,译.北京:生活·读书·新知三联书店,1991:69-70.

2. 让听话人接受信息，使之成为认知结构的组成部分

这就是说，不仅要让听话人听到、读到信息，而且有所理解，至少愿意考虑是否接受这些知识或观念。为此，必须充分考虑语境，特别是听话人的相关情况，做到"有的放矢"，而不是"对牛弹琴"。

3. 让听话人感受到与某种利益的一致性

听话人愿意接受某些知识和观念，都是缘于需要，即新的知识和观念会给自己带来利益，比如增广见识、通过考试、改善境况、伸展抱负、实现人生理想等。由于人是社会的动物，这里所说的"某种利益"，还包括相关的他人或群体利益；也就是说，听话人可以超越个人利益。这些都可能导致听话人主动地调整自己的信念域。

4. 使听话人认识到行动的可能性

当听话人意识到说话人所传达的信息具有某种可行性时，于是产生"不妨一试"的心理意向。

5. 听话人自愿地按说话人的意图行事

这是语效的最终体现。在认识到说话人的意图不仅具有可行性而且具有现实性的时候，为情、为友、为了正义事业而自我牺牲，都可以付诸实践。

（二）利用听话人心理效应的一些方法

1. 尊重听话人

自尊心人皆有之，不要讲伤害对方的话。要讲究礼貌原则，多使用间接言语行为，把话说得客气一些；多利用预设和会话含义，把话说得巧妙一些。比如把"不许在室内吸烟"改说为："如果大家在室外抽烟，我将十分感谢。"语效会好得多。

2. 权威效应

人们都有信任权威的心理，说话人常常引用名人名言，就是利用权威效应的方法。有一地方小报派人去请著名书法家舒同题写报名。当派去的人拿到报名的书法作品并且称赞一番之后，他被告知是舒同的秘书写的，他虽然失望但还是接受了事实。回到报社，他把字幅展现在众人面前，大家赞赏不绝；可当他说明真相后，同一幅字却得到了完全相反的评价。原因就在于人们崇拜权威的心理。

3. 自己人效应

"和尚不亲帽儿亲，乡音入耳最中听。"当听话人认同说话人是自己人的时候，说服就要容易得多。身居外地的上海人，听到有人讲上海话便引以为朋友。女排教练对队员们说："我们要打好每一个球。"这里用"我们"肯定比用"你们"的语效要好。

4. 改变听话人的思维定式

所谓"定式"是指"带有一定倾向的心理趋势"。比如有的老年人思想趋于保守，看不惯青年人的某些行为，就是缘于思维定式。然而思维定式并非都是坏事，比如青年人的爱国主义思想观念，自然是愈形成定式愈好。由于定式在许多情况下妨害

了人们信念的转变，因此说话人必须善于引导听话人适时地改变思维定式。

改变听话人的思维定式，必须掌握前述说服要点，循序逐步进行。一般说来，思想解放的人，想象力丰富的人，有从众心理的人，以及自我评价较低的人，容易改变定式。

（三）语料处理上的一些方法

1. 如何运用正反两方面的论证？

如果听话人见多识广，有较强的理解能力，进行正反两方面的论证效果较好；如果相反，则单纯的正面论证较好。如果听话人已倾向于支持和拥护说话人的观点，单方面论证较好；如果相反，则正反两方面论证较好。

2. 如何安排观点呈现的程序？

正面论述的观点宜放在开头或结尾，反面的亦即要进行批判的观点宜放在中间。如果某些看法很可能为听话人所接受，应当先提出来，一则引起注意，二则容易形成有利于说服的氛围。如果提出的观点能够满足听话人的需要，而且有满足需要的途径，那么最好先唤起对方的需要，然后进行说服。

3. 是否进行重复说明？

这要随说服的需要而定。在通常的情况下，听话人厌烦说话人啰嗦，所以一般不宜重复。但是重要的观点或结论则应当重复，或者换一种说法予以强调，这样可以加强听话人的印象，取得较好的说服效果。

4. 是否下结论？

一般说来，冗长的解说之后，总结一下自己的观点是必要的，但不要千篇一律。在更多的情况下，该显则显，该隐则隐，给听话人留下一些自由思考的空间。

第五节　成功的交际

一、相关的四个概念

"表达"和"传达"意思相近而又有所区别。"表达"是指说什么，"传达"是指对谁说。在周礼全的交际理论中更多地使用"传达"一词，用以强调话语的交际性质。

周礼全在《逻辑——正确思维和有效交际的理论》一书中的"成功的交际"一章中，提出了与"成功交际"密切相关的四个概念，即准确的传达、成功的传达、准确的理解和成功的理解。[①] 弄清这四个概念，是正确理解成功交际的前提条件。具体如下：

---

① 周礼全.逻辑：正确思维和有效交际的理论[M].北京：人民出版社，1994：508.

> 如果说话人S在他的传达中，使$E_n(M) = E'_n(M'')$，则S的传达就是准确的传达。
>
> 如果S在他的传达中，不仅使$E_n(M) = E'_n(M'')$，而且也使$E_{n-1} = E'_{n-1}$，$E_{n-2} = E'_{n-2}$，…，$E_1 = E'_1$，则S的传达就是成功的传达。
>
> 如果H在他的理解中，知道了$E_n(M)$，即$E_n(M) = E'_n(M'')$，则H的理解就是准确的理解。
>
> 如果在H的理解中，不仅知道了$I_n(E_n)$，即$I_n(M) = E'_n(M'')$，而且也知道$I_{n-1}(E_{n-1})$，$I_{n-2}(E_{n-2})$，…，$I_1(E_1)$，则H的理解是成功的理解。

上述四个概念之间，明显地存在以下的关系。

（1）成功的传达包括准确的传达，也包括准确的理解。这就是"达"字的含义："通彼此之情"。说话人S在他的传达中，必须使$E_n(M) = E'_n(M'')$，这是准确传达的要求，也是成功传达的最低要求；同时也是对听话人的应有的要求：H知道了$E_n(M)$，亦即$E_n(M) = E'_n(M'')$。

以前述孔明说服周瑜为例：孔明的传达是成功的传达，因为孔明不仅使周瑜准确地理解了孔明所传达的思想感情，即$E_n(M) = E'_n(M'')$，而且孔明一系列的意图都实现了，即$E_{n-1} = E'_{n-1}$，$E_{n-2} = E'_{n-2}$，…，$E_1 = E'_1$。至于周瑜的理解，显然是准确的理解，但不一定是成功的理解，因为周瑜不一定知道孔明使用的是激将法。

（2）成功的理解包括准确的理解。即听话人H不仅知道了$I_n(E_n)$，即$I_n(M) = E'_n(M'')$，而且也知道$I_{n-1}(E_{n-1})$，$I_{n-2}(E_{n-2})$，…，$I_1(E_1)$。

以前述蔡泽说服范雎为例：在这次谈话中，蔡泽举出商鞅、白起、吴起、文种功成不去，卒遭杀身之祸，而范蠡急流勇退，成为陶朱公的例子，进而劝说："君何不以此时归相印，让贤者而授之，退而岩居川观，必有伯夷之廉，长为应侯，世世称孤，而有许由、延陵季子之让，乔松之寿，孰与以祸终哉？"（《史记·范雎蔡泽列传》）范雎不仅懂得这些道理，而且知道蔡泽紧紧抓住了他的要害：他推荐的将军郑安平投降了敌国，推荐的河东太守王稽里通外国，被判处死刑；他在秦王面前讲大将白起的坏话，致使白起被杀，现在秦王已经反悔。其中任何一条都有可能给范雎带来杀身乃至灭族之祸，所以范雎自愿让出了相位。对于范雎来说，这是成功的理解；对于蔡泽来说，也是成功的传达。

二、成功的交际与不成功的交际

成功交际的理想境界是：成功的传达＋成功的理解。因为成功的传达包含准确的传达，成功的理解包含准确的理解，在这种理想境界中，传达和理解都得到了最充分的体现。例如：

> 南齐王僧虔，王羲之四世族孙，著名书法家。南齐太祖萧道成也擅书法，要与王僧虔比高下。两人各写好一幅楷书，太祖问："你说说，谁第一，谁第二？"王从容答道："臣的书法，人臣中第一；陛下的书法，皇帝中第一。"太祖听了，一笑了之。

在中国的封建社会里，人臣是不能与皇帝争第一的。这里的会话双方都能够准确并且成功地表达和理解：太祖争强好胜，谅对手也不敢与他相争，而王僧虔有礼有节，说出了两个"第一"，比赛以"双赢"结束。

成功的交际，在通常情况下不必包含成功的理解。例如《三国演义》第四十九回提到，赤壁大战前刻，孔明回到刘备那里发布将令，具体如下：

> 孔明便与玄德、刘琦升帐坐定，谓赵云曰："子龙可带三千军马，渡江径取乌林小路，拣树木芦苇密处埋伏……"云领计去了。又唤张飞曰："翼德可领三千兵渡江，截断彝陵这条路，去葫芦谷口埋伏……"飞领计去了。又唤糜竺、糜芳、刘封三人各驾船只，绕江剿擒败军，夺取器械。三人领计去了。[1]

赵云、张飞他们各自"领计去了"，对于孔明来说，都是成功的交际。赵云等人也都是准确的理解而不是成功的理解，因为他们只知道孔明的直接意图而不知道孔明的全部意图。在我们今天的日常工作中，领导安排工作或者老总部署任务，下级一般都不知道上级的整体意图，但这并不妨碍他们都是成功的交际。

成功的交际，有时候甚至不能包含成功的理解。例如《三国演义》第四十七回"庞统巧授连环计"，当时曹操陈兵江北，由于北方人不服水土，多有死者，曹操正忧虑此事。

> 统曰："大江之中，潮生潮落，风浪不息。北兵不惯乘舟，受此颠播（簸），便生疾病。若以大船小船各皆配搭，或三十为一排，或五十为一排，首尾用铁环连锁，上铺阔板，休言人可渡，马亦可走矣：乘此而行，任他风浪潮水上下，复何惧哉？"曹操下席而谢曰："非先生良谋，安能破东吴耶！"[2]

对于庞统来说，这是准确而且成功的传达，也是成功的交际，但对于曹操来说，只是准确而不是成功的理解，自然也不是成功的交际。如果曹操成功地理解了这是庞统和周瑜共同设下的圈套，那么就不会有这次著名的赤壁之战，曹操也就不会有这次赤壁之败。

成功的交际，有时候还可以不包含准确的传达。这似乎不好解释。其实在语境的作用下，有时候表达有误，但不妨碍最后交际的成功。例如新中国成立初期的一次宴会：

> 晚上，举行告别宴会。老首长代表志愿军向朝鲜人民军致祝酒词。最后，为了表达亲切，老首长突然心血来潮，双手紧握，用平时学得的几句并不流畅的朝鲜语，大声说道："吉文昆，银民昆，腾其格！腾其格！"全场宾主数百人，先是

---

① 罗贯中.三国演义（中）[M].4版.北京：人民文学出版社，2019：445-446.
② 罗贯中.三国演义（中）[M].4版.北京：人民文学出版社，2019：432.

愣了一下，但很快领悟到首长的意思是说："志愿军，人民军，都是一家人。"于是爆发出一阵雷鸣般的掌声。

在朝鲜语里，"腾其格"意为"辣椒"，"言其格"才是"一家人"的意思。志愿军首长把"言其格"说成了"腾其格"，传达是不准确的，所以大家"愣了一下"，但是在充满友好气氛的语境作用下，听话人越过了字面障碍，成功地理解了说话人的意图，"爆发出一阵雷鸣般的掌声"，也使说话人实现了成功的交际。

至于不成功的交际，情况比较复杂。人们常说"不可理喻""胡搅蛮缠""话不投机""泼妇骂街"等，都会导致不成功的交际。不过概括起来，不成功的交际无非就是在传达和理解上出了问题。

不成功的交际，表现在传达上，无非是说话人未能准确或成功地传达，或者话语意义未能为听话人所接受。例如：

> 阿伟办完事回到单位，见一个年纪比较大的男人来找办公室的小苏。阿伟心想这肯定是她的父亲，于是热情地招呼着来人。男人走后，阿伟对小苏说："你爸挺有风度，难怪有你这样漂亮的女儿！"小苏脸红了，说："那是我男朋友。"

阿伟的交际是失败的，原因在于他冒失地认定来人就是小苏的父亲，话语与语境不协调，没有成功甚至没有准确地传达，以致听话人不能接受。

不成功的交际，表现在理解上，主要在于听话人未能做到准确的理解，或者说，没有听懂说话人的话语意义。例如在某个课堂上，一位数学老师和小学生戈登的对话：

> "戈登，想一想，4颗樱桃放在桌子上，你姐姐吃了其中的1颗，桌子上还剩几颗？"
> "这是不可能的，先生！现在没有樱桃，现在是冬天。"
> "戈登，我们假设4颗樱桃放在桌子上，你的姐姐来了……"
> "哪个？"
> "什么'哪个'？当然是你的姐姐！"
> "啊！我有两个姐姐，莫尼卡和英格。"
> "这是一样的！注意，一个姐姐拿了1颗樱桃……"
> "莫尼卡和英格是不会只拿1颗樱桃的，她俩总是什么东西都拿光。"
> "但是，戈登，你爸爸只允许她拿1颗樱桃！"
> "这是不可能的，先生！爸爸出差去了，两个星期后才能回家。"
> …………

这是一次不成功的交际，原因在于小戈登完全不懂得"抽象"地思考问题的方法，无法准确地理解老师的数学教学。

第九章
CHAPTER 9

辨 谬

第一节 辨谬的视角与意义

一、辨谬的多重视角

谬误是哲学家、逻辑学家和语言学家共同关注的研究课题。然而，不仅不同领域的学者对谬误有着不同的理解，而且同属一个学术领域的学者对谬误也有很不相同的看法。总体而言，谬误研究呈现出了"百花齐放"的局面和"多路演化"的态势。

作为哲学范畴，谬误与真理相对立，它意指与所反映的对象不相符合的认识。为什么会形成这种不真实、不正确的认识呢？哲学上有多种不同的解释方式。英国哲学家、逻辑学家弗朗西斯·培根（Francis Bacon，以下简称培根）提出的著名的"四假象说"[①] 就是富有启发性的一种见解。培根所讲的"假象"是指造成人们错误认识的主体认知障碍。他依据主体认知障碍的不同性质，把"假象"区分为"种族假象"、"洞穴假象"、"市场假象"和"剧场假象"。"种族假象"是指人的理智在本性上往往夸大感觉，以个人的尺度作为事物的尺度；"洞穴假象"渊源于柏拉图的"洞喻"，指人们如同居住在狭窄的洞穴里，认知受到局限；"市场假象"是指人们使用的语言具有不确定性，因而引起思想上的混乱；"剧场假象"是指人们盲目地顺从世俗或传统所引起的对事物的错误认知。它们都是一些谬误形成的根源。

在逻辑学领域里，谬误范畴也同样众说纷纭。亚里士多德在《辩谬篇》中将谬误定义为"诡辩式的反驳"。"诡辩式的反驳也就是那些看来是反驳实际上却是谬误的东西……有些推理是真正的推理，另一些却是似是而非，这是明显的。关于论证，像别的东西一样，有真正的论证，也有像赝品那样的东西。"[②] 在亚氏看来，那些"似是而非""像赝品那样"的论证即是谬误。在逻辑发展史上，持不同逻辑观的学者，对"谬误"有着多种不同的解释，反驳定义、三段论定义、推理定义、演绎

---

① 培根.新工具[M].许宝骙，译.北京：商务印书馆，1984：27-34.
② 亚里士多德.工具论[M].李匡武，译.广州：广东人民出版社，1984：293.

定义、规则定义和论证定义都是颇具代表性的。① 其中尤以论证定义较为流行，美国逻辑学家欧文·M.柯匹（Irving M. Copi，以下简称柯匹）认为谬误可被视为"一种看似正确但经过经验可证其为错误的论证类型"②，澳大利亚逻辑学家查尔斯·L.汉布林（Charles L. Hamblin，以下简称汉布林）则更为概括地指出"谬误是看似有效但其实无效的论证"③。目前，国内逻辑学界有从狭义也有从广义角度来界定谬误的，狭义的谬误是指违反逻辑规律和规则要求的不正确的推理和论证形式；广义的谬误则是指人们在日常思维和语言交际过程中出现的自觉或不自觉地违反逻辑规律和规则要求的各种错误。

作为语用学范畴，谬误更多地与语言交流的主体和环境相关联。具体来说，从语用学角度看谬误，除了需要考虑语言表达式的意义和评估推理的有效性之外，通常还得关注交际双方的角色定位、话语的时空特点、发话人的主观意图和受话人可能的理解程度，等等。谬误界定的语用学问题主要涉及两个方面："一是主体对论证的主观置信度和论证本身的强度的关系，二是论证者和接受者谁犯了谬误？"④ 传统的谬误理论仅就论证本身的某种缺陷来确定谬误，忽视了谬误发生的主体性和主体间性，特别是忽略了认知语境的动态性、整体性和建构性，结果很难确定某些不相干谬误与合理的论辩技巧之间的区别。汉布林在其著作《谬误》中认为，传统形式逻辑不能刻画的两类谬误"要么像乞题，不以形式无效为基础；要么组成它们的论证实际上是形式无效的，但是又不存在能造成这类谬误且使它们看似有效的形式规则"⑤。加拿大哲学家和修辞学家克里斯托弗·廷代尔（Christopher Tindale）明确指出："一般地说，一个谬误就是尚未提供对（使人接受的）某一主张的充分支持的论证。对这种论证模式的分析必须从语用的观点出发，至少获得以下一些信息：论证的目的，表达出来的理由，隐含的前提或假设，支持主张（结论）的方式，结论，导致论证失败的因素。"⑥

从当代谬误理论的发展趋势看，语用学的辨谬视角备受人们的关注。如"新修辞学"（the new rhetoric）的研究者关注涉及环境与主体、目的与方法、能力与策略等诸多因素的论辩过程，他们以实际的论辩问题为题材，紧密结合动态的认知语境来探讨论证的合理性问题，为不相干谬误的分析提供了新的思路。⑦ "新辩证法"（the new dialectic）的研究者运用对话理论来分析和处理谬误问题。他们认为，评估

① 黄华新，丁煌，武宏志.谬误论[M].北京：中国社会科学出版社，1993：42-46.
② 欧文·M.柯匹，卡尔·科恩.逻辑学导论（原书第11版）[M].张建军，潘天群，等译.北京：中国人民大学出版社，2007：161.
③ Hamblin, C. L. *Fallacies*[M]. London: Methuen, 1970: 12.
④ 黄华新，丁煌，武宏志.谬误论[M].北京：中国社会科学出版社，1993：49.
⑤ Hamblin, C. L. *Fallacies*[M]. London: Methuen, 1970: 254.
⑥ 黄顺基，苏越，黄展骥.逻辑与知识创新[M].北京：中国人民大学出版社，2002：58-59.
⑦ Tindale, C. *Act of Arguing: A Rhetorical Model of Argument*[M]. Albany, NY: State University of New York Press, 1999: 178-180.

论证有效性与无效性的标准就在于：这个论证是为实现具体的对话目的起到了积极的推进作用还是消极的阻碍作用。而"语用辩证理论"（the pragma-dialectical theory）的研究者则基于论辩话语行为从意见分歧解决的角度来探讨谬误，指出"谬误就是（讨论中的任何一方在讨论的任一阶段）对实施批判性讨论的任何讨论程序规则的违反"①，并给出了相应的批判性讨论规则。

逻辑学与语用学视角虽然都将谬误与论证相联系，但也存在差别。传统逻辑学视角下的谬误虽然是一种错误的论证类型，但其结构仍为"前提—结论"式，而其错误之处仍主要落在真前提推出假结论的无效推理上。批评者指出，逻辑学视角下谬误的这些特点并不具有完备性。弗朗斯·范爱默伦（Frans van Eemeren，以下简称范爱默伦）认为，诸如"你还在殴打你的妻子吗？"这样的多重问题谬误，就不具备"前提—结论"式的结构，而且也无法将此类谬误的不恰当性与推理有效性挂钩。汉布林也认为，"无效推理不是判断谬误的必要条件，在论证实践中，即使有效的推理形式（如重言式），也可能经常被人们认为是不好的论证"②。正是基于这些反思，研究者们指出，亚里士多德在《辩谬篇》中对谬误的讨论更多的是"针对诡辩而非推理错误展开"③，因为这些谬误往往是参与者为了赢过对方而采取的欺骗性话语策略，而语用视角的研究可以恢复"亚里士多德谬误清单中的许多谬误与论辩语境的内在联系"。因此，本章试图整合逻辑学和语用学的有关理论来辨析谬误，同时又以语用学的探讨为主。

二、辨谬的认知与交际意义

法国学者皮埃尔·吉罗（Pierre Guiraud）认为，"符号的功能是靠信息（messeages）来传播（communiquer）观念（idée）"④。信息与观念是人们对客观世界认知的结果，传播则是交际过程，因此，我们把认知与交际看作是语言符号的基本功能。从语用学和逻辑学的角度辨析和防范谬误，对于人们的正确认知和有效交际都具有重要意义。

一方面，辨谬有助于人们更好地进行"获取知识的符号操作"，从而使人们能更有效地探究客观事物的信息。"认知是生物体得到关于客体的思想或理解客体的心理过程，它是获取关于世界的知识的过程。"⑤在认知过程中，难免会有这样那样的谬误现象，如果我们能自觉地加以辨析和防范，那么认知这一符号行为将更具有效性和合理性。有的学者认为，"认知（cognition）是人脑最高级的信息处理过程（information-processing），它贯穿于问题求解（problem-solving）、概念形

① Eemeren, V., F., Grootendorst R. *A Systematic Theory of Argumentation: The Pragma-Dialectical Approach*[M]. Cambridge: Cambridge University Press, 2003: 175.
② Hamblin, C. L. *Fallacies*[M]. London: Methuen, 1970: 232.
③ Hamblin, C. L. *Fallacies*[M]. London: Methuen, 1970: 50.
④ 皮埃尔·吉罗.符号学概论[M].怀宇，译.成都：四川人民出版社，1988: 1.
⑤ Smith, A. H., Alan, H. *The Encyclopedia American (Vol.7)*[M]. Danbury, CT: Grolier Incorporated, 2001: 193.

成（concept-forming）和语言理解（language-understanding）等最复杂的人类行为中。认知活动最本质的特点是利用知识来指导人们当前的注意和行为，它涉及：①信息的获取（acquisition）并转化为知识；②知识的记忆（存贮和提取）；③运用知识进行推理等心理过程。对于语言理解来说，认知过程的主要环节是语义的记忆和利用知识进行语义推导，从而从语言形式上获得正确的语义解释（semantic interpretation）"[①]。美国心理学家约翰·霍斯顿（John Houston）把对认知的不同理解归纳为下列五种：①认知是信息加工的过程；②认知是心理上符号的处理；③认知是问题的解决；④认知是思维；⑤认知是一组相关的活动：知觉、记忆、思维、判断、推理、问题的解决、学习、想象、概念的形成、语言的应用[②]。很显然，如果人们能自觉地从语形、语义和语用三个方面辨析、防范进而避免谬误，那么对获取知识、探求信息的各种"符号操作"将会大有裨益。

换一个角度来说，辨谬是求真的重要途径。歌德曾说过，"谬误不断地在行动中重复，而我们口头上不断地重复的却是真理"[③]。科学的认知活动以求真为目标，而求真与辨谬是一个问题的两个方面，两者相辅相成，密不可分。在现实生活中，人们之所以不能以合理的方式求真，其中一个重要的因素就是缺乏对形态各异、成因复杂的谬误现象的洞察力和鉴别力。假如我们不能自觉地从方法论的层面辨析谬误，那么也就难以真正用理性的方式去求真。

另一方面，辨谬也是人们有效交际所不可或缺的。交际是人们应用符号传达思想感情，以协调双方行为的过程。交友、择偶、学术研讨、商务谈判、外交活动，等等，都是交际。交际是人类社会赖以存在的必要条件。周礼全先生认为，有效的交际也就是成功的交际，而成功的交际有赖于准确、成功的传达与理解；所有这些都需要发话人和受话人掌握语形、语义和语用的知识，了解交际语境的情况。在交际过程中，交际双方如果不注意辨析和防范语形、语义和语用层面的谬误，那么就会妨碍成功的交际。日常生活中，表达和理解构成了一个前后相继而方向相反的完整的言语交际过程。如果人们能自觉规避各种谬误，那就更容易达到表达准确性、恰当性和有效性的目标。理解可以是语形层次上的，也可以是语义和语用层次上的。然而，无论是何种理解方式，如果要避免误解和曲解，求得理解与表达的一致，取得良好的效果，就应当自觉掌握辨谬的工具。

从更广泛的层面来讨论，辨谬有助于人们逐步养成"讲道理、重论证"的自觉意识和"言之有理、持之有故"的文明习惯，从而推动人们的社会交往和社会生活步入更加规范、有序、理性的轨道。英国逻辑学家 L. S. 斯泰宾（L. S. Stebbing）说得好："一个民主的民族极其需要清晰的思维，它没有由于无意识的偏见和茫然的无知而造成的曲解。我们在思维中的失败有时候是由一些错误造成的，而如果我们清楚地看

① 　袁毓林.语言的认知研究和计算分析[M].北京：北京大学出版社，1998: 25.
② 　Houston, J. *Fundamentals of Learning and Memory*[M]. New York: Academic Press, 1981: 436-437.
③ 　歌德.歌德的格言和感想集[M].程代熙，张惠民，译.北京：中国社会科学出版社，1982: 34.

到这些错误是如何产生的，则我们在某种程度上本来是可以消除这些错误的。"[①]

第二节　谬误分类

在谬误研究的历史进程中，出现了多种不同类型的谬误分类方法，其中二分法和三分法最为常见。

一、从亚里士多德的分类说起

二分法当首推亚里士多德的分类系统。亚氏在《辩谬篇》中明确地把谬误区分为"与语言有关的"和"与语言无关的"两大类。

他认为，依赖于语言的谬误共有六种，具体如下。

（一）依赖于语言的谬误

（1）语词歧义，指因一词多义而引起的无效论证。例如"凡必然存在的都是善，而恶是必然存在的，因此恶就是善"。这个推论之所以谬误，是因为"必然存在"这个词有歧义。

（2）语义双关，指因一个语句具有两重意义而引起的谬误。例如，"《生活与逻辑》定价20元，《生活与逻辑》是通俗著作。因此，通俗著作定价20元"。"《生活与逻辑》"在第一个命题中意指这本书的售价，在第二个命题中则指这本书的性质。

（3）合谬（合并），即把不能合的语句合起来使用。例如"一个坐着的人，他是能够行走的"这句话不能合为"他能够在坐着时行走"。

（4）分谬（拆散），即把不能分的语句分开使用。例如"五等于二加三"，不能把这句话分为"五等于二，又等于三"。

（5）错放重音，这是指重音读法发生变化而造成意义的不同。

（6）变形谬误，这是根据词性、词形的变化进行归类而产生的谬误。例如，英文中形容词 ailing（在生病）一词的词尾同动词 cutting（切割）、building（建筑）的词尾类似而把它们归为同一类词。

（二）不依赖于语言的谬误

不依赖于语言的谬误共有七种。

（1）由于偶性而产生的谬误。

（2）由于意义笼统而产生的谬误，或者虽非笼统，但是就某个方面或地点或时间或关系上被述说而产生的谬误。

---

① 斯泰宾，L. S. 有效思维[M]. 吕叔湘，李广荣，译. 北京：商务印书馆，2008：序.

（3）由于对反驳无知而产生的谬误。

（4）由于结果而产生的谬误。

（5）因假定尚待论证的基本论点而产生的谬误。

（6）把不是原因的事物作为原因而产生的谬误。

（7）将多个问题并成一个问题而产生的谬误。[①]

美国学者柯匹于 20 世纪 80 年代提出的二分法的谬误分类在当代产生了重要而广泛的影响，这在很大程度上得益于其《逻辑学导论》一书作为教科书的大规模发行。柯匹按照谬误是否源于违反推论的有效性标准而区分为形式的与非形式的两种[②]。前者如命题逻辑中的谬误，谓词逻辑中的谬误和模态逻辑中的谬误，它们都是背离推理形式有效性的要求所致；后者如歧义谬误和不相干谬误，它们并非起因于违反形式规则，而是由某些语言的或心理的因素所致。值得一提的是，早在 1937年，我国学者金岳霖先生就明确提出，错误（谬误）可以分为形式的与非形式的两种，前者同逻辑关系密切，后者与严格的逻辑似乎关系不大，但它实际上经常发生，因而进行讨论是有益的。他还把非形式的错误细分为"解释的错误"、"意义不定的错误"和"无形假设的错误"三种。[③] 在 1948 年完稿的《知识论》一书中，金岳霖又分别从"符合""融合""有效"等不同的角度，对真假问题作了分析，为我们进一步探讨谬误分类提供了方法论的启示。

二、两种典型的三分法

谬误的三分法也有多种不同的思路，有的学者根据人们日常思维进路的方向性而把谬误区分为演绎谬误、归纳谬误和类比谬误。

演绎谬误是违反推理的形式规则的结果，所以，它实际上是形式谬误的另一种表达。归纳谬误既有可能出现在收集经验材料的过程中，也有可能出现在整理经验材料的过程中，前者的表现形式有观察谬误、统计谬误等，后者的表现形式有以偏概全、错认因果等。类比谬误顾名思义出现在对两类对象做简单、机械比较的过程中，比如，把某对象的特有属性或偶有属性类推到其他对象而产生的谬误，即是典型的类比谬误。同样，在未发现某些事物的相同属性因而尚未构成"同类"之前，就对这些事物做简单的量上的类比，也是类比谬误的一种情形。中国古代的墨家对此早有分析，《墨经·经说下》说："异类不比。说在量。"墨家举例说："木与夜孰长？智与粟孰多？爵、亲、行、贾，四者孰贵？麋与霍孰高？麋与霍孰霍？蚓与瑟孰瑟？"（《墨经·经说下》）《墨经》的意思是说，不同类事物在量上不能简单比较。木头与夜晚属于不同类的事物，前者属于空间概念，后者属于时间概念，两者不可比较；智慧与粟，前者从属于精神范畴，后者从属于物质范畴，也不能说两者

① 苗力田.亚里士多德全集（第一卷）[M].北京: 中国人民大学出版社，1990: 554-557.

② Copi, I. M. *Introduction to Logic*[M]. New York: Macmillan Publishing Company, 1982.

③ 金岳霖.逻辑[M].北京: 生活·读书·新知三联书店，1961: 65.

之间哪个多哪个少；爵位的上下、亲属的近远、品行的高低、价格的贵贱，四者均属于不同的类，不可相提并论；霍即鹤，麋（走兽）和鹤（飞禽）能说谁高吗？蚓解读为蝉，蝉声与瑟声都很悲凄，前者属于昆虫，后者属于乐器，怎么能说哪个更悲凄呢？墨家指出，不同类的事物在量上不能简单类比，这是正确的。如果你简单地说某根木头比某个夜晚长，或者某个夜晚比某根木头短，那就是"异类相比"的错误。当然，一旦发现木头与夜晚之间有某种共同属性时（如把木头等物当作计时的工具），情形就不一样了。其实，那时它们已变"异类"为"同类"，同类固然是可比的，因而《墨经》"异类不比"的原则仍然是正确的。

何秀煌先生于 1965 年出版《记号学导论：语用学、语意学和语法学》一书，他从分析语言的功能出发，区分了语用谬误、语意（义）谬误和语法（形）谬误三个类别。

这种分类大体上基于符号学区分为语形学、语义学和语用学的思路，其着眼点是人们语言认知和交际的实际过程。语形谬误是指人们将一些非有效的带有或然性的演绎推理形式误作有效的必然性的推理形式。它与形式谬误、演绎谬误具有共同的所指。语义谬误是由于表达式意义方面的原因而引起的谬误，它是人们在运用语词表达概念、运用语句表达命题从而进行推论的过程中，违反思维和表达的确定性原则而导致的，词义混淆、构型歧义、强调谬误、合谬和分谬等都属于语义谬误。语用谬误是涉及认知和交际活动的主体性与情境性的谬误，包括论据与论题之间缺乏逻辑关联的不相干谬误和混淆语言符号不同性质与用意而导致的功能谬误，后面我们将专门讨论这些问题。

第三节　语用谬误辨析

一、不相干谬误：最常见的语用谬误

不相干谬误的特点是论证者仅仅通过心理或语言等方面的因素来影响受众，论据提供的信息与论题的确立并无实质性的逻辑关联。正如何秀煌所说，如果在讨论问题时仅凭非认知因素而诉诸权威、感情、成见、武力、无知等，那么这个人的一切努力都与问题的讨论不相关。论证者利用人类语言功能的多样性与心理活动的复杂性，用非论证的表述取代论证，貌似有理，实不相干。柯匹在《逻辑学导论》中列出诉诸权威、诉诸武力、人身攻击、针对情况、诉诸无知、诉诸怜悯、哗众取宠、起自偶性、轻率概括、窃取论点、复杂问语等十几种不相干谬误。[①] 下面简要介绍其中的几种。

① Copi, I. M. *Introduction to Logic*[M]. New York: Macmillan Publishing Company, 1982: 91-103.

（一）诉诸权威

无视客观事实和语境因素，不恰当地引用权威或名人的言论作为立论的根据。这是"以人为据"的特殊表现形式。例如："这种保健品一定很有功效，因为有好几位名人都在为它做宣传。"殊不知，这几位"名人"并不是保健品领域的专家。

（二）人身攻击

在论证中攻击对方的出身、品行，指责对方的长相、能力，用以代替对论题的具体论证。例如："凭你的出身和长相，还指望当首席执行官？"

（三）诉诸威胁

这是指借助于武力或强权等手段来迫使对方接受其观点或主张。例如："如果你不按我的要求办，我就绑架你的儿子。"

（四）诉诸感情

回避对论据的全面、准确的陈述，用煽情的言辞来调动受众的情绪，以唤起受众的怜悯和同情之心。例如："我家只有我一个儿子，如果我被判刑而关进监狱，那么谁来照顾我年逾古稀的老母亲呢？"

（五）因人废言

仅仅根据论证者在品质、能力方面的缺陷就轻率否定其观点，或仅仅根据论证者的品德、才能方面的优长就轻率肯定其观点。例如："他的个人能力平平，怎么能赞同他的建议？""他是一位品学兼优的研究生，因此他提的方案一定可行。"

对于上述各种典型的语用谬误形式，我们可以给出若干细化的辨析方案。下面以"诉诸权威"与"引证权威"的区别为例。

引证权威的论证主要涉及的是知识权威。由于科学研究的高度专门化，知识生产分工的进一步细化，人们总是在很大程度上依赖于各个专门领域的权威提供相关的知识。知识权威所具有的影响力是不言而喻的。在正常情况下，权威是通过学术竞争产生的。权威一经产生，便成为广泛引证的对象，其见解被用来支持其他论断。这样，权威就进入了论证领域。引证权威的论证模式是：

> 1. A 是关于 p 的可靠权威
> 2. A 断定 p，则 p 较为可信
> 3. A 断定 p
> 4. 所以，p 较大可能为真

这里，如果论证的是 q，而 p 对 q 有某种支持关系（如 p → q），则此模式中可增添相应前提。该论证模式不是形式推理而是非形式推理，其逻辑有效性取决于若干不能严格形式化的条件。这些条件的识别是以准经验的、具体的、历史的方式完成的。在上述论证模式中，核心前提是例 2，但例 2 又是由例 1 来保证的。"A 是关

于 p 的可靠权威"，这意味着：第一，A 关于 p 的知识总汇相对地丰富，因而最有希望做出正确断定；第二，A 作为某个专业领域的权威，以往对同类问题断定的可信度较高；第三，A 断定的命题 p，就目前而言没有遇到具有根本威胁的反例，也没有遇到比其更合理的假说的挑战。这三个条件都是准经验的、历史的和具体的。条件一和条件二表明此模式的逻辑合理性，而条件三则从根本上承认了权威更迭的可能性。如果一个引证权威的论证不能满足下列要求，那么就会出现"诉诸权威"的谬误。这些要求是：① A 是 p 问题的可靠权威；②满足上述条件第三条；③结论只能被认为有较大可信度而不是必然真。

对应这三个要求，"诉诸权威"的谬误有三种类型。

Ⅰ型谬误：在使用引证权威的论证模式时，论证者未能自觉地把它看成是或然型的，而是当作必然型的，把结论的可信度等同于前提的可信度。此谬误违反要求③。

Ⅱ型谬误：未满足要求①。在此论证中，虽然 A 是权威，但不是 p 命题所属知识领域的权威。实际上，论证者此时关注的是与 p 不相关的权威的个人名望，以人们对 A 的尊敬作为论证的根据，所以结论并不可信。

Ⅲ型谬误：对一种颇有根据的新见解，反对者试图通过引证权威予以否定；当这种见解与权威的观点不相容，甚至是直接针对权威观点而发时，依然引证权威来加以反驳。这种谬误不满足要求②，亦即企图以权威压制新观点。[①]

二、背离语境原则的谬误

背离语境原则的谬误或许与前面论述的那些语用谬误有交叉，但它本身还有许多值得探究的方面，所以，我们这里做专门讨论。

这类谬误有多种不同的情形，现实生活中较为常见的一种是忽视语言符号出现的交际语境而导致的谬误。例如，在严肃的学术演讲的场合，使用过于煽情的言辞；在某些喜庆场合，使用令人扫兴或伤感的话语。

鲁迅在杂文《立论》中说，"我"梦见自己向老师请教做作文的立论方法，老师讲了这样一个故事：有一户人家生了一个男孩，满月的时候抱出来给大家看，"大概自然是想得一点好兆头"。于是：

> 一个说："这孩子将来要发财的。"他于是得到一番感谢。
>
> 一个说："这孩子将来要做官的。"他于是收回几句恭维。
>
> 一个说："这孩子将来是要死的。"他于是得到一顿大家合力的痛打。
>
> 于是老师发表了一番感慨："说要死的必然，说富贵的许谎。但说谎的得好报，说必然的遭打。你……"

---

① 黄华新，丁煌，武宏志.谬误论 [M].北京：中国社会科学出版社，1993：100-101.

作为鲁迅的杂文，自然是有深刻含义的，但是在这里，我们只想就话语在语境中的恰当性问题说些道理。其实真实性和恰当性并不是一回事。第三人说的话固然是真实的，但却不是恰当的。从时空情境看，对于这户人家来说，这是一个喜庆的日子，主人把孩子抱出来让大家看看，意图就是得到好兆头。你说这孩子将来是要死的，尽管这句话是真实的，但与这个时空情境不相协调，因而是不恰当的，这个人因此挨了一顿痛打。

我们坚持语境论的观点来研究意义，"假若从思想、概念或者内在的思想状态来讨论意义，那么意义便被置于科学观察的范围之外；因此人们应该根据情景、用法和语境来研究意义，也就是根据语言行为的表面的和可观察的相互关联的事物来研究意义"[①]。

内涵语境误解为外延语境也可能形成语用谬误。如果两个词项所指称的是同一对象，那么它们在外延语境中可以根据同一性原则相互替换。但在内涵语境中这条原则并不适用。假如：

> 1. 张蕾见到《笑傲江湖》的作者；
> 　　《笑傲江湖》的作者是金庸；
> 　　所以，张蕾见到金庸。
> 2. 张蕾知道金庸是《笑傲江湖》的作者；
> 　　查良镛是金庸；
> 　　所以，张蕾知道查良镛是《笑傲江湖》的作者。

例1是有效推理，而例2的推论并不成立。假如张蕾知道金庸是《笑傲江湖》的作者但并不知道查良镛就是金庸，那么例2推出的便是一个假结论。虽然"查良镛"与"金庸"具有同一外延，但是在推理中由于内涵不同而不能互换。

时态是语境的一个重要因素。如果撇开时间上的参照因素，把表述不同时态的语句相互混同，也会出现语用谬误。假如：

> 林娟跟刘铁柱结了婚；
> 刘铁柱是一个单身汉；
> 所以，林娟已经与一个单身汉结了婚。

这里的结论是有问题的：既然林娟跟刘铁柱结了婚，那么刘铁柱就不再是单身汉，所以不能说林娟与单身汉结婚。在这个论证中，刘铁柱作为单身汉是过去的事，从现在的时态参考点来看，"单身汉"是"过去的单身汉"。"是单身汉"和"结了婚"在同一时间参考点上，一个为真，一个为假。因此，必须在前提中明确"刘铁柱是一个单身汉"为真的时态参考点，即他与林娟结婚之前的那个时间他是单身

---

① 利奇.语义学[M].李瑞华，王彤福，李自俭，等译.上海：上海外语教育出版社，1987：87.

汉；如果以"林娟与刘铁柱结婚"这一时刻为时态参考点，上述第二个前提就是"刘铁柱曾经是一个单身汉"，所以相应的结论就是"林娟与一个曾经是单身汉的人结了婚"。

假如忽视语境中的时态因素，我们就有可能导致自相矛盾的结论。例如：

> 李大兵已成年（针对18岁的时间参照点）;
>
> 李大兵尚未成年（针对18岁之前的时间参照点）;
>
> 所以，李大兵既已成年又未成年。

古希腊诡辩家欧底姆斯关于"学习"和"认识字母"的诡辩，实际上就是利用时态变换来引诱论敌上当，这类"有意欺骗的论证"，实质上都是语用谬误。[①]

三、从语言功能看功能谬误

语言作为人类特有的符号系统，它总是负载一定的意义或信息，并为人们的社会交往活动服务。英国语言学家利奇明确概括了语言的五种功能。[②]

（一）利奇的语言的五种功能

1. 信息功能

用以传递信息和描述事态，也称描述功能。它以传达语言的理性意义为主要目的。

2. 表达功能

用以表达语言使用者的情感和态度，也称情感功能。它以传达语言的情感意义为主要目的。

3. 指示功能

用以指示或影响他人的行为与态度。它以引发对方的行动为主要目的。

4. 美学功能

用以创造语言的艺术效果。它以塑造语言成品本身为主要目的。

5. 应酬功能

用以促进社交通达与人际和谐。它以选择恰当的语言表达方式为主要目的。

利奇还对语言的理性意义、情感意义等做了深入细致的分析，他特别引用了塞缪尔·早川(Samuel Hayakawa)和艾伦·早川(Alan Hayakawa)《思维和行为中的语言》(*Language in Thought and Action*)一书的例子，说明情感意义的多变性会给交际带来麻烦和困难。我们认为，这也可以看作是语用谬误的一个案例。

一位杰出的黑人社会学家讲述了他青年时期经历的一件事。那时他在远离家乡的地方搭车旅行，那里几乎见不到黑人。一对极其善良的白人夫妇对他非常友好、

[①] 黄华新，丁煌，武宏志.谬误论[M].北京：中国社会科学出版社，1993: 169-170.

[②] 利奇.语义学[M].李瑞华，王彤福，李自俭，等译.上海：上海外语教育出版社，1987: 57-59.

亲热，为他提供膳食，但是他们一直叫他"little nigger"（小黑鬼）。尽管他对他们的友善十分感谢，但这种称呼依然使他非常不愉快。最后他鼓起勇气请求男主人不要用那种"侮辱性的字眼"称呼他。

> "谁侮辱你了，孩子？"男主人问。
> "是你，先生，你总是对我用那种称呼。"
> "什么称呼？"
> "唔，你知道。"
> "我可没有骂你呀，孩子。"
> "我是说你叫我'黑鬼'（nigger）。"
> "噢，那是什么侮辱？你是'黑鬼'，不是吗？"①

这里之所以引起人际误解，原因就在于白人在使用"nigger"这个词的时候，没有注意到交际的场合性与对象性，尤其是没有意识到它的情感意义。

（二）功能谬误

何秀煌从另一个角度讨论了语言的功能，他首先把语言的用法分成认知的与非认知的，然后把语言认知的用法区分为记述的功能与逻辑的功能，把语言非认知的用法区分为表情的功能、仪礼的功能和规约的功能。与此相应，作者具体分析了记述的功能谬误、逻辑的功能谬误和其他功能谬误（包括表情的功能谬误、礼仪的功能谬误和规约的功能谬误）。②

混淆交际者所使用的语言符号的不同功能或忽略语旨行为的差异性就会导致功能谬误，其中包括认知性功能谬误和非认知性功能谬误两种类型。前者是把语言的认知功能挪作他用。例如，为了达到某种目的，故意割裂引语的上下文关联，搞"断章取义"，等等。后者是一些违反礼仪、情感等方面的语言功能而引发的谬误。如用欢快的言辞表达悲伤，或者相反。

在日常认知与交际场合，功能谬误大体上有两种情形，一是由主体混淆语言符号在特定语境中体现的信息、表达、指示、应酬等方面的不同功能所导致的；二是由主体忽略语旨行为的功能差异而引发的。前者主要有如下几个方面的表现。

1. 将语言的其他功能还原为信息功能

这种谬误有学者称为"实体化谬误"。该谬误的症结在于"人类理智倾向于把符号当作某种实在的东西"③。实体化谬误往往把语句符号的意义——对应于真实世界中的实体。由此得出的结论就是："语言的描述用法即使不是它的唯一功能，也是它的首要的和基本的用法。他们不断地受到引诱而把数学的、伦理的或美学的判断解

---

① 利奇.语义学[M].李瑞华，王彤福，李自俭，等译.上海：上海外语教育出版社，1987：62-63.
② 何秀煌.记号学导论[M].台北：大林出版社，1965：36-41.
③ 许良英，李宝恒，赵中立，等.爱因斯坦文集（第一卷）[M].北京：商务印书馆，1976：286.

释为描述判断。"①

2. 将语言的情感功能混同为信息功能

由于语言符号负载的理性意义和情感意义往往因人因地而异，如果交际双方不考虑主体性、场合性和时间性等复杂因素，就有可能出现把信息功能表达或理解成情感功能，或者把情感功能表达或理解成信息功能的情形。比如，当我们以"能言善辩"描述某一个人时，由于语境的作用，这个话语产生的情感功能可能妨碍人们的正常交际。

3. 将语言的应酬功能混同为信息功能

跨文化对语言具有明显的制约关系。文化背景影响着人们对语句意义的理解。具有不同文化背景的人有时可能会把没有实际信息意义的语言理解为正在传递具体的信息，从而导致功能谬误的发生。例如，中国人见面常有"你上哪儿去？"的问语，它的意思有点类似"你好"，是表达关心和友好的应酬语，而欧美人可能会理解成"干涉别人的私事"。如何避免这类功能谬误是交际双方都应当关注的问题。

主体忽视语旨行为的差异性或恰当性条件而导致的功能谬误也很值得关注。如前所述，塞尔曾把语旨行为区分为断定式、指令式、承诺式、表情式和宣告式五种；每种语旨行为是否恰当，又需考虑命题内容条件、预备性条件、真诚性条件和实质性条件。在日常表达和理解过程中，如果人们把不同的语旨行为混同，或者不能满足语旨行为的恰当性条件，都有可能导致功能谬误。

第四节　谬误的防范

一、语形谬误的防范

如前所述，谬误有多种不同的类型，谬误产生的原因也各不相同，因此谬误的防范需要有不同的方法和对策。为了有效防范语形谬误，最根本、最关键的方面是人们必须准确、系统地掌握演绎逻辑的各种规则、方法和形式，并能熟练地区分各种有效式与无效式。一个人对演绎逻辑理论的把握越到位，他对演绎思维方法越是训练有素，就越有可能防范各种各样的语形谬误。

为了防范语形谬误，除了强调上述根本性的方面之外，以下四个因素也是值得重视的。

（一）注意把握推理前提、结论的真实性与推理形式的有效性之间的关系

真实性是指推理的前提和结论符合客观事实，有效性则是指推理的形式结构符

---

① 武宏志，马永侠.谬误研究[M].西安：陕西人民出版社，1996：355.

合逻辑的规律与规则。两者虽有联系，也有区别。有时，前提和结论虽然都是真实的，但是前提和结论之间的联系方式却未必是有效的。如果不注意这一点，就容易不自觉地陷入语形谬误的圈子。比如，从"有的舞蹈演员不是女青年"这个前提出发，运用换位法，推出"有的女青年不是舞蹈演员"的结论。这个直接推理尽管前提、结论都真，但是前提与结论之间联系方式却是不正确的，这里前提和结论的真实性掩盖了前提与结论之间的联系方式的无效性。试想，假如上述推理形式成立的话，那么，"有的人不是女青年，所以，有的女青年不是人"这个推理不也能成立吗？但这一推理显然是十分荒谬的。

（二）注意把握逻辑语言与自然语言的差异性

日常生活中所使用的某些语词与逻辑学所使用的专门术语之间表面上可能没有什么区别，而实际上却有不同的含义。逻辑学中使用的术语，很多直接来自自然语言，但一经逻辑的抽象、概括，它已被赋予了特定的含义，因而成了严格的逻辑语言。例如，"如果……那么……"这个联结词作为自然语言的使用与作为逻辑术语使用，它们的含义是不同的。在日常生活中，有人说："如果明天天气好，那么我们去划船。"言下之意："如果明天天气不好，那么我们不去划船。"这里的"如果……那么……"是在自然语言意义上使用的，它没有什么特定的含义。但"如果……那么……"一旦作为严格的逻辑术语，那么它的含义是确定的。根据逻辑规则，"如果 p 那么 q"推不出"如果非 p 那么非 q"。因此，倘若有人根据"如果老李登上黄山，则老陈也能登上黄山"推出"如果老李不能登上黄山，则老陈也不能登上黄山"的结论，那么这个推理就成了无效论式，或者说它包含着"否定前件"的语形谬误。

（三）注意区分偶真性与普遍有效性

演绎推理形式具有概括性和普遍有效性的特点，它必须保证在任何情况下都能由真前提必然地推出真结论，而不是偶然如此。不注意这一点，也会不可避免地造成某种思维的障碍。比如，有这样一个推理："鸟是在空中飞的，大雁是在空中飞的，所以，大雁是鸟。"这是一个无效的三段论推理，因为它的中项在大、小前提中没有一次是周延的。但是有人在日常思维中常常会不自觉地做出这样的推论，原因何在呢？一方面自然是前提与结论的真实性掩盖了推理形式的无效性，另一方面这与推论者没有把握演绎推理形式所具有的概括性和普遍有效性的特点大有关系。我们说一个正确的演绎推理形式，它具有普遍有效性，亦即无论在什么情况下，不管代入什么具体思维内容，都能保证由真实的前提必然推出真实的结论。否则就是一个无效的推理形式。为了说明这一点，我们可以用逻辑类比法构成一个同样的三段论形式："马是会跑的，兔子是会跑的，所以兔子是马。"这个推理的前提并没有错，但结论明显是荒谬的。可见这种类型的三段论形式都是无效的。也就是说，它不能保证从真前提普遍必然地推出真结论。

（四）注意把握表面的推论形式的有效性掩盖隐含的推论关系的无效性

毫无疑问，这是一种更为复杂的情形。美国逻辑学家 S. F. 巴克尔（S. F. Barker）为此讨论过下面的例子①：

> 如果人性不恶，那么就不需要警察防止犯罪；
> 如果人性恶，那么警察防止犯罪也是无效的；
> 或者人性恶，或者人性不恶；
> 所以，警察或者不必要或者不起作用。

有些人认为这个二难推理（$(p \rightarrow q) \wedge (\neg p \rightarrow r) \wedge (p \vee \neg p) \rightarrow (q \vee r)$）的形式是有效的，但实质上其中存在缺陷，问题就出在第三个前提。一般来说，我们可以把这个推论的错误归于第三个前提虚假。但是，巴克尔对此有自己的看法，他认为，导致第三个前提的思想方法最好是将其看作犯了形式谬误。这种思考的谬误在于其试图从必然真理"对每个人来说，或者他是恶的，或者他不是恶的"推出"或者每个人都是恶的，或者每个人都不是恶的"。设想由析取所构成的全称命题能够推出由全称命题所构成的相应的析取就犯了形式谬误。巴克尔的看法显然是有道理的。然而，这个隐含在前提推导过程中的形式谬误，往往被表层有效的二难推理形式所掩盖，因而更不容易为人们所察觉。

二、语义谬误的规避

为了有效防范语义谬误，我们在日常思维和语言交流中首先应当努力遵循逻辑上的确定性原则，在特定的推理和论证过程中，力求使语词所表达的概念、语句所表达的命题都具有同一性。综合分析种种语义谬误，归根结底不外乎两种情况：一是语词表达概念时出现的歧义现象，二是语句表达命题时出现的歧义现象。因此，我们有必要认真审视推理和论证中所涉及的每个语词，看看它的内涵外延是否明确。伏尔泰（Voltaire）曾说过："假如你愿意和我谈话，请你先把所用的名词下个定义。"因为有了定义，名词（概念）的含义也就确定了。为了明确概念，避免语词歧义，有时我们需要综合运用定义、划分、概括、限制、义素分析等多种逻辑方法。

同时，我们也需要谨慎审察推论过程中出现的每个句子，看看其中语词的结合方式和语义配置关系是否明确、清晰，它所表达的命题是否具有准确的含义和所指。

为了更好地识别和防范语义谬误，我们有必要从特定语境出发来确定话语的意义。

培根在分析交际语言的不明确而导致思维混乱时，形象地说："语言如同鞑靼人的弓箭似的，可以向后射箭，可以倒射智者的理解，而且很可以迷惑一些人。"

---

① 巴克尔，S. F. 逻辑原理[M].田龙九，孚道，译.武汉：湖北教育出版社，1988：168.

虽然一词多义、语句歧义现象有可能导致交际中的语义谬误，但是在特定的语言环境里，语词或语句表达的意义是确定的。语词或语句的所指在特定语境中一旦被确定，就不可随意更改，交际的双方只能就这个共同约定进行交流。因此，在这种情况下出现语义谬误，往往是有人违反了交际双方合作时必须共同遵循的"上下文"（即同一语境）原则。

结合语境来思考问题是分析和规避语义谬误的重要视角。有的学者认为，任何话语的产生都离不开特定的语境，话语信息只有在特定的语境中才有实际价值。离开了话语所产生的原始语境，一是难以确定话语的真实信息，二是会导致信息增值，引发社会纠纷。因此，对于话语信息，我们不仅要关注其说了什么，还要注意其言说方式、时间、对象及言说者等语境信息，因为话语的意义不只是通过句法、语义和逻辑规则表达[①]。

为了更好地认识语义谬误，这里我们再简要讨论一下它与一语双关的区别。语义谬误是在特定语境中对确定性原则的背离，一语双关则是人们借助于语言的多义现象，有意识地传达表层和深层的双重意义，这是语言交际的艺术，其实际的语义是确定的。如某房地产公司的一则广告——"大家房产，大家风范"。前一个"大家"着意表达房产公司品牌的外在方面即名称，后一个"大家"着意表达房产公司品牌的内在方面即品质（大气、卓越等），一表一里，语义清楚、明确，当然不能说是语义谬误。

三、语用谬误的洞察

为了洞察和防范各种类型的语用谬误，一方面我们要尽力避免论证过程中各种的心理因素，尤其是情感因素的影响，严格地把逻辑因素与心理因素区分开来；另一方面我们要从语用逻辑的视角来分析和评估各种不相干谬误，对忽视交际主体、交际语境而导致的无效论式和混淆语言功能而导致的错误论证做具体分析。

这里，我们再以"诉诸权威与引证法"为例，简要讨论某些不相干谬误（无效论证）与合理的论证技法（有效论证）之间的区别。很显然，这两种方法在日常论证中都是经常出现的，我们之所以认为前者是谬误（把权威的言论作为立论的唯一或者基本依据，抓住的只是权威的片言只语，忽视了权威言论的特定条件），而后者是一种合理的论证方法（把权威的言论仅视为立论的依据之一，注意准确、全面地把握权威的言论，特别关注权威言论的特定历史条件和社会文化背景），主要依据就是基于"语境""主体""认知功能"等概念的语用学分析。A. 亨克曼斯（A. Henkemans）和 J. 维格曼斯（J. Wagemans）在对制度性语境下的论证实践研究中发

① Jacobs, S. Rhetoric and Dialectic from the Standpoint of Normative Pragmatics[J]. *Argumentation*, 2000(14): 261-286.

现，"在特定语境里，与语境相适应的目的和惯例对于论证的恰当分析必不可少"[①]，据此区分了评价合理性的一般性规则（rule）和语境准则（criteria），并指出在某些制度性语境下，语境准则具有优先性，即一个论证行为在满足语境准则情况下即便违反了一般性规则也会被视为合理而非谬误。根据这一观点，引证法是在充分考虑具体语境的前提下，通过适度援引权威的言论来增强自身的论证性和说服力，符合语境准则，而诉诸权威的关键问题在于其不顾特定语境限制，过于夸大或曲解权威某些言论的具体功能而产生谬误。

关于语用谬误的辨析，何秀煌有专门的论述。他认为，谈论问题是一种认知活动，为了要在语用上达成这种认知活动的目的，只有认知用法的语言才能胜任。基于这样的了解，我们可以检查在一个讨论的脉络里，某人的语文陈示不是记述的用法就是逻辑的用法，两者必有其一。在他的语文脉络之间，如果陈示着某种关联的话，那么不是经验的关联就是逻辑的关联。如果以这样的约求来规约每一个讨论脉络中的语言使用，那么很显然，那些谬误将无隙可乘。从消极方面讲，我们可以从认知的语用表式的介入，窥测是否有谬误夹伴发生。一般我们可以查看在一些用来讨论的众多纷杂的语文表式之间，是否有情绪语词和价值语词的使用。因为情绪语词和价值语词最容易在讨论中不经意地扭曲了认知而使讨论活动变质。[②]

总体而言，语用谬误的洞察不仅需要我们明确语言符号承担的多种功能和负载的不同意义，而且还需要我们根据合作原则、关联原则、语境原则和言语行为的恰当性条件来具体分析和评估日常话语。辨谬不仅涉及认知和交际的诸环节，而且贯穿表达和理解的全过程，因而其艰巨性是显而易见的。

---

① Henkemans, A., Wagemans, J. Reasonableness in Context: Taking into Account Institutional Conventions in the Pragma-Dialectical Evaluation of Argumentative Discourse [C] // Van Eemeren, F.,et al. *Reflections on Theoretical Issues in Argumentation Theory*. London: Springer, 2015: 217-226.

② 何秀煌.记号学导论[M].台北：大林出版社，1965: 88.

第十章

隐　喻

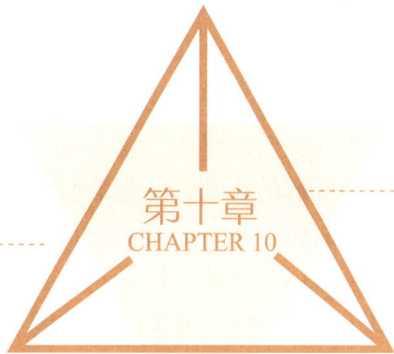

第一节　认知科学视域中的隐喻表达与理解

一、隐喻的多学科研究进路

自亚里士多德以来，隐喻一直因其独特的修辞功能而深受重视。到了 20 世纪，学者们开始逐渐认识到，隐喻不仅仅是一种修辞手段，更是一种基本的认知方式，这一隐喻研究的认知转向使得研究者对日常隐喻有了更多的关注。莱考夫和马克·约翰逊（Mark Johnson，以下简称约翰逊）曾指出，"隐喻普遍存在于日常生活中，我们惯常的概念体系，我们的思维和行为，在本质上都是隐喻性的"[1]。如"人生是一场旅行"这样的表达，它通过人们所熟悉的概念"旅行"来解释较为抽象的概念"人生"，使人们可以联想到"遇到坎坷""走了弯路""畅通无阻"等含义，从而更具体地理解和把握"人生"这一描述对象。正是这种对隐喻认知价值的重新审视，构成了当代认知科学的三大重要发现之一[2]。

1936 年，艾弗·阿姆斯特朗·理查兹（Ivor Armstrong Richards，以下简称理查兹）将对隐喻的探讨从单纯的语言现象转移到了思想层面，认为隐喻的机制是两个并置概念在互动基础上生成新的意义[3]；此后，马克斯·布莱克（Max Black）发展了理查兹的"互动论"，认为隐喻话语的加工是通过将一组由次要主词得到的"相互关联的隐含"投射到基本主词上来实现的[4]。1980 年，《我们赖以生存的隐喻》一书出版，标志着著名的概念隐喻理论的诞生，该理论认为隐喻的本质是两个认知域之间的互动形成的跨域映射，自此隐喻研究进入了全新的认知研究阶段。概念隐喻理论揭示了隐喻在认知中的基础性地位和系统性框架，但也正是由于过于强调认知的固有框

---

[1] Lakoff, G., Johnson, M. *Metaphors We Live By*[M]. Chicago: University of Chicago Press, 1980: 3.

[2] Lakoff, G., Johnson, M. *Philosophy in the Flesh: The Embodied Mind and Its Challenge to Western Thought*[M]. New York: Basic Books, 1999: 1.

[3] Richards, I. A. *The Philosophy of Rhetoric*[M]. London: Oxford University Press, 1936.

[4] Black, M. *Models and Metaphors: Studies in Language and Philosophy*[M]. New York: Cornell University Press, 1962.

架，该理论对日常交际中所使用语言的语义及语用因素的重视不足，对实际语境中灵活多变的隐喻表达解释力不强。具体而言，概念隐喻中的概念映射是一个从源域到目标域的函数 f: S→T（其中 S 为源域，T 为目标域，对于任意 b∈S，有唯一的 a∈T 与之对应）。它通过源域和目标域中对应元素的映射关系，表征源域中的空槽（slot）、关系、特征、知识与目标域中相应的空槽、关系、特征、知识的一一对应①。这种映射关系很大程度上依赖于类比推理，其基本模式是"A 具有性质 a，b，c，d；B 具有性质 a，b，c；则 B 具有性质 d"，即前提中需要先有一系列的相同性质存在，才能由此推出一方拥有的性质也为另一方所有。但对于日常交际中的隐喻理解，类比推理的前提过强，说话人表达和听话人理解时可能都只对源域中的几个性质进行关联和突显，不一定完成源域和目标域内部要素的一一映射。

随着信息技术和人工智能的迅猛发展，学者们对信息搜索和提取进行了持续深入的探索。M. R. 奎廉（M. R. Quillian，以下简称奎廉）通过对人类记忆的研究，认为记忆的储存依赖于概念间复杂的联系，并由此提出了语义网络的概念②；R.F. 西蒙斯（R. F. Simmons）和 B. C. 布鲁斯（B. C. Bruce）用语义网络中的"节点"表示对象和概念，"边"表示节点之间的关系，将语义网络转化为谓词逻辑演算③。而隐喻因其表义的间接性，对信息的获取提出了更高的要求。1990 年以来，学者们陆续提出了各种处理隐喻的计算理论和模型，如 J. H. 马丁（J. H. Martin）提出了基于知识的隐喻解释、描述和获取系统 MIDAS④；E. C. 斯坦哈特（E. C. Steinhart）利用扩展的谓词逻辑，给出了一个基于可能世界语义学的隐喻结构理论及其计算模型 NETMET⑤；J. 巴登（J. Barnden）结合隐喻与信念推理关系的研究，建立了一套基于规则的隐喻推理系统 ATT-Meta⑥；A. 内海（A. Utsumi）等采用一种语义空间模型对隐喻的理解过程进行了计算模拟⑦。随着近年来深度学习技术的蓬勃发展，Y. 比佐尼（Y. Bizzoni）等利用词向量强大有效的表征能力结合基础神经网络架构来处理隐喻，在名词性隐喻和形容词性隐喻的识别任务上取得了较好的效果⑧；M. 雷（M. Rei）等通过有监督的语义相似网络进行隐喻识别，以在网络中添加门控机制的方式完成了语

① Lakoff, G., Turner, M. *More Than Cool Reason: A Field Guide to Poetic Metaphor*[M]. Chicago: The University of Chicago Press, 1989, pp.63-64.
② Quillian, M. R. Semantic Memory[M] // Minsky, M. *Semantic Information Processing*. Cambridge, MA: The MIT Press, 1968: 227-270.
③ Simmons, R. F., Bruce, B. C. Some Relations Between Predicate Calculus and Semantic Net Representations of Discourse[R]. *Proceedings of the Second Joint International Conference on Artificial Intelligence*. Washington, D.C.: MITRE Corp., 1971.
④ Martin, J. H. *A Computational Model of Metaphor Interpretation*[M]. San Diego: Academic Press, 1990.
⑤ Steinhart, E. C. *The Logic of Metaphor: Analogous Parts of Possible Worlds*[M]. Dordrecht: Kluwer Academic Publisher, 2001.
⑥ Barnden, J. Belief in Metaphor: Taking Commonsense Psychology Seriously[J]. *Computational Intelligence*, 1992, 8(3): 520-552.
⑦ Utsumi, A., Sakamoto, M. Indirect Categorization as A Process of Predicative Metaphor Comprehension[J]. *Metaphor and Symbol*, 2011, 26(4): 299-313; Utsumi, A. Computational Exploration of Metaphor Comprehension Process Using a Semantic Space Model[J]. *Cognitive Science*, 2011, 35(2): 251-296.
⑧ Bizzoni, Y., Chatzikyriakidis, S., Ghanimifard, M. Deep Learning: Detecting Metaphoricity in Adjective-Noun Pairs[R]. *Proceedings of the Workshop on Stylistic Variation*, 2017: 43-52.

义特征的提取 [①]。

这些研究从语言认知、语义计算等视角对隐喻的生成和理解做了多维度、深层次的分析，让我们认识到隐喻在人类认知中的重要作用和对其进行表征的可能性。而在当下的数字化时代背景下，越来越多的信息被编译为不同类型的符号，符号化传播已经逐渐成为信息交互的主流形式。隐喻本身也是一种符号现象，可以是语言符号，也可以是图像或声音等形式的符号。所以，我们进一步以具有元学科性质的认知符号学为切入路径，尝试对隐喻表达和理解中一系列复杂的认知过程给出一个相对完整的符号学解释框架。从以皮尔斯为代表的符号学视角看，隐喻表达和理解的过程也就是符号生成与解释的过程。尽管 P. 利科（P. Ricoeur）认为，隐喻研究不能"通过将话语语义学还原为词汇实体的符号学来完成" [②]，但他所要强调的仅仅是隐喻语词不能简单地作为语言符号解释为字面义，并不是否认将隐喻作为符号进行解读的可能性。这也恰恰说明，在隐喻这一特殊符号的解读中，非字面的语用因素起着关键作用。我们认为，认知主体、认知语境、心理过程和符号链是其中必须重点考虑的要素。同时，以不同的符号要素为切入点所进行的隐喻分析也存在很大差异：从符形的多样性角度看，隐喻既可以通过语言形式呈现，也可以通过融合了图形、声音、表情、动作等的多模态符号表达；从隐喻的认知主体看，不同主体（人类、机器、人机结合）的理解情形也各不相同。

本节主要讨论以人为主体、以自然语言为载体的隐喻形式，从符号和信息传递的角度重新审视其生成和解释，对概念隐喻中简化了的部分进行补充和修正，分析和构建隐喻表达者和理解者在隐喻符号生成与解释时所涉及的推理过程。具体探讨如下三个问题：①在将隐喻语言视为符形时，字面含义和语用因素如何相互作用形成符号链？②如何模拟隐喻符号交际中，交际双方所完成的信息传递与获取？③隐喻符号认知的信息加工过程反映出思维的哪些属性，这些属性在隐喻表达和理解的过程中又是如何发挥作用的？

二、隐喻的符号学构建

皮尔斯曾指出，我们所有的思想与知识都是通过符号获取的 [③]。可以说，人们对事件的认知就来自对事件所涉的情境符号的解读。皮尔斯的符号"三元说"理论将符号定义成这样一种事物：它一方面由一个对象所决定，另一方面又在人们的心灵中决定一个观念（称为解释项），符号与其对象、解释项之间形成了一种三元关系 [④]。其中，符号形体（符形）与符号解释（符释）项之间的关系被称为"意指"，与

---

① Rei, M., Bulat, L., Kiela, D., et al. Grasping The Finer Point: A Supervised Similarity Network for Metaphor Detection[R]. *Proceedings of the 2017 Conference on Empirical Methods in Natural Language Processing*, 2017: 1537-1546.

② 李幼蒸. 理论符号学导论[M]. 北京：社会科学文献出版社，1999: 346.

③ 皮尔斯. 皮尔斯：论符号[M]. 赵星植，译. 成都：四川大学出版社，2014: 31.

④ 同上。

表达对象之间的关系被称为"指称"，相互关联的三者就构成了一个"符号三角"。

皮尔斯认为，从符号本身到符号解释是一个心理过程，某个符号会在接收者的头脑中创建另外一个新的或更为复杂的符号，新创的这个符号就是初始符号的解释项[①]。由此看来，对符号的解释通常不是一步完成的，外界信息输入后，符形与符释会在心理层面不断交替转换。这一过程涉及一系列复杂的语用因素，我们认为，其中最重要的是认知环境、心理过程和符号链。

（一）认知环境

隐喻所包含的非字面义要被表达和理解，离不开对语言自身以外的因素的综合考虑。L.卡梅伦（L. Cameron）等人指出，"在特定的语言使用环境中研究隐喻语言，需要将认知和社会文化联系起来"[②]。社会文化、交际语境及皮尔斯所提到的符号认知主体等作为影响隐喻符释的外在因素，本身都具有复杂的内在结构，只有接受了特定社会文化且处于特定交际语境中的理性认知主体，才能进行隐喻交际而不会简单地认为该语句为假，我们可以将上述三者统一视为"认知环境"的组成部分。

"认知环境"这一概念来源于关联理论，斯珀伯与威尔逊在《关联性：交际与认知》中给出的定义[③]如下：

> 1.某事实在某时对某人显明，当且仅当在此时能够对该事实做心理表征并接受该表征为真或可能为真。
> 2.个人的认知环境是对其显明的事实的集合。

所谓"显明"就是被感知或被推出，一个人的全部认知环境值是它能感知或推出的事实的集合。这一定义与通常将外在信息作为自变量、主体认知作为函数的思想不同，它将一个人的认知环境作为其所处的物质环境及其认知能力两者的函项[④]，本质上是把外在信息和内在认知都视为影响因素，共同决定一个事实是否能被主体所接受。这样，一个人在认知过程中所能调用的就不仅是外在的信息，还包括他有能力进一步推出的全部信息。认知环境函数所具有的"感知"和"推出"这两种功能，都为理性主体所具有的基本认知能力。"感知"将外在信息转化为内在信息，"推出"在已有内在信息的基础上产生新的内在信息。外在信息包括交际情境中的说话人、听话人、时空等语境所提供的信息；内在信息指主体所接收的信息，包括主体的背景知识和被主体感知及推出的知识，它集中体现了不同认知主体的差异。隐喻理解不同于字面义理解之处就在于，不同主体和语境输入认知环境函数后将激活

① Peirce, C. S. Logic as Semiotic: The Theory of Signs[C] // Innis, R. E. *Semiotics: An Introductory Anthology*. Bloomington: Indiana University Press, 1985: 5.
② Cameron, L., Low, G. *Researching and Applying Metaphor*[C]. Cambridge: Cambridge University Press, 1999: 8.
③ 丹·斯珀波，迪埃珏·威尔逊.关联：交际与认知[M].蒋严，译.北京：中国社会科学出版社，2008: 40.
④ 丹·斯珀波，迪埃珏·威尔逊.关联：交际与认知[M].蒋严，译.北京：中国社会科学出版社，2008: 41.

不同的认知图式，得到不同的认知结果。

（二）心理过程

要用"符号三角"构建隐喻符号的解读过程，最简单的做法似乎是对隐喻语句的要素进行拆解，将喻体作为符形，本体作为对象，隐喻理解相应地视为从符形到特定符释的意指过程。这样做的问题是：一方面它仍然把隐喻理解过程作为一个整体，令其在符释上实现，而没有说明这一理解是如何进行的；另一方面，当隐喻语句不同时出现源域和目标域时，本体和喻体呈现不清晰，就无法得到完整的"符号三角"，似乎也意味着理解无法顺利进行。产生上述困难的原因是，隐喻依赖的不一定是已有信息提供的知识，还可能是从这些知识推出的新知识。在日常交际中，大量隐喻概念已经固化在人们的认知中，这样的知识可以不在文本中显性存在；另外还有一些新奇隐喻的源域和目标域之间关联性不强，需要有与两者相关的其他概念作为连接。这些隐喻的表达和理解过程都不能一步完成，而需要包含长度不一的心理推理过程。

在符号的三要素中，符释是一个只存在于主体认知中的抽象存在，由符形到符释的意指过程是一个认知加工的心理过程。符号解读所经历的心理过程，也就是认知环境的生成过程，它依赖于认知主体的知识和外界提供的信息。基于上文对认知环境的说明，我们把作为理解结果的认知事实递归地定义为满足如下条件的最小集合 S，其中 s 为外在环境信息，c 为主体认知能力，f 为认知环境函数。

1. $f(s, c) \in S$；
2. 如果 t 是认知事实，则 $f(t, c) \in S$。

隐喻概念本身和非最终阶段的解读都可以作为语境的扩展或新的前提，来改变初始语境提供的蕴涵并引发另一些新的蕴涵[①]。也就是说，外在信息和主体认知能力输入认知环境、获取认知事实的过程可以重复，新的事实信息和认知能力可以继续输入，不断推出新的事实。

心理过程集中反映在意指过程中，意指的实现依赖于对符形的理解，将一个符号视为何种类型的符形影响着意指得到何种符释。如皮尔斯曾将符号划分为像似符、指示符和规约符：像似符和对象存在实体上的相似性；指示符与对象存在着某种因果联系；规约符最初与对象的联系带有任意性，而在一个社会群体中被固定下来之后又具有稳定性。外在和内在信息首先会共同影响主体对符号类型的判断，然后基于该判断所确定的符号类型将作为新的知识存在于认知环境中，引导不同的心理过程。也就是说，当主体判定一个隐喻表达是某种类型的符号后，会根据该类符号的特征寻找与之相似或相关的对象。

---

① 丹·斯珀波，迪埃珏·威尔逊.关联：交际与认知[M].蒋严，译.北京：中国社会科学出版社，2008：263.

（三）符号链

现代隐喻理论普遍认为，隐喻不仅仅是词（符号形式）的替换，更重要的是概念系统之间的互动。由上述关于心理过程的分析也可见，很多情况下隐喻理解不是一步完成的，它需要将认知得到的事实作为新信息来得出新的事实。从符号学视角看，这说的就是，符号的解释本身可能成为解释者头脑中新的符号形式，以此类推下去，形成一个符号的链条。

我们可以将隐喻语言从符形到符释的意指过程展开为一个多级符号链。初始符号为完整的隐喻表达，主体在交际中结合动态语境进行选择和调整，通过符号推理转码得到与语境相容的解释。具体而言，第一层意指过程依靠的是语言的群体约定，一个隐喻概念经由说话人表达后，就成了听话人需要解读的符号，其符释是语句的字面义，对象是该字面义所表述的事态（比如"时间是资源"这一隐喻表达，直接按字面义理解为"时间是一种可利用的自然物质"）。但通常情况下，隐喻表达会与常识相违背，使得字面义表述的事态在现实世界中的对应为空，即与语境产生了冲突（此处，现实的自然界不存在"时间"这样一种具有某种用途的物质实体）。这种冲突会构成语义抑制，迫使听话人将符释作为新的符形，继续延伸符号链。第二层级的意指主要考虑说话的背景信息，在进一步对以字面义为符形的符号进行解释时，通过排除与当前语境产生冲突的要素得到一个可相容的语义解释，相应的对象是作为现实世界一部分的事态（此处排除"物质实体"一类的性质，而保留"有价值"一类的性质）。当然该解释仍然可能包含过多的信息，呈现为一个比较含混的符号，此时就需要第三层意指对交际过程中的信息进行提取并支持推理，一般可以通过搜索上下文关键词继续对符号进行进一步的解释（如果"时间是资源"后还有"我们要节约它"的描述，则根据"节约"的语义，突出资源的有限性和珍贵性）。最终得到与上下文相关的限制性相容语义，就是该隐喻在当前语境下所能达到的充分理解。符号链的基本形式如图 10-1 所示。

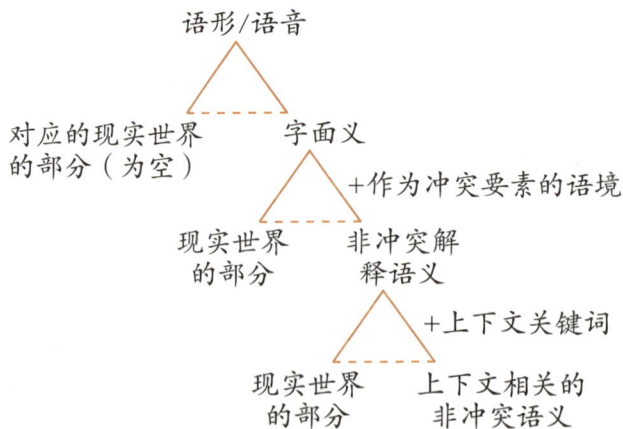

图 10-1　隐喻语言理解的符号链

三、隐喻认知中的信息流

信息是宇宙中与物质、能量并列的三大基本要素之一，是事物结构和秩序固有的测量方式[①]。信息在事物之间的流动形成信息流，使得某一事物可以传递另一事物的信息。一句话之所以有意义，是因为它给出了几种事物之间的信息传递关系，如"有烟就有火"，其意义在于揭示了"烟"与"火"之间的信息传递，当主体得到"有烟"的信息，也随之得到了关于"火"的信息。符号的本质就是信息的载体，通常当一个事物在自身的声音形态等属性之外还包含关于其他事物的信息时，才能称为"符号"，比如上述的"烟"可以作为代表"火"的符号。如果以信息为基本单位看上述符号推理，可以认为其背后的支持因素就是符号之间的信息流动。

20世纪80年代，J.巴威斯（J. Barwise）和J.佩里（J. Perry）以信息流思想为核心提出了情境语义学（situation semantics），认为自然语言最重要的功能不是表达真值，而是传递关于外部世界的信息。因此语句的外延意义不是真值，而是句子所描述的情境。语句之所以有意义，是因为一个情境包含关于另一个情境的信息，且根据情境类之间的制约关系，可以从一个情境类型推出另一个情境类型。

情境语义学中，话语的解释被认为是若干信息元（infon）的汇集。构成一个信息元的基本要素包括：个体（individuals）、关系（relations）、时空场点（space-time locations）和极性（polarity）。这就是说，一个"某时某地某个体（或某些个体）具有某性质（或某关系）"的事实就构成一个基本信息单位，基本信息单位的合取或析取构成复合信息元（compound infons）。一般地，人在认识事物时不需要也不可能知道关于它的一切，所以与可能世界语义学中承认的完整世界和全部信息不同，情境语义学从一开始就抛弃了这一过强的约定，它所定义的情境只考虑现实世界中被认知主体关注到的那部分信息。情境和信息都是独立的实体，情境可以支持也可以拒绝信息。给定一个情境 s 和信息元 σ，s 支持 σ 说的是该信息元在情境中被满足，记作 s⊨σ，s⊨σ 当且仅当 σ ∈ s。除了对一个具体情境进行描述，有时我们也需要描述缺少或忽略某些要素的抽象情境。为达到这一表达效果，情境语义学引入了"类型"（type）的概念。类型是对具体情境的扩充，它既可以包括真实的个体、场点和关系，也允许个体未定量、场点未定量和关系未定量等自由变元（通常表示为 å, i̇, ṙ）。

信息的更替依赖于制约。"制约"（constraints）是情境语义学的一个核心概念，J.巴威斯和J.佩里认为"制约关联产生意义，适应制约就使生活成为可能"[②]。情境类型之间的系统性制约是一个二元关系，它允许一个情境类型包含另一个情境类型的信息，而只有适应了该制约，才能从当前情境跳转到另一情境，实现信息的流动。因此，当我们说一个对象有什么意义时，实际上我们是在讨论涉及该对象的情

[①]　Devlin, K. *Logic and Information*[M].Cambridge: Cambridge University Press, 1991: 2.下文关于情境理论和情境语义学的概念和记法依照此版本。

[②]　Barwise, J., Perry, J. *Situations and Attitudes*[M]. Stanford: CSLI, 1999: 94.

境所属的情境类与另一情境类之间的制约关系，即由一个类型 S 可以得到另一类型 S′，记为 C=[S ⇒S′]。

可见，情境语义学以信息描述为基础，将主体、时空等超语义要素加入语义的刻画中，这与认知符号学对认知主体、认知情境的考虑在思想上高度一致，但两者在具体处理上有所差别：符号学将这些因素视为外在因素，对语义产生影响，而情境语义学将这些因素作为信息的组成部分，它们本身就处于语义之内。我们可以将图 10-1 所描述的隐喻符号链在情境语义学的框架下做进一步的解释，来反映隐喻交际中的信息传递。其中，主体感知到的现实世界的部分是情境，交际中通过语言传递的是信息。上述符号链的形成依赖两种不同类型的制约，它们分别引导了两种不同的信息流动方式——横向的信息流动和纵向的信息流动。

理解一个具体隐喻表达的关键是对隐喻概念的接受，主体只有接受了该隐喻概念，才能恰当地理解它所派生出的具体含义。如"你在浪费我的时间""我在他身上花了很多时间""值得你花时间吗？"这样的隐喻表达都需要建立在接受"时间就是资源"这一隐喻概念的基础上。隐喻概念是对源域和目标域的确认，如果 A 为目标域，B 为源域，隐喻概念就可以表示为"A 是 B"，但这类语句拥有很强的概括性，相应地也有很强的模糊性，因此通常不会孤立存在，而是和有具体指向的隐喻语句同时出现。当隐喻概念在语句中出现时，直接将其视为符形。而在一些固化的死隐喻中，隐喻概念已被默认为双方认知中都存在的预设，而不再出现于文本或交际中。如果隐喻概念不出现，说明它普遍存在于人们的认知中，主体在接受一个具体的隐喻语句时有能力调用相应的隐喻概念，并将其作为符形。接受者对该符形进行认知，得到的符释是从字面义中提取的信息元。但由于"A 是 B"的字面义为假，现实情境不支持该信息元，所以需要进一步延伸符号链，将信息元作为新的符形，该符形意指一个情境类型间的制约关系 C=[S ⇒S′]，其中 S=[ṡ|ṡ⊨≪ 是 A, ȧ, ì, 1≫]，S′=[ṡ|ṡ⊨≪ 是 B, ȧ, ì, 1≫]，即约定"如果 x 是 A，则 x 是 B"，给出源域与目标域之间的横向信息流动。接着，把概念域视为由核心概念生成的语义场，对源域和目标域进行概念到子概念[①]的信息迁移。通过义素包含关系形成的制约来实现纵向的信息流动。比如，我们由"资源"这一概念可以分解出"有价值""用于交换"等多个义素。主体运用他所掌握的百科知识，就能在他的认知范围内建立起大量类似于 C=[S⇒S′]，S=[ṡ|ṡ⊨≪ 是资源，ȧ, ì, 1≫]，S′=[ṡ|ṡ⊨≪ 有价值，ȧ, ì, 1≫] 的制约关系。当然，每个概念都处在一个开放的语义场中，也就会产生无穷多个制约关系。如果隐喻表达不是以孤句形式存在的，则通过搜索上下文的关键词，可以获得新信息来增加对情境的制约，减少情境所能支持的信息。

对于概念意义的表达，A. M. 科林斯（A. M. Collins）和奎廉从计算机有效提取

---

① 本文所说的子概念是指由该概念的义素、义素的义素，以此类推，所得到的所有概念，在语义网络中表现为该节点的所有后辈节点。

信息的角度提出了具有层次性的语义网络（semantic network）结构模型，成为最有影响力的表征理论之一。其基本观点是，当一个人阅读和编码某个陈述时，相应的概念就被激活，并沿着网络结构中的联结扩散。当两个激活源相交，则被证实所陈述的是真实的[①]。我们可以通过构造隐喻认知的语义网络，进一步表征上述认知过程中的信息流动，与通常的图（graph）的定义类似，我们将隐喻认知语义网络的结构表达为一个有向图 $G=<V, E>$，其中 V 为节点集，每个节点是一个概念，$E=E' \cup E''$ 为边集，表示概念间的关系。在隐喻的语义网络中存在两种关系，关系 E' 由隐喻概念给出，描述目标域与源域之间的信息转移，因此规定 E' 的起点和终点都必须是根节点；关系 E'' 来自范畴的归属，每个概念的义素就是它的子节点。制约关系提示的是隐喻语义网络中信息流动的方向：由隐喻概念给出的制约可以实现信息在源域和目标域之间流动；由范畴归属所给出的制约可以得到语义场中向下分解和延伸的义素，最终从一个模糊的概念域得到某些具体的性质。

　　语义网络的建构方式与概念隐喻理论密切相关，概念隐喻的跨域映射在语义网络中整体表现为源域和目标域之间的横向信息流动，但两者并不相同。首先，在经典的概念隐喻理论中，只有从源域到目标域方向的映射，而在这里，由制约关系给出的两域之间的信息流动是双向的：对于说话人而言，信息的流动方向为从目标域到源域，即为了说明某一事物而寻找恰当的载体，具体表现为一个节点同时是源域和目标域的后辈节点，或者说，正是因为两个概念域节点存在相同的后辈节点，才使它们有可能构成隐喻。与之相反，听话人从说话人或自己的认知中调取隐喻概念并提取源域和目标域后，需要以源域的核心概念为出发点，向下延伸不同的性质分支。通过搜索下文，新出现的源域关键词可以对现有的图进行限制，使明显语境无涉或与目标域产生矛盾的部分性质不再向下延伸。当由源域延伸出的概念序列里出现与目标域相关的描述时，就将这一概念及其子概念整体迁移到目标域中，成为目标域下的子概念，即实现将源域中的信息转移到目标域中的意图。其次，在概念隐喻中，源域和目标域间的概念映射是平行结构的，源域中的对象和关系分别投射到目标域中相应的对象和关系上。但在日常交际的多数情况下，隐喻的表达可能不会产生全面的隐喻思想，而是基于过去和现在的环境，受到部分隐喻概念或多个相互作用的隐喻概念的影响[②]。此时隐喻体系并不建立在清晰的一一对应关系上，而只是对源域的几个性质进行了关联和突显。因此，在我们的语义网络中，源域分支上的性质不是与目标域的分支性质相关联，而是直接迁移到顶层的目标域概念下，其思想基础更接近于认为隐喻是通过源域来突显目标域中某些特性的范畴归属理论。此外，相较于概念隐喻的跨域映射，在这样构造的语义网络中，关联性的建构是在不断搜索的过程中完成的，因此可以呈现隐喻推理的动态性。下面通过一个例子来呈

① 刘爱伦.思维心理学[M].上海：上海教育出版社，2002: 70-71.
② Gibbs, W. R. Metaphor as Dynamical-Ecological Performance[J]. *Metaphor and Symbol*, 2019, 34(1): 43.

现隐喻交际双方的语义网络：

> 做企业就是打仗，我们要努力培养出具有雄才大略的将领和训练有素的士兵，提升我们的整体作战水平。

首句的隐喻概念"做企业就是打仗"，给出了目标域到源域的横向信息流动，它通过情境类的制约关系建立了"做企业"和"打仗"的联系，该制约下的信息流动保证了"做企业"的性质可以用"打仗"的性质来描述；从纵向上看，说话人表达这句话的目的是传达关于"做企业"的看法，其信息可以从"做企业"到一系列隶属于"做企业"概念的子概念，类似于说明一个概念的内涵。如果语句意欲表达的是做企业的属性 A、B、C，那么从目标域转移到源域后，在源域"打仗"的后辈节点中也相应地可以找到 A′、B′、C′，使得 A′=A、B′=B、C′=C，说话人通过描述 A′、B′、C′就能表达所要传达的含义。图 10-2 所示为说话人的语义网络及形成网络的两种信息流，其中虚线箭头为信息的横向转移方向，实线箭头为信息的纵向转移方向（下文类似）。

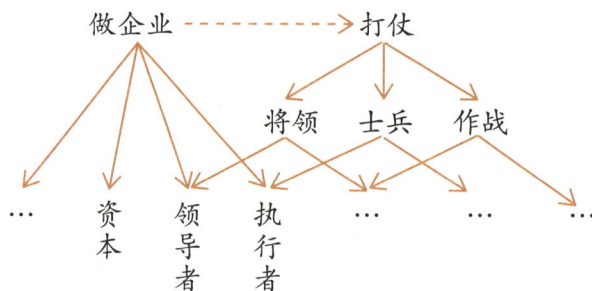

图 10-2　说话人的隐喻语义网络及信息流动方向示意

听话人的理解过程与说话人的表达过程在横向信息流上方向相反。假设听话人是合作的，则他首先必须接受顶层隐喻概念"做企业就是打仗"。根据这一隐喻概念，"做企业"是论元，"打仗"是谓词，即需要通过"打仗"来理解"做企业"。那么就需要进一步对"打仗"进行理解，这依赖从一个概念到它的一系列子概念的纵向信息流动。根据下文给出的关键词"将领"、"士兵"和"整体作战水平"，重点关注有关的分支。但这些子概念中，仍然不存在与"做企业"有直接联系的概念（企业没有将军、士兵，不会进行作战）。因此继续对子概念进行分解，如"将军"的义素包括"领导者"，这是与目标域相关的节点（企业拥有领导者），就建立它与目标域的关系，使目标域获得该节点及其后辈节点的性质。图 10-3 所示为听话人的语义网络及形成网络的两种信息流。

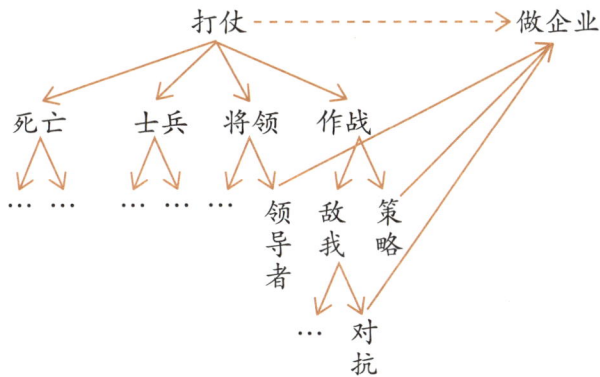

图 10-3　听话人的隐喻语义网络及信息流动方向示意

四、隐喻认知的思维属性

我们已经在符号学框架下探讨了隐喻认知中字面义以外的要素所起的作用，给出了隐喻推理的符号链；然后基于信息流思想重构了符号链中意指所涉及的信息流动，并通过语义网络呈现了隐喻的模糊表达与动态理解。由这些分析可见，对隐喻信息的加工会比对字面信息的加工更复杂，除了拥有基本的信息提取能力，还需要激活一些非常规的信息。这些特殊的信息激活反映了隐喻表达和理解所必需的思维方式，我们将其概括为关联性、发散性、整体性和独特性。

（一）关联性

对隐喻机制进行解释时，一种基本的观点是，隐喻的生成和理解基于事物之间的相似性。但正如 M. 利森伯格（M. Leezenberg）所说，相似性的概念显得太宽且太弱：太宽是因为两个物体之间具有无限多的共同特征，太弱是因为它不能说明不同类型物体间的那些比喻性的相似性[1]。也就是说，在表达中，两个事物之间固有的相似性可以不被关注，而本来不具有的相似性可以被隐喻所创造。概念映射不仅利用相似也创造相似。

大量研究表明，人在思维过程中激活的认识是有限的、特定的[2]，这些激活的信息与初始信息存在着关联。情境语义学的基本观点也认为，日常语言表达的主要目的是传递关于外部世界的信息，而不是表达真值，它通过描述"制约"关系来构建关联性。反映在上文具体的隐喻认知模型中，横向和纵向制约都非基于相似性，而是基于由隐喻概念和范畴归属实现的关联性。

无论是源域和目标域之间还是概念和子概念之间的制约，都遵循关联理论所揭示的两个核心限度条件：最大关联和最佳关联。最大关联指用尽可能少的努力获得最大的语境效果，最佳关联则是用较小的努力获取足够的语境效果。两个条件相互

---

① Leezenberg, M. *Contexts of Metaphor*[M]. Oxford: Elsevier, 2001: 252.
② 刘爱伦. 思维心理学[M]. 上海：上海教育出版社，2002：45.

制约，最佳关联强调相关性，一个隐喻表达会蕴含相应的隐喻义，如果言者原来并未意图使听者推出这个蕴含，他就应该选用其他的语句以排除这个意思①；最大关联强调省力性，如果一个表达者是合作的，则其选择的隐喻可以是对既有关联的突显，也可以创造源域和目标域间新的关联。前者被称为强关联，通过突显对象的性质，降低理解的难度；后者称为弱关联，它留给听话人足够的空间，在含混的情境下，听话人按其认知得到语句的非字面义所耗费的心力最小。

如果按字面义来理解隐喻表达，对象和描述之间会存在不可协调的矛盾，而在默认交际双方合作的情况下，听话人仍然会认为这句话是有意义的，使得理解过程所耗费心力无限增加。但隐喻给出的是较为含混的概念域，允许域中的非核心概念进行关联，这就降低了接受的难度。如"他害怕这段色彩黯淡、业已流逝的，他毕竟可以接受的时日，会突然显出具体而微、污秽不堪的形态，露出恶魔般狰狞的面目来"②，这句对于时间的描述中至少存在"时间是有色实体"（具有颜色）、"时间是河流"（可以流逝）、"时间是生命体"（具有形态和面目）三个概念隐喻。相较之下，"时间是河流"更为常见，可以归为强关联性隐喻，突显了单向性和持续性这两个时间和流水的既有关联。另两个可以视为弱关联性隐喻，因为是隐喻表达，实现理解的条件不再仅限于时间满足"有色实体""生命体"的核心概念，而可以是概念空间之间存在的某种弱关联，这就降低了理解所耗费的心力。

（二）发散性

信息激活路径的非唯一性表征了隐喻的发散性，即从已知信息沿不同方向、在不同范围可以产生大量变化的新信息。具体而言，发散性一方面体现为概念隐喻的框架不唯一。对一个事物的描述往往涉及多个方面，这些方面有时无法用同一个概念域涵盖。当我们不强制把它对应于某一概念框架和情境时，这一隐喻表达允许多个概念隐喻并置，对应不同的概念框架或情境下的理解，且每个隐喻概念独立统领一个概念网络。

另一方面，源域的概念集与目标域的概念集如果全异，则不满足关联要求；如果全同，则给出的概念是同一的；如果是包含关系，则一个是另一个的子概念，这三种情况都不能构成隐喻。因此，两者只能是相交关系，那些只存在于源域的概念同样可以继续延伸，在没有语境限制的情况下，新概念会随着分支的增加而不断增加。虽然我们最终能在一些节点上找到可以迁移的概念，但如果该路径的长度很长，从结果来看，就产生了类似于将原本源域具有而目标域不具有的概念加入目标域中的效果，实现了一种创造性的发散。比如白岩松在第 11 次 G20 峰会时解释数字"11"说：11= 合作，标志着 1+1 ＞ 2，强调合作共赢；11 是一支足球队，必须要完成整个队伍的联动，而且还要包容；11= 行动，G20 应该向行动派转变；11 延

---

① 丹·斯珀波，迪埃珏·威尔逊.关联：交际与认知[M].蒋严，译.北京：中国社会科学出版社，2008：262.
② 马塞尔·普鲁斯特.追寻逝去的时光（第一卷）：去斯万家那边[M].周克希，译.北京：人民文学出版社，2010：388.

长之后就变成了一条路，是一条可持续发展的路 [①]。这里的每一点解读之间相互独立，"11"可以被视为不同类型的符号，构成多个平行的概念网络；每个点内部的隐喻构建依然是发散的，建立顶层隐喻概念时所判定的符号类型在接下来的推理中不保持。如"11 是一条路"是将"11"作为像似符，两者在形态上相似，但进一步以"路"为符形得到的解释不一定是与路相似的事物，也可以将其作为其他类型的符号得到新的符释。同样，发散性的隐喻表达也给予了听话人更大的理解空间，通过将其视为不同类型的符号，听话人也可以得到不同的理解结果。上例中如果将"11"视为像似符，可能理解到"11 是一条路"，而视为规约符，才能理解"11 是一支足球队"。符号类型的判定过程融合了分类、联想、经验和推理等众多因素，使主体间的交际具有很强的双向互动性和明确的目标指向性 [②]。

（三）整体性

隐喻的整体性，主要体现为隐喻认知所呈现的是一个体系。隐喻不是一个突然出现在人们头脑中的孤立事件或活动，而是对行动的动态限制，它分布在大脑、身体和现实世界的生态中 [③]，人们通过与身体及身体感官捕捉到的信息进行类比，得到对抽象概念的描述。这些概念根植于思维中，成为人们认识抽象事物的基础。为保证源域和目标域的清晰性，这样的隐喻概念一般都可以用"A 是 B"的结构来表达，从 A 和 B 出发，结合日常交际的语境信息，最终会形成一个复杂的概念网络。说话人和听话人的信息在该概念网络中流动，一个概念节点迁移后，所有它所能通达的节点同时迁移，因此目标域得到的是一个性质集，而非某个孤立性质，最后这些概念都在顶层的概念域中得以汇聚，构成完整的图式。比如当一个人说"市场是大海"时，首先整体地思考以"大海"为核心的整个概念域，想到这句话可能表达市场的凶险，也可能强调其机遇众多，还可能传达市场运行规律，进一步地由"大海凶险"的关联带动"渔船躲避风浪""生物竞争"等理解，对整个图式进行补充。

同时，源域和目标域之间的映射往往不是单一的，在核心的关联建立之后，上下文、背景知识、交际语境等语用信息通过关联性与语义信息进行组合，会对非核心的概念产生迁移的引力，引起更多的概念迁移。甚至对邻近的非隐喻表达也产生影响，实现更大范围内的整合和联动。举例来说，在食指《指向未来》这首诗中，有如下诗句：

> … 我要用手指那涌向天边的排浪，
> 我要用手掌那托住太阳的大海，

① 白岩松妙解第"11"届 G20 峰会：延长的"11"成条路 [EB/OL]. (2016-09-04)[2022-01-05]. http: //news.cctv.com/2016/09/04/ARTIXQBEKgkTTkfCwXPAxvQO160904.shtml. 表述略有删减。

② 黄华新，马继伟. 符号学视域中的博弈"聚点"分析 [J]. 浙江社会科学，2019(5): 105-110，159.

③ Gibbs, W. R. Metaphor as Dynamical–Ecological Performance[J]. *Metaphor and Symbol*, 2019(1): 35.

　　摇曳着曙光那枝温暖漂亮的笔杆，
　　用孩子的笔体写下：相信未来。

　　其中，"手指是海浪""手掌是大海"的隐喻与非隐喻表达中"太阳""曙光"等关键词，共同完成了"海上日出"这一完整图景的构造，正是这样的表达让"未来"同时拥有了大海所具有的"广阔"属性和日出所具有的"希望"属性。

（四）独特性

　　思维的过程可以想象为从一个地方到另一个地方的移动，是在潜在认识状态构成的问题空间中搜索出一条独特路径的过程①。对隐喻而言，这种路径的独特性表现得更为明显，它既包括说话人的隐喻创作所体现的表达独特性，也包括听话人的隐喻解读所实现的理解独特性，两者的生成机制有诸多相似性。如前文所述，不同的外在环境信息和主体认知能力会得到不同的认知事实，对进一步的信息传递产生不同的制约。在语义网络中，这表现为对分支概念取舍的不同，以及最终对焦点性质选择的不同。一方面，依赖于差异化的主体认知和外部信息选择，主体最终可能选择语义场中边缘概念分支上的语义进行突显。如"嘈嘈切切错杂弹，大珠小珠落玉盘。间关莺语花底滑，幽咽泉流冰下难"（白居易《琵琶行》），诗句为描写琵琶声创造了一系列的新奇隐喻，将无形的乐音比作有形的珠子、流水。这一隐喻表达所选取的几乎都是源域的边缘概念，造成了事物之间的悬殊差异。另一方面，长距离的信息迁移也会产生新奇感。当进行自上而下的推理时，推理终点往往不确定，随着概念分支的长度不断增加，与根节点概念的偏差也会增加。如"人生是一场旅行"在单独出现时，并没有给出人生在何种方面是旅行，也就不存在确定的理解目标，此时听话人只能从自身认知中接受最基本的制约，因此无法排除选择"人生要做好规划""人生需要留下纪念"等相对特殊理解的可能性。

　　在一个最理想的隐喻交际中，说话人和听话人的纵向信息流应相同，即双方对每个概念所包含的义素认知相同；区别只在于横向信息流动方向相反。在这种情况下主要体现的是表达的独特性。而对于一个模糊隐喻语句，关联理论指出，"一般来说，潜在寓意的范围越广，且听者在构建这些寓意时所承担的责任越大，则语境效果的诗意越浓，隐喻也越有创意。在最丰富最成功的隐喻例子里，听者或读者可以超越即时语境所涉概念的理解探索，转而调用多方知识信息"②。因为听话人无法直接得到回溯概念域的起点概念，所以也只能自上而下地进行推理，这就大大增加了选择的多样性。此时，说话人和听话人都可以选择边缘概念或通达路径较长的子概念，这既体现了表达的独特性也体现了理解的独特性。

　　同时值得关注的是，上述四种属性之间并不是割裂的。根据其相互的支持关系，可以最终将隐喻认知的思维属性表示为以关联性为核心、以整体性和发散性为

---

① 刘爱伦.思维心理学[M].上海：上海教育出版社，2002：45.

② 丹·斯珀波，迪埃珏·威尔逊.关联：交际与认知[M].蒋严，译.北京：中国社会科学出版社，2008：262.

基础、以独特性为呈现结果的三角模式，如图 10-4 所示。

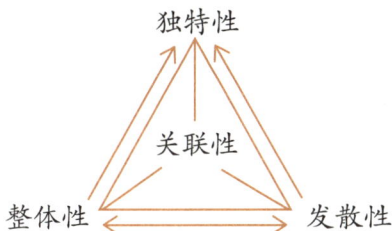

图 10-4 隐喻三角图式

　　首先，关联性处于中心位置，是隐喻表达和理解的核心要素。在合作的前提下，说话人和听话人都会预设双方所具有的背景知识和认知能力可以使彼此的表达与理解相适应，因此说话人会尽可能选取某一特定场景和目的下关联度高的性质作为隐喻的纽带，而听话人会尽量寻找相应的性质进行匹配。由大卫·E. 梅尔（David E. Meyer）、罗杰·W. 史凡德维特（Roger W. Schvaneveldt）进行的一系列认知心理学的实验表明，当认知系统提取一个词汇项目时，会促使与之具有语义或概念上相关的词汇项目也具有较高的激发状态 [①]。整体性的构建是部分与整体的关联，发散性与独特性也必须建立在可以寻找到关联的前提之上，否则该表达无效。

　　整体性和发散性是隐喻表达和理解的基础，侧重于强调认知功能。格式塔心理学的完形趋向律指出，感觉信息可能是片段的、不完整的，但当感觉信息和脑内力场进行相互作用时所引起的认知经验是完整的、有组织的 [②]，由知觉活动组织形成的经验整体，将大于部分之和。当隐喻语言作为信息片段激活整个认知经验时，就触发了多条认知路径，这些路径的延伸最后填充为该概念域下的整体解释。正是因为说话人用一个隐喻表达的往往是一个相互关联的整体图式，所以在很多情况下难以找到单一的字面表达与之对应，这实际上也体现了语言使用的经济性。

　　而独特性更多地表现为新奇隐喻的效果，它依赖于前两种属性，更侧重强调修辞功能。在没有背景知识和语境的情况下，源域中的所有概念都可以成为隐喻表达和理解的发散方向。对特殊发散路径的选择产生对于对象的不同解释，如果选择的是目标域中的边缘性质，就会形成新奇隐喻，因此独特性可以作为基于发散性生成的某一条路径上的结果，也是构成整体性的一个片段。

　　总之，通过这一对隐喻交际中的信息传递和接收的模拟可以发现，隐喻信息加工的过程要能激活与字面义不同的信息，必须反映关联性、发散性、整体性和独特性四个相互作用的属性，我们把它们看成是隐喻表达和理解的思维特性。

---

① John B. Best. 认知心理学 [M]. 黄希庭，主译. 北京：中国轻工业出版社，2000：149.
② 王鹏，潘光花，高峰强. 经验的完形：格式塔心理学 [M]. 济南：山东教育出版社，2009：101.

第二节 隐喻理解的台前认知与幕后推理

一、隐喻研究的语义层面和语用层面

莱考夫和约翰逊认为"隐喻普遍存在于人类日常生活之中，隐喻不仅存在于语言层面而且存在于人类思维及行为层面"[①]。按照 R. W. 吉布斯（R. W. Gibbs，以下简称吉布斯）和 M. 廷德尔（M. Tendahl，以下简称廷德尔）等学者的理解，隐喻研究有认知和语用两个重要层面。认知层面的研究以莱考夫和约翰逊的概念隐喻理论，以及 G. 福柯涅尔（G. Fauconnier，以下简称福柯涅尔）和 M. 特纳（M. Turner，以下简称特纳）的概念整合理论为主要代表；语用层面的研究则以格赖斯的会话含义理论及斯珀伯和威尔逊的关联理论为主要代表[②]。面对隐喻的理解问题，这两个层面的研究一直存在分歧：前者认为隐喻理解主要依赖人类非言语认知操作等幕后（backstage）推理过程，后者则认为隐喻理解主要依靠交际中出现的语言单位。

从认知层面看，概念隐喻理论强调人类概念系统中跨域映射在隐喻理解中的作用，认为人类认知经验中形成的基本隐喻是隐喻理解的基础。[③] 概念整合理论认为心理空间（两个或多个心理空间进行整合）才是隐喻理解的关键。[④] 这两个理论都聚焦于隐喻理解的幕后认知机制。V. 埃文斯（V. Evans，以下简称埃文斯）指出认知研究过多关注了人类的幕后认知过程，而在一定程度上忽视了语言单位本身对意义理解的作用。[⑤] 隐喻研究不仅需要关注幕后推理，也不能忽视交际中的语言单位。对隐喻交际维度的探索是隐喻研究值得关注的新动向[⑥]，对隐喻的台前和幕后认知机制的探讨能够对语料库语言学和心理学的实证研究提供一定的启示[⑦]。

从语用层面看，格赖斯提出了会话含义理论，并运用语言交际的语用推理模式来理解隐喻。在此基础上，斯珀伯和威尔逊提出了关联理论。关联理论重视语言单位在语言意义构建和理解中的作用，并认为人类认知倾向于关注与自身最具关联性的信息。威尔逊和卡斯顿认为隐喻并不是语言中的特殊现象，而我们能够理解隐喻的原因就在于隐喻所表达的含义对交际者具有更大的关联性。[⑧] 卡斯顿进一步提出，隐喻理解存在于语用充实过程中，而语用充实过程寄存于交际时形成的特定概念

① Lakoff, G., Johnson, M. *Metaphors We Live By*[M]. Chicago: The University of Chicago Press, 1980: 3.
② 范振强.关联理论视域下的隐喻研究：问题与展望 [J].外语学刊，2019(2): 15-20.
③ Lakoff, G., Johnson, M. *Philosophy in the Flesh*[M]. New York: Basic Books, 1999.
④ Fauconnier, G., Turner, M. *The Way We Think: Conceptual Blending and the Mind's Hidden Complexities*[M]. New York: Basic Books, 2002.
⑤ Evans, V. Figurative Language Understanding in LCCM Theory[J]. *Cognitive Linguistics*, 2010(4): 601–662.
⑥ 范振强.基于交际维度的刻意性隐喻理论：问题与展望 [J].外语教学理论与实践，2021(2): 1-10.
⑦ 范振强."A is B"型概念隐喻的台前与幕后认知对比研究[J].成都大学学报，2020(1): 88-97.
⑧ Wilson, D., Carston, R. Metaphor, Relevance and the "Emergent Property" Issue[J]. *Mind & Language*, 2006(21): 406–433.

（*ad hoc* concept）中。① 在交际过程中，人们不断地在语境中扩大或缩小词汇概念以实现语言理解，但我们对于这个扩大或缩小的过程的认识仍然十分模糊，特别是两个概念域是如何相互作用的过程难以得到清晰的描述。②

认知语言学与关联理论在隐喻理解问题上的主要区别在于：认知语言学认为隐喻基于业已存在的跨域映射，而关联理论则认为跨域映射来自语言隐喻在交际中的重复使用。③ 换句话说，认知研究关注隐喻的幕后，而语用研究侧重隐喻的台前（frontstage）。吉布斯和廷德尔指出，关联理论和认知语言学关注的是不同类型的隐喻。④ 关联理论更关注下述例 1 中的标准隐喻（类似于经典的修辞性隐喻），而认知语言学则更关注例 2 中的隐喻（跨域映射产生的隐喻）。

1. a. Robert is a *computer*.

   b. Susan is a *wild rose*.

   c. Sally is an *angel*.

2. a. Bill's marriage is *on the rocks*. (LOVE IS A JOURNEY.)

   b. He *destroyed my defenses*. (ARGUMENTS ARE FIGHTS.)

   c. Your theory is *falling apart*. (THEORIES ARE BUILDINGS.)⑤

虽然关联理论和认知语言学在研究目标和工作假设上存在差异，但两者在隐喻的理解上应该是互补的而不是相互矛盾的。⑥ 我们在日常交际中应构建一个既关注台前又注重幕后的完整的面向隐喻理解的推理模式。埃文斯认为台前认知关注语言单位本身对话语理解尤其是对修辞性话语理解的加工功能："除了幕后认知视角，我认为（认知）语言学家需要一种理论性解释：在修辞性话语理解过程中，我们需要解决语言单位本身是如何与非语言结构（如概念隐喻、意义建构中的概念结构和概念融合过程）进行接口互动的。也就是说，我们需要一种台前认知理论。台前认知理论强调语言提示和修辞性话语在语义组合过程中语言加工的功能。"⑦

台前认知强调语言单位本身在语言理解中的作用。语言单位本身对于构建范畴特别是临时范畴起着关键性作用。范畴是认知语言学的一个重要概念。推理是范

① Carston, R. *Thoughts and Utterances: The Pragmatics of Explicit Communication*[M]. Oxford: Blackwell Publishing, 2002: 322.

② 徐慈华，黄华新. 符号学视域中的隐喻研究[J]. 浙江社会科学，2012(9): 106-111.

③ Wilson, D. Parallels and Differences in The Treatment of Metaphor in Relevance Theory and Cognitive Linguistics[J]. *Intercultural Pragmatics*, 2011(8): 177–196.

④ Gibbs, R. W., Tendahl, M. Cognitive Effort and Effects in Metaphor Comprehension: Relevance Theory and Psycholinguistics[J]. *Mind & Language*, 2006(3): 379–403.

⑤ Wilson, D. Parallels and Differences in The Treatment of Metaphor in Relevance Theory and Cognitive Linguistics[J]. *Intercultural Pragmatics*, 2011(8): 177–196.

⑥ Tendahl, M., Gibbs, R. W. Complementary Perspectives on Metaphor: Cognitive Linguistics and Relevance Theory[J]. *Journal of Pragmatics*, 2008(40): 1823–1864.

⑦ Evans, V. Figurative Language Understanding in LCCM Theory[J]. *Cognitive Linguistics*, 2010(4): 601–662.

畴的重要功能。① 一个事物一旦被确认属于某范畴，我们就可以使用此范畴知识推知认识这一事物。人类在复杂认知加工环境中需要启用范畴推理（category-based inference）。② 基于上述埃文斯等学者的观点和认知语言学的假设，我们认为隐喻理解的重要机制同样是"范畴推理"。范畴推理兼顾隐喻理解的台前和幕后，它由交际中词汇激活的稳定性概念开启，通过范畴归纳（category induction）与结合策略（conjunction strategy）这两种幕后推理机制完成对隐喻的理解。寻求关联性是范畴推理的指导原则。

二、稳定性概念与范畴推理

稳定性概念（stable concept）和特质性概念在人类认知中扮演着重要角色。马可·马佐尼和 E. 拉鲁梅拉（E. Lalumera）认为"稳定性概念是指人类储存的表征概念必须具有的固定而共享的特征"③。可以说，稳定性概念是主体之间共享度较高并相对固定不变的概念，而特质性概念则是受认知主体的个人因素影响而形成的比较个性化的概念。前者是人们进行范畴归纳、运用结合策略等幕后推理过程的基础，它的激活依赖台前认知，即交际中出现的语言单位。稳定性概念与心理本质论的实验结果相吻合。心理本质论发现人们相信世界中的事体具有某些恒久不变的深层次特征。④ 举例来说，对"牛"的认知，其稳定性概念的内涵主要是指"牛体型较大、牛身上长有很多毛"等"牛"所固有的一些生理特征，这些特征是认知主体之间共享度高而相对不变的；而有些人"喜欢牛"或"怕牛"，则是对于"牛"的更具个体差异性的认知。

埃文斯将词汇直接激活的概念分为基本认知模型（primary cognitive model）和第二层级模型（secondary cognitive model）。基本认知模型是词汇直接连接的概念模型；第二层级认知模型是词汇间接连接的概念模型。⑤ 一般情况下，词汇激活的稳定性概念由存在模型和行为模型构成。前者大多涉及概念的状态性或静态性特征，后者则涉及概念的动作性或动态性特征。举例来说，"牛身上长有很多毛"属于"牛"的稳定性概念中的存在模型。当我们听到"九牛一毛"这一隐喻表达时，"牛身上长有很多毛"这一存在模型成了理解此隐喻的关键；而要理解鲁迅"横眉冷对千夫指，俯首甘为孺子牛"中的"孺子牛"这一隐喻，其关键则依赖"牛"的稳定性概念中的行为模型，因为"牛"在中国文化中"做事任劳任怨"的行为特征已深入人心。稳定性概念的存在模型和行为模型分别又由基本认知模型和第二层级认知模型构成。第二层级模型泛指区别于基本认知模型的所有认知模型。基本认知模型和第二层级认

① Smith, E. E., Medin, D. L. *Categories and Concepts*[M]. Cambridge, MA: Harvard University Press, 1981.

② Macrae, C. N., Bodenhausen, G. V. Social Cognition: Categorical Person Perception[J]. *British Journal of Psychology*, 2001(92): 239–255.

③ Mazzone, M., Lalumera, E. Concepts: Stored or Created?[J]. *Minds & Machines*, 2010(20): 47–68.

④ Medin, D. L. Concepts and Conceptual Structure[J]. *American Psychologist*, 1989(44): 1469–1481.

⑤ Evans, V. Figurative Language Understanding in LCCM Theory[J]. *Cognitive Linguistics*, 2010(4): 601–662.

知模型具有结构层级性。模型的概括化和主体间共享程度越强，人们就越倾向于将其称为概念。[①] 基本认知模型的概括化和主体间共享程度要强于第二层级认知模型，这些模型之间构成一定的层级关系。

范畴推理是在台前认知基础上，运用范畴归纳和结合策略来确定未知事物特征的幕后推理过程。台前认知中激活的稳定性概念是进行范畴归纳、运用结合策略的基础。范畴归纳是一种将概念表征作为刺激输入的推理过程。[②] 这里的概念表征主要是指稳定性概念。G. L. 墨菲（G. L. Murphy，以下简称墨菲）曾举例解释了"范畴归纳"：

> ⋯ 如果一个朋友给我打电话，因为不能按时回家，她请我帮忙照顾她的宠物狗。我完全明白她的意思。即使我从未见过她的宠物狗，我也能够确切知道关于这条狗的大体信息及该如何照顾它。我没有必要去问是否需要给狗洗澡，给狗喂食等信息，也会知道该怎样照顾宠物狗。事实上，就是此类推理让范畴变得如此重要。在没有能力对新事物做出有效推理时，知道事物是狗还是沙发或树木是有一定优势的。[③]

正如墨菲所言，范畴归纳是人类的基本推理能力。正是有了范畴归纳能力，人类才可能将未知事物划入已知范畴中，借此来理解未知事物。在范畴归纳过程中，人们往往会采用两种不同的策略：一是多范畴（multi-categories）策略，二是单范畴（single-category）策略。多范畴策略是指在多个范畴中进行抉择的策略，单范畴策略是指为未确定范畴的事物确认一个最有可能的范畴的策略。这两种策略都具有自身的优点，但多数实验证明人们更倾向于使用单范畴策略。[④] 通常情况下，隐喻理解倾向使用单范畴策略。这种单范畴策略就是将目标域中的事物直接归属始源域范畴。例如，在"大学是海洋"这一隐喻中，"大学"这一概念直接被确认归属"海洋"范畴。归属到"海洋"范畴后，我们就可以运用"海洋"的范畴知识对"大学"进行推理，帮助我们获知"大学包罗万象，学生能够学到很多知识"等隐喻意义。

人们首先使用范畴层面知识进行推理，"范畴层面知识是指关于范畴整体层次的信息"[⑤]。当单纯依靠范畴层面知识不能完成推理的情况下，人们将借助结合策略，运用已有的范畴或概念的特征来说明目标概念的特征。墨菲和 B. H. 罗斯（B. H. Ross）通过实验发现，人们在预测事物特征时有强烈使用结合策略的倾向。[⑥] 结合

① Mazzone, M., Lalumera, E. Concepts: Stored or Created?[J]. *Minds & Machines*, 2010(20): 47–68.

② Murphy, G. L., Chen, S. Y., Ross, B. H. Reasoning with Uncertain Categories[J]. *Thinking & Reasoning*, 2012(1): 81–117.

③ Murphy, G. L. *The Big Book of Concepts*[M]. Cambridge, MA: The MIT Press, 2002: 243.

④ Murphy, G. L., Ross, B. H. Use of Single or Multiple Categories in Category-based Induction[M] // Feeney, A., Heit, E. *Inductive Reasoning: Experimental, Developmental, and Computational Approaches*. Cambridge: Cambridge University Press, 2007: 205–225.

⑤ Murphy, G. L., Ross, B. H. Category vs. Object Knowledge in Category-based Induction[J]. *Journal of Memory and Language*, 2010(63): 1–17.

⑥ 同上。

策略就是用已知概念的特征来解释目标概念的特征，用已知稳定性概念的基本认知模型（或第二层级认知模型）与目标概念的认知模型进行匹配，进而达到隐喻理解。请看下例：

> 💬 3.候鸟教授暑期来学校讲学。

此隐喻的理解依赖于稳定性概念中的行为模型，"迁徙"作为"候鸟"的行为模型是理解此隐喻的关键，它是行为模型中的基本认知模型，其概念的概括化和主体间共享程度较强。我们将这一行为模型与目标概念的行为模型进行匹配，进而可以理解目标事物。

按照埃文斯的观点，理解话语首先要激活基本认知模型。如果激活基本认知模型不能完成话语理解，就需要进一步激活第二层级认知模型。[①] 日常交际中，通常并不需要按照顺序原则激活基本认知模型和第二层级认知模型。受到关联性原则制约，人们直接从语境中选择具有更大突显性的模型参与话语理解。"语境能够强烈促使一些边缘特征直接出现在脑海中。"[②] 语境在人类交际中发挥着重要作用，关联性是人类认知的指导性原则。斯珀伯和威尔逊认为，人类认知系统因受到效率性选择压力的影响，其知觉机制会自动地挑选出最具关联性的潜在刺激，记忆检索机制会自动地激活最具关联性的潜在假设，推理机制会用最有成效的方式来处理这些信息。[③] 受到语境和关联性因素影响，人们对所需概念模型进行筛选，第二层级认知模型有时直接浮现而无须连接基本认知模型，从而达到意义理解。由此看来，在运用结合策略进行认知模型匹配的过程中，人们有时不必启动所有模型，而只需激活与语境关联性最大的模型。

三、隐喻理解的台前与幕后

一个概念的结构不仅具有稳定性，还表现出很高的语境敏感性。L. 巴萨洛（L. Barsalou）指出，概念主要是语境敏感类实体。[④] 概念结构是通过语境而构建的临时性实体。临时性概念与关联理论中的"特定概念"具有一致性，关联理论运用特定概念解释日常交际中出现的隐喻现象："特定概念是语用中听话人在话语理解过程中构建起来的概念。"[⑤] 通过语言单位构建的临时性概念属于台前认知范围。隐喻的台前认知聚焦于交际中语言单位及其激活的相关概念，并构建临时性特定概念，而完

---

① Evans, V. Figurative Language Understanding in LCCM Theory[J]. *Cognitive Linguistics*, 2010(4): 601–662.

② Sperber, D., Wilson, D. Pragmatics, Modularity and Mind-reading[J]. *Mind &Language*, 2002(17): 3–23.

③ Wilson, D., Sperber, D. Relevance Theory[M] // Horn, L. Ward, G. T*he Handbook of Pragmatics*. Oxford: Blackwell Publishing, 2004: 607–632.

④ Barsalou, L. Abstraction in Perceptual Symbol Systems[J]. *Philosophical Transactions of the Royal Society of London*, 2003(358): 1177–1187.

⑤ Carston, R. *Thoughts and Utterances: The Pragmatics of Explicit Communication*[M]. Oxford: Blackwell Publishing, 2002: 322.

整的隐喻理解过程是在此基础上通过范畴推理的介入完成的。

　　像"My boss is *a pussycat.*"此类句子，我们可以用典型的谓词结构做出描述（X is a Y.）。[①] 这种结构体现的是典型的范畴归纳思维，即将未知概念划入已知范畴中。第一节中的例 1 和例 2 也可以使用相同结构做出描述。威尔逊运用关联理论对上述例子做过分析，[②] 为了便于讨论，我们将继续使用第一节中的例 1 和例 2 的隐喻句来说明隐喻理解的台前认知与幕后推理过程。

　　我们对例 1（a）中 "Robert is a computer."（罗伯特是一台计算机。）的分析过程大致如下：首先，通过语言交际中的词汇激活相关概念，建立起一个临时的特定概念，并运用单范畴策略完成范畴归纳（罗伯特属于计算机范畴）。受语境制约，此处有关"计算机"的范畴层面知识并不能直接解释目标事物"罗伯特"，我们就需要用"计算机"（隐喻中的始源域）中的某一认知模型来说明"罗伯特"（隐喻中的目标域）的某一特征，这种说明过程就是运用结合策略以判断目标事物特征。请看下面例子：

　　4. A: Is Robert a good accountant?（罗伯特是一个称职的会计吗？）
　　　 B: Robert is a computer.（罗伯特就是一台计算机。）

　　考虑上述语境，交际双方在讨论"罗伯特"是不是一个称职的会计。说话人不想明说"罗伯特"的优点，而使用一个隐喻来传递自己的意图。听话人能够意识到说话人的意图，同时，说话人运用单词"computer"（计算机）来帮助听话人理解此句的含义。听话人先通过台前认知，利用"计算机"这一单词建立起一个特定概念以完成范畴归纳（"罗伯特"属于"计算机"范畴）。在此语境下，我们无法直接运用"计算机"的范畴层面知识来解释目标事物"罗伯特"，因此就需要运用结合策略，也就是说，听话人需要进行认知模型的匹配，从而找到"罗伯特"和"计算机"的某种相似性。说话人希望用"计算机"的某一行为模型来说明"罗伯特"的行为特征。受语境和关联性因素影响，"处理大量信息"这一行为模型与隐喻目标域"罗伯特"的行为模型成功匹配，此隐喻因而得到理解：罗伯特就像计算机一样能够处理海量信息，绝对是一个称职的会计。计算机"能够处理大量信息"的行为模型属于基本认知模型，其概括化和主体间的共享程度很高。为了能够说明问题，我们再看下面一个例子：

　　5. A: How good a friend is Robert?（罗伯特作为朋友怎么样？）
　　　 B: Robert is a computer.（罗伯特就是一台计算机。）

　　例 5B 和例 4B 使用的是同样的隐喻表达，但在不同的语境中却具有不同的隐

① 　Evans, V. Figurative Language Understanding in LCCM Theory[J]. *Cognitive Linguistics*, 2010(4): 601–662.
② 　Wilson, D. Parallels and Differences in the Treatment of Metaphor in Relevance Theory and Cognitive Linguistics[J]. *Intercultural Pragmatics*, 2011(8): 177–196.

喻意义。我们同样假定说话人不想直说"罗伯特"作为一个朋友的缺点，而用了一个隐喻句传递自己的意图。听话人同样能够意识到说话人意图。在此语境下，该隐喻句可以表达"罗伯特死板、缺乏情感"等含义。始源域"计算机"表达的是"罗伯特死板、缺乏情感"等存在特征。"死板、缺乏情感"属于"计算机"存在模型中的第二层级认知模型，其基本层级为"计算机是机器"，"死板、缺乏情感"是"计算机是机器"的一个下位特征。受语境和关联性因素影响，第二层级认知模型直接浮现，并与"罗伯特"的存在模型成功匹配，从而达到对此隐喻的理解：罗伯特就像计算机一样死板、缺乏感情，作为一个朋友，他是比较差劲的。

　　以上讨论的是关联理论所关注的标准隐喻，下面我们将探讨认知语言学关注的跨域映射类隐喻，为方便起见，我们将使用第一节中的例2中的隐喻句进行分析：

⋯ 　　　6. Your theory is falling apart.（你的理论正在崩塌。）

　　例6是典型的跨域映射类隐喻。说话人用词汇"fall apart"（崩塌）帮助听话人理解此句的含义。听话人听到"崩塌"后，在台前认知的照应下，激活与语境相关的"建筑物"概念，将"崩塌"归于"建筑物"概念中的行为模型，由此建立起一个特定概念（理论属于建筑物范畴）。受到由词汇"崩塌"激活的行为模型的限制，听话人直接使用结合策略，将"建筑物"中的行为模型与"理论"（目标概念）中的行为模型匹配，最终达到对此隐喻的理解：你的理论就像正在崩塌的建筑物一样，是站不住脚的。显然，"崩塌"激活的行为模型的出现，将有效帮助交际者直接运用结合策略进行模型匹配，使得理解过程变得更为简洁有效。

　　由上可见，面向隐喻理解问题，由词汇激活的稳定性概念及其认知模型扮演了重要角色，通过词汇构建的临时性特定概念是隐喻理解的重要基础，而这正是我们所强调的台前认知（关注语言单位本身对修辞性话语的理解）。台前认知使得范畴归纳和结合策略等幕后推理成为可能，从而使隐喻理解的台前与幕后最终得以完成。

第三节　隐喻的真值条件

一、隐喻的语义真值条件

　　真值反映了命题与事态之间的对应关系，传统的真值条件分析严格限制在字面语义和世界状态的符合之上。因此，表达非字面意义的隐喻语句在很长时间内被简单地归为语义上真值为假。如经典的格赖斯理论认为，隐喻违反合作原则中的质的准则，它本身并没有"说"什么，只是给出了一种"好像要说某事"的含义，即只能作为传达说话者含义的工具。这种解释否认了隐喻语句存在的真值条件。由于语义上不符合逻辑，它在真值上为假（指两个所指的某些性质之间不匹配），并由这种逻辑上的假产生有意义或有见识的陈述①。

随着隐喻研究的认知转向，学者们逐渐意识到，隐喻不仅是一种修辞手段，更是一种认知方式。作为一种基本认知方式，隐喻必然有它要表达的特定语义，也就会有真值。"通过隐喻映射来理解真与通过非隐喻映射理解真不存在本质上的区别。唯一的不同是隐喻映射涉及通过某一事物来理解另一事物，而非隐喻映射只涉及一件事物。"②实际上，真值条件应该是隐喻语句的一部分，听话人即使理解到说话人的会话含义，也可能否定他所使用的隐喻。

对于隐喻真值的刻画有两条主要路径③。20 世纪 90 年代，S. 格勒克斯堡（S. Glucksberg）等人提出了范畴归属理论（category attribution theory），认为隐喻语句的理解过程是一个范畴归属判断。"在隐喻中，喻体词有两个潜在的指称对象：一个是字面指称，另一个是以该喻体为代表的事物或情境的类范畴。如果这个范畴被用于描写一个隐喻本体，那么它就起到赋予隐喻本体以特征的归属性范畴的作用。"④此后，J. 吉纳比（J. Genabith，以下简称吉纳比）提出了一种与上述范畴归属理论的思想有着内在一致性的隐喻真值刻画方式，他运用建立在 λ 演算基础上的高阶逻辑，通过标准类型论来描述范畴，由此探讨了隐喻语句的真值条件问题。具体而言，一阶语言主要描述的是个体的性质及个体间的关系，如果用它来刻画隐喻语句 John is a fox，得到的是 fox（j）| [fox（j）]=1 iff [j] ∈ [fox]，也就是句子的字面意思。显然 John 是一个人，不属于"狐狸"的个体集。而高阶语言则可以描述性质及性质间的关系。通过这种提升，可以进一步提取谓词中的某性质 P，这是比本体和喻体都更高一个层次的类的属性，P 性质的抽象类范畴同时包含了本体和喻体。上例的隐喻语义刻画为 ∃P（Pj∧∀x（fox x → Px）），意思是，存在一个性质 P，John 具有该性质，且对于任何狐狸，它具有性质 P。隐喻语句的真值条件也就是本体和喻体真包含于一个抽象的类范畴，这一思想非常具有启发性。但正如吉纳比本人所言，他所做的工作只是针对隐喻意义的真值条件，并不是解释隐喻的处理过程⑤。也就是说，这样的真值条件判定只是隐喻理解的最低要求。

不同于吉纳比的方案，E. C. 斯坦哈特（E. C. Steinhart，以下简称斯坦哈特）提出了一种基于可能世界语义学来讨论隐喻的"隐喻结构理论"（STM）。他认为每个隐喻都具有模糊性：它同时具有字面真值条件（LIT）和隐喻真值条件（MET）。隐喻的真值条件可以通过可能世界语义学和扩展的谓词逻辑进行刻画。他将源域和目

① 胡壮麟.语言·认知·隐喻 [J].现代外语，1997(4): 52.

② 乔治·莱考夫，马克·约翰逊.我们赖以生存的隐喻 [M].何文忠，译.杭州：浙江大学出版社，2015: 154.

③ 黄华新，徐慈华.隐喻语句的真值条件 [J].哲学研究，2008(4): 93-98.

④ Glucksberg, S., Mcglone, M. S. When Love Is Not a Journey: What Metaphors Mean[J]. *Journal of Pragmatics*, 1999, 31(12): 1542.

⑤ Genabith, J. Metaphors, Logic, and Type Theory[J]. *Metaphor & Symbol*, 2001, 16(1-2): 47.

标域视为不同的可能世界，将情境的可类比性作为可通达关系。以"A is C"式隐喻为例，用 T 标识目标域，S 标识源域，MET 标识不属于前两者的隐喻标志词，得到：$((A)_T(is)_{MET}(C)_S)_{MET}$。该表达式为真，当且仅当 $(\exists B,D)(\exists R)(R(A,B)$ & $R(C,D))$。意思是存在个体 B、D 和关系 R，并且 A 和 B 之间的关系与 C 和 D 之间的关系均为 R[①]。斯坦哈特引入"可能世界"的概念，给隐喻真值条件研究提供了更大的空间，但该方案所立足的是可类比性，即把相似和对应作为隐喻的基本条件。隐喻"通过另一事物来理解和体验当前事物"[②]，相似性固然是一种重要的联系，但关联并不唯一取决于相似性，不同语境下事物间的相似强度也有很大差别，因此当处理源域与目标域的可类比性不高的隐喻句时该方案也可能会出现偏差。

纵观上述两种路径，吉纳比是通过两个类之间的包含关系来表征隐喻的跨域性，而斯坦哈特则是通过情境之间的对应，两者对隐喻的作用机制理解有所不同。有学者已指出，吉纳比的方案以隐喻理解的结果为分析出发点，而斯坦哈特则以隐喻理解的过程为分析基础[③]。但无论是哪种路径，所刻画的都是纯粹的语义真值条件，并不谈论如何从语句的生成角度分析这一语义真值条件的产生，也未把语境作为影响真值条件的重要因素，如果把语义真值条件的分析延伸至句法和语用，形成三者的交织和互动，或许可以更好地反映隐喻生成和理解。

二、隐喻的语用真值条件

诚然，纯粹语义是真值条件判定的核心，但在语言的使用中，语句的真值条件往往超出语义层面。如在含有代词的语句中，必须先在语境中为代词赋值，才能判定这句话的真值条件。进而真值条件语用学提出，真值条件内容不仅可能（像在语境中为指示语赋值那样）受到饱和过程的影响，而且会受到自由语用过程的影响。即在不需要填补空缺的语句中，仍然存在一种强语用效应对真值条件内容产生影响[④]。

相应地，在对纯粹语义的刻画中，基本前提是认为自然语言的语义遵循"组合性原则"，语句是其各部分语义函数，各部分语义组合成完整的语句语义。之后，蒙太格构造了一个逻辑严密的部分语句系统，成为对语义组合性的成功尝试。而真值条件语用学对这种语义组合性原则提出了质疑，弗朗西斯·雷卡纳蒂（Francois Recanati，以下简称雷卡纳蒂）在《真值条件语用学》中指出，表达式（在语境中）经过调适（modulation）的意义产生于把在语境中恰当的调适函数应用于表达式的语义理解，复杂表达式的语义内容是其组成部分调适内容（及其组合方式）的函数，但并非各部分语义内容（及其组合方式）的函数。其实就本质而言，这并没有完全否定组合原

① 斯坦哈特，E. C.隐喻的逻辑：可能世界的类比[M].黄华新，徐慈华，等译.杭州：浙江大学出版社，2009：178-179.
② 乔治·莱考夫，马克·约翰逊.我们赖以生存的隐喻[M].何文忠，译.杭州：浙江大学出版社，2015：3.
③ 黄华新，徐慈华.隐喻语句的真值条件[J].哲学研究，2008(4)：97.
④ 弗朗西斯·雷卡纳蒂.真值条件语用学[M].刘龙根，王晓飞，译.上海：复旦大学出版社，2012：7.

则，只是增加了一个调适过程，将字面义转化为调适后的语义后，再进行组合。由此他引入了一个调适函数 f，该函数以语境 c 为自变量，得到表达式在该语境下的解释。对于语境敏感性表达式（指示语等必须依赖语境才有语义真值条件的表达式）来说，语境对词汇的指派是直接的，该规则可以写成：$I(\alpha)_c = f(c)^{2}$，即对表达式 α 来说，它可以用于组合的语义是在语境 c 中经过调适产生的某种内容 $f(c)$。

隐喻的本质是通过彼概念来理解此概念的一个方面，这种迁移必然会使我们聚焦于某一概念的某一方面，而隐藏此概念的其他方面。比如常见的"争论—战争"隐喻中，就是选择了战争所具有的战斗性特征，以此突出争论的战斗性。隐喻的不确定性和动态性正是因为这种焦点性质的选择可能并不唯一。因此隐喻的构建是一个动态过程，隐喻的真值判定也是动态的。唐纳德·赫伯特·戴维森（Donald Herbert Davidson）认为，"真作为一种特性，不是语句的特性，而是说话方式、言语行为的特性，即关涉到语句、时间和人的有序三元组"，可见，时间、话语使用者等具体动态的语用因素对于语用真值条件都有重要的影响。因此隐喻句虽然不属于一般的语境敏感，但语境导致了语句中出现明显的范畴冲突，迫使人们做出偏离字面意义的解释，语境在该机制中的作用与语境敏感性词并没有本质区别。

P. 帕金（P. Pagin）等提出可以递归地给出用于解释"调适 M"的函数，雷卡纳蒂则将其具体表示为：$M(e, c) = mod(e, c)(I(e)_c)^{①}$，其中 e 为表达式，c 为语境，$I(e)_c$ 表示语境 c 下对表达式 e 的字面语义解释。由该公式可见，表达式的字面义 e 具有双重属性：一方面，它和语境 c 作为函数 mod 的自变量，二者一旦产生冲突，就会得到一个语用函数 g [g=mod(e, c)]；另一方面，它又是语用函数 g 的一个自变量，运算后的函数值为调适后的语义，表达在语境中凸显／相关／适当的语用效果。在分析"城市睡着了"[②] 这一语句时，雷卡纳蒂用该函数对"城市"一词的语义进行了调适，得到了语句的转喻义。同样对于这一语句，如果我们将表达式"睡着"作为调适函数自变量，得到的将是隐喻义：

（1）"睡着"作为一种生命体特有的行为与"城市"这个无生命的事物产生了语义冲突，产生了语用函数 g 来实现对隐喻的理解。

$$mod(睡着, c) = g$$

（2）"睡着"也直接提供了字面语义，当输入的表达式是隐喻中与睡觉相关的源域，输出的就是隐喻的目标域，"睡着"这一字面义经隐喻调适后的语义就是"沉静而几无活动"。

$$M(e, c) = mod(e, c)(I(e)_c) = g(I(e)_c) = g（"睡着"）= 沉静而几无活动$$

真值条件语用学通过引入调适函数，对不系统的语用因素做出了系统的阐释。只是他们认为上文所述的语用函数 g 完全出现在元语言层面，语用过程不由句法变

① 弗朗西斯·雷卡纳蒂.真值条件语用学[M].刘龙根，王晓飞，译.上海：复旦大学出版社，2012: 7, 49.

② Recanati F. Literal Meaning[M]. Cambridge: Cambridge University Press, 2004: 34-36.

项或任何类似的东西触发，而纯粹由语用原因产生[①]。同时，他们又承认复杂表达式的语义内容是其组成部分调适内容（及其组合方式）的函数，即语句最终的语义还是通过函数组合实现的。为处理该矛盾，我们允许 g 这一元层面的函数出现在语义组合过程中。对于一个隐喻语句，如果存在既不属于源域也不属于目标域的隐喻标志词（如"A is B"型隐喻中的 is），则该词的语义为隐喻函数；如果语句中不出现隐喻标志词，则源域表达式本身具有双重语义，其一是字面意思，其二是在语境作用下产生的隐喻函数。由于这两种形式同时存在，为说明方便，可以视为表达式 B 自带一个不显示在表层语句中的隐喻函数，具体实现方式将在下文详述。

三、隐喻真值条件的句法生成

蒙太格在 20 世纪 70 年代提出自然语言和形式语言在本质上并无差别，两者都遵循同样的法则，都可以统一在"普遍语法"的模式下做精确的数学描述。他认为句法和语义同构，句法结构和语义表达的生成一一对应[②]。在这些原则下诞生的蒙太格语法开创了自然语言逻辑的研究范式，之后各流派几乎都继承了这一思想，大都认同语法和语义的生成是组合性的，在多数语句中句法和语义的同步生成是可能的。

范畴语法集中体现了这一思想，作为一种词汇语法，它首先为每个词规定范畴，再由范畴的组合生成语句。范畴包括初始范畴（原子范畴）和函子范畴。初始范畴如 NP（代表名词短语范畴）和 S（代表语句范畴）。函子范畴则如 S/NP 和 S\NP，表示作为输入的论元范畴为 NP，结果范畴为 S，即该范畴和一个名词短语组合后得到一个语句。S/NP 为向前函子，论元 NP 在其右边出现，S\NP 为向后函子，论元 NP 在其左边出现[③]。

"范畴"的定义如下：

> 范畴集CAT是满足以下条件的最小集合[④]：
> 1. S、NP、IV、CN为范畴；
> 2. 如果A和B为范畴，A/B和A\B是范畴。

同时，根据弗雷格等人提出的组合性原则，自然语言的语义是其各部分语义的函数，通过类型论可以描述这种语义的生成过程。在类型论中，语言表达式分别属于不同的语义类型。根据自然语言的特点，定义个体表达式的类型为 e（个体），命

---

① 弗朗西斯·雷卡纳蒂.真值条件语用学[M].刘龙根，王晓飞，译.上海：复旦大学出版社，2012：7，140.

② Montague, R. The Proper Treatment of Quantification in Ordinary English[C] // Thomason R. H. *Formal-Philosophy: Selected Papers of Richard Montague*. New Haven: Yale University Press, 1974: 247-270.

③ 本文采用组合范畴语法的记法和规则，参见 Steedman, M. Combinatory Grammars and Parasitic Gaps[J]. *Natural Language & Linguistic Theory*, 1987, 5(3): 403-439; 邹崇理，等.自然语言信息处理的逻辑语义学研究[M].北京：科学出版社，2018.

④ 哈姆特，L. T. F. 逻辑、语言与意义（第二卷）：内涵逻辑与逻辑语法[M].李可胜，张晓君，邹崇理，译.北京：商务印书馆，2017：122.

题的语义类型为 t（真值）。

类型的定义如下：

> 类型集T是满足以下条件的最小集合[①]：
> 1. e和t为基本语义类型；
> 2. 如果 α 和 β 为语义类型，< α ， β >为语义类型。

可见，语义和句法的定义用到的是非常类似的函数运算，范畴语法的一条主要原则是：一个表达式的句法范畴反映了它的语义功能。如果在范畴和类型之间定义对应关系，也就间接得到了句法和语义的对应关系。因此可以定义一个将范畴映射到类型上的函数 f：

> f是一个从CAT到T的函数，并满足：
> $f(S) = t$, $f(NP) = e$, $f(CN) = f(IV) = <e, t>$
> $f(A/B) = f(A\backslash B) = <f(B), f(A)>$[②]

这种句法—语义匹配方法对于计算机生成和理解自然语言十分有益。但对于隐喻句而言，这种句法—语义的一一对应会遇到困难。从上述对隐喻真值条件的探讨中可以看出：同一语句存在着字面义和隐喻义两种合法的语义。当我们按照通常的做法给出句法和语义，生成的只能是语句的字面义，语句欲表达的意思无法被刻画。举例如下。

1. 张三是猴子。

张三	是	猴子
NP:	(S\NP)/CN:	CN:
Zhang San'	$\lambda x \lambda y.shi'xy$	houzi'

$$\frac{\text{S\\NP:}}{\lambda y.shi'(houzi')y} >$$

$$\frac{\text{S:}}{shi'(houzi')(Zhang San')} <$$

---

① 哈姆特，L. T. F. 逻辑、语言与意义（第二卷）：内涵逻辑与逻辑语法[M].李可胜，张晓君，邹崇理，译.北京：商务印书馆，2017: 105.

② 哈姆特，L. T. F. 逻辑、语言与意义（第二卷）：内涵逻辑与逻辑语法[M].李可胜，张晓君，邹崇理，译.北京：商务印书馆，2017: 105.由于蒙太格语法运用的是一种内涵范畴论，此处不考虑内涵和外延的区分，故进行简化。

这里的判断动词"是"与其后的名词短语贴合，得到的短语"是猴子"在语句中充当谓词。从集合论上看，它是所有"猴子"个体的集合，表达"猴子"所具有的性质。这个谓词作为函数进一步与专名"张三"贴合，就得到了完整的语句，其真值条件可以表达为：∥张三是猴子∥=shi'（houzi'）（Zhang San'）=1 iff ∥Zhang San'∥∈∥shi'（houzi'）∥，即有一个由猴子个体组成的集合，个体"张三"是该集合的元素，也就是有一只名叫张三的猴子。这里的"张三"是一个人，显然命题为假。

诚然，绝大多数可以有效使用的隐喻语句在字面解释下都为假，但根据上文所述，通过增加对语义的调适，组合原则依然有效，那么其真值条件也依然可以对应于句法而生成。为了合理解释隐喻语句，我们可以考虑为隐喻语句增加有其特有的标记，赋予不同的范畴，以另一种范畴组合方式实现隐喻语义的生成。

在范畴归属理论和吉纳比的真值判定方法中，存在一种高于源域概念和目标域概念的性质，隐喻句为真是因为存在二者共有的性质，这需要高阶语言来表达；而在雷卡纳蒂的调适方案中，表达式与语境产生冲突后会产生语用函数 g，g 的功能是将表达式从字面义转化为语境义，但并没有表征这一转化是如何实现的。

我们从句法范畴的角度整合和完善这些尝试，进一步将该函数拆分为源域类型转换和隐喻函数选择这两个过程。具体做法是将源域中对象由个体集转换为（该对象所具有的）性质的集合，再通过一个受语境影响的从性质集到个体集的隐喻函数 f_c（语形上可能为空），以语境和上述性质集作为自变量，映射到其中一个性质，隐喻的判定就是目标域的对象是不是这个个体集中的元素，即目标域对象是否具有函数运算得到的那个性质。以"A 是 B"式隐喻为例，首先源域 B 从个体集提升为性质集，并将"是"视为一个从性质集到个体集的隐喻函数，也就是在 B 所具有的性质中进行选择。最终对"A 是 B"的真值条件判定就变为：∥A 是 B∥=1 iff A∈∥是 B∥，其中为 ∥是 B∥ 变为 B 具有的某种性质。依照这一思路，重新给语句中成分赋予范畴，改变与之一一对应的语义类型，就可以实现语义上的改变。回到上述的例子：

张三是猴子。⇒（[张三]$_T$[是]$_{MET}$[猴子]$_S$）$_{MET}$。①

通过生成树给出句法范畴的贴合过程：

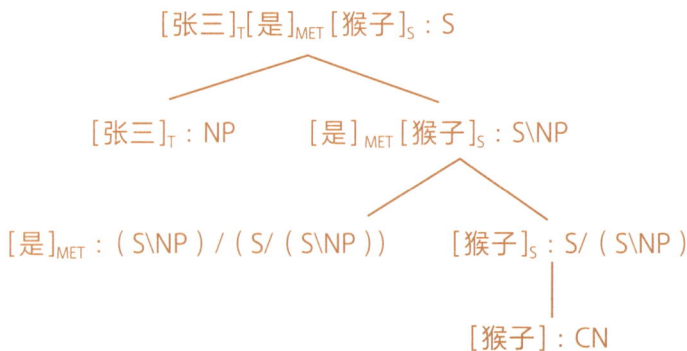

$$[张三]_T[是]_{MET}[猴子]_S : S$$

$$[张三]_T : NP \qquad [是]_{MET}[猴子]_S : S\backslash NP$$

$$[是]_{MET} : (S\backslash NP)/(S/(S\backslash NP)) \qquad [猴子]_S : S/(S\backslash NP)$$

$$[猴子] : CN$$

---

① 下标记法参照斯坦哈特的相关用法，其中 S 标识源域，T 标识目标域，MET 标识隐喻标志词和隐喻语句。

根据 f（S）=t，f（NP）=e，f（A/B）= f（A\B）=<f（B），f（A）>三条规则，得到与句法范畴一一对应的语义类型：

$$
\begin{array}{c}
t \\
e \quad <e,t> \\
<<e,t>,t>,<e,t>> \quad <<e,t>,t> \\
<e,t>
\end{array}
$$

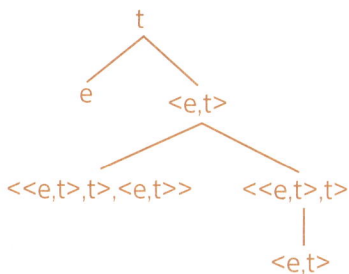

"猴子"是一个通名，相当于猴子个体组成的集合（即"猴子"这一性质），因此通名在类型上和不及物动词是一致的。当成为隐喻语句的源域时，其范畴转变为 $<<e,t>,t>$，即性质的集合，且这一性质集的元素是所有（典型）猴子具有的性质。"是"的隐喻语义是一个语境影响下从性质集到对象集的函数 f_c，其定义域为各种名词提升后形成的（性质集）的集合，值域为各种性质的集合。从语义类型角度看，输入类型为 $<<e,t>,t>$ 的"一只猴子"后，得到的函数值类型为 $<e,t>$。再输入一个类型为 e 的个体，得到完整的语句。

在范畴贴合的框架下添加以 λ 演算的形式来表达上述类型的语义，得到：

$$
\begin{array}{ccc}
[张三]_T & [是]_{MET} & [猴子]_S \\
NP & (S\backslash NP)/(S/(S\backslash NP)): & S/(S\backslash NP) \\
Zhang\ San' & \lambda Q \lambda y.\exists R(Ry \wedge QR) & \lambda P.\forall x(houzi'x \rightarrow Px) \\
\end{array}
$$

$$\overline{\qquad\qquad\qquad\qquad\qquad} >$$

$$
\begin{array}{c}
S\backslash NP \\
\lambda y.\exists R(Ry \wedge \forall x(houzi'x \rightarrow Rx))
\end{array}
$$

$$\overline{\qquad\qquad\qquad\qquad\qquad} <$$

$$
\begin{array}{c}
S \\
\exists R(R(Zhang\ San')\wedge \forall x(houzi'x \rightarrow Rx))
\end{array}
$$

"是猴子"的语义是一个从所有典型猴子具有的性质构成的集合中选出的一个特征性质 X_i，如果"张三"是这个集合中的元素，即张三具有这一典型的猴子特征，则语句为真。"张三"是猴子的语义是 $\exists R(R(Zhang\ San')\wedge \forall x(houzi'x \rightarrow Rx))$，直观意思是存在一个性质，张三具有该性质，且任意猴子都有该性质。

"A 是 B"式隐喻中，"是"既不属于源域也不属于目标域，其本身是隐喻标志词，也就是隐喻函数。而在非"A 是 B"式的复杂隐喻中，可能所有词汇都属于源域或目标域，这时可以认为类似于"是"的隐喻标志词在表层语句中以隐性的形式出现。

2.我的车喝饱了油。⇒（[我的车]_T [（　）]_{MET} [喝饱了]_S [油]_T）_{MET}。

　　其中"喝饱了"除了字面意义，还能在语境作用下调适为隐喻的语用函数，表达为生成"（　）"这样一个隐性的隐喻函数。通过生成树给出句法范畴和与之匹配的语义类型：

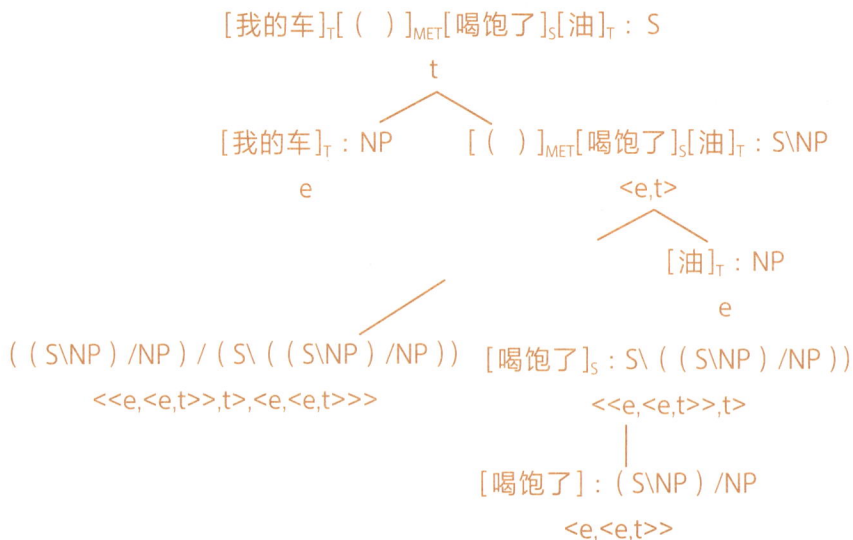

$$[我的车]_T[（　）]_{MET}[喝饱了]_S[油]_T : S$$
$$t$$

$$[我的车]_T : NP \qquad\qquad [（　）]_{MET}[喝饱了]_S[油]_T : S\backslash NP$$
$$e \qquad\qquad\qquad\qquad <e,t>$$

$$[油]_T : NP$$
$$e$$

$$((S\backslash NP)/NP)/(S\backslash((S\backslash NP)/NP)) \qquad [喝饱了]_S : S\backslash((S\backslash NP)/NP))$$
$$<<e,<e,t>>,t>,<e,<e,t>>> \qquad\qquad <<e,<e,t>>,t>$$

$$[喝饱了] : (S\backslash NP)/NP$$
$$<e,<e,t>>$$

　　在范畴贴合的框架下添加以 λ 演算表达上述类型的语义：

$$
\begin{array}{cccc}
[我的车]_T & [（　）]_{MET} & [喝饱了]_S & [油]_T \\
NP & ((S\backslash NP)/NP)/(S\backslash((S\backslash NP)/NP)) & S\backslash((S\backslash NP)/NP)) & NP \\
che' & \lambda Q\lambda y\lambda x.\exists R(R(x,y)\wedge QR) & \lambda P.\forall uv(he'(u,v)\to P(u,v)) & you'
\end{array}
$$

$$\overline{\qquad\qquad\qquad\qquad\qquad\qquad\qquad\qquad\qquad\qquad\qquad}>$$
$$(S\backslash NP)/NP$$
$$\lambda y\lambda x.\exists R(R(x,y)\wedge\forall uv(he'(u,v)\to R(u,v)))$$

$$\overline{\qquad\qquad\qquad\qquad\qquad\qquad\qquad\qquad\qquad\qquad\qquad\qquad\qquad}<$$
$$S\backslash NP$$
$$\lambda x.\exists R(R(x,you')\wedge\forall uv(he'(u,v)\to R(u,v)))$$

　　这一隐喻中，源域中的对象是一种生物和液体之间的关系"喝"，目标域中的对象是汽车和汽油之间的关系 R。首先对源域中的对象提升，得到"喝"这一关系所具有的性质的集合。以该集合为自变量，隐喻函数的函数值为"喝"具有的某个性质。如果关系 R 是这个集合的元素，则语句为真。"我的车喝饱了油"的语义是 $\exists R(R(che',you')\wedge\forall uv(he'(u,v)\to R(u,v)))$，直观意思是，存在一种关系，"我的车"和"油"之间具有该关系，且任意满足"喝"这一二元关系的有序对都满足该关系。

　　上述过程刻画了隐喻语句的范畴组合和语义生成，最终得到的是与吉纳比的分析一致的真值条件；同时进一步分解了一个表达式转化为隐喻语用函数的具体过程，即通过对隐喻源域的范畴进行转化，得到范畴归属理论所要求的高阶性质，再通过一个语境相关的隐喻函数 f_c 从性质集到个体集的运算，选取性质集合中适应于语境的元素。该选择则势必依赖于语境的关联性。关联是隐喻语用真值条件开启的关键因素[1]，在隐喻语句的构造和理解中，双方都设想语句与语境存在关联，说话者相信听话者可以基于语境的关联性在源域提供的性质集中选出他所意欲表达的那个性质，而听话者也尽力根据语境提供的信息从性质集中选择最可能的元素。如"张三就是只猴子"，是由"猴子"的语义得到的性质集中包括了典型的猴子具有的所有性质：{哺乳动物，爱吃香蕉，顽皮好动，灵活，…}，如果语境是老师批评不遵守课堂纪律的学生，这句话是对"张三"这个人课堂表现方面的评价，因此选出的是可以用来描写人的品行特征的性质，得到"顽皮"这一属性，这句话的真值判定就变成，如果张三具有"顽皮"这一性质，则语句为真。正是基于这种关联性，交际双方才可以从语境中有效地提取信息，听话者得以识别说话者的意图并对隐喻做出符合说话者的解释。这就是语境 c 作为论元输入调适函数 mod 产生的作用，在语义的形式刻画中，这种作用可以进一步表现为支持函数在性质集中选择最理想的性质，实现隐喻句的语义解释。

第四节　混杂隐喻的语义连贯机制

一、混杂隐喻概说

　　长久以来，中外学者对混杂隐喻（mixed metaphor）[2]的态度褒贬不一。"从亚里士多德到启蒙运动至今，关于修辞和文体的教科书几乎都在提倡禁用混杂隐喻。"[3]德文中就将混杂隐喻称为 bildbrüche，意思是"意象破坏"。对于混杂隐喻是不是一种得体的语言表达形式，国内外学者争论已久。反对者认为，混杂隐喻是"最可耻的前后矛盾"[4]。约翰·康斯特布尔（John Constable）在 *Reflections Upon Accuracy of Style* 中就曾公开指责混杂隐喻是"隐喻的粗暴结合"[5]。陆谷孙主编的《英汉大词典》将混杂隐喻定义为"两个或两个以上通常为互不协调或互不相容的隐喻的结合"[6]。

[1]　杨小龙，王天翼.隐喻语句的语用真值条件[J].外国语文，2017(4): 74.
[2]　纵观国内关于mixed metaphor的学术文献，混杂隐喻并非这一术语唯一的中文翻译，还有混合隐喻和复合隐喻等多个中文术语的使用。对mixed metaphor的不同翻译也体现了学者对"混杂隐喻"这类语言现象的不同看法。本文采用"混杂隐喻"这一翻译，主要原因有二：一是沿用赵元任（1981）和李向农（1987）的说法，二是"混杂隐喻"这一译法目前有更高的认可度，以其为关键字可以获取更多的相关文献。
[3]　Pesmen, D. Reasonable and Unreasonable Worlds: Some Expectations of Coherence in Culture Implied by the Prohibition of Mixed Metaphor[J]. *Beyond Metaphor: The Theory of Tropes in Anthropology*, 1991(1): 213.
[4]　Quintilian, M. F. *Institutionis Oratoriae Liber X*[M]. Oxford: Oxford University Press, 1891: 136.
[5]　Constable, J. *Reflections Upon Accuracy of Style*[M]. London: Printed for John Hawkins, 1731: 104.
[6]　陆谷孙.英汉大词典[M]. 2版.上海：上海译文出版社，2007: 1239.

　　然而，自 20 世纪以来，对混杂隐喻持肯定态度的学者越来越多。塞尔指出"混杂隐喻的文体风格可能有争议性，但我并不认为它们在逻辑上一定是不连贯的"[①]。柯奈莉亚·穆勒（Cornelia Müller，以下简称穆勒）更是抨击了将混杂隐喻视作意象冲突、语义矛盾和思维缺陷等的不公评价。[②] 赵元任对混杂隐喻的态度比较中肯，认为它是一种形式与语义的脱节现象，若混杂并未发生在同一语义层面，则并不易于察觉。[③]

　　近 30 年，学者们通过对自然语言的系统考察，发现混杂隐喻并非极端的语言个例，而是一种常见的语言现象。[④] 不仅如此，西方学者吉布斯（1994），艾伦·西恩奇（Alan Cienki）和迪安·斯旺（Deanne Swan）（1999），穆勒（2008），迈克尔·基梅尔（Micheal Kimmel，以下简称基梅尔）（2010），马丁·休伯特（Martin Hilpert，以下简称休伯特）（2010），J. E. 郎尼根（J. E. Lonergan，以下简称郎尼根）（2009）还通过对英语语料库和英语母语被试的研究，发现自然语言中生成的混杂隐喻绝大部分都是语义连贯、易于理解的。

　　目前，学术界对混杂隐喻的态度正在改变，这从《牛津英语语言词典》（*Oxford Companion to the English Language*）的不同版本中对混杂隐喻的定义可见一斑。1992 年版的《牛津英语语言词典》尚将混杂隐喻定义为一种由"熟语混用而导致的文体缺陷"[⑤]；2001 年版的《牛津简明英语语言词典》（*Oxford Concise Companion to the English Language*）已去掉"缺陷"一词，将混杂隐喻定义为"由不相关的，甚至有时不协调的隐喻共现构成的"[⑥]。而基梅尔（2010）和休伯特（2010）语料库研究的结果则是"鲜少不协调"[⑦]。

　　随着越来越多的实证研究都指向混杂隐喻的得体性，混杂隐喻得到了认知语言学、心理学、人类学及哲学等诸多学科的更多关注。但国内相关研究从数量上来讲相对较少［赵元任（1981），徐文博（1984），李向农（1987），陈道明（2000），梁远冰（2007），王丽丽（2010），范振强、郭雅欣（2019），范振强（2021）］，基于语料库的实证研究尚未展开。

二、混杂隐喻存在的普遍性

　　混杂隐喻是指由来自不同始源域的喻体词项或来自不同目标域的本体词项在邻

---

① Searle, J. *Metaphor and Thought* [M]. Cambridge: Cambridge University Press, 1979: 236.

② Müller, C. *Metaphors Dead & Alive, Sleeping and Walking: A Dynamic View*[M].Chicago: University of Chicago Press, 2008: 134-177.

③ 赵元任.汉语结构各层次间形态与意义的脱节现象 [J].国外语言学，1981(1): 47-51.

④ Kimmel, M. Why We Mix Metaphors and Mix Them Well: Discourse Coherence, Conceptual Metaphor, and Beyond[J]. *Journal of Pragmatics*, 2010, (42): 98-112.

⑤ McArther, T. *Oxford Companion to the English Language*[M]. Oxford: Oxford University Press, 1992: 663.

⑥ McArther, T. *Oxford Concise Companion to the English Language*[M]. Oxford: Oxford University Press, 2001: 382.

⑦ Kimmel, M. Why We Mix Metaphors and Mix Them Well: Discourse Coherence, Conceptual Metaphor, and Beyond[J]. *Journal of Pragmatics*, 2010, (42): 98-112.

近语篇中成簇共现构成的一种隐喻簇（metaphor cluster）。[①] 在基梅尔（2010）的语料库研究中，混杂隐喻占其语料库中隐喻语言总数的76%。基于此，基梅尔指出，"混杂隐喻在语言使用中出现的频率如此之高，使得我们不得不充分重视它"[②]。郎尼根（2009）聚焦混杂隐喻现象，通过语料库结合心理实验的方法，不仅对混杂隐喻被视作一种不得体的语言这一论调进行平反，并认为"混杂使用隐喻是人类思维和推理的核心要素，混杂隐喻不仅不会妨碍隐喻意义的理解，而且非常易于理解，传递着特定语言所独有的文化内涵"[③]。

　　本文以《读者》2012年的256篇文章合计315710字为语料，以目标域为"人生"的隐喻语言作为个案进行研究。我们以《读者》作为语料来源，主要是因为，相对而言，它文体广泛，题材众多，语言规范。文体和题材的多样性避免了语料的倾向性，有利于统计结果的相对客观。语言的规范性有利于我们获得更有说服力的混杂隐喻的语言特征。"人生"是《读者》期刊探讨的一个重要话题，每期均设有由十余篇以"人生"为主题的文章构成的"人生"专栏。此外，其"人物""社会""生活"等专栏均与"人生"关联紧密。

　　在我们的研究中，经过语料的识别和编码，共获得136个隐喻簇，其中混杂隐喻103个，占75.7%。这一数据与基梅尔（2010）、N. 奎因（N. Quinn，以下简称奎因）（1991）及Yeshayahu Shen和诺佳·巴拉班（Noga Balaban）（1999）的研究结果吻合。此外，在混杂隐喻中，含2～3个喻体词项的混杂隐喻占总数的比重降至42.7%左右。当喻体词项数量≥4个时，该隐喻簇为混杂隐喻簇的可能性极大，占85.3%。混杂隐喻广泛存在于汉语自然语言中，是不容忽视的隐喻语言现象。

三、概念域的冲突与统一

　　接入语义学［埃文斯（2015，2013）］是在认知科学跨学科研究中形成的一门新兴的认知语言学理论，"接入"二字点出了其最核心的接入式意义观。其代表性理论"词汇概念与认知模式理论"（lexical concept and cognitive model theory，简称LCCM理论）对混杂隐喻"混而不杂"的语义特性提供了很好的解释路径，这是一个既充分关注前台（frontstage）语言符号系统的加工机制、又关注后台（backstage）概念系统认知机制的意义建构理论框架；同时它的研究范畴涵盖认知语言学的两大板块—认知语法和认知语义学；此外，它提出了明确的语义组构机制——选择（selection）与溶合（fusion），以及清晰明确的意义建构流程，为揭开隐喻的面纱提

---

① Kimmel（2010）认为，混杂隐喻是由"多个不同类型的隐喻在邻近语篇中的共现构成"。（Kimmel，2010: 97-98），并对以上定义中所谓"不同类型的隐喻"做了如下进一步解释："当两个邻近的隐喻共享一样的始源域或一样的目标域，或一样的始源域和一样的目标域，则被认为是概念连贯的；否则被认为是混杂隐喻"（Kimmel，2010: 101）。

② Kimmel, M. Why We Mix Metaphors and Mix Them Well: Discourse Coherence, Conceptual Metaphor, and Beyond[J]. *Journal of Pragmatics*, 2010, (42): 98-112.

③ Lonergan, J. E. *Understanding Mixed Metaphor and Conceptual Metaphor Theory*[D]. Santa Cruz: University of Califonia, Santa Cruz, 2009: 68.

供了独特的理论分析工具。

接入是关于语义表征的问题，它解释了语言系统和概念系统之间的互动方式，阐释了如何通过前台语义结构进入后台概念结构，进而实现情境话语语义的意义建构路线。接入语义学的一个基础性假设是，在以语言符号为载体的意义建构中，两种表征系统起到了至关重要的作用：一种是语言符号系统，即由词汇概念（lexical concept）构成的语义结构；另一种是概念系统，即由认知模式构成的概念结构。认知模式根据由词汇概念接入的路径长度（length of access route）又可分为基本认知模式（primary cognitive model）和次级认知模式（secondary cognitive model）。由语言系统中的词汇概念向概念系统提供接入而直接激活的认知模式被称为基本认知模式，而由基本认知模式进一步接入的下一级认知模式被称作次级认知模式。词汇概念所编码的语言内容是抽象的、图式化（schematic）的、非模态（amodal）的；而认知模式所包含的概念内容则是由生动的、富于细节的、多模态的模拟信号构成的。[①]

从接入语义学的理论假设出发，我们认为混杂隐喻的"混杂"仅表现在基本认知模式（始源域）层面，次级认知模式（目标域）间的统一是混杂隐喻获得语义连贯的核心机制。所谓"混"，是喻体所属始源域之间的无关联或冲突；所谓"不杂"，是本体所属目标域之间的连贯统一。本文从始源域间的冲突、目标域间的统一两个层面来探讨混杂隐喻"混而不杂"的语义连贯机制。

（一）始源域间的冲突

在特定语境信息的引导下，喻体词项符形所编码的词汇概念作为极其抽象的图式化语言知识被解包提取，并随即向概念结构中的特定认知模式提供接入[②]。这个由词汇概念直接提供接入的基本认知模式即始源域。

始源域一旦被接入，会出现两种结果：始源域间的统一和始源域间的冲突。

始源域间的语义冲突通常发生在混杂隐喻的理解过程中。参见如下语例。

1.我忍不住又问："当年汉斯离开的时候，您是怎么熬过来的？"

"这是一件很自然的事情，夫妇两人总有一个要先走。他先走了，就是说要让我来送他，然后我便一个人继续我的路。世界上的很多事情，不是人的力量可以改变的，担心烦恼都不能解决问题，那就随意吧。"

选自《读者》2012年第4期

例1中，词汇概念"离开""走""送""路"向概念结构中的"旅行"认知域提供接入，激活了作为"人生是旅行"这一结构隐喻的始源域中关于"离开""走""送""路"等的多模态模拟信息；词汇概念"熬"所提供接入的"烹饪"认知域作为"人生是烹饪"这一概念隐喻的始源域，在词汇概念"熬"的引导下激活了

---

① Evans, V. *Language and Time: A Cognitive Linguistic Approach*[M]. Cambridge: Cambridge University Press, 2013.

② 同上。

关于"熬"这一事件框架的多模态模拟信息。由于在这个隐喻簇中，同时将"人生"喻做"旅行"和"烹饪"两种截然不同的事物，这两个不同始源域在同时喻指"人生"的过程中产生了概念内容的冲突。

（二）目标域间的统一

在自然语言的生成过程中，若一个符形具有与话语中其他词汇概念冲突的异常凸显的词汇概念，那么在词汇概念的选择过程中就会干扰释话者提取正确的词汇概念，说话者基于会话的经济和有效性原则就会自发避免使用这个符形。即使使用了规约程度不高且易于产生冲突的词汇概念，绝大部分也发生在不同的分句中，通过句法空间距离将其分隔于不同的思维空间，以缓冲语义冲突。然而，冲突的缓冲能否实现，取决于个体的百科知识结构中相应信息之间关联性的神经权重，而这往往是因人而异的。有些混杂隐喻的理解众口不一，这是一个重要原因。

> ⋯ 　2.老师说没事时浏览这一排排散发着油墨香气的书籍，仿佛佛陀慈爱的目光注视着自己，能回味起生命时光里点点滴滴的心路历程！
>
> 选自《读者》2012年第4期

在例2中，词汇概念"佛陀慈爱的目光""回味"，以及"路"和"历程"分别向概念结构中"佛陀""饮食""旅行"三个认知域的基本认知模式提供接入。一旦基本认知模式得到接入，概念系统中的诠释（interpretation）机制便开始运作，诠释的目的是使抽象的词汇概念从概念系统的百科知识中获取丰富的信息刻画（informational characterization）。诠释的核心机制是匹配（matching），即对两个目标认知域进行匹配。若匹配在基本认知模式层面无法达成，这时搜索（search）机制启动，对与基本认知模式链状关联的次级认知模式中的概念内容进行搜索，直到匹配达成，情境隐喻意义实现。[①]

例2中，得到接入的"旅行"认知域的基本认知模式"路""历程"中的概念内容，以及得到接入的"饮食"认知域的基本认知模式"回味"中的概念内容在进行认知模式匹配的过程中与"当下"的话题"人生"认知域的基本认知模式产生概念冲突，即"人生"作为一个抽象概念既不能被"回味"也并不拥有"道路"或"历程"。一旦基本认知模式遭遇语义冲突，匹配失败，概念系统便会自动执行搜索机制，在分布式存在于概念系统中的众多次级认知模式中寻找相互匹配的目标认知域。通过搜索和匹配，进一步循序接入了"回想体会"和"经历"这两个分别隶属于基本认知模式"回味"和"历程"的次级认知模式，使得始源域的语义冲突在次级认知模式层面得到解决。

而"佛陀"的基本认知模式"佛陀慈爱的目光"和"注视"在与上下文所提供接入的概念内容进行匹配时，与"当下"的话题"书籍"的基本认知模式产生冲突，即

[①]　Evans, V. *Language and Time: A Cognitive Linguistic Approach*[M]. Cambridge: Cambridge University Press, 2013.

书不能用"慈爱的目光注视老师"。因此，概念系统在特定的语境中，通过搜索匹配，基于"佛陀慈爱的目光是智慧的象征"这一百科知识，接入了次级认知模式"智慧"，基于"注视是一种眼神的交流"这一百科知识，接入了"交流"这一次级认知模式，从而建构了"书里的智慧是佛陀慈爱的目光""精神的交流是眼神的交流"两个概念隐喻，在次级认知模式层面使基本认知模式层面涌现的语义冲突得到调解。

同理，尽管三个始源域"佛陀慈爱的目光""饮食""旅行"之间并无语义关联，在基本认知模式层面产生了语义的不连贯，甚至冲突感，然而，由于在与上下文词汇概念所提供接入的语义进行整合时，自发接入了各自的目标域"智慧"和"人生"，基于"智慧"与"人生"之间密切的概念关联，三个截然不同的始源域终于在目标域接入之后获得了次级认知模式之间的语义连贯和统一。而这也是混杂隐喻之所以"混而不杂"的关键所在。

当然，在某些极个别的情况下 [①]，譬如在具有丰富意象的混杂隐喻中，一旦多个始源域具有截然不同且生动形象的意象，即使目标域得到接入，由于意象在始源域中被深加工，导致其在目标域激活后依然保持活跃或尚未从注意区褪去，因而对多个目标域之间隐喻意义的整合产生了负面干扰。这也是部分混杂隐喻被视作"不好的语言"或"语言瑕疵"的主要原因。然而，目标域间的语义统一性可以使始源域间的这种持久语义冲突得到不同程度的缓解。

由于我们统计的语料来自《读者》期刊，其选摘的文学作品大多出自名家或经过编辑精心挑选，因此并未发现此种极端个例。此处我们以其他语料来源的例子作为参考。

> 3.社会生活诸多坎坷，起起伏伏是一面海……一旦现实给我一扇表达真情的窗口，读者可以看见我内心深处有一条情感的大河。
>
> 选自《南方周末》（2010-11-18）

例3中基本认知模式"起起伏伏的海""窗口""大河"均具有丰富的意象，其所建构的隐喻都属于意象隐喻的类型。由于意象在始源域层面被激活，甚至某些想象力较为丰富的读者对其进行了深加工，其鲜明生动的图像对语义的溶合产生了较大干扰。比如，由于始源域中"窗口"和"大河"的形象过于生动，使得在整合"人生是建筑，我在建筑中"及"我的内心是一个容器可以容纳一条大河"这些概念内容时，产生了逻辑上的强烈冲突，即"身在建筑中的我，无法容下比建筑占地面积更大的大河"。再比如，词汇概念"起起伏伏""大海"所提供接入的概念内容很容易在读者头脑中产生画面感，激活"波澜壮阔的大海"意象，这样一来，这一意象由于经过深加工不会立刻退出激活区，从而对"人生是在陆地旅行"和"人生是海"这些

---

① Kimmel, M. Why We Mix Metaphors and Mix Them Well: Discourse Coherence, Conceptual Metaphor, and Beyond[J]. *Journal of Pragmatics*, 2010, (42): 98-112.

概念内容进行整合时产生干扰，导致逻辑上的冲突，即"陆地不可能同时是海"。然而，由于上述彼此冲突的始源域所接入的目标域"人生""心灵""情感"之间在上下文中形成了连贯统一的语义结构，使得始源域之间的矛盾得到了调解。

相比之下，始源域之间同样存在语义冲突的例1，在概念内容进行整合的过程中就不会遭遇这种来自不同始源域的持久干扰。由于"离开"和"熬"属于知识型认知模式，画面感不强，并不具有过于活跃、彼此强烈冲突的意象，因此始源域之间的冲突并未得到深加工，这些冲突可以在接入目标域之后，得到比较好的解决。"离开"和"熬"在两者共同的目标域"人生"得到接入后，获得了语义的统一与连贯。

混杂隐喻中始源域层面的语义冲突，还可以通过句法杠杆进行调节，譬如将其分置于间隔多个从句的不同从句中，或以句号相隔，通过弱化其语法关联实现避免语义冲突的目的。譬如，在隐喻簇"她是飞翔在荒漠里的一只孤雁，形单影只。她是失去伴侣的天鹅，独自漂泊、流浪，无处停歇"（《读者》2012 年第 21 期）中，虽然也涉及通过两个截然不同且形象鲜活的意象"孤雁"和"天鹅"来对"她"进行设喻，尽管这些意象也都会经过深加工，甚至在读者脑海中以优美的意象浮现，然而由于这个句子中，使用了句号将两个隐喻隔开，通过较大的句法空间间隔，避免了始源域意象间的冲突，从而使得目标域在次级认知模式层面顺利获得接入。

Austin, J. L. *How to Do Things with Words*[M]. Oxford: Oxford University Press, 1962.

Bach, K. The Myth of Conventional Implicature[J]. *Linguistics and Philosophy*, 1999(22): 327-366.

Bilmes, J. *Discourse and Behavior*[M]. New York and London: Plenum. 1986.

Cappelen, H., Dever, J. *Context and Communication*[M]. Oxford: Oxford University Press, 2016.

Copi, I. M. *Introduction to Logic*[M]. New York: Macmillan Publishing Company, 1982.

Cummins, L. *Pragmatics*[M]. Edinburgh: Edinburgh University Press, 2019.

Diessel, H. Demonstratives, Joint Attention, and the Emergence of Grammar[J]. *Cognitive Linguistics*, 2006(7): 463-489.

Duranti, A., Goodwin, C. *Rethinking Context: Language as An Interactive Phenomenon*[M] Cambridege: Cambridge University Press, 1992.

Eemeren, V. F., Grootendorst R. *A Systematic Theory of Argumentation: The Pargma-Dialectical Approach*[M]. Cambridge: Cambridge University Press, 2003.

Fasold, R. *The Sociolinguistics of Language*[M]. Oxford: Blackwell, 1993.

Gazdar, G. *Pragmatics: Implicature, Presupposition and Logical Form*[M]. New York: Academic Press, 1979.

Grice, H. P. Further Note on Logic and Conversational[M] // Cole, P. *Syntax and Semantics 9: Pragmatics.* New York: Academic Press, 1978.

Grice, H. P. Logic and Conversation[M] // Cole, P. *Syntax and Semantics 3: Speech Acts.* New York: Academic Press, 1975.

Grice, H. P. Presupposition and Conversational Implicature[M] // Cole, P. *Radical Pragmatics.* New York: Academic Press, 1982.

Hamblin, C. *Fallacies*[M]. London: Methuen, 1970,

Hamblin, C. L. *Fallacies*[M]. London: Methuen, 1970.

Henkemans, A., Wagemans, J. Reasonableness in Context: Taking into Account Institutional Conventions in the Pragma-Dialectical Evaluation of Argumentative Discourse [C] // Van Eemeren, F., et al. *Reflections on Theoretical Issues in Argumentation Theory*. London: Springer, 2015.

Hinton, A. *Understanding Context: Environment, Language, and Information Architecture*[M]. Sebastopol, CA: O'Reilly Media, 2014.

Hockney, D., Harper, W., Freed, B. *Contemporary Research in Philosophical Logic and Linguistic Semantics*[M]. Dordrecht, Holland: D. Reidel Publishing Company, 1975.

Horn, L. Pragmatics Theory[M] // Newmeyer, F. *Linguistics: The Cambridge Survey (Vol I)*. Cambridge: Cambridge University Press, 1988.

Horn, L. Toward a New Taxonomy for Pragmatic Reference: Q-based and R-based Implicature[C] // Schiffrin, D. *Meaning, Form, and Use in Context: Linguistics Applications*. Washington D.C.: Georgetown University Press, 1984.

Houston, J. *Fundamentals of Learning and Memory*[M]. New York: Academic Press, 1981.

Huang, Y. *Pragmatics*[M]. 2nd Edition. Oxford: Oxford University Press, 2014.

Huang, Y. *The Oxford Handbook of Pragmatics*[M]. Oxford: Oxford University Press, 2017.

Jacobs, S. Rhetoric and Dialectic from the Standpoint of Normative Pragmatics[J]. *Argumentation*, 2000(14): 261-286.

Karttunen, L., Peters, S. Conventional Implicature[M] // Oh, C. K., Dinneen, D. *Syntax and Semantics*, 1979: 1-56.

Katz, J. Common Sense in Semantics[M] // LePore, E. *New Directions in Semantics*. London: Academic Press, 1987.

Keenan, E. *Two Kinds of Presupposition In Natural Language*[C] // Fillmord C. J., Langendoen D.T. *Studies in Linguistic Semantics*. New York: Holt, Rinehart & Winston, 1971.

Kent, B. The Myth of Conventional Implicature[J]. *Linguistics and Philosophy*, 1999(2): 327-366.

Kecskes, I. *Intercultural Pragmatics*[M]. Oxford: Oxford University Press, 2013.

Kecskes, I. The Paradox of Communication: Socio-cognitive Approach to Pragmatics[J]. *Pragmatics and Society*, 2010, 1(1): 50-73.

Labov, W. *Sociolinguistic Patterns*[M]. Philadelphia: University of Pennsylvania Press, 1972.

Leech, G. N. *Principles of Pragmatics*[M]. London: Longman, 1983.

Levinson, S. C. Pragmatics and the Grammar of Anaphora[J]. *Journal of Linguistics*, 1987(23): 379-434.

Levinson, S. C. *Pragmatics*[M]. Cambridge: Cambridge University Press, 1983.

Malinowski, B. *The Problem of Meaning in Primitive Languages*[M]. New York: Harchourt Brace Jovanovich, 1923.

Mark, B., Marlieke, V. K., Arjen, S., et al. Recipient Design in Human Communication: Simple Heuristics or Perspective Taking?[J]. *Frontiers in Human Neuroscience*, 2012(6): 70-72.

Mazzone, M. *Cognitive Pragmatics: Mindreading, Inference, Consciousness*[M]. Berlin: De Gruyter, 2018.

Mazzone, M., Campisi, E. Are There Communicative Intentions?[C] // Miranda L. A. P., Madariaga, A. I. Advances in Cognitive Science: Learning, Evolution, and Social Action. IWCogSc-10 Proceedings of the ILCLI International Workshop on Cognitive Science, 2010.

Mey, J. L. *Pragmatics*: *An Introduction*[M]. 2nd Edition. Beijing: Foreign Language Teaching and Research Press, 2001.

Peccei, J. S. *Pragmatics*[M]. Beijing: Foreign Language Teaching and Research Press, 2000.

Peirce, C. S. *Collected Paper*[M]. Cambridge, MA: Harvard University Press, 1931-1935.

Reiter, R. A Logic for Default Reasoning[J]. *Artificial Intelligence*, 1980, 13(1-2): 81-132.

Sadock, J. On Testing for Conversational Implicature[C] // Cole, P. *Syntax and Semantics 9: Pragmatics*. New York: Academic Press, 1978.

Saeed, J. I. *Semantics*[M]. Beijing: Foreign Language and Research Press, 2000.

Sandra, D. Östman, J. O, Verschueren, J. *Cognition and Pragmatics*[M]. Shanghai: Shanghai Foreign Language Education Press, 2014.

Schmid, H. J. *Cognitive Pragmatics*[M]. Berlin: De Gruyter, 2016.

Searle, J. R. Austin on Locutionary and Illocutionary Acts[J]. *The Philosophical Review,* 1968(77): 412.

Searle, J. R. *Expression and Meaning: Studies in the Theory of Speech Acts*[M]. Beijing: Foreign Language Teaching and Research Press, 2001.

Searle, J. R. *Metaphor and Thought*[M]. Cambridge: Cambridge University Press, 1979.

Searle, J. R. *Speech Acts: An Essay in the Philosophy of Language*[M]. Cambridge: Cambridge University Press, 1969.

Shannon, C. E., Weaver, W. *The Mathematical Theory of Communication*[M]. Urbana: The University of Illinois Press, 1949.

Sperber, D., Wilson, D. *Relevance: Communication and Cognition*[M]. 2nd Edition. Beijing: Foreign Language Teaching and Research Press, 2001.

Stalnaker, R. C. Pragmatics [M]// Davison, D., Harman, G. *Semantics of Natural Language*. Holland: D. Reidel Publishing Company, 1972.

Stalnaker, R. C. *Pragmatics*[M]. New York: Academic Press, 1978.

Stalnaker, R. C. *Context*[M]. Oxford: Oxford University Press, 2016.

Strawson, P. F. *Introduction to Logical Theory*[M]. London: Methuen, 1952.

Tindale, C. *Act of Arguing: A Rhetorical Model of Argument*[M]. Albany: State University of New York Press, 1999.

Tomasello, M. *Origins of Human Communication*[M]. Cambridge, MA: The MIT Press, 2008.

Ungerer, F., Schmid, H. J. *An Introduction to Cognitive Linguistics*[M]. Beijing: Foreign Language Teaching and Research Press, 2001.

Van Dijk, T. A. *Discourse and Context: A Sociocognitive Approach*[M]. Cambridge: Cambridge University Press, 2008.

Van Dijk, T. A., Kintsch, W. *Strategies of Discourse Comprehension*[M]. New York: Academic Press, 1983.

Van Dijk, T. A. Pragmatics Connectives[J]. *Journal of Pragmatics*, 1979(3): 447-456, 1979.

Van Eemeren, F., Garssen, B., Meuffels, B. *Fallacies and Judgements of Reasonableness*[M]. Dordrecht: Springer, 2009.

Verschueren, J. *Understanding Pragmatics*[M]. Beijing: Foreign Language Teaching and Research Press, 2000.

Walton, D. *The New Dialectic: Conversational Contexts of Argument*[M]. Toronto: University of Toronto Press, 1998.

Wilson, D., Carston, R. A Unitary Approach to Lexical Pragmatics: Relevance, Inference, and Ad Hoc Concepts[C] // Kasher, A. *Pragmatics II: Critical Concepts (Vol. 2)*. Milton Park, Abingdon: Routledge, 2012.

Wittgenstein, L. *Philosophical Investigations*[M]. Oxford: Basil Blackwell, 1958.

奥格登，C. K.，理查兹，I. A. 意义之意义 [M]. 白人立，国庆祝，译 . 北京：北京师范大学出版社，2000.

布鲁诺·G. 巴拉 . 认知语用学：交际的心智过程 [M]. 范振强，邱辉，译 . 杭州：浙江大学出版社，2013.

蔡曙山 . 言语行为和语用逻辑 [M]. 北京：中国社会科学出版社，1998.

曹京渊 . 言语交际中的语境研究 [M]. 济南：山东文艺出版社，2008.

曹雪芹，高鹗 . 红楼梦（上）[M]. 北京：人民文学出版社，1982.

陈波 . 逻辑哲学引论 [M]. 北京：人民出版社，1990.

陈道明 . "混杂隐喻"和隐喻连贯 [J]. 华侨大学学报 (哲学社会科学版)，2000(2)：115-120.

陈汝东 . 语言论理学 [M]. 北京：北京大学出版社，2001.

陈新仁 . 语用学新发展研究 [M]. 北京：清华大学出版社，2021.

陈宗明，黄华新，周武萍 . 汉语句义的形式分析 [M]. 北京：中国社会科学出版社，2011.

陈宗明 . 陈宗明文集 [M]. 北京：中国社会科学出版社，2017.

陈宗明 . 中国语用学思想 [M]. 杭州：浙江教育出版社，1997.

程丽霞 . 交际模式研究的整合趋势和整合语言学 [J]. 外语教学，2004(5)：1.

程雨民 . 格赖斯的"会话含义"与有关的讨论 [J]. 国外语言学，1983(1)：19-25.

崔希亮 . 语言理解与认知（修订版）[M]. 上海：学林出版社，2016.

范爱默伦，斯诺克·汉克曼斯．论证：分析与评价 [M]．熊明辉，赵艺，译．北京：中国社会科学出版社，2018．

范爱默伦，赫尔森，克罗贝，等．论证理论手册（上下册）[M]．熊明辉，等译．北京：中国社会科学出版社，2020．

范振强，郭雅欣．刻意性隐喻理论视域下混喻的三维认知模式构建 [J]．青海师范大学学报（哲学社会科学版），2019（2）：151-158．

范振强．"A is B"型概念隐喻的台前与幕后认知对比研究：以"生活是一场旅行"为例 [J]．成都大学学报（社会科学版），2020（1）：88-97．

范振强．关联理论视域下的隐喻研究：问题与展望 [J]．外语学刊，2019（2）：15-20．

范振强．基于交际维度的刻意性隐喻理论：问题与展望 [J]．外语教学理论与实践，2021（2）：1-10．

范振强．新认知语用学视域下的刻意性隐喻研究 [M]．杭州：浙江工商大学出版社，2021．

斐文．现代英语语境学 [M]．合肥：安徽大学出版社，2000．

费尔迪南·德·索绪尔．普通语言学教程 [M]．北京：商务印书馆，1980．

冯文华，张俊芳．理解生成方法析 [J]．社会科学战线，2003(6)：248．

冯志伟．应用语言学综论 [M]．广州：广东教育出版社，1999．

弗雷格．弗雷格哲学论著选辑 [M]．王路，译．北京：商务印书馆，1994．

歌德．歌德的格言和感想集 [M]．程代熙，张惠民，译．北京：中国社会科学出版社，1982．

何秀煌．记号学导论 [M]．台北：大林出版社，1965．

何自然，陈新仁．当代语用学 [M]．北京：外语教学与研究出版社，2004．

何自然，冉永平．新编语用学概论 [M]．北京：北京大学出版社，2010．

何自然，冉永平．语用与认知：关联理论研究 [M]．北京：外语教学与研究出版社，2001．

何自然．认知语用学：言语交际的认知研究 [M]．上海：上海外语教育出版社，2006．

何自然．语用学概论 [M]．长沙：湖南教育出版社，1988．

胡霞．认知语境的理论建构 [M]．昆明：云南人民出版社，2014．

胡霞．认知语境研究 [D]．杭州：浙江大学，2005．

胡裕树．现代汉语（增订本）[M]．上海：上海教育出版社，1981．

黄华新，陈宗明．符号学导论 [M]．上海：东方出版中心，2016．

黄华新，丁煌，武宏志．谬误论 [M]．北京：中国社会科学出版社，1993．

黄华新，王继同．新逻辑学 [M]．2 版．杭州：浙江大学出版社，1999．

黄华新．逻辑与自然语言理解 [M]．长春：吉林人民出版社，2000．

黄华新，等．逻辑语言与认知 [M]．杭州：浙江大学出版社，2019．

黄顺基，苏越，黄展骥．逻辑与知识创新 [M]．北京：中国人民大学出版社，2002．

黄衍．语用学 [M]．北京：外语教学与研究出版社，2009．

贾国恒 . 情境语义学研究 [M]. 北京：中国社会科学出版社，2012.

姜望琪 . 当代语用学 [M]. 北京：北京大学出版社，2003.

姜望琪 . 格赖斯语用学再探：《逻辑与会话》翻译心得三题 [J]. 当代修辞学，2020（3）：1-10.

姜望琪 . 语用学：理论及其应用 [M]. 北京：北京大学出版社，2000.

蒋严，潘海华 . 形式语义学引论 [M]. 北京：中国社会科学出版社，2015.

杰弗里·N. 利奇 . 语义学 [M]. 李瑞华，王彤福，杨自俭，等译 . 上海：上海外语教育出版社，1987.

金立 . 合作与会话：合作原则及其应用研究 [M]. 北京：中国社会科学出版社，2005.

金立 . 会话含义的分类及其思考 [J]. 浙江社会科学，2003(5)：130-135.

金岳霖 . 逻辑 [M]. 北京：生活·读书·新知三联书店，1961.

金岳霖 . 知识论 [M]. 兰州：甘肃人民出版社，1994.

莱文森，S. C. 语用学论题之一：预设 [J]. 沈家煊，译 . 国外语言学，1986(1)：29-36.

李向农 . 隐逻辑辞格与混杂隐喻 [J]. 当代修辞学，1987(4)：41-43.

梁远冰 . 从认知视角看广告中的隐喻 [D]. 桂林：广西师范大学，2007.

林语堂 . 中国人 [M]. 郝志东，沈益洪，译 . 杭州：浙江人民出版社，1988.

陆俭明，马真 . 现代汉语虚词散论 [M]. 北京：语文出版社，1999.

罗贯中 . 三国演义 [M]. 3 版 . 北京：人民文学出版社，1973.

罗国莹，刘丽静，林春波 . 语用学研究与运用 [M]. 北京：中国书籍出版社，2013.

罗兰·巴尔特 . 符号学原理 [M]. 王东亮，等译 . 北京：生活·读书·新知三联书店，1999.

吕叔湘 . 语文常谈 [M]. 北京：生活·读书·新知三联书店，1980.

吕叔湘 . 中国文法要略 [M]. 北京：商务印书馆，1982.

马佩 . 谈谈非形式逻辑问题 [C]. 河南大学学报（社会科学版），2004(1)：9-12.

马丽娜·斯比萨，等 . 语用学的哲学观点 [M]. 上海：上海外语教育出版社，2014.

麦考莱，J. D. 语言的逻辑分析：语言学家关注的逻辑问题 [M]. 王维贤，徐颂列，黄华新，等译 . 杭州：浙江大学出版社，2011.

苗东升 . 模糊学导引 [M]. 北京：中国人民大学出版社，1986.

苗力田 . 亚里士多德全集（第一卷）[M]. 北京：中国人民大学出版社，1990.

莫里斯，C. W. 指号、语言和行为 [M]. 罗兰，周易，译 . 上海：上海人民出版社，2011.

尼尔·史密斯，达埃德尔·威尔逊 . 现代语言学 [M]. 李谷城，方立，吴枕亚，等译 . 北京：外语教学与研究出版社，1983.

倪慧 . 命题预设与语义教学 [C] // 复旦大学外文学院 . 复旦外国语言文学论丛：2018（秋季号）. 上海：复旦大学出版社，2019.

欧文·M. 柯匹，卡尔·科恩 . 逻辑学导论（原书第 11 版）[M]. 张建军，潘天群，等译 . 北京：中国人民大学出版社，2007.

朋有明 . 从原型效应的视角谈认知语境对言语交际的制约 [M]. 武汉：武汉大学出版社，2012.

皮埃尔·吉罗 . 符号学概论 [M]. 怀宇，译 . 成都：四川人民出版社，1988.

皮尔斯 . 皮尔斯：论符号 [M]. 赵星植，译 . 成都：四川大学出版社，2014.

钱冠连 . 汉语文化语用学 [M]. 2 版 . 北京：清华大学出版社，2002.

钱冠连 . 论构建语用推理模式的出发点：新格赖斯理论评论 [J]. 现代外语，1994(3)：6.

曲卫国 . 也评"关联性" [M] // 何自然，冉永平 . 语用与认知：关联理论研究 . 北京：外语教学与研究出版社，2001.

冉永平 . 语用学十讲 [M] 上海：上海外语教育出版社，2021.

沙夫 . 语义学引论 [M]. 罗兰，周易，译 . 北京：商务印书馆，1979.

沈家煊 . 语用、认知、言外义 [J]. 外语与外语教学，1997(4)：8.

盛晓明 . 话语规则与知识基础：语用学维度 [M]. 上海：学林出版社，2000.

史秀菊 . 语境与言语得体性研究 [M]. 北京：语文出版社，2004.

束定方 . 隐喻学研究 [M]. 上海：上海外语教育出版社，2001.

束定方 . 中国语用学研究论文精选 [M]. 上海：上海外语教育出版社，2001.

斯泰宾，L. S. 有效思维 [M]. 吕叔湘，李广荣，译 . 北京：商务印书馆，2008.

苏佩斯，P. 逻辑导论 [M]. 宋文淦，等译 . 北京：中国社会科学出版社，1984.

孙蕾 . 西方指示语研究的历史及现状 [J]. 四川大学学报（哲学社会科学版），2002(6)：70-75.

索振羽 . 语用学教程 [M]. 北京：北京大学出版社，2000.

唐孝威，黄华新 . 语言与认知研究（第六辑）[M]. 北京：社会科学文献出版社，2012.

涂纪亮 . 英美语言哲学 [M]. 北京：中国社会科学出版社，1993.

王建华，周明强，盛爱萍 . 现代汉语语境研究 [M]. 杭州：浙江大学出版社，2002.

王建平 . 语言交际中的艺术：语境的逻辑功能 [M]. 北京：求实出版社，1989.

王力 . 中国现代语法 [M]. 北京：商务印书馆，1985.

王丽丽 . 复合隐喻的认知心理图式 [J]. 外语学刊，2010(6)：45-48.

王利器 . 历代笑话集 [M]. 上海：上海古籍出版社，1981.

王路 . 逻辑的观念 [M]. 北京：商务印书馆，2000.

王甦，汪安圣 . 认知心理学 [M]. 北京：北京大学出版社，2001.

王维贤，李先焜，陈宗明 . 语言逻辑引论 [M]. 武汉：湖北教育出版社，1989.

王宪钧 . 数理逻辑引论 [M]. 北京：北京大学出版社，1982.

王跃平 . 汉语预设研究 [M]. 北京：中国社会科学出版社，2011.

威廉·涅尔，玛莎·涅尔 . 逻辑学的发展 [M]. 张家龙，洪汉鼎，译 . 北京：商务印书馆，1985.

魏巍，等 . 谁是最可爱的人 [M]. 北京：青年出版社，1952.

魏在江 . 语用预设的认知语用研究 [M]. 上海：上海外语教育出版社，2014.

魏在江 . 语用预设的语篇评价功能：语篇语用学界面研究 [J]. 中国外语，2011(2)：23-29.

吴国良，顾曰国 . 论格莱斯语用理性的情感缺失 [J]. 人文新视野，2020（1）：189-198.

吴洁敏 . 汉语节律学 [M]. 北京：语文出版社，2001.

吴允曾 . 吴允曾选集：数理逻辑与计算机科学 [M]. 北京：北京科技出版社，1991.

武宏志，马永侠 . 谬误研究 [M]. 西安：陕西人民出版社，1996.

熊学亮 . 单向语境推导初探：语用与认知 [M]. 北京：外语教学与研究出版社，2001.

熊学亮 . 认知语用学概论 [M]. 上海：上海外语教育出版社，2001.

熊永红 . 虚假语用预设及其认知解读 [J]. 西安外国语大学学报，2010(3)：34-37.

徐波，孙茂松，靳光瑾 . 中文信息处理若干重要问题 [M]. 北京：科学出版社，2003.

徐烈炯 . 语义学 [M]. 北京：语文出版社，1990.

徐盛桓 . 含义本体论研究 [J]. 外语教学与研究，1996(3)：21-27，80.

徐盛桓 . 含意推导思维形态的变化和发展 [J]. 外语学刊，1998(1)：1-6.

徐盛桓 . 论"一般含义"：新格赖斯会话含义理论系列研究之四 [J]. 外语教学，1993(3)：1-9，
34.

徐盛桓 . 新格赖斯会话含意理论和语用推理 [J]. 外国语，1993(1)：9-16, 82.

徐盛桓 . 选择、重构、阐发、应用：我对新格赖斯理论的研究 [J]. 现代外语，1995(2)：11-17.

徐颂列 . 现代汉语总括表达式研究 [M]. 杭州：浙江教育出版社，1998.

徐文博 . 一个模糊的范畴：混合隐喻 [J]. 深圳大学学报（人文社科版），1984（1）：37-48.

徐友渔 . 哥白尼式的革命 [M]. 上海：上海三联书店，1994.

许葵花 . 认知语境语义阐释功能的实证研究 [M]. 北京：中国人民大学出版社，2007.

许良英，李宝恒，赵中立，等 . 爱因斯坦文集（第一卷）[M]. 北京：商务印书馆，1976.

亚里士多德 . 工具论 [M]. 李匡武，译 . 广州：广东人民出版社，1984.

亚里士多德 . 修辞学 [M]. 罗念生，译 . 北京：生活·读书·新知三联书店，1991.

杨吉春 . 言语和角色不协调的效果 [J]. 语文战线，2001(5)：39.

杨昆，郭枫 . 国际指示语研究的可视化文献计量分析（1973—2019）[J]. 浙江外国语学院学
报，2020（2）：29-35.

姚天顺，等 . 自然语言理解：一种让机器懂得人类语言的研究 [M]. 北京：清华大学出版社，
2002.

耶夫·维索尔伦 . 语用学诠释 [M]. 钱冠连，霍永寿，译 . 北京：清华大学出版社，2003.

殷杰，郭贵春 . 哲学对话的新平台：科学语用学的元理论研究 [M]. 太原：山西科学技术出版
社，2003.

袁毓林 . 语言的认知研究和计算分析 [M]. 北京：北京大学出版社，1998.

詹斯·奥尔伍德，拉斯·冈纳尔·安德森，奥斯坦·达尔 . 语言学中的逻辑 [M]. 王维贤，李先
焜，蔡希杰，译 . 石家庄：河北人民出版社，1984.

张金梅 . 汉语语言要素的语境研究 [M]. 天津：南开大学出版社，2014.

张义君 . 跨文化交际中的话语障碍与文化预设 [J]. 深圳大学学报（人文社会科学版），
　　2010(2)：107-110.

赵元任 . 汉语结构各层次间形态与意义的脱节现象 [J]. 国外语言学，1981(1)：47-52.

赵元任 . 汉语口语法 [M]. 吕叔湘，译 . 北京：商务印书馆，1979.

中国逻辑学会语言逻辑专业委员会和符号学专业委员会 . 语用学与自然逻辑 [M]. 北京：开明
　　出版社，1994.

周礼全 . 逻辑：正确思维和有效交际的理论 [M]. 北京：人民出版社，1994.

周明强 . 现代汉语实用语境学 [M]. 杭州：浙江大学出版社，2005.

周淑萍 . 语境研究：传统与创新 [M]. 厦门：厦门大学出版社，2011.

朱永生 . 语境动态研究 [M]. 北京：北京大学出版社，2005.

诸大健 . 新世纪：我们需要普及科学文化 [J]. 探索与争鸣，2001(7)：14-17.

诸葛殷同，张家龙，等 . 形式逻辑原理 [M]. 北京：社会科学文献出版社，2007.

邹崇理 . 逻辑、语言和蒙太格语法 [M]. 北京：社会科学文献出版社，1995.

邹崇理 . 逻辑，语言和信息 [M]. 北京：人民出版社，2002.

左思民 . 汉语语用学 [M]. 北京：人民出版社，2002.

　　本书是教育部"十五"规划项目的研究成果。从立项到成书整整三年。三年中，我们搜集了大量的中外文资料，征询了不少国内外同行专家的意见，也召开了几次小型的专题研讨会。虽然目前摆在读者面前的这本小书还有很多值得完善的地方，但它毕竟是一个"阶段性"的成果。

　　本书在撰写过程中较多地关注了以下三个方面的问题：一是努力从认知和交际相结合的角度探讨语境、预设、辨谬、言语行为、会话含义、会话结构等概念的学术意义和应用价值，以便更好地反映描述语用学研究的时代特色；二是综合运用符号学、语言学和逻辑学的理论和方法来分析问题，力图体现语言—逻辑的独特视角，以便比较准确地描写和解释日常的语用推理现象；三是尽量从鲜活的汉语语料中提取典型案例，以使本书具有更多的汉语语用学的色彩。

　　浙江大学语言学及应用语言学专业的几位博士研究生不同程度地参与了本课题的研究，其中，金立同学撰写了会话含义（第五章和第六章的前四节），胡霞同学参与了"认知语境"部分的写作，付习涛同学帮助我们搜集了言语行为理论的最新资料；徐慈华、彭振川、徐以中同学参加了本书初稿的讨论，提出了一些很好的修改意见；来我校从事博士后研究的张春泉副教授仔细地通读了全书，并就其中的一、四两章提出了不少颇有价值的建议。谨此致谢！

　　本书存在的不足之处，敬请同行专家和其他读者批评指正。

作者
2004 年 12 月